Philip Plickert

Die VWL auf Sinnsuche

Philip Plickert

Die VWL auf Sinnsuche

Ein Buch für zweifelnde Studenten
und kritische Professoren

Frankfurter Allgemeine Buch

Bibliografische Information der Deutschen Nationalbibliothek
Die Deutsche Nationalbibliothek verzeichnet diese Publikation in der Deutschen Nationalbibliografie; detaillierte bibliografische Daten sind im Internet über http://dnb.d-nb.de abrufbar.

Philip Plickert
Die VWL auf Sinnsuche
Ein Buch für zweifelnde Studenten und kritische Professoren

Frankfurter Societäts-Medien GmbH
Frankenallee 71–81
60327 Frankfurt am Main
Geschäftsführung: Oliver Rohloff

1. Auflage
Frankfurt am Main 2016

ISBN 978-3-95601-172-6

Frankfurter Allgemeine Buch

Umschlag Julia Desch, Frankfurt am Main
Satz Wolfgang Barus, Frankfurt am Main
Titelbild © inueng – Fotolia.com
Druck CPI books GmbH, Leck

Printed in Germany

Inhalt

Vorwort

Keine andere Sozialwissenschaft hat solche Macht über unser Leben wie die Volkswirtschaftslehre. Was Ökonomen erforschen und lehren, wozu sie raten und wovor sie warnen – all das hat großen Einfluss in Medien und Politik. Nicht zu unterschätzen ist auch der langfristige Einfluss ökonomischer Lehren. Im letzten Kapitel seiner „General Theory" schrieb John Maynard Keynes vor achtzig Jahren: „Die Ideen von Ökonomen und politischen Philosophen, seien sie richtig oder falsch, sind mächtiger als üblicherweise angenommen (...) Praktiker, die von sich glauben, sie unterlägen keinerlei intellektuellen Einflüssen, sind gewöhnlich die Sklaven eines längst verstorbenen Ökonomen."[1]

Dass sich Politiker sklavisch an Ökonomen-Lehren hielten, ist natürlich stark übertrieben. Oft genug pfeift die Politik auf das, was Wissenschaftler sagen. Politiker in Demokratien wollen Wahlen gewinnen. Viele Ökonomen beklagen sich, dass ihre Ratschläge zu wenig gehört würden.[2] Doch ohne Zweifel hat ihr Wort Gewicht. Und das nicht nur im engeren Bereich der Wirtschafts- und Finanzpolitik, in Fragen der Arbeitsmarkt- oder Sozialpolitik, beim Umgang mit der Finanz–, Schulden- und Euro-Krise. Ökonomen äußern sich auch zur Bildungspolitik, zur Gesundheitspolitik, zu Energie-, Umwelt-, Klimafragen, selbst zu außenpolitischen Themen. Sie sind weit einflussreicher als Politologen oder Soziologen, von den Geisteswissenschaften ganz zu schweigen. Kritiker beklagen eine „Ökonomisierung" (fast) aller Bereiche des Lebens, weil Ökonomen praktisch alle Fragen der menschlichen Gesellschaft mit ökonomischen Theorien analysieren.

Und zugleich gibt es ein großes Unbehagen an der VWL, auch innerhalb der Disziplin selbst. Umfragen zeigen, dass ein Großteil der Bevölkerung nur wenig Vertrauen in die Ökonomen hat. „Den Ökonomen glaubt man nicht", fasste der Kölner Wirtschaftspsychologe Detlef Fetchenhauer die Ergebnisse einer breiten Befragung zusammen, die er vor einigen Jahren, kurz nach dem Höhepunkt der Finanz- und Wirtschaftskrise, gemacht hatte. (Siehe Interview auf S. 46 ff.) In dieser repräsentativen Umfrage sagten 80 Prozent der Deutschen, die Gesellschaft würde auch ohne Ökonomen ganz gut auskommen. Nur jeder Siebte hielt Ökonomen generell für glaubwürdig. Das waren zwar höhere Werte als für Politiker (und Astrologen), aber Ökonomen wird deutlich weniger geglaubt als etwa Psychotherapeuten oder Ärzten.[3] Fetchenhauer schreibt dieses schlechte Image zum Teil der Erfahrung mit Konjunkturprognosen zu, die häufiger daneben lagen. Auf die Probleme der Konjunkturforscher und Makroökonomen werden wir unten noch mehrfach zu sprechen kommen.

Falsche Prognosen und Diagnosen gibt es auch in anderen Disziplinen. Wenn ein Arzt bei einem Patienten eine schwere Krankheit nicht richtig diagnostiziert, was durchaus nicht so selten vorkommt, wenden wir uns nicht generell von der Medizin ab. Niemand erwartet von Ärzten, dass sie den Ausbruch eines Krebserkrankung prognostizieren. Als Erdbebenforscher die verheerenden Tsunami 2004 in der Region Thailand oder 2011 in Japan oder das Beben von Haiti 2010 nicht rechtzeitig prognostizierten, hat man diese Disziplin nicht pauschal als wertlos abgetan. Wenn Ingenieure eine Brücke falsch konstruieren, so dass sie einstürzt, oder wenn der Hauptstadtflughafen BER so schlecht geplant ist, dass jahrelange Umbauten Milliarden Mehrkosten verursachen, dann ruft das Ärger oder Spott hervor, doch die Öffentlichkeit zweifelt nicht grundsätzlich an Ingenieuren oder Architekten. Fehler passieren, es gibt Versager und schwarze Schafe. Sie kratzen nicht fundamental am Image der betreffenden Wissenschaft oder Kunst.

Die Finanz- und Schuldenkrise, die im Sommer 2007 ausbrach und im Herbst 2008 beinahe zur Kernschmelze des Finanzsystems und dann in die größte Rezession seit achtzig Jahren führte, war indes eine Krise, die das Vertrauen in die Lehren der Ökonomen grundsätzlich erschüttert hat. Ökonomen sind keine Hellseher, aber dass praktisch keiner der bekannten Wirtschaftswissenschaftler vor dem drohenden Crash auch nur in Ansätzen gewarnt hat, wird in der Öffentlichkeit als Versagen wahrgenommen. Und selbst nach Ausbruch der Finanzkrise erkannten die meisten Ökonomen die zerstörerischen Ansteckungseffekte erst sehr spät.

Das hat viel Ärger über die Ökonomen ausgelöst. Auch die britische Queen war „not amused". Mit Hut und Kostüm besuchte Elisabeth II. im November 2009 die London School of Economics (LSE). Ratlos stand sie vor einer Schautafel mit der Aufschrift „Managing the credit crunch" mit vielen Kurven und Diagrammen. Die farbigen Linien zeigten steil nach unten. LSE-Professor Luis Garicano bemühte sich, der Monarchin zu erklären, wie der ökonomische Crash entstanden sei. Nach einiger Zeit sagte sie: „It's awful. Why did nobody see it coming?"

Die Frage bringt die Ökonomen in Erklärungsnot. Im folgenden Jahr erhielt die Queen drei offene Briefe von Wissenschaftlern mit Erklärungen. Ich führe die Hauptargumente hier kurz auf, weil sie exemplarisch für unterschiedliche Erklär- und Kritikmuster sind. Der erste Brief an die Königin kam Ende Juli 2009 von Tim Besley und Peter Hennessy, die im Namen der British Academy schrieben.[4] Viele hätten die Krise kommen sehen, behaupteten sie, doch keiner den Zeitpunkt und die Schwere des Einbruchs. Besley, ein LSE-Ökonom sowie Mitglied der Führung der britischen Notenbank, und Hennessy, ein bekannter Historiker, verwiesen auf Warnungen der Bank für Internationalen Zahlungsausgleich. Die Banken selbst hätten unzählige Risikomanager, „einige der besten mathematischen Geister unseres Landes", beschäftigt. „Aber sie haben oftmals den Blick für das größere Bild verloren."

Vor allem hätten sie nicht gesehen, wie all die ökonomischen Ungleichgewichte in der Welt zusammenwirkten und das System gefährlich instabil geworden sei. Besley und Hennessy vertreten die These der „globalen Sparflut" – also dass es vor allem die Kapitalüberschüsse der Chinesen und anderer Länder waren, die die Zinsen so niedrig drückten, dass die Amerikaner sich kräftig verschuldeten und am Häusermarkt eine Preisblase entstand. Die „Finanzzauberer", schrieben Besley und Hennessy, wollten Warnungen nicht hören und vertrauten ihren neuen Instrumenten – „Wunschdenken und Hybris". Politiker aller Couleur seien „vom Markt verzaubert" gewesen; die Notenbanken hätten zu lange die Leitzinsen niedrig gelassen. „Das Versagen liegt darin, dass niemand erkannt hat, wie all das zusammen zu einer Serie von verknüpften Ungleichgewichten führte, über die keine Autorität mehr herrschen konnte", kritisierten Besley und Hennessy, die als „demütigste und gehorsamste Diener Ihrer Majestät" unterzeichneten.

Kurz darauf veröffentlichte eine zweite Gruppe einen Brief an die Königin. Zu den Unterzeichnern gehörten der frühere LSE-Direktor und linksliberale Soziologe Anthony Giddens sowie Umweltschützer, etwa der Geschäftsführer von Greenpeace.[5] Ihrer Ansicht nach ist die Wirtschaftskrise nur Symptom einer viel größeren Systemkrise. Weit schlimmer als die ökonomischen seien die ökologischen Ungleichgewichte – zwischen dem wachsenden Energiehunger der Wirtschaft und den begrenzten Ressourcen der Welt. Die Krise sei der Weckruf, um sich vom Wachstumsparadigma zu verabschieden, schrieben sie.

Wieder einen konkret wirtschaftswissenschaftlichen Fokus hat ein dritter Brief, der wenige Tage später an die Königin ging, unterzeichnet von zehn britischen und australischen Ökonomen um Geoffrey Hodgson, Professor an der Universität von Hetfordshire.[6] Sie stimmen Besley und Hennessy in der Analyse zu. Allerdings gehen sie weiter und formulieren eine vernichtende Kritik der modernen Ökonomik, die sie für übermäßig mathematisiert und formelgläubig halten. Ihre Kronzeugen sind dabei Nobelpreisträger wie Ronald Coase, Milton Friedman und Wassily Leontief. Schon diese hätten beklagt, dass die Wirtschaftswissenschaften praktisch zur angewandten Mathematik verkommen seien. Eine ganze Generation von Ökonomen sei zu Fachidioten ausgebildet worden. Durch die Fixierung auf mathematisch-formale Modelle gehe die nötige Gesamtsicht auf die Welt verloren. „Modelle und Techniken sind wichtig", schrieben die Ökonomen um Hodgson. Aber angesichts der Komplexität der globalen Wirtschaft müsse in der Ausbildung von Ökonomen viel mehr Aufmerksamkeit auf institutionelle, historische und psychologische Faktoren gelegt werden.

Was die Queen über all das denkt und ob eine Gruppe von Briefeschreibern sie überzeugen konnte, ist nicht bekannt. Bekannt ist mir allerdings, dass es schon länger eine verbreitete Unzufriedenheit und Frustration mit dem Fach Volkswirtschaftslehre gibt. Das höre ich in Gesprächen mit früheren Kommilitonen, mit Journalistenkollegen, die VWL studiert haben, und von Studenten, die ich selbst unterrichtet habe Das Studium sei zu mathematisch, zu abstrakt, zu weit weg von realen wirtschaftlichen oder sozialen Problemen.

Schon im Jahr 2000, also lange vor der jüngsten Finanzkrise, ging eine Gruppe überwiegend linker Ökonomiestudenten an der Pariser Sorbonne auf die Barrikaden. Sie veröffentlichten einen Protest gegen die aus ihrer Sicht „autistische Wirtschaftswissenschaft". Die akademischen Ökonomen hätten eine „imaginäre" Modell- und Theoriewelt gebaut, die wenig mit der realen Welt zu tun habe, kritisierten sie in einem offenen Brief. Es gebe eine übertriebene Fokussierung auf die mathematische Formulierung von Problemen, die zum Selbstzweck werde. Die Wirtschaftswissenschaft habe sich in einem neoklassischen Dogmatismus eingemauert, es fehlten eine „pluralistische" Forschung und der Austausch mit anderen Sozialwissenschaften. Der Protest der Sorbonne-Studenten hat damals weltweit Aufsehen erregt und führte zu einer Bewegung, die sich „post-autistische" Wirtschaftswissenschaft nennt. Es ist nicht alles falsch, was die Protestler damals schrieben. Zum Teil wird ihre Kritik auch von bekannten Ökonomen geteilt, auch solchen, die man eigentlich zum „Mainstream" zählen würde.

Aus diesem Mainstream hat kein einziger Ökonom den Absturz der Weltwirtschaft 2008/2009 vorhergesehen, weder das erschreckende Ausmaß noch die zerstörerische Dynamik. In den Jahren zuvor, den scheinbar guten Jahren, als die Kredit- und Häuserpreisblase in Amerika wuchs und sich die Finanzalchemisten mit Verbriefungen eine goldene Nase verdienten, waren kaum kritische Stimmen zu hören. Es gab zwar vereinzelt Warnungen, etwa von Robert Shiller, der die Entwicklung der Häuserpreise kritisch verfolgte und vor irrationalen Übertreibungen an den Finanzmärkten warnte. Shiller zählt zu denen, die sich auch verhaltensökonomischer Erkenntnisse bedienen. Auch ein paar Ökonomen, die aus Sicht der österreichischen Konjunkturtheorie argumentierten, haben die zu lockere Zentralbankpolitik und zu viel billiges Geld kritisiert, die zu einer Kreditblase und einem aufgeblähten Bausektor führten. Aber das waren Außenseiterstimmen. Der breite Mainstream der Ökonomen sah die Risiken nicht. Ende 2008, nach dem Bankencrash, wirkten die Wirtschaftswissenschaftler, die zuvor nie um einen klugen Ratschlag verlegen waren, zeitweise sprachlos.

Die Wirtschaftswissenschaft befindet sich seitdem in einer Vertrauenskrise, von der sie sich bis heute nicht ganz erholt hat. In der Öffentlichkeit sind Ökonomen ohnehin nie sonderlich beliebt gewesen. Es gibt eine Kluft zwischen dem Denken und den Wertvorstellungen vieler ökonomischer Laien und dem der Fachwissenschaftler, wie Fetchenhauers Umfragen zeigen. Die Unterstützung für die Arbeitsmarktreformen und Einschnitte der „Agenda 2010" hat den hiesigen Ökonomen viel Feindschaft von der Linken eingebracht. Und dass die Mehrheit der Ökonomen von einem gesetzlichen Mindestlohn abriet, weil sie langfristige Beschäftigungsverluste erwartet, hat man ihnen auch übel genommen. Während viele Laien und Politiker schnell nach Eingriffen in den Markt und den Preismechanismus rufen, raten Ökonomen davon eher ab. Ökonomen gelten als kalt und „unsozial". Es gibt ein verbreitetes Ressentiment gegen „die Professoren", die sozialpolitischen Wünschen widersprechen.

Um solche Fragen geht es aber nicht in der aktuellen Vertrauenskrise. Sie rüttelt grundsätzlich am Anspruch der Volkswirtschaftslehre, Aussagen über ökonomische Zusammenhänge zu treffen und Empfehlungen für eine günstige Entwicklung geben zu können. Hochmut kommt stets vor dem Fall. Während der sogenannten „Great Moderation" der Weltwirtschaft in den späten achtziger und den neunziger Jahren, als die Inflation gering war und das Wachstum recht robust mit nur geringen konjunkturellen Schwankungen, glaubten herausragende Vertreter des Ökonomen-Mainstreams, sie hätten die großen wirtschaftstheoretischen Fragen quasi endgültig geklärt. Der Nobelpreisträger Robert Lucas und auch der spätere Vorsitzende der amerikanischen Notenbank Fed, Ben Bernanke, äußerten öffentlich voll Zuversicht, dass größere Wirtschaftskrisen ausgeschlossen werden könnten. Die Makroökonomie sei am Ziel angelangt. „Das zentrale Problem der Vermeidung von Depressionen ist gelöst", sagte Lucas von der Universität Chicago 2003 in seiner Ansprache als Präsident der American Economic Association (AEA).[7] Acht Jahre zuvor war er für seine Theorie der „rationalen Erwartungen" mit dem Nobelpreis geehrt worden.

Doch die Steuerbarkeit des Systems erwies sich als Illusion. Als sich die enormen weltwirtschaftlichen Ungleichgewichte und Vermögenspreisblasen entluden, brach nicht nur das globale Finanzsystem zusammen. Es gab eine Wirtschaftskrise, deren Verlauf zumindest am Anfang starke Ähnlichkeiten mit der Großen Depression hatte. Der Irrtum so angesehener Wissenschaftler wie Lucas und Bernanke ist symptomatisch für die Selbstüberschätzung vieler Ökonomen. Ihre makroökonomischen Modelle suggerieren, dass sie die großen, makroökonomischen Zusammenhänge der Volkswirtschaften und ihre weltweite Verflechtung recht präzise erfassen und letztlich damit auch beherrschbar machen. Die Ökonomie fühlt sich als Naturwissenschaft, wie die Physik, welche die Bewegung von Körpern präzise voraussagen kann. Dem liegt aber eine „Anmaßung von Wissen" (Friedrich August von Hayek) zugrunde, ein zu simples Bild der Realität. Die Interaktionen von Wirtschaftssubjekten entwickeln sich eben nicht mechanisch und kontrolliert, sondern in gewissen Situationen chaotisch. Wirtschaft entsteht aus dem komplexen sozialen Miteinander von Milliarden Menschen. Viele Modelle sind aber so reduziert, dass sie nur noch winzige Ausschnitte und Aspekte isoliert behandeln.

In diesen hochabstrakten Gleichgewichtsmodellen werden entscheidende Faktoren ausgeblendet, die das menschliche Verhalten prägen. Der plötzliche Vertrauensverlust, ausgelöst durch die Finanzkrise, war in keinem Modell vorgesehen. Erst in jüngerer Zeit bemüht sich die Verhaltensökonomik zu verstehen, welche Verhaltensweisen und Motive (zum Beispiel das Herdenverhalten) die Marktakteure antreiben. Wir werden auf die bohrende Kritik am einst vorherrschenden Modellbild des *Homo oeconomicus* zu sprechen kommen, der kühl analysiert und stets rational seinen Nutzen maximiert. Zu Fragen ist, ob die imaginäre Figur als Modellbild grundsätzlich verfehlt ist. Einzelne Ökonomen bezweifeln grundsätzlich, dass Finanzmärkte, auf denen Hunderte Milliarden an „high powered money" auf der Suche nach Rendite vagabundieren, zu einem stabilen Gleichgewicht tendieren. Sie unterstellen, bestärkt durch die extremen Ausschläge während der Krise, dass „die Märkte" grundsätzlich instabil seien. Sehr viel mehr Regulierung der Finanzmärkte und der Banken inklusive des Schattenbankensektors brauche es, fordern sie. In ihrer Sicht war die Krise überwiegend ein Marktversagen.

Zugleich soll in diesem Buch auch der Anteil des Staatsversagens als Ursache dieser Finanzkrise nicht unterschlagen werden. Die Krise ging zu einem erheblichen Teil auf falsch gesetzte Rahmenbedingungen, falsche Regulierung und falsche Anreize zurück. Ausgangspunkt war der amerikanische Häusermarkt. Über viele Jahre war es die erklärte Förderpolitik in den Vereinigten Staaten, dass praktisch jeder Amerikaner und auch Geringverdiener ohne Sicherheiten (sogar „Ninjas" – No income, no job) sich ein Eigenheim kaufen sollten, finanziert auf Kredit. Im Zusammenspiel mit der sehr lockeren Zentralbankpolitik, die Geld praktisch zum Nulltarif vergab, bildete sich eine „Subprime"-Kredit- und Immobilienmarktblase, die dann mit großem Krachen platzte. Und es waren die impliziten Staatsgarantien für „systemrelevante" Banken, die diese zu übermäßig großem Risikoappetit verleiteten (Moral Hazard). In den Jahren, in denen es gut ging, profitierten die Banken von enormen Gewinnen. Als alles den Bach runterging, wurden sie mit Steuergeld vor der Pleite gerettet – ihre Gläubiger kamen überwiegend ungeschoren davon.

Es war wohl auch der Nervosität durch die Krise geschuldet, dass die Ökonomen in Deutschland im Frühjahr 2009 in einen erbitterten öffentlichen Streit über Methoden und Ausrichtung ihres Faches verfielen. Anlass war die Abwicklung und Umwidmung traditionsreicher Lehrstühle für Wirtschaftspolitik an der Universität Köln und anderswo. Eine Reihe vorwiegend älterer Professoren erhob den Vorwurf, viele der vermeintlich modernen, angelsächsisch orientierten Ökonomen hätten sich aus der realen Welt zurückgezogen und in theoretischen Verästelungen und Modellwelten verloren. Die andere Seite tat diesen Methodenstreit als „typisch deutsch" ab und konterte, man dürfe sich internationalen Standards einer modernen Ökonomie nicht verweigern.[8]

Aber auch in Amerika gibt es seit der Krise eine ähnliche Kontroverse über die „moderne Makroökonomik". Die Zeitschrift „The Economist" zeigte 2009 auf ihrem Titelbild ein braun eingebundenes Lehrbuch „Modern Economic Theory", das wie Schokoladeneis in der Sonne schmilzt. Besonders scharf attackierte Paul Krugman, der Nobelpreisträger und linksliberale Kolumnist, die Mainstream-Makroökonomen: Sie seien einer Mathematik-Manie verfallen. Ihre Modelle krankten an verfehlten Annahmen, so dass der Großteil der Makroökonomik der vergangenen dreißig Jahre „spektakulär nutzlos" oder gar schädlich gewesen sei. „Wir brauchen eine ganz neue Art, Ökonomie zu lehren", forderte Krugman. Er fügte aber hinzu: „Ich weiß auch noch nicht genau, wie das gehen soll."

Man mag Krugmans Pauschalurteil über die Makroökonomik für überzogen halten. Es bleibt jedoch festzuhalten, dass die Finanz- und Wirtschaftskrise die Forschung vor fundamentale Fragen stellt: Wann und wie entstehen gefährliche Blasen? Sind die Erwartungen der Finanzmarktakteure systematisch rational oder zuweilen auch irrational? Welche Rolle spielen asymmetrische Informationen für den plötzlichen Ausfall von Finanzmärkten? Welche Verantwortung trifft die Banker, die Boni-Systeme, die Regulierer, die Notenbanken und die Regierungen? Was war Markt–, was war Staatsversagen?

Noch über Jahrzehnte werden die Ökonomen damit beschäftigt sein, aus den Scherben der Krise ein stimmiges Puzzlebild der Ursachen und Wirkungen zusammenzusetzen. Hier tut sich ein weites Feld für Nachwuchsforscher auf. Eigentlich sollten junge Leute in Scharen an die wirtschaftswissenschaftlichen Fakultäten stürmen. Das Interesse hält sich aber zumindest in Deutschland in Grenzen. Die Zahl der VWL- Studienanfänger ist nicht besonders hoch. Im Wintersemester 2007/2008, kurz bevor die Krise in voller Härte ausbrach, sank die Zahl der Erstsemester erstmals unter 3000 – ein Drittel weniger als in den Jahren zuvor. Die Gesamtzahl der VWL-Studenten fiel mit 20.600 auf den niedrigsten Stand seit den frühen neunziger Jahren. Seitdem hat sie nur wenig zugelegt, zuletzt auf

23.700, so die jüngsten verfügbaren Zahlen des Statistischen Bundesamtes. Dagegen wächst die Betriebswirtschaftslehre kräftig. Vor einem Jahrzehnt studierten gut 150.000 junge Männer und Frauen BWL, inzwischen sind es mehr als 230.000. Es gibt inzwischen zehnmal so viele BWL- wie VWL-Studienanfänger – in den frühen 2000er Jahren war das Verhältnis erst sieben zu eins. Auch in Österreich und der Schweiz ist der Andrang zur VWL mäßig.

All die aufreibenden und aufregenden Jahren der Krise, die hitzige Debatten über die ökonomischen Ursachen und die richtigen Therapien haben offenbar kein brennendes Interesse unter jungen Leuten für ein VWL-Studium ausgelöst. Anders als in den Jahren 1968ff., als der Linksdrift in der Studentenschaft und die hitzigen ideologisch-politischen Debatten an den Universitäten zu einer Massenbewegung zur Politologie und Soziologie führten, bleibt der Zulauf zur VWL heute schwach. Es gab und gibt keinen Krisen-Boom. Zwar erschienen auf dem Buchmarkt einige neue und auch grundsätzliche Werke, etwa die Kapitalismuskritik des Franzosen Thomas Piketty; sie wurden an Universitäten wie in den Medien eifrig diskutiert. Doch der Zulauf von Studenten an die Ökonomiefakultäten blieb seltsamerweise gering. Die stärkere Attraktion der BWL kann man teils mit den Aussichten auf dem Arbeitsmarkt erklären, wo BWLer gefragt sind. Nur wenige Stellenangebote richten sich ausdrücklich an Volkswirte – meist von Forschungsinstitutionen, Banken oder Ministerien. Volkswirte finden aber auch in vielen Unternehmen attraktive Stellen. Es muss also andere Gründe geben, weshalb sich nur relativ wenige Studenten für VWL begeistern.

Meiner Vermutung nach liegt die mangelnde Attraktivität auch am Aufbau und der Lehre des Ökonomiestudiums: An vielen Universitäten werden die Erstsemester schon in den ersten Wochen mit übermäßig abstrakten Modellen unter rigiden Annahmen konfrontiert, deren Bezug zur Realität sich ihnen kaum erschließt. Mancherorts wird das VWL-Studium kaum mit einer Debatte der konkreten wirtschaftlichen Entwicklungen und mit politischen Kontroversen verknüpft. Wirtschaft findet in Modellwelten, im luftleeren Raum statt, abgehoben von den Institutionen und Geschichten, die zum echten Verständnis wichtig wären. „Viele Studenten klagen, ihr Studium sei zu sehr auf mathematisch-formale Methodenlehre ausgerichtet", sagt Achim Wambach, neuer Präsident des Zentrums für Europäische Wirtschaftsforschung in Mannheim, der dort vor allem zu Regulierungsfragen forscht. Man müsse in der Vorlesung nicht immer den mathematischen Einstieg wählen, gibt er zu. „Im Wettbewerbsrecht zum Beispiel könnte man zunächst fragen, warum Kartelle noch vor hundert

Jahren erlaubt waren und als positiv galten. Darauf kann dann die mikroökonomische Kartelltheorie aufbauen."

Eine Studenteninitiative, das „Netzwerk Plurale Ökonomik", hat im Frühjahr 2016 eine vergleichende Studie über die Inhalte von fast 350 Bachelor-Studiengängen in zwölf Ländern veröffentlicht.[9] Ihr Ergebnis: Die Studenten würden viel zu wenig zum Nachdenken über das eigene Fach angeregt, in Deutschland besonders wenig. Mehr als 20 Prozent der Kurse im Bachelor-Studium hierzulande sind BWL, Management und Jura gewidmet. In 18 Prozent der Kurse pauken die Studenten mathematische und statistische Methoden. Die Kernfächer Mikro- und Makroökonomie kommen zusammen auf 21 Prozent. Nur verschwindend gering ist dagegen der Anteil von „reflexiven" Fächern wie Geschichte des ökonomischen Denkens (Dogmengeschichte), Wissenschaftstheorie, Wirtschaftsgeschichte oder auch Wirtschaftsethik. Sie machen weniger als 2 Prozent des Curriculums aus, viel weniger als im Durchschnitt der anderen untersuchten Länder (fast 6 Prozent). „Die VWL-Studierenden lernen kaum, wie die Wirtschaftswissenschaft wurde, was sie ist. Wie sollen sie dann beurteilen können, ob sie gut ist, wie sie ist?", kritisiert Gustav Theile, ein Student aus Tübingen, der sich im „Netzwerk" engagiert, das mit ähnlichen Initiativen in anderen Ländern zusammenarbeitet.

Beim VWL-Studium gehe es „nicht ums Nachdenken, sondern darum, eine vorgegebene Meinung rechnerisch zu reproduzieren", kritisiert Theile. Es sei höchste Zeit, dass die Studenten im Wirtschaftsstudium wieder über Wirtschaft und Wissenschaft nachzudenken lernten, statt eine Rechenaufgabe nach der anderen zu lösen. Das Netzwerk kritisiert auch, dass die VWL-Studenten zu wenig in Kontakt mit angrenzenden Sozialwissenschaften kämen. Weniger als einer von zehn Kursen könne dort belegt werden. „Forschung ist nicht nur, große Datensätze mit vielen Zahlen durch den statistischen Reißwolf zu jagen", sagt Theile. „Forschung heißt auch: Menschen beobachten, interviewen, Diskurse analysieren."

Vertreter der etablierten Mainstream-Ökonomie haben die Kritik entschieden zurückgewiesen. Schon die Unterscheidung, welche Fächer „reflexiv" und welche „nicht reflexiv" seien, findet Rüdiger Bachmann völlig verfehlt. Wirtschaftsgeschichte oder Ideengeschichte seien nicht per se reflexiver, betont er. „Man kann auch Wirtschaftsgeschichte anspruchslos, unreflektiert lehren, und Dogmengeschichte kann reines Faktengepauke sein – so wie man auch Mikro und Makro ‚für Kühe' unterrichten kann, als stupides Formelpauken", sagt Bachmann, der Nachwuchsbeauftragter des *Vereins für Socialpolitik* (VfS) ist, der Organisation der deutschsprachigen Ökonomen. Seine Wortwahl „VWL für Kühe" klingt ziemlich hart. Kühe sind bekannt dafür, dass sie vorgesetztes Futter schlucken und wiederkäuen. So sollte das VWL-Studium nicht ablaufen.

Man müsse generell über die Lehre sprechen, gibt Bachmann zu. „Da gibt es Defizite, das will ich gar nicht bestreiten." Eigentlich sollten alle VWL-Kurse reflexiv sein, findet Monika Schnitzer, die amtierende Vorsitzende des Vereins für Socialpolitik, in dem etwa 3000 akademische Volkswirte aus dem deutschsprachigen Raum Mitglied sind *(ein Interview mit Monika Schnitzer findet sich auf Seite 39ff.)*. Reflexion als Nachdenken und Besinnung sei wichtig für jede Lehrveranstaltung. „Wenn wir Methoden vorstellen, dann müssen wir auch gleich die Grenzen dieser Methoden problematisieren", sagt die Ökonomin von der Universität München. Stelle ein Dozent das Modell des Homo oeconomicus vor, solle er gleich die Annahmen und Grenzen dieses Modells hinterfragen. Schnitzer findet, die VWL sei auf einem guten Weg, sie sei weniger theoretisch-abgehoben und stärker empirisch geworden, arbeite also mehr mit Daten aus der realen Welt. Und die Methoden seien stark verfeinert. Man versuche mehr zu hinterfragen, was bloße Korrelation und was Kausalität seien.

Auf ihrer Magdeburger Jahresversammlung des VfS im Herbst 2009, in der tiefsten Wirtschaftskrise, haben die deutschen Ökonomen einen Konsens betont, dass ihre Arbeit empirisch und realitätsnah sein sollte. Studenten zu begeistern wird nur einer anschaulichen Volkswirtschaftslehre gelingen, die nicht allein auf mathematisch-formale Brillanz abzielt, sondern das Denken in Zusammenhängen, Anreizen und Ordnungen anregt und gleichzeitig einen starken Bezug zu aktuellen Entwicklungen der Wirtschaft und zu wirtschaftspolitischen Fragen hat. Mit einer einfacheren Sprache mag es auch gelingen, das Vertrauen der Öffentlichkeit zurückzugewinnen, so die Hoffnung.

Einige Kritiker wird das aber nicht zufriedenstellen. Sie fordern ein grundsätzlich neues Paradigma in der Wirtschaftswissenschaft. Das alte, marktwirtschaftliche Paradigma sei durch die Krise widerlegt, sagen sie. Ohne Zweifel waren der Beinahe-Zusammenbruch der Finanzmärkte und die folgende große Rezession der Weltwirtschaft ein tiefer Einschnitt, der die Grundfesten der Wirtschaftswissenschaft erschütterte – doch er hat sie nur durchgerüttelt, nicht zerbrochen. Manche Kritiker finden das schier zum Verzweifeln, Philip Mirowski etwa, Theoriehistoriker an der University of Notre Dame in Indiana, der mehrere anregende, aber auch umstrittene Bücher über die Entwicklung des ökonomischen Denkens geschrieben hat. Er beklagt in seinem neuesten Werk „Untote leben länger", wie der „Neoliberalismus" den Crash der Finanzmärkte überlebt habe und seitdem sogar noch stärker geworden sei.[10] Die Bankenrettung mit Steuergeld sieht Mirowski als „neoliberale" Politik. Er findet es paradox, dass Vertreter des Neoliberalismus, den er mit Marktradikalismus gleichsetzt, im Zuge der Krise den Kurs der Anti-Krisen-Politik vorgeben hätten.

Ob die Bankenrettung auf Steuerzahlerkosten wirklich „neoliberale" Politik war, darf man bezweifeln. Vertreter der neo- oder ordoliberalen Schulen gehörten zu den Kritikern der Rettungsaktionen, weil diese elementare marktwirtschaftliche Prinzipien verletzen. Im Laufe der Wirtschafts- und Finanzpolitik und der folgenden Schuldenkrise haben sich aber viele europäische Regierungen an „neoliberalen" Rezepten orientieren müssen – etwa mit den Sparprogrammen zur Sanierung der hochdefizitären, hochverschuldeten Haushalte, mit dem Abbau von Bürokratie und der Verschlankung der staatlichen Verwaltung sowie mit den Strukturreformen zur Liberalisierung von Arbeitsmärkten und geschlossenen, privilegierten Branchen und Berufsgruppen, um mehr Wettbewerb anzuregen und die Produktivität zu steigern. Die linken Kritiker, die als Folge der Krise eine große wirtschafts- und finanzpolitische Wende und ein neues ökonomisches Paradigma nach dem Versagen des „Marktradikalismus" erhofft hatten, wurden enttäuscht.

Um diese Entwicklungen einordnen zu können, hilft ein Rückblick. Die Geschichte der dreißiger Jahre, als die Weltwirtschaftskrise zur großen Abkehr von der Marktwirtschaft (in der täglichen Politik und im Denken der Ökonomen) führte, hat sich nicht wiederholt. In der Nachkriegszeit bildete sich ein keynesianischer Konsens, den allerdings die Krise der siebziger Jahre, die Stagflation nach dem Ölpreisschock, hinwegfegte. Zweimal hatten tiefe Krisen wirtschaftswissenschaftliche Wenden befördert. Dieses Mal scheint ein solcher Paradigmenwechsel auszubleiben.

Wie wissenschaftliche Umbrüche und „Revolutionen" entstehen, hat der große Wissenschaftstheoretiker Thomas Kuhn analysiert.[11] Obwohl von Karl Popper beeinflusst, hielt er dessen „Falsifikationismus" für eine zu naive, unhistorische Vorstellung von Wissenschaft. Laut Popper ist der ideale Wissenschaftler ein heroischer Kämpfer gegen Irrtümer, stets gewillt, seine eigenen Theorien und Hypothesen zu falsifizieren, also durch empirische Gegenbeweise zu widerlegen. Die Falsifikation dient in dieser Sicht dem Fortschritt der Wissenschaft.[12] Tatsächlich aber sind herrschende (sozial-)wissenschaftliche Paradigmen erstaunlich zäh, wenn sich nicht gelöste Probleme auftun, wie Kuhn dargestellt hat. Die ungelösten Probleme nannte er „Anomalien". Wissenschaftler bemühen sich um ergänzende Ad-hoc-Erklärungen, um diese zu erklären. Nur wenn der Druck zu vieler und gravierender, unerklärlicher Anomalien übergroß werde, bewege sich die Wissenschaft von Stadium der „normal science" zur „revolutionary science" und versuche völlig neue Ansätze. Dann kann es sein, dass die Krise in die Zerstörung des alten Paradigmas mündet, das durch ein neues ersetzt wird, welches eine konsistentere Theorie zur Erklärung der strittigen Fragen liefert. Diesen scharfen Bruch mit der Tradition nannte Kuhn „wissenschaftliche Revolution" (bzw. „Paradigmenwechsel"). Das neue Paradigma entthront die überkommenen Weltbilder und Denkgewohnheiten, es ermöglicht einen neuen Start und eine bessere Erklärung der beobachteten Phänomene der Welt. Beispiele sind die Kopernikanische Wende in der Astronomie, die Newtonsche Revolution in der Physik oder die von Einsteins Relativitätstheorie ausgelöste Revolution der Quantenphysik.

Aber sind solche Revolutionen in der Wirtschaftswissenschaft zu beobachten? Warum sind bestehende Denkmuster so widerstandsfähig, auch im Angesicht einer Krise? Einen anderen, noch differenzierteren epistemologischen Ansatz hat der Wissenschaftstheoretiker Imre Lakatos vorgelegt. Auch er glaubte nicht an die Annahme eines wissenschaftlichen Fortschritts durch eine permanente Verwerfung falsifizierter Theorien. Vielmehr stehe der Forscher vor der Aufgabe, aus verschiedenen konkurrierenden, potentiell falschen Theorien und Hypothesen die brauchbarste auszuwählen. Ganze Bündel sich gegenseitig stützender Theorien nannte Lakatos Forschungsprogramme (scientific research programmes), die jeweils aus einem Kern (hard core) und einem Schutzgürtel (protective belt) aus Hilfsannahmen und Hilfshypothesen bestünden. Bei Bedarf, wenn hartnäckige Probleme und nicht lösbare Fragen die Substanz des Forschungsprogramms gefährden, tendierten die Wissenschaftler dazu, den flexiblen Schutzgürtel neu zu justieren, um Angriffe abzuwehren, so Lakatos.[13] Wissenschaftssoziologisch ist es auch völlig verständlich, dass Forscher – auch Ökonomen – versuchen, das bestehende Paradigma zu retten. Sie haben einen Großteil ihres Forscherlebens in das Erlernen und Weiterentwickeln der herrschenden Theorien investiert und damit ihr Humankapital – ihre wissenschaftliche Reputation – aufgebaut. Würden sie die Theorien aufgeben, wäre damit auch ihr Humankapital entwertet.

Besonders die keynesianische Wende in den dreißiger Jahren wurde als „Revolution" im Sinne Kuhns verstanden – die Abkehr von der alten Lehre vom sich stets selbst räumenden Markt. Um die Wende des achtzehnten zum neunzehnten Jahrhundert hatte der französische Theoretiker Jean-Baptiste Say den Satz geprägt, dass sich das Angebot die Nachfrage selbst schaffe. Die Große Depression interpretierte Keynes als Ausdruck eines anhaltenden Nachfragemangels. Statt der unsichtbaren Hand des Marktes vertrauten die keynesianischen Ökonomen mehr der sichtbaren Hand des Staates und der Politik. Diese sollte mit gezielten Maßnahmen (Staatsausgaben, Steuerpolitik) die gesamtwirtschaftliche Nachfrage stärken, die Arbeitslosigkeit bekämpfen und für Vollbeschäftigung sorgen.

Weniger bekannt ist die zeitgleiche Entstehung des Neoliberalismus – ebenfalls eine Abkehr vom historischen Liberalismus – in den frühen dreißiger Jahren, die ebenfalls eine Reaktion und Neuorientierung angesichts der Herausforderungen der Zwischenkriegszeit war. Ganz im

Sinne Lakatos' suchten die Neoliberalen, die sich 1938 auf dem „Colloque Walter Lippmann" in Paris trafen, einen Weg zur Rettung ihres (liberalen) Forschungsprogramms.[14] Sie justierten den „Schutzgürtel" neu, indem sie nun eine Rahmenordnung für die Marktwirtschaft forderten, damit der Wettbewerb funktioniere. Zuvor hatten starke Kartelltendenzen den Wettbewerb praktisch außer Kraft gesetzt, so dass der Preismechanismus beschädigt war. Im Kern hielten die Neoliberalen aber daran fest, dass freie Preise ein besserer Allokationsmechanismus seien als die lenkende Hand des Staates, den sie von Interessengruppen gesteuert sahen.[15]

Zwar verloren die Neoliberalen die Schlacht gegen die Keynesianer, deren Empfehlung einer Nachfragepolitik mittels „deficit spendings" in den Nachkriegsjahrzehnten akademisch dominant wurde. Hohes Wirtschaftswachstum und annähernde Vollbeschäftigung in den westlichen Volkswirtschaften schienen die Überlegenheit einer solchen gesamtwirtschaftlichen Steuerung zu demonstrieren. Dank sprudelnder Steuereinnahmen konnte der Staat Sozialleistungen und Wohlfahrtsprogramme ausbauen; wo das Geld nicht reichte, wurden Schulden aufgenommen. Doch als der Ölpreisschock die westlichen Volkswirtschaften in den frühen siebziger Jahren traf und kreditfinanzierte Konjunkturprogramme und lockere Geldpolitik nicht mehr Wachstum, sondern nur Inflation brachten, da schlug die Stunde der neoliberalen Gegenwende. Die Neoliberalen forderten einen Rückbau des Staates, den Abbau der Defizite und die Bekämpfung der Inflation durch eine restriktive Geldpolitik.[16]

Die wirtschaftswissenschaftliche und wirtschaftspolitische Revolution der siebziger und achtziger Jahre bestand in der Abkehr von der Nachfragepolitik und Hinwendung zur Angebotspolitik. Diese will bessere Rahmenbedingungen schaffen, etwa durch Steuerreformen und Abbau von Regulierung, damit Unternehmen wieder investieren. Mehr Markt und mehr Wettbewerb sollten die Produktivität verbessern und das Wachstum wieder anregen. Die politischen Exekutoren dieser von Ökonomen angeregten Wende waren in den angelsächsischen Ländern Margaret Thatcher und Ronald Reagan; in Deutschland gab es höchstens eine halbe Wende unter der Kohl-Regierung. Mit einiger Verspätung hat die Schröder-Regierung durch die 2003 beschlossene Agenda-Politik Arbeitsmarktreformen auf den Weg gebracht, die in Teilen den neoliberalen Empfehlungen entsprachen.

Hätte die Finanzkrise von 2007/2008 und die folgende Weltwirtschaftskrise das Zeug gehabt, eine neue Revolution des ökonomischen Denkens auszulösen? Die Zweifel sind groß. „Mit stinknormaler Wirtschaftstheorie konnte man vieles vor der Krise vorhersehen und jetzt erklären, was geschehen ist", meint etwa Martin Hellwig, Direktor des Max-Planck-Instituts zur Erforschung von Gemeinschaftsgütern in Bonn. Was wäre diese

„stinknormale" Standardtheorie? Wichtige Stichworte sind die „Too big to fail"-Problematik der „systemrelevanten" Großbanken. Weil diese eine implizite Staatsgarantie genossen – also wussten, dass im Fall des Scheiterns ein von den Steuerzahlern gespanntes Rettungsnetz bereitsteht –, gingen sie übermäßig hohe Risiken ein.

Ökonomen sprechen von „Moral Hazard", moralischem Risiko, wenn falsche Anreize zu einem unerwünschten Verhalten führen. Mit geliehenem Geld und irrwitzig hohen Kredithebeln gingen die Banker gewagte Spekulationen ein, bis die Bank mit einem Schlag über dem Abgrund hing und vom Staat wegen ihrer angeblichen Systemrelevanz gerettet wurde. Hellwig hatte Jahr vor der Krise als Vorsitzender der Monopolkommission auf die problematischen Anreizstrukturen im Finanzsystem durch Großbanken hingewiesen. In einem Gutachten argumentierte er mit der historischen Erfahrung der Großbanken in den zwanziger Jahren und frühen dreißiger Jahren, auch damals gab es Moral Hazard. Das Gutachten ist ein schöner Beleg dafür, dass historische Kenntnisse und Analysen wertvoll für das Verständnis aktueller Probleme sein können.

Folgt man dieser Analyse, dann war es nicht Marktversagen, sondern Staatsversagen, nämlich die implizite Staatsgarantie für die Banken, die so tief in den Finanzschlamassel führte. Hellwig ist heute einer der schärfsten Kritiker der aus seiner Sicht völlig unzureichenden Regulierungsantwort auf die Krise. Nötig wären viel höhere Eigenkapitalpuffer. Statt der risikogewichteten Eigenkapitalquoten fordert er eine allgemeine Verschuldungsobergrenze durch eine „Leverage Ratio". Die neuen Basel-III-Vorgaben findet er viel zu lasch, verwässert durch die Interventionen von Lobbyisten der Finanzbranche. Es habe sich zu wenig substantiell geändert gegenüber der Vorkrisen-Regulierung. Sein mit Anat Admati geschriebenes, viel diskutiertes Buch trägt den Titel „The Bankers' New Clothes".[17] In seinen Augen sind die Banker (wie einst der Kaiser) immer noch nackt, nur wagt es niemand zu sagen. Nur wenn Banken ausreichend eigenes Kapital als Haftungspuffer gegen Verluste vorhalten und primär auf eigene Rechnung spekulieren, ist sichergestellt, dass sie einer volkswirtschaftlich nützlichen Funktion nachkommen, keine Gefahr darstellen und im Fall des Scheiterns nicht die Steuerzahler einspringen müssen.

Dies ist ein strikt marktwirtschaftlicher Gedanke: Wer im günstigen Fall Gewinne einstreicht, muss im Verlustfall auch für Schäden haften. So betonte der Gründervater der ordoliberalen Freiburger Schule Walter Eucken das essentielle Haftungsprinzip: „Wer den Nutzen hat, muss auch den Schaden tragen", schrieb er.[18] Sein Freund Wilhelm Röpke beklagte schon vor mehr als achtzig Jahren, dass wirtschaftliche Verluste immer häufiger sozialisiert werden. Wenn man es pointiert ausdrückt, hat die Krise einen partiellen, asymmetrischen Bankensozialismus offenbart, in dem scheiternde Banken von der Allgemeinheit aufgefangen wurden, nachdem diese zuvor ihren Topmanagern irrwitzig hohe Boni gezahlt hatten. Im weiteren Verlauf werde ich diese Problematik in mehreren kurzen Essays wieder aufgreifen (siehe Seiten 131 ff.). Es ist fraglich, ob der Nexus zwischen Bankenrisiken und Staatsrisiken heute wirklich durchtrennt worden ist.

Eine falsche Regulierung hat zur Entwicklung eines „Kasino-Kapitalismus" geführt, wie es der damalige Ifo-Chef Hans-Werner Sinn in seinem gleichnamigen Buch beklagte.[19] Man muss kritisieren, dass die Neoliberalen, die seit den siebziger Jahren auf dem Vormarsch waren, in ihrem Drang nach Deregulierung versäumt haben, eine funktionierende Haftungs- und Insolvenzordnung für den Finanzsektor sowie auch für Staaten zu entwerfen und zu etablieren. Denn mit der Übernahme der Rettungskosten und den allgemeinen Schäden durch die Finanzkrise sind zahlreiche Staaten schon so hoch verschuldet, dass sie eigentlich nahe vor einer Insolvenz stehen. Nur durch ultraniedrige Zinsniveaus können sie sich über Wasser halten, sonst wären sie schon von den Schulden erdrückt worden.

Zur Jahreswende 2008/2009, als die Welt in die Rezession fiel, schien es kurzzeitig so, als ob eine keynesianische Finanzpolitik eine Renaissance erlebe. Paul Krugman, kurz zuvor für seine Handelstheorien mit dem Nobelpreis geehrt, sprach von einem „Keynesian moment". Auf der AEA-Jahrestagung im Januar 2009 in San Francisco war überall der laute Ruf nach einer expansiven, kreditfinanzierten Fiskalpolitik zu hören. Selbst Martin Feldstein, der frühere Reagan-Berater, stimmte in den Chor ein – „obwohl es mir nicht leicht fällt", wie der konservative Ökonom bekannte. Rund um den Globus legten Regierungen Konjunkturprogramme auf. Die amerikanische Regierung unter Obama schnürte ein Paket im Volumen von fast 800 Milliarden Euro, gut ein Drittel davon war für Steuersenkungen reserviert, zwei Drittel sollten in den Bau oder die Renovierung von Straßen, Brücken oder Schulen und Amtsgebäuden fließen. In Deutschland gab es ebenfalls ein (proportional kleineres) Konjunkturpaket. Hinzu kam noch die berüchtigte Abwrackprämie für Altautos, die den Absatz von Neuwägen anheizen sollte. Wie gut oder effizient all diese Programme gewirkt haben, ist in der Wissenschaft umstritten. Die meisten Ökonomen gestehen zu, dass die expansive Fiskalpolitik in der akuten Phase des konjunkturellen Absturzes notwendig war und den Fall gebremst hat; doch wie stark sie wirkten, ist unklar.

All das hängt am sogenannten fiskalischen Multiplikator, den man für die kreditfinanzierten Staatsausgaben unterstellt. Wie viel gesamtwirtschaftliche Leistung regt ein vom Staat in den Kreislauf gepumpter zusätzlicher Dollar an? Obamas ökonomische Chefberater Christina Romer und Jared Bernstein schätzten, dass der Multiplikator bei 1,5 liege. Konservative

Kritiker, wie Robert Barro oder der Deutsche Volker Wieland, errechneten viel geringere Multiplikatoren von deutlich unter eins. Das hieße, dass die Wirkung zusätzlicher Staatsausgaben geringer wäre als der Einsatz – der Schuldenberg wächst mehr als die Wirtschaft. Später warf sich der keynesianische IWF-Chefvolkswirt Olivier Blanchard in die Schlacht und postulierte, der Währungsfonds habe den Multiplikator unterschätzt, etwa als er die rezessionsverschärfende Wirkung von Staatsausgabenkürzungen in Griechenland prognostiziert habe (siehe Seiten 164 ff.).

Angesichts der seit 2009 sprunghaft steigenden Staatsschuldenberge – in der Eurozone wuchs die Schuldenquote von 60 Prozent auf über 90 Prozent des BIP – verlagerte sich der ökonomische Mainstream-Diskurs recht schnell wieder weg vom Ruf nach Staatsausgaben unter Inkaufnahme sehr hoher Defizite hin zur Konsolidierungsfrage. Eine wichtige Rolle spielten dabei die von den Harvard-Ökonomen Kenneth Rogoff und Carmen Reinhart publizierten Studien zu historischen Schuldenkrisen, die auf einem reichen empirischen Material beruhen. Sie postulierten, dass bei sehr hohen Schuldenquoten – dabei nannten sie einen Schwellenwert von etwa 90 Prozent des BIP – das Wachstum belastet werde und ein Ausweg aus der Schuldenfalle schwierig werde, so Rogoff und Reinhart in der Studie „Growth in a Time of Debt".[20]

Dass sich viele Staaten dieser Schuldenmarke näherten oder schon darüber lagen, wurde als Alarmzeichen gewertet. Der Druck zum Konsolidieren wuchs. Später fand ein Doktorand von der University of Massachusetts in einer Excel-Tabelle der beiden Star-Ökonomen einen Rechenfehler, dessen Korrektur die Klarheit der Ergebnisse relativierte. Einige Länderwerte in einer Spalte, etwa für Neuseeland in den vierziger Jahren, waren versehentlich nicht gewertet worden. Der postulierte Schwellenwert von 90 Prozent erscheint nun weniger signifikant. Dennoch bleiben die meisten Ökonomen dabei, dass sehr hohe Staatschuldenberge eine dauerhafte Wachstumsbelastung sind, weil sie den Wirtschafssubjekten signalisieren, dass die Steuern hoch sein werden, um die öffentlichen Schulden bedienen zu können. Das schreckt Investoren ab und mindert allgemein die Anreize für Wachstum.

Der von Krugman erhoffte „Keynesianische Moment" in der Wirtschaftswissenschaft und Politik hat sich als nur kurzlebig erwiesen. Ein Paradigmenwechsel mit einer dauerhaften „Deficit spending"-Politik erschien zu gefährlich, weil der Druck der Verhältnisse, der Schuldenberge und die drohende Gefahr einer Abwendung der Gläubiger zu groß war. Im Krisenjahr 2012 erlebte die Eurozone, dass sich plötzlich die Anleger von einigen hochverschuldeten Krisenstaaten massenhaft abwandten und deren Risikoprämien sprunghaft stieg. Gleichzeitig wurde der Ruf lauter, dass die Euro-Mitgliedsstaaten eine gegenseitige fiskalische Stützung durch gemeinsame Schuldenhaftung oder durch gemeinsame Anleihen einführen sollte. Die Debatten über die Probleme der Euro-Währungsunion werden in einigen Beiträgen beleuchtet (siehe Seiten 143 ff.).

Obwohl es keinen Paradigmenwechsel wie in den dreißiger oder siebziger Jahren gab, hat sich seit 2008 in vielen wichtigen Details einiges im wirtschaftswissenschaftlichen Diskurs verändert. In der Makroökonomie gab es keine Revolution, aber eine Evolution, wie Rüdiger Bachmann unterstreicht. Die DSGE-Modelle (Dynamisch-stochastische Allgemeine Gleichgewichtsmodelle) sind weiterhin dominierend. Aber die tonangebenden Wissenschaftler haben zugegeben, dass es ein Versäumnis war, dass diese Modelle zuvor keinen Finanzsektor enthielten. Nun wird versucht, den Finanzsektor und den Immobiliensektor als neue Module einzufügen. Die Bedeutung von Geldpolitik und Kredit für die makroökonomischen Konjunkturzyklen wird aber wohl noch immer stark unterschätzt. Auf die Kritik, dass die Makroökonomie sich zu sehr auf das fragwürdige Bild eines repräsentativen Agenten mit rationalen Erwartungen stützt, wird vereinzelt durch die Einbeziehung verhaltensökonomischer Erkenntnisse reagiert, die in der Mikroökonomie große Debatten ausgelöst haben – doch bleibt das schwierig. Was weiterhin kaum gelingt, ist die Einbeziehung von politsicher Macht. Hier würde weiterhelfen, sich stärker der Public Choice-Theorie zu öffnen.

Die Enttäuschung mancher Kritiker, dass trotz Krise eine „Revolution" ausblieb, ist immer wieder im Herbst zum Zeitpunkt der Vergabe des Wirtschaftsnobelpreises zu vernehmen. Der Ökonomie-Nobelpreis steht in ihrer Sicht schon länger unter Ideologieverdacht. Es würden nur Vertreter des „neoliberalen Paradigmas" geehrt, lautet der Vorwurf von der Linken. Ohnehin sei der Nobelpreis für Ökonomen kein echter Nobelpreis, weil er nicht von Alfred Nobel selbst, sondern von der Schwedischen Reichsbank gestiftet und erstmals 1969 von der Schwedischen Akademie der Wissenschaften verliehen wurde. – Das stimmt.

Was nicht stimmt, ist der Vorwurf einer einseitigen Ausrichtung. In den ersten Jahren wählte das Preiskomitee alles andere als strikt marktwirtschaftliche Ökonomen aus. Die ersten Preise gingen an Ragnar Frisch und Jan Tinbergen, beide Sozialisten, die für ihre ökonometrischen Makromodelle geehrt wurden. Weitere Nobelpreise gingen an die Keynesianer Paul Samuelson und John Hicks. In den frühen siebziger Jahren war die Vorliebe für planwirtschaftliche Ansätze bei den Nobelpreisen für Wassily Leontief, den sowjetischen Statistiker Leonid Kantorowitsch sowie den Niederländer Tjalling C. Koopmans klar sichtbar. Ihnen allen ging es um Methoden zur staatlichen Steuerung wirtschaftlicher Prozesse und der zentralen Allokation von Ressourcen.

Den ersten Preis für einen „Neoliberalen", der unplanbare, evolutionäre Marktprozesse hervorhob, gab es 1974, als Friedrich August von Hayek für seine Beiträge zur Konjunkturtheorie ausgezeichnet wurde. Ironischerweise musste er sich den Preis mit dem schwedischen Sozialisten Gunnar Myrdal teilen, dessen ökonomische Ansichten kaum gegensätzlicher hätten sein können. Das empfand Hayek als „fast ein schlechter Witz".[21] 1976 erhielt Milton Friedman den Preis. Erst in den achtziger und neunziger Jahren gab es gehäuft Nobelpreise für dezidiert marktwirtschaftliche, staatsskeptische Ökonomen wie George Stigler, James Buchanan, Ronald Coase, Gary Becker und Vernon Smith. Aber auch Ökonomen, die Marktversagen untersucht haben, wie Joseph Stiglitz, der zur Rolle asymmetrischer Informationen und den daraus resultierenden Problemen für das Funktionieren von Märkten geforscht hat, wurden mit dem begehrten Preis geehrt. Von einer einseitigen Vergabepolitik kann also keine Rede sein.

Einen kurios geteilten Nobelpreis gab es abermals 2013. Drei Forscher erhielten die Auszeichnung, die diametral entgegengesetzte Ansichten über das Verhalten von (Finanz-)Märkten vertreten. Eugene Fama von der Universität Chicago ist als Vater der Effizienzmarkttheorie berühmt, aber auch berüchtigt. Dass er fünf Jahre nach Ausbruch der großen Finanzkrise den Nobelpreis erhalten würde, hätte kaum jemand erwartet. Mit ihm wurde Robert Shiller von der Yale-University ausgezeichnet, in Fragen des effizienten Finanzmarktes sein Antipode. Der Dritte im Nobelpreis-Bunde war der Chicago-Ökonom Lars Peter Hansen, der statistisch-ökonometrisches Rüstzeug zur Erforschung der Finanzmärkte und Makroökonomie entwickelt hat.

Fama und Shiller gemeinsam zu ehren bezeichneten manche Beobachter als schizophrene Entscheidung. Famas Effizienzmarkthypothese wurde nicht selten verkürzt auf den Satz „Der Markt hat immer recht". So simpel hatte Fama die Dinge nicht gesehen. Was er aus umfangreichen empirischen Finanzmarktdaten seit den sechziger Jahren herausgearbeitet hatte, war die folgende These: Kurzfristig sind Akienkursbewegungen kaum vorhersagbar, es gebe nur zufallsbedingte Abweichungen, einen „random walk" um die von den Fundamentaldaten bestimmten Kursniveaus herum. Der Fundamentalwert spiegelt für jede Aktie die Summe der abdiskontierten künftigen Dividenden wider. Für einen einzelnen Anleger ist es kaum möglich, systematisch besser abzuschneiden als der Markt. Der Markt verarbeite neue Informationen über die wirtschaftlichen Aussichten von Unternehmen blitzschnell und passe die Kurse entsprechend an. Dauerhaft zu hohe oder zu niedrige Kurse hielt Fama für nicht möglich.[22]

Shiller hingegen findet, der Markt neige zu irrationalen Übertreibungen und zu Blasenbildung. Schon früh zweifelte er Famas Behauptungen an. Zunächst betonte Shiller vor allem die hohe Volatilität der Kurse. Das starke

Schwanken spreche dagegen, dass die Kurse stets auf einer fundamentalen Analyse aller verfügbaren Informationen beruhten. Vielmehr seien auch Marktstimmungen und Emotionen der Anleger wichtig. Es gibt ansteckenden Optimismus oder Pessimismus unter Anlegern, ein Herdenverhalten, das Kurse längere Zeit in eine Richtung treibt, obwohl dies mit neuen Fundamentaldaten nicht erklärt werden kann. Mitte der 2000er-Jahre gehörte Shiller zu den wenigen Ökonomen, die vor einer Übertreibung der Preise am amerikanischen Häusermarkt warnten. Auch die „New Economy"-Aktienmarktblase, die 2000 platzte, hatte Shiller frühzeitig erkannt.

Angelehnt an die keynesianische Analyse der „Animal Spirits", die Anleger antreiben, haben Shiller und George Akerlof über psychologische Mechanismen geforscht, die auf Finanzmärkten zu Verzerrungen und Verwerfungen führen können. Anleger neigen (wie Menschen allgemein, das haben ökonomische Experimente gezeigt) nicht selten zu Überoptimismus, zu Überschwang und Gier und zu einer Fehlwahrnehmung von Risiken und Wahrscheinlichkeiten bei Spekulationen. Läuft der Markt einige Zeit sehr gut, dann nimmt die Gier überhand. Wie Shiller und Akerlof in ihrem Buch „Animal Spirits" schreiben, können diese Phänomene ganze Konjunkturzyklen und Boom-Bust-Muster erklären.[23] Dass die neoklassische Markttheorie, die so stark auf Gleichgewicht und den repräsentativen „rationalen" Akteur fixiert ist, diese Gefahren ignoriert habe, hält ihr Shiller als schweres Versäumnis vor. Fama bleibt dabei: „Es gibt keine Blasen."

Die Krise des vergangenen Jahrzehnts hat die Zweifel an der (neo-)klassischen Gleichgewichtsökonomie und ihren Grundlagen, speziell am Modellbild des Homo oeconomicus, verstärkt. Neue Antworten und Einsichten über das Verhalten von Menschen unter Unsicherheit versprechen vor allem die verhaltenswissenschaftlichen Experimente, die Ökonomen machen. Der Ansatz der „Behavioral Economics" wurde schon mit dem Nobelpreis geadelt. 2002 erhielt diesen der israelisch-amerikanische Psychologe und Verhaltensökonom Daniel Kahneman gemeinsam mit dem Experimental- und Verhaltensökonomen Vernon Smith. Kahneman und Amos Tversky hatten mit der „Prospect Theory" eine Alternative zur Erwartungsnutzentheorie vorgelegt. Sie wirft einen neuen Blick darauf, wie wir Entscheidungen zwischen unsicheren Optionen treffen. Statt wie perfekte Rechenmaschinen, die den erwarteten Nutzen der Alternativen mit großen oder kleinen Wahrscheinlichkeiten multiplizieren und gegeneinander abwägen, funktionieren reale Menschen anders. Wir benutzen sogenannte Heuristiken, also mentale Daumenregeln, um komplexe Entscheidungssituation zu vereinfachen. Dabei zeigt sich, dass wir mit sehr kleinen oder sehr großen Wahrscheinlichkeiten zuweilen schlecht umgehen können. Es gibt kognitive Verzerrungen. Außerdem haben Menschen eine ausgeprägte Verlustaversion. Gewinne und Verluste werden nicht symmetrisch bewertet. Weiter unten werden einige Erkenntnisse der Verhaltensökonomie kritisch diskutiert (siehe Seiten 67 ff.).

Die Hinwendung zu psychologischen Argumenten, welche die Experimentalökonomie seit etwa vierzig Jahren begonnen hat, stellt in gewisser Hinsicht eine „Wiedervereinigung" dar. Denn am Anfang der modernen Ökonomie stand mit Adam Smith ein Wissenschaftler, der nicht nur Ökonom, sondern auch Moralphilosoph und ein genauer Beobachter der Menschen war. Smith war damit auch (Sozial-)Psychologe. Er sah einerseits, dass die Menschen eigennützig handeln, betonte aber auch die Fähigkeit zu Mitleid und Empathie mit anderen Menschen. Den letzteren Aspekt betont auch die moderne Verhaltensökonomie, die über soziale Präferenzen, Ungleichheitsaversion und Kooperation forscht.

Mit Sicherheit erlauben die Experimente von Wirtschaftswissenschaftlern und Psychologen einen bereichernden Blick auf den Menschen und seine Entscheidungsmechanismen. Unser Verständnis ist heute tiefer als zuvor. Daraus resultiert ein gängiger Vorwurf, dass zu viele Ökonomen weiterhin einem „unrealistischen" Leitbild des Homo oeconomicus anhingen. Dagegen gibt es zwei Gegenargumente. Der Vorwurf gehe aus mehreren Gründen ins Leere, sagen die Verteidiger: Erstens stimme es gar nicht, dass die Ökonomen den Homo oeconomicus jemals als „realistisches" Bild vom Menschen betrachtet hätten. Es war stets eine Vereinfachung, eine Simplifikation zum Zwecke der Modellbildung, deren Limitationen man sich bewusst gewesen sei. Kritisch möchte man aber einwenden, dass manche Ökonomen im Laufe der Zeit scheinbar vergessen haben, dass dieses Modellbild auf unrealistischen Annahmen beruhte. Mit der Zeit hatte man den Homo oeconomicus, der die eleganten mathematischen Theoriegebäude bevölkerte, für den richtigen Menschen gehalten. Abweichungen wurden eher ausgeblendet.

Als zweite Verteidigung ist zu hören, dass die Ökonomie doch über das Stadium längst hinaus sei, den Homo oeconomicus als alleinige Referenz zu sehen. Wer heute noch eine theoretische Verengung und Fixierung auf den Homo oeconomicus kritisiere, der habe sich schon lange nicht mehr mit dem Fach beschäftigt, sagt etwa Monika Schnitzer, die für den Verein für Socialpolitik spricht. Die Verhaltensökonomie sei integraler Bestandteil der modernen Ökonomie. Auch der Verhaltensökonom Joachim Weimann, Vorsitzender der Gesellschaft für experimentelle Wirtschaftsforschung, der selbst Versuche mit vielen tausend Menschen im Labor gemacht hat, betont die Pluralität der Methoden in der Ökonomie.

„Die siebziger und achtziger Jahre waren die Hochzeit der harten ökonomischen Theorie", erinnert sich Weimann. Da wurden den Studenten die mathematischen Gleichgewichtsmodelle eingepaukt, bis sie „zu den Ohren wieder rauskamen". Die Standardannahme der Modelle war der perfekt rational kalkulierende ökonomische Agent. Aber heute nicht mehr, sagt Weimann. Die Prospect Theory und andere Konzepte begrenzter Rationalität hätten die Front aufgebrochen. „Seitdem gibt es eine unglaublich plurale, dynamische Entwicklung", findet er. Man habe heute einen größeren Werkzeugkasten als je zuvor und könne auswählen, welche Methode zu welcher Frage passe.

Allerdings findet Weimann: „Das wird noch zu wenig wahrgenommen in der Öffentlichkeit", sagt er. Schuld daran seien Medien, die ein zu oberflächliches und verkürztes Bild der Wirtschaftswissenschaften zeichneten. Und die Studenten, zumindest im Bachelor-Studium, bekommen in den Vorlesungen vom Methodenpluralismus wenig mit, muss er auch zugeben. „Bei der Lehre gibt es Defizite", sagt er. Wahr ist nämlich, dass viele Professoren, auch die mittleren Jahrgänge, die heute in den Hörsälen dozieren, noch von einem sterilen Methodenmonismus ausgehen. Ich möchte keineswegs dafür plädieren, den Homo oeconomicus als Standardmodell aufzugeben. Man würde damit das Kind (angesichts der Kritik) mit dem Bade ausschütten. Außerdem fehlt es der Verhaltensökonomie bis heute an einer geschlossenen, umfassenden Theorie des menschlichen Verhaltens. Je nach Situation und Kontext und je nach Experimentdesign kann man höchst unterschiedliche, teils auch widersprüchliche Effekte erzeugen und beobachten.

Die vielfältigen Abweichungen und Anomalien des menschlichen ökonomischen Verhaltens vom Homo-Oeconomicus-Modell kann man erst dann verstehen und einordnen, wenn man die Basisaussagen dieses Modells verinnerlicht hat. „Man kann die Verhaltensökonomie erst verstehen, wenn man das Rationalmodell gefressen hat, das ist die Voraussetzung und gibt Orientierung", sagt Weimann. Zudem wäre es kaum noch möglich, eine konsistente Wirtschaftspolitik zu machen, wenn man die Annahme aufgibt, dass Menschen in systematischer Weise auf Anreize reagieren. Aber sie reagieren eben nicht immer so darauf, wie das der seltsame Homo oeconomicus nach der Theorie tut. Somit muss man vom einfachen Modellbild zu einem komplexeren Bild der Wirklichkeit kommen.

Zu diesem komplexeren Bild gehört aber noch mehr. Die interdisziplinäre Kooperation mit den Psychologen hat den Ökonomen gut getan. Sie müssten sich aber auch stärker anderen angrenzenden Wissenschaftsdisziplinen öffnen und in einen Austausch mit diesen treten. Die jahrzehntelange Fixierung der Ökonomie auf mathematische Formalisierung hat bei vielen dazu geführt, dass die Sprechfähigkeit verloren gegangen ist. Es herrschte „Sprachlosigkeit", nicht nur angesichts der Krise. Verbale Kommunikation wurde durch mathematische Formeln ersetzt. Das hat zwar zu mehr (Schein-)Präzision geführt, aber der Dialog mit anderen Sozialwissenschaften wurde behindert. Gegenseitiges Misstrauen und Abwehrhaltungen sind ohnehin stark. Aus den „linken" Sozialwissenschaften kam holzschnittartige Kritik an der „neoliberalen" Wirtschaftswissenschaft. Umgekehrt hielten sich Ökonomen den anderen Sozialwissenschaften für weit überlegen.

Wie fruchtbar interdisziplinäre Ansätze sein können, zeigt nicht nur die Verhaltensökonomik, sondern auch die Programme „Law and Economics", die an die alte ordoliberale Idee der „Interdependenz" der Ordnungen – hier der Rechts- und der Wirtschaftsordnung – erinnern. An englischen Top-Universitäten wie Oxford und an wenigen deutschen Hochschulen werden „Philosophy, Politics and Economics"-Studiengänge angeboten, die ein breites geistes- und sozialwissenschaftliches Feld abdecken. Sie erinnern daran, dass die Ökonomie einst aus der Philosophie entstand.

Ein Großteil der modernen forschenden Ökonomen hat das jedoch vergessen und verdrängt. Wirtschafts- und Theoriegeschichte sind in den Lehrplänen weitgehend marginalisiert worden. Auf die Frage, warum VWL-Studenten an den deutschen Universitäten heute fast nichts über die Entwicklung ihres Faches erfahren, sagt die VfS-Vorsitzende Schnitzer: „Wenn Sie einen Medizinstudenten ausbilden, dann lehren Sie auch nur die neuesten Methoden, so dass er später einen Bypass legen kann. Sie fangen nicht mit der Medizingeschichte und dem Aderlass an. Das mag zwar spannend sein, ist aber nicht mehr relevant für die moderne Medizin." Diese Antwort offenbart eine irrtümliche Vorstellung über das Wesen der Volkswirtschaftslehre. Sie ist geprägt von einer „Whig History of Economics": Demnach wird die Disziplin stetig besser, sie bewegt sich in immer höheren Erkenntnissphären und hat mehr Erklärungskompetenz erreicht. Sie ist in einem mehr oder weniger linearen Aufstieg. Nach dieser Auffassung von (Wissenschafts-)Geschichte sind die neuen Ideen immer besser als die alten.

Doch stimmt das wirklich? In der Medizin kann man wohl sagen, dass bestimmte alte Therapien und Behandlungsmethoden völlig widerlegt sind. Niemand will heute mehr einen Aderlass. In den Naturwissenschaften, die mittels Experimenten ihre Hypothesen testen, gibt es einen klaren Fortschritt durch Verifizierung oder Falsifizierung. Ältere Irrtümer werden überwunden. In den Sozialwissenschaften kann man aber nicht so einfach Experimente durchführen und daraus exakte Schlüsse ziehen. Zudem sind die Sozialwissenschaften viel stärker auch von politischen Vorlieben der Wissenschaftler geprägt als die Naturwissenschaften.

Gab es Irrtümer nur in der Vergangenheit, nicht auch heute? Werden Irrtümer rasch überwunden, oder gibt es auch länger andauernde Phasen des Irrtums? Der Grazer Ökonom und Theoriegeschichtler Heinz Kurz betont, dass der „Markt für ökonomische Ideen" nicht als perfekter Selektionsmechanismus funktioniert, der schlechte Ideen zuverlässig aussortiert und Irrwege zügig korrigiert.[24] Vielmehr gibt es auf diesem Markt Modetrends und Herdenverhalten, verstärkt durch positive Rückkopplungen im Wissenschaftsbetrieb (gegenseitige Bestätigung und Belobigung, Berufungspraxis auf Lehrstühle, Vergabe von Forschungsgeldern, Preise). Aus diesem Herdenverhalten kann schließlich – wie auch auf den Finanzmärkten – Blasenbildung resultieren. Und die Wissenschaftssoziologie zeigt, dass es nicht nur der hermeneutische Wert einer Idee oder Theorie sein muss, sondern auch andere Faktoren bei ihrer Ausbreitung eine Rolle spielen – nämlich politisch-materielle Interessen und Ideologien.

Eine der größten Blase war der Marxismus, der im neunzehnten und zwanzigsten Jahrhundert gewaltige Anziehungskraft auf Wissenschaftler und Intellektuelle ausübte. Zeitweise infizierte diese intellektuelle Mode ganze Studenten- und Wissenschaftlergenerationen. Erst nach dem Scheitern der marxistisch-sozialistisch inspirierten Staats- und Wirtschaftsexperimente kam er aus der Mode und ist heute marginalisiert. Kaum ein Ökonom glaubt heute noch an die Mehrwerttheorie oder die Verelendungstheorie. Als eine neuere Blase kritisiert Kurz die neoklassische Ökonomie, vor allem die auf der Idee des „rationalen" Agenten aufbauende Makro- und Finanzmarktökonomie, vertreten durch Robert Lucas und Eugene Fama. Vor allem Lucas wirft er arrogantes Abwerten konkurrierender, früher weit verbreiteter Erklärungsansätze vor.

Die Idee, dass es einen zuverlässigen Fortschritt in der Wirtschaftswissenschaft gibt, kann übermütig und unvorsichtig machen. Sie führt zur Gefahr der Wissensanmaßung, warnt Kurz. In den Jahren vor der Finanzkrise glaubten maßgebliche Ökonomen wie Lucas, der makroökonomische Erkenntnisstand sei so hoch, dass wirklich große, erschütternde Wirtschaftskrisen nunmehr unmöglich seien. Sie hatten sich getäuscht. Der IWF gab selbst in seinem Evaluierungsbericht zur Tätigkeit in den Jahren 2004 bis 2007 zu, dass man sich dem „Gruppendenken" hingegeben habe, dass eine große Finanzkrise unwahrscheinlich sei. Dies habe das Erkennen von Risiken verhindert.

In der Krise griff die Politik mit den Konjunkturprogrammen plötzlich auf ältere keynesianische Rezepte zurück. Wie aber können Studenten beurteilen, ob und wann keynesianische Fiskalpolitik angemessen ist, wenn sie nie von den Debatten der dreißiger Jahre gehört haben oder die Debatten der siebziger Jahre nicht kennen, als man vom Keynesianismus wieder abkam? Spätestens 2008/2009 bedauerten einige Ökonomen und Studenten, dass sie theoriegeschichtlich ziemlich blank waren. Und nicht nur die keynesianische, auch die hayekianische Konjunkturtheorie erlebte in der Krise eine gewisse Renaissance. Nach Hayeks Vorstellung werden schwere Krisen durch eine vorangegangene Phase zu geringer Zinsen vorbereitet, die zu einer Blasenbildung in bestimmten Sektoren führt.

Die Geldpolitik in den Jahren vor der Finanzkrise war nach Ansicht vieler Fachleute viel zu locker und hat so die Krise mit vorbereitet und ausgelöst. Nach der „österreichischen" monetären Konjunkturtheorie waren die Zentralbanken, die in der Krise Feuerwehr spielen, zuvor die eigentlichen Brandstifter. William White, damals Chefvolkswirt der Bank für Internationalen Zahlungsausgleich (BIZ), hatte als einer der wenigen Ökonomen die Krisenzeichen frühzeitig erkannt und davor gewarnt. Er hat sich dabei auch immer wieder auf die hayekianische Theorie berufen; heute warnt er, dass die extreme Niedrigzinspolitik den Boden für die nächste große Verwerfung der Weltwirtschaft bereite.[25]

Die Wissenschaft entwickelt sich nicht linear, sondern oftmals in Wellen oder Zyklen. Alte Argumente und Theorien kommen plötzlich wieder, werden im Lichte neuer Entwicklung wieder entdeckt und neu bewertet. Teile alter Theorien können plötzlich wieder interessant erscheinen; man kann sie als Steinbruch nutzen, um die aktuellen Theorien weiterzuentwickeln, zu bereichern oder zu korrigieren. Ohnehin gibt es für Studenten keine „alten Ideen", sie sind für jede Person, die zum ersten Mal von ihnen hört, stets neu. Wer den Fortschritt in der Wissenschaft schätzen lernen möchte, sollte auch von den älteren Leistungen – teils Irrtümern, teils klugen Einsichten – gehört haben. Keynes hatte recht, als er die langfristige (oft unterschwellige) Wirkung von ökonomischen Theorien betonte. Manche Ideen kommen immer wieder oder sind politisch weiter wirkmächtig, obwohl sie von der Mehrzahl der Ökonomen strikt abgelehnt werden, etwa merkantilistische oder protektionistische Ideen. Im Zeitalter der Globalisierung werden protektionistische Ideen immer wieder neu aufgegriffen.

Joseph Schumpeter war der Ansicht, dass eine solide Ausbildung in Theoriegeschichte die Anfälligkeit für intellektuelle oder ideologische Moden reduziere und sogar dagegen immunisiere. Theoretiker, die wenig Ahnung von Wissenschaftsgeschichte haben, hielt Schumpeter für sehr gefährlich. Doch heute haben die meisten Ökonomen, wohl auch aus Gründen des Zeitdrucks und des hohen Spezialisierungsgrades in der Wissenschaft, kaum noch Interesse an der Geschichte des ökonomischen Denkens. Und die große Mehrheit der Studenten erfährt von ihr wenig bis nichts. „Die weitgehende Abschaffung der Theoriegeschichte in den Lehrplänen bedeutet eine Verarmung", findet Heinz Kurz. Dadurch würden sich die heutigen Ökonomen gegen den Wettbewerb mit älteren, alternativen Theorien und Erklärungsansätzen abschotten. Die Vielfalt des Angebots als Voraussetzung für Wahlmöglichkeiten und Fortschritt bleibe auf der Strecke. Weltweit komme es durch die Globalisierung und die Wissenschaftspolitik – etwa den Bologna-Prozess in Europa – zu einer Homogenisierung. Die Studiengänge würden immer ähnlicher. Unterschiedliche Traditionen gehen unter, es kommt zur Herausbildung eines mächtigen globalen Mainstreams, der sich durch Rückkoppelungsmechanismen selbst verstärkt. All dies erhöht die Gefahr, dass sich intellektuelle Blasen bilden.

Wer die Vergangenheit vergisst, erlebt manch unangenehme Überraschung. Mehr als zwei Jahrzehnte hatten sich Ökonomen einer zu starken Gegenwartsfixierung hingegeben. Nicht nur die Theoriegeschichte, auch die Wirtschaftsgeschichte legten sie beiseite. Als der Politologe Francis Fukuyama 1992 über ein vermeintliches „Ende der Geschichte" schrieb, weil sich das Modell des westlichen demokratischen Liberalismus überall durchsetzen werde und die Zeit der großen Systemkonflikte damit vorbei sei, gab es in der Wirtschaftswissenschaft eine ähnliche Entwicklung. Man ging vom Ende der Wirtschaftsgeschichte aus, die von großen (System-)Krisen geprägt war. Stattdessen erlebte man die sogenannte „Great Moderation". Die Wirtschaft lief recht gut, die früheren heftigen Ausschläge, Friktionen und Krisen gehörten scheinbar der Vergangenheit an. Man lebte in einer vermeintlich sicheren, aufstrebenden Welt, die durch das Wachstum der Schwellenländer angetrieben wurde. Zwar gab es 2000 in Amerika und anderswo eine Übertreibung mit der Internet-Blase an den Börsen, doch selbst das blieb realwirtschaftlich eine eher kleine Delle.

Die „Great Moderation" wurde so stark verinnerlicht, dass sie von einer aktuellen empirischen Beobachtung zu einem Versprechen für die Zukunft uminterpretiert wurde. Das Risikobewusstsein wurde so eingeschläfert. Ökonomen und Banker rechneten, etwa bei der Bewertung der Risiken der hochkomplexen Verbriefungen (ABS, Asset Backed Securities), mit recht kurzen Zeitreihen, in denen keine größeren makroökonomischen Schocks enthalten waren. Der kurze Zeithorizont wurde dann in der Finanzkrise zum Verhängnis. Was man als die „normale" Bandbreite der Schwankungen angenommen hatte, stellte sich als viel zu eng heraus. Der kurze Zeithorizont hatte eine falsche Sicherheit vermittelt.

Erst in der Krise wurden ältere wirtschaftsgeschichtliche Bücher wieder entdeckt und hektisch durchgeblättert, etwa Charles Kindlebergers „Manias, Panics, and Crashes".[26] Eine Lehre aus der Krise müsste sein, die wirtschaftsgeschichtliche Ausbildung der Ökonomen zu verstärken. Dies geschieht aber noch viel zu wenig. Es gibt zwar eine gewisse Renaissance der Wirtschaftsgeschichte, doch die meisten Ökonomen nehmen diese bislang nur als Nebenarm des Faches wahr. Dabei sollten zumindest Grundkenntnisse im VWL-Studium verpflichtend gelehrt werden. Wissenschaftsgeschichte und Wirtschaftsgeschichte helfen, große Zyklen und wiederkehrende Muster zu verstehen. Und historische Argumente können Orientierung und Anregung geben in Krisensituationen. Beispielsweise kamen in der Euro-Krise immer wieder Vorschläge, die Staaten Europas sollten wie die Vereinigten Staaten von Amerika im späten achtzehnten Jahrhundert unter Hamilton eine Schuldenhaftungsgemeinschaft eingehen. Weiter unten wird diskutiert, ob Amerika in dieser Frage wirklich ein Vorbild sein kann (siehe Seiten 154 ff.).

Während sich viele Ökonomen über Jahre in allzu theorielastige Formelwelten flüchteten, verloren sie in erschreckendem Maße die Bodenhaftung, sowohl die Vergangenheit als auch die aktuelle Realität wurden nur noch reduziert wahrgenommen. Die reale Welt wurde allenfalls über eine quantitative Empirie erfasst, die jedoch manchmal eine zu starke Vereinfachung bedeutet. Die Gegebenheiten der menschlichen Gesellschaft und die Institutionen, Gesetze und Regeln, die Wirtschaft und Politik bestimmen, lassen sich nicht alle in Zahlen fassen. Während des neueren Methodenstreits, als über die Abschaffung der wirtschaftspolitischen Lehrstühle gestritten wurde, monierte Hans-Werner Sinn zurecht, ein „wesentliches Defizit unsere Faches (liegt) darin, dass die Institutionenkenntnis heute zu kurz kommt".[27] Während die alte historische Schule zwar stark in ihrer Institutionenkenntnis, aber theorieschwach war, ist die heute dominierende Ökonomie stark in der Theorie, aber schwach in der Institutionenkenntnis. Sinn findet, dass man die Finanzkrise nicht verstehen könne, wenn man nicht weiß, was die regressfreien Kredite in den Vereinigten Staaten waren, wie strukturierte Wertpapiere gebildet wurden, was der Community Reinvestment Act festgelegt hat (Banken sollten einen bestimmten Teil der Kredite an sozial- und einkommensschwächere Menschen aus der Stadt vergeben), wie die IFRS-Rechnungslegungsvorschriften zur Krisenverstärkung beigetragen haben, welche Regeln Basel-II vorsah und wie die faktische Haftungsbeschränkung der Banken funktioniert. „Das alles ist unvergleichlich kompliziertere und wichtigere Empirik als die Verwendung neuester ökonometrischer Testverfahren, deren Verwendung beweist, dass ein Forscher methodisch auf der Höhe der Zeit ist", schrieb Sinn.

In den internationalen Top-Zeitschriften finden sich zu selten Analysen, die konkrete wirtschaftspolitische Institutionen betreffen, also Gesetze, Regulierungen und Einrichtungen des (Sozial-)Staates, die Rahmenbedingungen der Wirtschaft. Die Papiere, die dort veröffentlicht werden, sind eher abstrakter Natur, oder aber sie stützen sich auf quantitatives empirisches Material. Aber wie gesagt: Nicht alles lässt sich quantitativ erfassen, manches kann man eher verbal-qualitativ begründen. Und wenn Ökonomen in den Top-Journals Institutionen analysieren, dann haben sie mit einer Arbeit über ein amerikanisches Thema eine höhere Chance für eine Veröffentlichung in einer der Top-Zeitschriften, die allesamt amerikanische sind. Dies ist eine der strukturellen Anreizverzerrungen des Wirtschaftswissenschaftsbetriebs, die dazu führen, dass Nachwuchskräfte aus Deutschland sich vielleicht weniger als nötig mit deutschen Verhältnissen und konkreten deutschen wirtschaftspolitischen Fragen beschäftigen. So macht man zumindest keine Karriere an einer Top-Universität.

„Die Volkswirtschaftslehre braucht heute wieder mehr Ökonomen, die bereit sind, sich mit den Details des staatlichen Ordnungsrahmens und der Funktionsweise des Staatsapparates zu beschäftigen", lautete Sinns Fazit. Die Stärke der alten, ordnungspolitisch ausgerichteten Wirtschaftswissenschaft war es gerade, den Ordnungsrahmen zu analysieren und das Denken in größeren Zusammenhängen zu schulen. Eine gewisse Renaissance hat die Ordnungsökonomik durch das Aufkommen und die Erfolgsgeschichte der Public-Choice-Theorie sowie der Institutional Economics erlebt. Die Public-Choice-Schule um James Buchanan, Gordon Tullock und weitere hat analysiert, wie Politiker und Bürokraten Entscheidungen treffen, und dabei ein skeptisches, unromantisches Bild gezeichnet. Die neue Institutionenökonomik hat, beginnend mit den Arbeiten von Douglass North, der dafür mit dem Nobelpreis ausgezeichnet wurde, konkret die formellen und informellen Institutionen analysiert, die unser (Wirtschafts-)Leben prägen und Anreize oder Hindernisse für effizientes Wirtschaften setzen.

Die alte Frage „Warum wurde der Westen so reich?" lässt sich eben nicht mit einer ziemlich abstrakten neoklassischen Wachstumstheorie erklären, die Inputfaktoren kombiniert und einen technischen Fortschritt annimmt, der irgendwie vom Himmel fällt. Entscheidend war, dass sich Institutionen wie Eigentumsrechte und Rechtsstaat, politische Partizipation, offene Märkte und freier Wettbewerb entwickelt haben, die im „Westen" beginnend mit der Industriellen Revolution eine Explosion an wirtschaftlicher Dynamik auslösten.[28]

Und andererseits sind viele andere Gesellschaften noch heute von ausbeuterischen „extraktiven" Systemen geprägt, wie Daron Acemoglu und James Robinson in ihrem Bestseller „Why Nations Fail" erklären.[29] Nicht selten gibt es eine lange Pfadabhängigkeit. Es ist schwierig, schlechte Institutionen zu überwinden, weil privilegierte Gruppen in der Gesellschaft und in der Politik von diesen profitieren und das System erhalten wollen. Um ihre Argumente zu belegen, haben Acemoglu und Robinson tief in der Geschichte gegraben. Auch wenn manche ihrer Versuche, historisches Material in ökonometrische Berechnungen zu stecken, problematisch sein mögen, zeigt ihr erfolgreiches Forschungsprogramm, wie fruchtbar die Verbindung historisch-institutioneller Faktoren mit modernen ökonomischen Analysen sein kann. Und seit einiger Zeit wagen sich Ökonomen auch daran, den Faktor Kultur bei der Entstehung von wirtschaftlich relevanten Institutionen zu berücksichtigen.[30]

Das vorliegende Buch möchte für eine Neuorientierung und Verbreiterung der wirtschaftswissenschaftlichen Ausbildung und Forschung plädieren. Zu lange waren die Lehrpläne auf einen schmalen Korridor an Theorien und Methoden verengt. Kritisches Denken wurden unter den Studenten zu wenig gefördert. Breite Bildung, die man braucht, um die komplexe Welt zu verstehen, wurde zugunsten eines problematischen Spezialistentums vernachlässigt. Dabei sollten die wirklich guten Ökonomen nicht nur die aktuell dominierende Theorie kennen und die notwendigen statistisch-ökonometrischen Methoden beherrschen, sondern sie brauchen „den Blick für die großen Zusammenhänge", wie der frühere EZB-Chefvolkswirt Otmar Issing betont. Die naive Modellgläubigkeit und Fehleinschätzungen vor der Krise sowie die Sprachlosigkeit vieler Ökonomen in der Krise haben in der einseitig verengten Ausbildung ihre Wurzel.

Zwei der größten Ökonomen des zwanzigsten Jahrhunderts, Keynes und Hayek, die sonst als schärfste Antipoden wirkten, waren sich in dieser Frage völlig einig. In einem Nachruf auf seinen Lehrer Alfred Marshall schrieb Keynes, „der Meisterökonom muss eine seltene Kombination aus Talenten besitzen ... Er muss Mathematiker, Historiker, Staatsmann, Philosoph sein – bis zu einem gewissen Grad. Er muss Symbole verstehen und in Worten sprechen. Er muss das Besondere im Zusammenhang mit dem Allgemeinen begreifen, und Abstraktes wie Konkretes im selben Gedankengang berühren. Er muss die Gegenwart im Lichte der Vergangenheit studieren für die Zwecke der Zukunft. Kein Teil der menschlichen Natur oder seiner Institutionen darf sich völlig außerhalb seines Blickes befinden."[31] Knapper, aber in genau gleicher Weise, wandte sich Hayek gegen eine Verengung des Blickes der Ökonomen, die nur noch Spezialforschung betreiben: „Ein Physiker, der nur ein Physiker ist, kann durchaus ein erstklassiger Physiker und ein hochgeschätztes Mitglied der Gesellschaft sein. Aber gewiss kann niemand ein großer Ökonom sein, der nur Ökonom ist – und ich bin sogar versucht hinzuzufügen, dass der Ökonom, der nur Ökonom ist, leicht zum Ärgernis, wenn nicht gar zu einer regelrechten Gefahr wird."[32] Mehr Mut also zur Interdisziplinarität!

Die Finanz- und Schuldenkrise ist noch lange nicht überwunden. Die Staatsschuldenberge sind größer als jemals zuvor seit dem Zweiten Weltkrieg, das Wachstum nur schwach – verglichen mit dem Vorkrisentempo. An den meisten Finanzmärkten haben sich die Kurse zwar seit den Tiefständen von 2009 rasant erholt. Doch es scheint, dass die Erholung größtenteils den extremen Stützungsmaßnahmen der Notenbanken zu verdanken ist, die bis heute eine ultralockere, ultraexpansive Geldpolitik betreiben. Diese hat die Zinsniveaus weltweit auf historische niedrige Levels gedrückt. In Deutschland ist im Juni 2016 erstmals der Nominalzins für zehnjährige Bundesanleihen unter Null gesunken. Weltweit weisen

Anleihen für mehr als 12 Billionen Dollar eine negative Rendite auf. Und es sieht nicht danach aus, als würden die Zinsniveaus bald wieder steigen. Vielmehr wird der Negativ- oder Nullzins zum Dauerphänomen.

Die Welt erlebt einen monetären Ausnahmezustand. Manche Ökonomen sagen, dass ein negativer Zins die Gesetze der Wirtschaftswelt auf den Kopf stelle, wenn Kapital und Zeit keinen positiven Preis mehr haben. Andere verweisen auf mögliche tiefer liegende Ursachen. Sie sehen eine Zeit der „großen" oder gar „säkularen" Stagnation auf die Welt zukommen, so der Harvard-Ökonom und frühere amerikanische Finanzminister Larry Summers. Das Produktivitätswachstum sei zu schwach, sagen sie wie etwa der Wachstumsforscher Robert Gordon. Andere verweisen auf den Einfluss der Demografie: Während die Bevölkerungen der Länder der entwickelten Welt seit dem achtzehnten Jahrhundert stark gewachsen sind, altern sie nun rasant und schrumpfen demnächst. Das bremst das Wachstumspotential. Die Frage ist, ob immer mehr billiges Geld die Weltwirtschaft wirklich stimulieren kann? Oder werden damit neue Fehllenkungen von Kapital begünstigt, die neue Finanzkrisen vorbereiten?

Wir leben in ökonomisch extrem spannenden Zeiten. Die Weltwirtschaft wird nicht mehr vom Wachstum der Schwellenländer angetrieben, wie das seit den neunziger Jahren der Fall war. Was bedingt diese Schwächephase der Schwellenländer, etwa der BRIC-Länder, deren Aufholjagd stark abgebremst hat? In einigen Fällen hat der Verfall der Rohstoffpreise die Krise ausgelöst, doch weshalb sind die Rohstoffpreise so stark gesunken? Gibt es nur konjunkturelle oder auch strukturelle Gründe, etwa für die Verlangsamung des Wachstums in China? Welche Rolle spielt der technische Fortschritt, die Digitalisierung, für die weiteren Aussichten der alten Industriestaaten? Einige setzen größte Hoffnungen auf einen Produktivitätsschub, wenn immer intelligentere Maschinen in Fabriken, Labors, Büros und auf den Straßen für uns tätig werden. Die digitale Revolution wird unser Leben stark verändern. Doch bringen die Roboter nur mehr Wachstum und Wohlstand, oder werden sie auch zu einer teilweisen Verdrängung menschlicher Arbeit führen und damit neue soziale Spannungen auslösen?

Diese und weitere Fragen werden in den folgenden Teilen des Buchs diskutiert. Einige der vorliegenden Aufsätze sind zuvor in der Frankfurter Allgemeinen Zeitung auf der „Volkswirt"-Seite oder der Frankfurter Allgemeinen Sonntagszeitung als „Sonntagsökonom" erschienen. Sie wurden für dieses Buch aktualisiert und erweitert, wo es nötig war. Der Leser kann aus der Vielzahl der Kapitel wie aus einem Buffet auswählen, kann sich je nach Lust und Laune einzelne Texte herauspicken. Insgesamt ergeben die Kapitel einen Eindruck, wenn auch einen selektiven, der faszinierenden Vielfalt an Forschungsergebnissen und Argumenten, welche die Ökonomie hervorgebracht hat. Manches ist strittig, manches entspringt einer bestimmten politischen Sicht. Aber es wird in jedem Fall den Leser zum Nachdenken anregen.

Das Buch ist in sieben Teile gegliedert. Der *erste Teil* beleuchtet neuere Entwicklungen in der Wirtschaftswissenschaft. Welche Debatten bewegen die Forscher, wer sind die wichtigsten Personen und Institutionen? Welche Schwachstellen und Verzerrungen gibt es im Wissenschaftsbetrieb? Im *zweiten Teil* greife ich einige Studien auf, die wirtschaftshistorische Themen behandeln und Einsichten für unsere heutige Zeit liefern. Sie zeigen, dass die Vergangenheit eine Schatzgrube für Ökonomen ist, die sie sich häufiger zunutze machen könnten. Der *dritte Teil* enthält einige Aufsätze zur Frage der Finanzkrise, zu den geldpolitischen Ursachen und zum vermeintlichen „Wunder" der Banker, das sich als fauler Zauber herausstellte. Im *vierten Teil* kommen wir zur Euro-Krise, die Europa in den vergangenen Jahren erschüttert hat. Hat sich der Euro, die gemeinsame Währung, als Klammer bewährt, um die Einigung und Integration des Kontinents zu festigen. Oder hat der Euro zu Spannungen und Spaltungen geführt? Welche Art der Integration kann aus ökonomischer Sicht eigentlich sinnvoll sein?

Ökonomen sind in ihren Ursprüngen (Sozial-)Philosophen gewesen. Der *fünfte Teil* enthält daher einige Aufsätze zu Fragen rund um die Natur des Menschen, die Gesellschaft und die Freiheit – hier wird diskutiert, wie stark der Staat eingreifen soll oder darf. Im *sechsten Teil* sind einige Essays zu Fragen der Politischen Ökonomie versammelt, über politische Parteien, die sich immer ähnlicher werden, und die Mitbestimmung der Bürger. Im *siebten Teil* werden einige aktuelle Debatten über den Zustand der Weltwirtschaft, die unterentwickelten Länder, die Ressourcenproblematik, die Migrationskrise, die Digitalisierung und das Produktivitätsparadox angesprochen.

Ganz am Schluss steht ein längerer Essay zur Lage der Meinungsfreiheit. Dieser ist zuerst in der Zeitschrift „Orientierungen zur Wirtschafts- und Gesellschaftspolitik", herausgegeben von der Ludwig-Erhard-Stiftung, in einer etwas kürzeren Form erschienen. Die Meinungsfreiheit ist in allen Teilen der Welt bedroht, im Westen durch die „politisch korrekte" Einengung der zulässigen Räume des Denk- und Sagbaren. Dies ist ein Thema, das mich als Journalisten mit Sorge erfüllt. Wissenschaftler aller Fachrichtungen einschließlich der Ökonomen sollten engagiert für die Meinungsfreiheit kämpfen.

1. Teil: Die Ökonomen in der Krise und im Wandel

Im Interview: Monika Schnitzer, Vorsitzende des Vereins für Socialpolitik

„Es geht darum, dass es den Menschen besser geht"

Frau Schnitzer, der Wirtschaftswissenschaft wird von mancher Seite vorgeworfen, eine zu verengte Sicht zu haben. Es gebe einen schmalen Mainstream, der den Ausbruch der Finanz- und Wirtschaftskrise vor sieben Jahren nicht rechtzeitig vorhergesehen habe. Stimmt das, gibt es zu wenig Pluralität in der Ökonomik?

Wenn man sich das Programm unserer dreitägigen Jahrestagung jetzt in Münster anschaut, sieht man ein unglaublich breites Spektrum: Da ist die Finanzkrise dabei und es geht auch um Banken. Das Themenspektrum ist aber viel breiter und reicht von der Familien- über die Bildungs- bis hin zu Entwicklungs–, Umwelt- und Regionalökonomie. Es gibt Themen zur Regulierung und welche zum Arbeitsmarkt. Wir haben ein sehr breites Spektrum mit einer Fülle von Beiträgen, fast fünfhundert wissenschaftliche Vorträge.

Der Vorwurf, dass es zu wenig Pluralität gebe, bezieht sich nicht auf die Themenbreite, sondern auf die Methoden und die Annahmen, nämlich dass den rationalen, nutzenmaximierenden Homo oeconomicus gebe, und die neoklassischen Modelle. Die Methode sei zu eng, lautet der Vorwurf.

Wer das behauptet, hat sich schon lange nicht mehr mit dem Fach beschäftigt. Tatsächlich ist ja schon seit langem die Methodik sehr viel breiter geworden. Schon als ich in den achtziger Jahren Doktorandin in Bonn war, hat Reinhard Selten, der spätere Nobelpreisträger, sich mit „beschränkter Rationalität" beschäftigt. Diese Entwicklung hat in den vergangenen dreißig Jahren enorm Fahrt aufgenommen. Die Verhaltensökonomie spielt heute eine ganz wichtige Rolle und ist im Mainstream angekommen.

Was heißt das?

Das bedeutet, dass der „Homo oeconomicus" zwar als Referenzmodell sehr wichtig ist, dass man aber den Menschen so sehen und erfassen muss, wie er wirklich ist. Man möchte zwar gerne rational handeln, schafft es aber oft nicht. Beispielsweise spielt sogenanntes zeitinkonsistentes Verhalten oft eine Rolle. Viele nehmen sich immer wieder vor: Morgen fange ich an abzunehmen oder morgen höre ich mit dem Rauchen auf, aber dann wird es doch immer wieder verschoben. Man muss auch berücksichtigen, dass

Menschen gar nicht alle komplizierten Maximierungskalküle ausrechnen können, möglicherweise Präferenzen haben, die beeinflusst sind durch ihre Umwelt, dass sie soziale Präferenzen haben, dass es ihnen auch wichtig ist, wie es anderen Menschen geht.

Trotzdem erscheint die Verhaltensökonomie noch immer wie ein Beiboot, das getrennt vom großen Boot der Ökonomie schwimmt. Im Standardstudium wird das zumindest noch nicht ausführlich gelehrt.
Natürlich nicht gleich im ersten Semester. Viele Aspekte der Verhaltensökonomik kann man nur verstehen, wenn man versteht, wie rationales Verhalten aussehen würde, und dafür muss man das Referenzmodell des vollständig rationalen Menschen verstanden haben. So wie man beim Klavierspielen auch erst einmal die Tonleiter spielen können muss. Aber man deutet schon am Anfang an, zumindest mache ich das in meiner Vorlesung, wo das Modell seine Beschränkungen hat und dass es nur eine sehr verkürzte Sichtweise ist, die man ausweiten muss. Das passiert dann in späteren Semestern oder im Masterstudium.

Wo bringt die Verhaltensökonomie neue Erkenntnisse?
Ein Beispiel sind die Finanzmärkte. „Behavioural finance" ist ein ganz großes Thema. Und man benutzt die Verhaltensökonomie, um zu verstehen, wie Verbraucher besser geschützt werden können. Verbraucher, die beschränkt rational sind, können möglicherweise nicht richtig einschätzen, welcher Handy- oder Versicherungsvertrag für sie der beste ist. Die weniger gut informierten Menschen zahlen mehr, sie werden abgezockt. Und mit den höheren Preisen, die sie zahlen, werden oft die günstigeren Preise für besser informierte Menschen quersubventioniert. Hier braucht es Aufklärung und Bildung.

Den Ökonomen wurde von manchen wegen der Finanzkrise pauschal vorgeworfen, sie hätten versagt. Was hat sich seit der Krise verändert?
Ganz sicher beschäftigen sich heute viele Ökonomen wieder mehr mit Krisenphänomenen, die in den Jahrzehnten der „Great Moderation" nicht so im Fokus standen. Wir haben viel aus früheren Krisen, beispielsweise der Großen Depression in den 30er Jahren, gelernt, und wir werden auch aus der Finanzkrise wichtige Lehren ziehen. Jede Krise löst einen neuen Forschungsschub aus. Wichtig ist, nicht die gleichen Fehler zweimal zu machen.

Einige Studenten klagen, dass – zumindest im Bachelor-Studium – so etwas wie Wirtschaftsgeschichte, Theoriegeschichte und die ganze Institutionenlehre kaum vorkommen. Man erfährt kaum etwas über die Entwicklung des Fachs und auch nicht über

die großen Ökonomen, von Adam Smith über Ricardo und Marx bis zu Schumpeter und Keynes oder über die früheren Neo- und Ordoliberalen. Ist das ein Defizit?
Um die Finanzkrise zu verstehen, muss man nicht Marx gelesen haben. Da ist die moderne Mikroökonomie viel wichtiger, man muss die Fehlanreize verstehen, das „moralische Risiko". Banken, die man nicht genügend beaufsichtigt, tun Dinge, die nicht im Interesse der Kunden sind. Trotzdem sollte man sich mit seinem Fach, seiner Geschichte und den großen Denkern beschäftigen. Das ist sicherlich wünschenswert. Am Anfang meiner Vorlesung empfehle ich immer das Buch „Markt und Moral" von Silvia Nasar, in dem Leben und Werk der großen Ökonomen allgemeinverständlich diskutiert wird. Ich wundere mich nur, wenn Studenten erwarten, das sollte im Hörsaal mit Powerpoint-Folien erzählt und in der Klausur abgefragt werden. Eigentlich erwarte ich den eigenständigen Griff zum Buch.

Die Zeit ist aber beschränkt für die Studenten und der Druck groß. Einige Studenten sagen am Ende des Studiums, dass sie sehr viel gerechnet und viele Modelle gepaukt hätten, aber es kommt ihnen so losgelöst von der Denktradition vor.
Wenn Sie einen Medizinstudenten ausbilden, dann lehren Sie auch nur die neuesten Methoden, so dass er später einen Bypass legen kann, Sie fangen nicht mit der Medizingeschichte und dem Aderlass an. Das mag zwar spannend sein, ist aber nicht mehr relevant für die moderne Medizin.

In der Medizin als Naturwissenschaft kann man einen klaren Fortschritt identifizieren. Aber in der Ökonomie als Sozialwissenschaft ist der Fortschritt nicht so eindeutig. Manche alte Theorien erscheinen heute wieder interessant, und andere, modernere Theorien, erweisen sich als Irrtümer. Man kann nicht mit Sicherheit sagen, dass die heutigen Theorien früheren Ansätzen immer überlegen sind.
Man kann das nicht mit der gleichen Präzision wie bei einer Naturwissenschaft sagen, aber es gibt einfach Themen und Thesen, die sind überholt. Etwa Malthus' Ansicht, dass die Bevölkerung immer so schnell wächst, dass sie nicht über das Existenzminimum hinauskommt, oder die Marx'sche Verelendungstheorie.

Aber selbst aus falschen Theorien kann man noch viel lernen.
Natürlich. Aber noch mehr lernt man aus besseren Theorien. Das ist einfach eine Frage der Zeit: Die Zeit ist knapp, wir müssen sie im Studium gut nutzen. Nach drei Jahren, am Ende des Bachelor-Studiums, soll ein Ökonom herauskommen, der Aussichten hat, einen Job zu finden. Das sind wir unseren Studierenden schuldig.

Wo stehen die deutschen Wirtschaftswissenschaften im internationalen Vergleich? Früher wollten alle Nachwuchswissenschaftler unbedingt in die Vereinigten Staaten gehen und viele wollen dort bleiben, weil sie die Bedingungen besser finden. Heute kommen manche auch schon wieder zurück.

Die Wirtschaftswissenschaft in Deutschland hat sich enorm entwickelt. Wenn ich zurückdenke an meine Promotionszeit: Da waren die Wirtschaftswissenschaftler aus Deutschland international weitgehend unbekannt, mit Ausnahme vielleicht von einigen Bonner Ökonomen wie Reinhard Selten, Werner Hildenbrand, Martin Hellwig oder Carl-Christian von Weizsäcker, die auch in Amerika bekannt waren. Heute finden Sie an ganz viele deutschen Universitäten Professoren, die längere Zeit in den Vereinigten Staaten waren, sich aber bewusst entschieden haben zurückzukommen, um aus dem Standort Deutschland etwas machen.

Welche anderen Universitäten würden sie im Fach Ökonomie als hervorragend bezeichnen?

Neben Bonn sind das zum Beispiel Mannheim, München, Frankfurt, Köln oder die Humboldt-Universität in Berlin.

Von den VWL-Studenten sind annähernd zwei Drittel männlich, unter den Professoren noch mehr. Woran liegt das? Ist Ökonomie ein eher männliches Fach?

Bei den Studenten ist das Verhältnis Frauen zu Männer etwa 40 zu 60 Prozent. Bei den Doktoranden sind noch ein Drittel Frauen, bei den Professoren etwa ein Viertel. Das ist weit entfernt von dem, was ich mir wünschen würde. Aber schon viel besser als die Situation vor zwei, drei Jahrzehnten. Als ich meine erste Professur bekam, waren weniger als 5 Prozent der Professoren Frauen!

Muss es eigentlich 50 zu 50 sein?

Nein. Aber es wäre schön, wenn wir mehr Frauen davon überzeugen könnten, dass Ökonomie ein vielseitiges und spannendes Fach ist. Viele schreckt vielleicht ab, dass VWL als abstrakt und mathematisch gilt. Tatsächlich ist es eine Sozialwissenschaft. Es geht um Menschen, es geht darum, Ressourcen so einzusetzen, dass es den Menschen besser geht. Das sollte doch auch viele Frauen ansprechen. Ein VWL-Studium ist eine Investition, es eröffnet ein sehr breites Berufsspektrum. Auch im Verein für Socialpolitik ist uns das Thema „Frauen und VWL" sehr wichtig. Wir haben in diesem Jahr auf unserer Jahrestagung zum zweiten Mal einen Workshop für junge Wissenschaftlerinnen organisiert, die dort mit erfahrenen Kolleginnen ins Gespräch kommen und von ihnen beraten werden.

Wie sieht es mit der Vereinbarkeit von Beruf und Familie bei einer Wirtschaftswissenschaftler-Karriere aus?
Das ist bei jeder Karriere schwierig. Aber als Universitätsprofessor geht es noch relativ leicht, weil man seine Zeit so frei einteilen kann.

Aber bis man eine Professur hat, also mit Ende dreißig oder Anfang vierzig Jahren, gibt es viel Unsicherheit.
In der Tat. Daran müsste man arbeiten. Es würde sehr viel helfen, wenn man jungen Frauen – und auch Männern – besser planbare universitäre Karrierewege anbieten könnte, durch ein „tenure track"-System wie in den Vereinigten Staaten. Das aktuelle System ist in der Tat sehr ungünstig für die Familienplanung, weil man erst spät eine unbefristete Stelle und damit Planungssicherheit bekommt. „Tenure track" hingegen bedeutet, dass man gleich nach der Promotion auf eine Professur berufen werden kann – erst auf Zeit und bei entsprechender Leistung unbefristet.

Wie sieht es eigentlich mit der ökonomischen Vorbildung von Schülern und Abiturienten aus?
Da muss man zwei Bereiche unterscheiden: Zum einen, wie sieht es mit dem Alltagswissen über Finanzen und Wirtschaft aus? Was wissen die Schüler über Handyverträge, Bausparverträge, Anlagemöglichkeiten? Zum anderen, wie viel wissen sie über die Schuldenkrise oder wirtschaftspolitische Fragen wie den Mindestlohn oder die Rentenfinanzierung? In beiden Bereichen fehlen die Kenntnisse.

Versagt da die Schule? Wäre ein eigenes Schulfach Wirtschaft in allen Bundesländern wünschenswert?
Es wäre sicher sinnvoll, wenn sowohl Alltagskenntnisse als auch Kenntnisse über die größeren Zusammenhänge in der Schule vermittelt würden. Wer sich in Alltagsfinanzfragen nicht auskennt, der wird über den Tisch gezogen. Hier könnte die Schule wichtige Kompetenzen vermitteln.

Woran hapert es bei Erstsemester-Studenten?
Das Hauptproblem sind oftmals fehlende Mathematik-Kenntnisse und eine gewisse Scheu bei manchen, englische Texte zu lesen. Mein designierter Nachfolger als VfS-Vorsitzender, Achim Wambach, wird sich dem Thema ökonomische Bildung in den Schulen und ökonomische Bildung für die Öffentlichkeit in seiner Amtszeit verstärkt widmen. Wir haben gerade eine Arbeitsgruppe gebildet, die überlegen wird, welchen Beitrag der Verein für Socialpolitik hier leisten kann.

Sie sind auch in der Politikberatung in verschiedenen Forschungsbeiräten engagiert. Wie viel verstehen die Politiker von anspruchsvolleren ökonomischen Zusammenhängen und Theorien?
Sie können eine Menge davon verstehen, wenn sie bereit sind, sich darauf einzulassen. Es gibt teils sehr fruchtbare Gespräche. Aber nicht alle lassen sich darauf ein.

Welchen Studienhintergrund haben die meisten Politiker und Ministerialbeamten?
Das sind sehr viele Juristen, vor allem in den Behörden.

Springen wir zur Euro-Krise: Deutschland wird aus Südeuropa und von politisch linker Seite häufig der Vorwurf gemacht, dass die deutsche Regierung den Kontinent durch eine Austeritätspolitik, ein „Spardiktat", in eine tiefe, lange Krise getrieben habe. Und deutsche Finanzpolitiker wie Schäuble, ein Jurist, hätten kein Verständnis für die Bedeutung der nachfrageorientierten Makroökonomik, heißt es.
Denen ist schon klar, dass es Nachfrage braucht. Aber wenn ein Unternehmen, sagen wir mal in Griechenland, nichts produziert, was nachgefragt wird, dann hilft mehr Geld für Nachfrage nichts. Das erhöht nur die Importe. Man muss bei den Rahmenbedingungen ansetzen, damit investiert wird und die heimischen Unternehmen wettbewerbsfähig werden.

Müssten die Staaten die derzeit so niedrigen Zinsen nutzen, um mehr zu investieren? Einige würden gerne mehr Schulden machen, um Investitionen zu finanzieren. Und was sollte Deutschland mit seinen Überschüssen machen?
Wo Investitionen gebraucht werden, sollte man investieren. Aber nur weil die Zinsen derzeit so niedrig sind, heißt das nicht, dass man sich noch mehr verschulden sollte. Man sollte den niedrigen Schuldendienst, von dem wir zur Zeit profitieren, auch nutzen, um Schulden abzubauen.

Im F.A.Z.-Ökonomen-Ranking stehen sehr unterschiedliche Wissenschaftler auf den obersten Plätzen. Auf dem 1. Rang Hans-Werner Sinn, der einer breiten Öffentlichkeit auch bekannt geworden ist mit seiner Kritik an der Euro-Rettungspolitik. Auf ihn folgt als Neueinsteiger auf dem 2. Rang Ernst Fehr aus Zürich, ein Verhaltensökonom und Grundlagenforscher, der in der breiten Öffentlichkeit nicht bekannt ist und als Politikberater auch kaum aufgefallen ist. Auf dem 3. bis 5 Rang liegen der DIW-Chef Marcel Fratzscher, ZEW-Chef Clemens Fuest und der Züricher Bruno Frey, der zumindest in der Schweiz häufig über politische Themen publiziert. Sollten sich Ökonomieprofessoren mehr um die Politikberatung und die Öffentlichkeit bemühen?
Ich möchte allen ganz herzlich gratulieren, die im Ranking so gut abgeschnitten haben. Ein guter Ökonom ist nicht nur ein guter Wissenschaftler, sondern auch ein guter Didaktiker, der die Ergebnisse seiner Forschung vermitteln muss. Als Professor muss man Tag für Tag im Hörsaal überzeu-

gen. Wer da seinen Mund nicht aufkriegt und keine kommunikative Ader hat, der tut sich schwer.

Aber nicht alle Professoren wollen offenbar in die Medien.
Das ist richtig. Nicht jeder geht gerne in die Medien. Als junger Wissenschaftler sollte man sich vielleicht auch erst mal auf seine Forschung konzentrieren und sich dort die Sporen verdienen. Die Älteren sind schon eher in der Pflicht, ihre Forschungsergebnisse auch einer breiteren Öffentlichkeit zu vermitteln. Dabei muss man bereit sein zu vereinfachen, einen großen Bogen zu schlagen, um die Ideen den Menschen verständlich zu machen. Das müssen auch wir Ökonomen lernen. Manche Kollegen fürchten um ihren Ruf als Wissenschaftler, wenn sie die Thesen vereinfachen. Und wer in den Medien präsent ist, muss auch einiges aushalten. Das liegt nicht jedem. Aber ich halte es für wichtig, dass wir mit unseren Erkenntnissen in die Öffentlichkeit gehen. Wir werden mit Steuergeldern bezahlt, dafür müssen wir auch etwas liefern.

Es gibt etwa fünfmal so viele BWL-Studenten wie VWL-Studenten. Warum soll man Volkswirtschaftslehre studieren, wenn man in der Wirtschaft etwas werden will? In der BWL lernt man direkt, was man in Unternehmen braucht.
Aber VWL ist in meinen Augen das viel spannendere Studium. Und am Ende hat man auch mit einem VWL-Studium ein sehr gutes Rüstzeug, um in einem Unternehmen zu arbeiten. Viele Unternehmen wissen das zu schätzen. VWLer arbeiten nicht alle in einem Ministerium, bei der Weltbank oder in einem Forschungsinstitut. Viele landen auch bei einer Bank, einer Unternehmensberatung oder vielen anderen Wirtschaftsunternehmen. Es ist ein Studium, das ein sehr breites Berufsfeld eröffnet.

Was müssen junge Leute für ein erfolgreiches VWL-Studium mitbringen?
Sie sollten sich für Menschen und für Politik interessieren, für die wirtschaftspolitischen Themen in der Zeitung. Auch die Bereitschaft, sich auf mathematische Methoden einzulassen, sollte man mitbringen.

Haben die jungen Leute heute viel Interesse an aktuellen politischen Fragen?
Sie sind vielleicht nicht so politisiert wie wir vor dreißig Jahren, als die Rechts-Links-Debatten noch viel schärfer geführt wurden. Aber sie interessieren sich für das, was in der Welt passiert, was gut daran ist und was weniger, und wie man das, was weniger gut ist, verbessern könnte

Im Interview: Detlef Fetchenhauer, Professor für Wirtschaftspsychologie an der Universität zu Köln

„Den Ökonomen glaubt man nicht“

Herr Professor Fetchenhauer, Sie haben 2009 eine Umfrage zum Image von Ökonomen gemacht. Was sind die auffälligsten Ergebnisse?

Der Otto Normalbürger hat nicht besonders viel Vertrauen in Ökonomen. Für die Studie haben wir das Image von sechs Berufsgruppen verglichen: Ärzte, Astrologen, Meteorologen, Politiker, Psychotherapeuten und Ökonomen. Ganz schlecht schneiden Astrologen und Politiker ab. Jeweils nur 3 Prozent der Befragten halten diese für glaubwürdig. Ökonomen halten immerhin 15 Prozent für glaubwürdig. Sie werden aber deutlich schlechter bewertet als Psychotherapeuten und Ärzte, denen vertrauen 25 Prozent und 33 Prozent.

Laut Ihrer Umfrage sagen 80 Prozent der Deutschen, die Gesellschaft würde auch ohne Ökonomen gut auskommen. Das ist schon eine sehr hohe Ablehnung.

Wir wollen es nicht dramatisieren. Es ist richtig: Nur 20 Prozent sagen, ohne Ökonomen könne eine Gesellschaft nicht leben. Aber viele Befragte waren unentschieden in der Mitte. Der Unterschied zu den Ärzten ist jedoch erheblich: Kaum einer sagt, es ginge auch ohne Ärzte. Ökonomen halten viele eher für verzichtbar.

Woran liegt das?

Für das schlechte Image gibt es wohl eine Reihe von Gründen. Viele Menschen verbinden mit Ökonomen diejenigen, die Konjunkturprognosen machen. Diese liegen natürlich öfter mal ziemlich falsch. Von den Ökonomen wird dabei etwas verlangt, was man von Ärzten nicht erwartet, nämlich die Zukunft vorauszusagen. Die Prognoseproblematik ist sicher ein Grund für das schlechte Image. Hinzu kommt die Finanzkrise der letzten zwei Jahre. Man wirft den Ökonomen nicht zu Unrecht vor, dass sie die Krise auch nicht haben kommen sehen. Und drittens trauen viele den Ökonomen generell nicht über den Weg. Man hat das Gefühl, dass sie nicht als neutrale Experten sprechen, sondern eine „hidden agenda“, verborgene Ziele haben, etwas verkaufen wollen oder interessengeleitet sprechen.

Ist das Misstrauen in Deutschland ausgeprägter als in anderen Ländern?

Die Skepsis gegenüber der Marktwirtschaft und damit auch gegenüber ökonomischen Experten in Deutschland ist deutlich größer als in Amerika oder Großbritannien. Dort sieht man die Finanzkrise eher als Betriebsunfall und stellt nicht gleich das ganze System in Frage. Die Deutschen neigen zum Grundsätzlichen und wollen eine Systemdebatte führen.

Die Bevölkerung folgt in vielem nicht dem, was Wirtschaftsprofessoren raten.
Es gibt eine wirklich dramatische Kluft zwischen dem Denken von Laien und ökonomischen Experten, zum Beispiel was Eingriffe in den Arbeitsmarkt durch staatliche Mindestlöhne oder eine Deckelung von Spitzengehältern angeht. So gut wie keiner der befragten Professoren war für staatliche Mindestlöhne, aber die Mehrheit aller Deutschen möchte das, ebenso die Deckelung von Spitzengehältern.

Warum unterscheiden sich die wirtschaftspolitischen Einstellungen so?
Wir stellen fest, dass die Experten hauptsächlich mit Effizienzkriterien argumentieren. Sie fragen sich, was gut wäre für das Wirtschaftswachstum, gegen die Arbeitslosigkeit oder die steigende Staatsverschuldung. Was in diesem Sinne effizient ist, befürworten sie. Umgekehrt sind sie beispielsweise gegen die Einführung von Mindestlöhnen, weil sie überzeugt sind, dass diese eher Arbeitsplätze vernichten. Ökonomische Laien ticken da ganz anders. Sie argumentieren viel stärker mit Gerechtigkeitsurteilen.

Und den Ökonomen sind Gerechtigkeitsfragen egal?
Die meisten Ökonomen betrachten sich heute nicht als Moralphilosophen, die eine gerechte Gesellschaft entwerfen. Einige der Ökonomen haben uns etwa zu den Spitzengehältern gesagt, dass sie die auch nicht gerecht finden. Aber trotzdem sind sie gegen staatliche Eingriffe. Auch die Laien haben kein geschlossenes moralphilosophisches System. Sie bilden ihre Urteile eher aus dem Bauch heraus.

Gibt es denn Unterschiede je nach Bildungsgrad?
Wir hatten die Erwartung, dass vor allem akademisch wenig gebildete Laien ganz aus dem Bauch heraus argumentieren würden, wogegen Akademiker das nicht tun. Das haben wir aber nicht finden können. Wir haben auch noch zwei weitere Berufsgruppen untersucht, nämlich Journalisten und Lehrer. Es zeigt sich, dass diese fast genauso denken wie die ökonomischen Laien. Bei den Journalisten war das Bild etwas durchmischter. Aber man kann nicht sagen, dass Wirtschaftsjournalisten wie halbe Ökonomen denken.

Was müssten Ökonomen anders machen, um in Debatten mehr gehört zu werden und glaubwürdiger zu wirken?
Volkswirtschaftliche Themen sind zugegebenermaßen oft sehr komplex. Einen Mediziner verstehen die Leute in der Regel auch nicht, aber jeder

akzeptiert ihn als Experten und glaubt ihm. Das ist ganz anders bei den Ökonomen. Umso mehr müssten sie sich bemühen, besser zu erklären und zu überzeugen. Dazu braucht es geeignete Erzählungen, Metaphern, Sprachfiguren und Bilder, die auch in den Medien transportiert werden können. Sie können aber keine Diktatur der Experten etablieren, sie müssen in der Demokratie immer schauen, dass ihre wirtschaftspolitischen Einsichten mehrheitsfähig sind.

Besteht dafür Hoffnung?
Ich glaube schon. Als überzeugter Anhänger der Sozialen Marktwirtschaft glaube ich, dass eine Wirtschaftsordnung, die die besseren Ergebnisse zeigt, längerfristig die Menschen auch überzeugen wird. Aber die Ökonomen müssen sich mehr anstrengen. Sie müssen mehr auf die Menschen zugehen:

Gefangen in der Formelwelt

Mit immer stärkerer Mathematisierung und Formalisierung wollte die neoklassische Ökonomik einen höheren Grad an Wissenschaftlichkeit erreichen. Kritiker sprechen aber von einer Mathematik-Manie. Ordnungsfragen werden vernachlässigt.

Wer heute als Ökonom etwas gelten will, der muss vor allem ein tüchtiger Rechenkünstler sein. Er muss sich in der höheren Mathematik bewegen wie ein Fisch im Wasser und die Wirtschaftswelt in Formeln und abstrakte Modelle einpassen. Damit hat sich die Wirtschaftswissenschaft seit den fünfziger Jahren des vergangenen Jahrhunderts immer stärker zu einer mathematischen Disziplin entwickelt. An den Rand gedrängt wurde die ältere ordnungsökonomische Schule, die in Deutschland einst bedeutend war und die nach den Zusammenhängen von Wirtschaft, Politik und Gesellschaft fragte, dabei aber auf Formeln weitgehend verzichtete und primär verbal argumentierte.

„Die Mathematik hat die Funktion, die Kommunikation der Ökonomen untereinander zu erleichtern, sie ist eine Form, zu sprechen und sich auszutauschen", sagt der Finanzwissenschaftler Clemens Fuest, der in Oxford gelehrt hat und seit kurzem Präsident des Ifo-Instituts ist. Fuest erkennt an, dass die ordnungspolitische Schule wichtige Fragen gestellt habe. Ihr habe jedoch das nötige Instrumentarium für die wissenschaftliche Analyse und Argumentation gefehlt. Die mathematisch-formalistische Ökonomik bringe mehr Klarheit und Präzision mit sich. Sie sei wissenschaftlicher, da sie – anders als die ältere, verbal argumentierende Ökonomik – den Forscher dazu zwinge, alle Annahmen, die seiner Argumentation zugrunde liegen, offenzulegen. Zur Theorie komme dann die Empirie: Mit Hilfe ausgefeilter statistisch-ökonometrischer Methoden lassen sich Hypothesen in nachvollziehbarer Weise quantitativ überprüfen, erhärten oder verwerfen – so die Hoffnung und das Versprechen der modernen Ökonomik.

Allerdings gibt es ein zunehmendes Unbehagen an der starken Mathematisierung. Der Soziologe und Ökonom Viktor Vanberg von der Universität Freiburg betont, dass die Ökonomik keine „zweite Physik" sein könne[1] und erinnert an den Massenprotest französischer Studenten vor einigen Jahren, die sich gegen eine „autistische Ökonomik" wandten. Die mathematische Formalisierung sei Selbstzweck geworden, beklagten sie. Es würden imaginäre Welten modelliert, die mit ihrer Erfahrungswirklichkeit wenig oder nichts gemein hätten. Auch in Amerika gibt es kritische Stimmen. So hat der Princeton-Ökonom Alan Blinder beklagt, dass „die Umarmung der Mathematik erst in Anbetung und dann in eine Manie umgeschlagen" sei.[2] Große Teile der Ökonomik präsentierten sich heute zwar elegant, aber zu selbstbezogen und zu wenig auf Beobachtung gestützt, monierte Blinder.

Noch härter drückte es der Theoriegeschichtler Mark Blaug aus: „Die moderne Ökonomik ist krank.“ Sie sei zu einem intellektuellen Spiel geworden, das um seiner selbst willen gespielt werde, aber nur wenig praktische Bedeutung für das Verständnis der Welt liefere.[3] Der Nobelpreisträger Ronald Coase äußerte ähnlich harsch: „Die heutige Ökonomik ist ein theoretisches Spiel, das in der Luft schwebt und kaum Bezug zu dem hat, was in der realen Welt geschieht.“[4]

Wenn Blinder kritisch bemerkt, dass „manche behaupten, die Ökonomik sei inzwischen mathematischer als die Physik“, erscheint dies durchaus im Sinne der Urväter der modernen, neoklassischen Ökonomik, vor allem Léon Walras. Der in Lausanne forschende Begründer der allgemeinen Gleichgewichtstheorie verfolgte in seinem 1874 erschienenen Hauptwerk „Éléments d'économie politique pure“ das Ziel, eine reine theoretische Ökonomik „als naturwissenschaftlich-mathematische Disziplin wie die Mechanik oder die Hydrodynamik“ zu entwickeln.[5] Im bekannten Makro-Lehrbuch von Gregory Mankiw, einem der bekanntesten Vertreter der neokeynesianisch-neoklassischen Synthese, wird bis heute hervorgehoben, dass die Ökonomik „leidenschaftslos wie eine Naturwissenschaft zu Werke“ gehe. „Durch die Anwendung naturwissenschaftlicher Methoden auf politische Fragen sucht die Volkswirtschaftslehre bei den grundlegenden Herausforderungen voranzukommen, denen alle Gesellschaften gegenüberstehen… Volkswirte haben eine einzigartige Art und Weise die Welt zu betrachten, die man weitgehend in ein oder zwei Semestern erlernen kann“, schreibt Mankiw im derzeit wohl erfolgreichsten VWL-Lehrbuch.[6]

Die Ökonomik ist aber keine Physik, beharrt Vanberg. Er erinnert daran, dass schon Walras damals Widerspruch erntete: Der Wirtschaftshistoriker Levasseur entgegnete ihm, es sei nicht zulässig, die Methoden der physikalischen Wissenschaft auf soziale Phänomene zu übertragen, die dafür viel zu variabel und komplex seien. Vor allem aber würde dies einen entscheidenden Faktor außer Acht lassen: die menschliche Freiheit.

Kritik an den neuen, der Naturwissenschaft entlehnten Modellen kam aus sehr unterschiedlichen Richtungen: Der amerikanische Institutionalist Thorstein Veblen, der sozialistischen Ideen anhing, lehnte die Orientierung an Metaphern einer physikalischen Kräftemechanik für die Ökonomie ab, da der Mensch kein lebloser Körper sei, sondern ein intentional handelndes Wesen. In ähnlicher Weise argumentierte der emigrierte österreichische Radikalliberale Ludwig von Mises: Die neoklassische Gleichgewichtstheorie sei ein reines Spiel mit mathematischen Symbolen, das den handelnden Menschen ignoriere. „Der Einzelne kommt nicht mehr als Subjekt vor“, kritisiert Nils Goldschmidt von der Universität Siegen, „sondern nur noch als statistischer Durchschnittswert.“ Dies sei eine Art

„atomisierter Kollektivismus", der biologische, anthropologische und kulturelle Voraussetzungen ausblende.

Die formale Eleganz und scheinbare Genauigkeit der mathematischen Ökonomik übten aber auf viele Wissenschaftler eine unwiderstehliche Anziehungskraft aus. In den späten vierziger und frühen fünfziger Jahren schaffte sie in Amerika einen Durchbruch, für den berühmte Namen wie Kenneth Arrow, Gérard Debreu und auch Paul Samuelson stehen. Diese bauten die ökonomische Wohlfahrtstheorie aus, die behauptete, ein soziales Optimum der wirtschaftlichen Allokation sei mit mathematischer Logik voraussagbar und sogar planbar. Auch in der Makroökonomik, welche die Schüler von Keynes vorantrieben, herrschte der Glaube an die Steuerbarkeit von Konjunktur und Wachstum vor. Folglich erlebte die ökonomische Politikberatung einen Aufschwung, der die Wirtschaftsfachleute in eine gesellschaftliche Schlüsselrolle brachte und ihr Selbstbewusstsein steigerte.

In Deutschland stellte sich die Situation zunächst ganz anders dar: Hier hatte nach dem Krieg die ordnungsökonomische Freiburger Schule um Walter Eucken und den Juristen Franz Böhm eine starke Stellung. Ihr Credo war das „Denken in Ordnungen". Sie forderten, die Bereiche von Wirtschaft, Recht und Gesellschaft in ihrer „Interdependenz" zu betrachten, also die gegenseitigen Wechselwirkungen zu analysieren. Der Staat solle einen Rahmen für den Wettbewerb setzen, sich ansonsten aber aus dem wirtschaftlichen Prozess heraushalten. Einige frühe ordoliberale Ökonomen wie Wilhelm Röpke hatten aber zusätzlich ein reges Interesse an Soziologie und dachten intensiv über die außerökonomischen Voraussetzungen einer funktionierenden Marktwirtschaft nach. Die mathematisch-formale Ökonomik lehnten sie ab, da sie ihnen zu mechanisch erschien.

„Die ordoliberalen Lehren wurden in der Politik, vor allem von Wirtschaftsminister Erhard und in Teilen der Presse, oft zitiert, aber schon in den fünfziger Jahren schwand die Bedeutung der Freiburger Schule an den Universitäten", sagt der Wirtschaftshistoriker Alexander Nützenadel. Nach dem frühen Tod Euckens 1950 fehlten neue Impulse für das Forschungsprogramm. Aus den angelsächsischen Ländern zurückkehrende Emigranten brachten neoklassische und keynesianische Ideen mit. Wohl schon in den fünfziger Jahren gerieten die ordoliberalen Ordnungsökonomen akademisch ins Hintertreffen, in den sechziger Jahren wurden sie auch in der öffentlichen Debatte stark zurückgedrängt.[7]

Bezeichnend ist, dass die erste Generation der mathematisch ausgerichteten Ökonomen in Deutschland oft ausgebildete Physiker oder Ingenieure waren. An den Wirtschaftsforschungsinstituten experimentierte man mit immer größeren Makromodellen mit unzähligen Gleichungen, welche die volkswirtschaftlichen Zusammenhänge im Detail darstellen und auch steuerbar machen sollten. Ein konjunkturelles „fine-tuning" galt in den sechziger und frühen siebziger Jahren als möglich. Dies stellte sich aber wenig später als Illusion heraus. Angesichts des Scheiterns der konjunkturellen Feinsteuerung rief der österreichische, in Freiburg lehrende Nobelpreisträger Friedrich von Hayek in den siebziger Jahren die Ökonomen zu mehr „Demut" auf und kritisierte eine „Anmaßung von Wissen".[8] Doch diese Mahnung fand nur wenig Echo.

Die in Deutschland einst stark repräsentierte Ordnungsökonomik ist mittlerweile weitgehend verschwunden, seit an den Universitäten mehr und mehr Lehrstühle für Wirtschaftspolitik, die häufig argumentativ verfuhren, geschlossen oder in die mathematisch orientierte Richtung umgewidmet wurden. So geschah es 2009 in Köln, was zu einer kurzen, heftigen Debatte führte. Doch nicht nur die ordnungspolitisch argumentierende Wirtschaftspolitik fristet nun ein Randdasein. „Zudem wird auch die Wirtschaftsgeschichte und die Dogmengeschichte vernachlässigt", bedauert Michael Wohlgemuth, der viele Jahre Geschäftsführer des Freiburger Eucken-Instituts war. „Viele heutige Ökonomen haben die Geschichte ihres Faches vergessen. Ältere Theorien und Erfahrungen gehen verloren, daher stehen sie jetzt auch so überrascht vor der neuen Weltwirtschaftskrise."

„Wirtschaftspolitik mit ordnungsökonomischem Hintergrund ist kaum noch zu finden, viele Kollegen beklagen das", sagt der frühere EZB-Chefökonom Otmar Issing. „Die Qualifikation in der Wirtschaftswissenschaft geht heute vor allem über die Beherrschung der mathematischen Methoden." Wer als junger Ökonom eine wissenschaftliche Karriere plane, muss Aufsätze in den Top-Journalen veröffentlichen, die stark mathematisch-empirisch ausgerichtet sind. Gérard Debreu, einer der Pioniere der Entwicklung, hat es mit zwei Zahlen verdeutlicht: Während man 1940 auf weniger als 3 Prozent der Seiten der „American Economic Review" rudimentäre Mathematik gefunden habe, stünde fünf Jahrzehnte später auf nahezu 40 Prozent der Seiten höhere Mathematik.[9]

In den achtziger Jahren war der Höhepunkt jener Ökonomik erreicht, die sich auf mathematisch formulierte Theorien stützte. Seit den frühen neunziger Jahren ist der Anteil der mathematisch formulierten Theorie in den Aufsätzen der Top-Zeitschriften wieder gesunken, wie Daniel S. Hamermesh von der Universität Texas dokumentierte.[10] Es wurde selbst den Herausgebern der Journals zu viel mit den extrem komplexen mathematischen Theoriegebäuden, deren Realitätsbezug man kaum erahnen konnte. „Die ökonomische Theorie war wohl so abstrus geworden, dass die Herausgeber der führenden allgemeinen Journale, als sie realisierten, dass nur noch sehr wenige ihrer Leser diese Theorie verstehen konnten, Einschnitte bei Veröffentlichungen solchen Typs machten", schreibt Hamermesh.

Inzwischen hat sich der Schwerpunkt von der Theorie zu empirischen Arbeiten verschoben. Das hat mehrere Gründe. Es stehen jetzt mehr Daten als jemals zuvor zur Verfügung, sowohl von offiziellen Statistikbehörden, Notenbanken, dem Internationalen Währungsfonds, der Weltbank und der OECD als auch aus privaten Quellen. Hinzu kommen selbst erstellte Datenbanken. Zudem kann jeder Forscher diese Daten heute leicht mit den entsprechenden Computerprogrammen ökonometrisch analysieren – zu minimalen Kosten. Dauerte eine große Regressionsanalyse vor drei Jahrzehnten noch viele Tage und kostete wertvolle Rechnerkapazität, so ist sie heute oft in Minuten erstellt. Doch diese neuen technischen Möglichkeiten können auch auf eine schiefe Bahn führen.[11]

Der neue Schwerpunkt auf der Empirie bringt eigene Probleme mit sich – und muss nicht zwingend zu größerer Realitätsnähe der Ökonomie führen. Im schlechten Fall wird bloßes „Data Mining" betrieben. Große Datenmengen werden durch Statistikprogramme gepresst auf der Jagd nach signifikanten Testergebnissen, die Hypothesen stützen sollen, wobei die Ergebnisse leicht manipulierbar sind, indem man die Hypothesen oder die Datenauswahl nachträglich anpasst. (Über die Probleme der Replizierbarkeit empirischer Arbeiten werden wir später noch sprechen.) Im besten Fall allerdings weitet sich der Blick über die Statistikanalyse hinaus auf die Ordnungsprobleme der realen Welt. Die neue Tendenz zur Empirie ist besser als die alte Welt der reinen, oft grauen und realitätsfremden Theorie.

Sicher ist: Der Prozess der Mathematisierung und Spezialisierung konnte nicht beliebig weit gehen. „Eine rein mathematische Ökonomik hat zu den wirklichen Problemen nichts zu sagen", ist Issing überzeugt. Auch Friedrich Schneider, ehemaliger Vorsitzender des Vereins für Socialpolitik, und selbst ein renommierter Ökonometriker, gibt zu: „Mathematische Modelle versuchen, komplexe Sachverhalte zu erfassen. Sie sind dabei sehr reduziert und vereinfachen stark, da gehen viele Dinge verloren." Es bestehe die Gefahr einer Verengung, denn viele Modelle behandeln nur noch winzige Ausschnitte und Aspekte, das große Ganze wird nicht mehr erfasst, Systemfragen werden nicht mehr gestellt." Mit anderen Worten, so deutet Schneider an: Viele moderne Ökonomen sehen den Wald vor lauter Bäumen nicht mehr – „so wie sie den jetzigen großen Crash nicht vorhergesehen haben".

Die aktuelle Weltfinanz- und Wirtschaftskrise beschleunigt die Abkehr von einigen Fiktionen der neoklassischen Ökonomik, etwa der Illusion des vollständig informierten und strikt rational handelnden Marktakteurs, dem sogenannten „Homo oeconomicus". Seit den Arbeiten des Chicago-Ökonomen Robert Lucas zu „rationalen Erwartungen" in den siebziger Jahren ging man in Finanzmarktanalysen von Akteuren mit solchen „rationalen Erwartungen" aus. Rational hieß in diesem Zusammenhang in der strengen Interpretation, dass die Agenten die Struktur der Marktmodelle kennen und darauf aufbauend und unter Verwendung sämtlicher zur Verfügung stehender Informationen mit mathematischer Präzision ihre Erwartungen über künftige Zustände der Welt bilden. In der schwächeren Form heißt Rationalität nur, dass die Agenten keine systematischen Fehler machen beziehungsweise aus Fehlern lernen.

Die Gleichgewichtsmodelle stoßen aber an Grenzen, wenn sie menschliches, allzu menschliches Verhalten ausblenden – etwa den Herdentrieb und ansteckende Paniken von Anlegern in Phasen hoher Volatilität. Robert Shiller und George Akerlof haben die These der rationalen Erwartungen in ihrem Buch „Animal Spirits" scharf attackiert. Es kann am Markt zu heftigen Übertreibungen und Blasen kommen, die ihn zeitweise stark aus dem „Gleichgewicht" bringen. Die Verteidigung der „Chicago-Schule" der neoklassischen Orthodoxie, die weiter wie Eugene Fama die Existenz von Blasen rundweg abstreitet, klingt nicht besonders überzeugend.

Neue Modelle versuchen, neben dem Gleichgewicht auch die Dynamik besser zu erfassen. Außerdem gibt es seit längerem Anzeichen für eine Wende in der Ökonomik, weg von allzu formalistischen Ansätzen hin zu mehr (empirischer) Realitätsnähe. Die Verhaltensökonomik und die experimentelle Wirtschaftswissenschaft werden immer wichtiger, die klassische Annahmen zum Homo oeconomicus hinterfragen. So werden scheinbar irrationale Spekulations- sowie soziale Motive als wichtige Antriebsfedern erkannt. Gleichzeitig erlebt die Ordnungsökonomik eine gewisse Renaissance, seit sie den Anschluss an die moderne Institutionenökonomik gefunden hat. Diese von Ronald Coase und Douglass North begründete Richtung untersucht, welchen Einfluss institutionelle Rahmenbedingungen auf wirtschaftliche Ergebnisse haben.

Bessere Spielregeln und Rahmenbedingungen sind auch heute die Stichworte nach dem Desaster der Finanzkrise, deren Folgen wir noch heute nicht überwunden haben. Ohne Zweifel werden Ordnungsfragen in der Ökonomik künftig wieder wichtiger. Die übertriebene Mathematisierung hat ausgedient, wenngleich mathematische Methoden in der ökonomischen Analyse weiter eine wichtige Rolle spielen werden. „Die besten Ökonomen", sagt Otmar Issing, „können beides, sie beherrschen das Mathematisch-Formale und haben zudem einen Blick für die großen Zusammenhänge."

Wettlauf der Forscher

Mit dem Wechsel an der Spitze des Ifo-Instituts stellt sich die deutsche Ökonomenszene neu auf. Das Berliner DIW versucht, mit einem moderat linken Profil zu punkten. Wer wird künftig die Nase vorn haben?

Eine große, hellgelb gestrichene Villa im noblen Münchner Stadtteil Bogenhausen: Von hier kamen einige der wichtigsten, auch einige der provokantesten Vorstöße zur Wirtschaftspolitik in den vergangenen anderthalb Jahrzehnten. Als Chef des Ifo-Instituts hat Hans-Werner Sinn die Republik polarisiert: Ob Arbeitsmarkt und Mindestlohn, Rente, Zuwanderung oder Klimapolitik – Sinn war schneller und origineller als viele andere Ökonomen mit markanten Positionen. Auch Kritiker zogen vor seinen Analysen den Hut. In den Jahren der Euro-Krise lief er zur Höchstform auf. Keiner hat so wortgewaltig die Rettungspolitik, die vielen Griechenland-Hilfspakete und die EZB-Zinspolitik verdammt wie er.

Sinn hat in siebzehn Jahren Ifo-Herrschaft das Institut aus einer tiefen Krise bis an die Spitze aller ökonomischen Denkfabriken Deutschlands geführt. Er gab dabei seinen Forschern erstaunlich viel Freiheit, führte das Institut mit leichter Hand. „Es ist mir egal, was Sie tun, Hauptsache, Sie sind erfolgreich“, so begrüßte er einen neuen Bereichsleiter. Die meisten Mitarbeiter vergötterten ihren Chef mit dem Schifferkrause-Bart. „Er war unser Lehrmeister“, schwärmt einer der jungen Ökonomen.

Nun ist er Geschichte als Ifo-Präsident. Mit 68 Jahren ist er im März 2016 in Rente gegangen. Seitdem hat Clemens Fuest die Leitung am Ifo-Institut übernommen. Der 47-jährige Fuest ist eher ein Mann der ruhigen Töne, obwohl auch er hart in der Sache argumentiert, wenn es sein muss. In Fachkreisen gilt der Steuerexperte Fuest als unaufgeregter, sachlicher, verlässlicher Wissenschaftler, der eine steile Karriere gemacht hat – über Professuren in Köln und Oxford auf den Chefposten des Zentrums für Europäische Wirtschaftsforschung in Mannheim und nun nach München. Jetzt lässt er erst mal das Chefbüro neu streichen, jenes Zimmer mit dem Blick in den Garten und die prächtigen Rhododendronbüsche. Sinn behält nur eine kleine Studierstube mit Bücherregalen bis unter die Decke.

Nun liegt es an Fuest, zu beweisen, dass die Ifo-Denkfabrik im Wettlauf der Institute ihre Spitzenposition halten kann. Der schärfste Konkurrent, das Deutsche Institut für Wirtschaftsforschung (DIW), sitzt 501 Kilometer Luftlinie nordöstlich in Berlin-Mitte in einem wuchtigen grauen Bau aus der Gründerzeit. DIW-Chef Marcel Fratzscher hat sich seit seinem Amtsantritt vor drei Jahren als „Anti-Sinn“ positioniert. Attackierte der Ifo-Chef die EZB, verteidigte Fratzscher die Zentralbank (bei der er zuvor selbst gearbeitet und geforscht hatte). Zudem hat Fratzscher als Berater von SPD-Chef

Sigmar Gabriel Farbe bekannt. Die politische Rollenverteilung war schon in früheren Jahrzehnten klar: Das Ifo-Institut argumentierte meist rechts der Mitte, das DIW links davon, gewerkschaftsnah. Länger als andere vertraten die Berliner keynesianische Ideen.

Fratzscher, ein großer Mann mit kahlrasiertem Kopf, spricht leise, in einem weichen Tonfall, stets freundlich, verbindlich und reflektiert. Derzeit sorgt Fratzscher mit seinem Buch „Verteilungskampf" für Aufsehen in den Medien, aber auch Kopfschütteln in der Ökonomenszene. Ein Scoop ist ihm damit gelungen, er hat eine nationale Debatte über Ungleichheitsfragen angefacht, zu denen DIW-Mitarbeiter mit den Daten des „Sozio-oekonomischen Panels" (Soep) seit Jahren intensiv forschen. Doch viele seiner Kollegen sind nicht glücklich über Fratzschers Zuspitzungen, die ihm einen knalligen Medieneffekt beschert haben.

Selbst im eigenen Institut zweifeln Fachleute an den Aussagen über die angeblich stark schrumpfende Mittelschicht und die sich ungebremst öffnende Schere zwischen Arm und Reich. Der Finanzwissenschaftler Lars Feld, Mitglied des Sachverständigenrats der „Wirtschaftsweisen", sagt darüber: „Das sind schrille Thesen auf der Basis einer schwachen Evidenz." Dass die Soziale Marktwirtschaft in Deutschland nicht mehr existiere, wie Fratzscher geschrieben hat, hält er für „absoluten Unsinn".

Ein peinlicher Fehler ist dem DIW in diesem Frühjahr bei einer alarmistischen Mittelschichtsstudie unterlaufen. Zunächst gaben die Verteilungsforscher an, die Mittelschicht hierzulande sei um sechs Prozentpunkte von 60 auf 54 Prozent geschrumpft. Eine Woche später mussten sie eingestehen, dass sie sich verrechnet hatte. Tatsächlich sei die Mittelschicht nur um fünf Punkte geschrumpft und ihr Anteil liege noch bei 61 Prozent. Bei den angegebenen Median-Einkommen hatte sich das DIW sogar um mehrere Zehntausend Euro verrechnet.

Für Stirnrunzeln sorgte Anfang 2016 auch eine DIW-Rechnung zur Flüchtlingskrise, die Fratzscher mit seinem Namen gezeichnet hatte. Darin wurden die Kosten klein- und die wirtschaftlichen Potentiale durch die Neuankömmlinge groß gerechnet. Einige Forscher warfen Fratzscher eine Fehlrechnung vor. „Das steckte voller handwerklicher Fehler", meint etwa der Kieler Ökonom Stefan Kooths.

Der DIW-Chef selbst hört es nicht gerne, wenn man das Berliner Institut in eine linke Schublade steckt. „Solche politischen Einordnungen, solche Etiketten sind falsch und verkürzt", sagt der 45 Jahre alte Ökonom. Das Verhältnis der Institute sei nicht primär ein Konkurrenz–, sondern ein partnerschaftliches Verhältnis, behauptet er. Auch den Spitznamen „Anti-Sinn" weist er zurück. Vielmehr habe er „großen Respekt vor der Lebensleistung" des früheren Ifo-Chefs. Auch zu Fuest habe er ein gutes Verhältnis.

Trotz des Dementis bleibt aber natürlich ein Konkurrenzverhältnis. Die Institute wetteifern um Einfluss, um Aufmerksamkeit, um Forschungs- und Beratungsaufträge. Rein von der Mitarbeiterzahl bringt das DIW das größte Gewicht auf die Waage. Etwa 250 Menschen arbeiten dort, darunter fast 150 Wissenschaftler. 28 Millionen Euro beträgt das Jahresbudget, je hälftig vom Bund und dem Land Berlin und ergänzend mit Drittmitteln finanziert. Das Ifo-Institut kommt auf 200 Mitarbeiter, davon 100 Wissenschaftler und ein Jahresbudget von rund 17 Millionen Euro.

Bekannt ist das Ifo-Institut vor allem für seinen Geschäftsklimaindex, der auf einer monatlichen Umfrage unter 7000 Managern in Industrie, Handel und Bauwirtschaft basiert. Es ist das wichtigste Konjunkturbarometer Deutschlands. Wenn es steigt oder fällt, bewegt das die Weltbörsen. Wissenschaftlich renommiert sind die Ifo-Forschungsbereiche zu Bildung und Außenhandel. Das DIW hat hingegen einen Schwerpunkt in Verteilungsfragen. Dabei kann es auf den schier unermesslichen Datenschatz des Soep zurückgreifen. In dieser Langzeitbefragung von fast 11.000 Haushalten werden die wirtschaftlichen, finanziellen und sozialen Verhältnisse der deutschen Bevölkerung durchleuchtet – eine Fundgrube für Forscher, die mit den Datenbergen ein genaues Bild über das Leben und Arbeiten, die Familien- und Vermögensverhältnisse zeichnen können.

Zur Gruppe der großen Institute zählt auch das in Mannheim ansässige Zentrum für Europäische Wirtschaftsforschung (ZEW), bislang von Fuest geleitet, das künftig der Kölner Forscher Achim Wambach führt. Es hat 186 Mitarbeiter, davon 120 Wissenschaftler. „Mit dem ZEW wird es eine ganz harte Konkurrenz", erwartet Fuest. Wambach, ebenfalls 47 Jahre alt, will das Mannheimer Institut mit einem Schwerpunkt zum Thema „Marktdesign" neu aufstellen. Beim Marktdesign geht es um Regeln und Rahmenbedingungen für Wirtschaftsbereiche, in denen es von allein nicht optimal läuft. Ob bei der Energiewende, der Regulierung von Telekommunikations- und Postdiensten, Bahn, Banken und der Digitalisierung immer größerer Bereiche der Wirtschaft – überall bedarf es kluger Regulierung. Wambach, ein empirisch arbeitender Ökonom mit naturwissenschaftlichem Hintergrund, sieht hier seine Chance zur Profilierung.

Bislang führte das Ifo-Institut die Rangliste der Wirtschaftsforschungsinstitute klar an. Im F.A.Z.-Ranking, das sowohl die Forschungsleistung mit Publikationen als auch die öffentliche Wirkung über die Medien und die Wahrnehmung durch Politiker und in Ministerien misst, lag das Münchner Institut 2015 mit 716 Punkten vorne – gezogen durch seinen Chef Sinn und seine herausragende Medienpräsenz. Das DIW folgte mit 575 Punkten, auf dem dritten Platz lag das ZEW mit 316 Punkten.

Deutlich dahinter gibt es einige Institute im Mittelfeld, etwa das Rheinisch-Westfälische Institut (RWI) in Essen, das der Arbeitsmarktforscher

Christoph Schmidt, der Vorsitzende des Rats der Wirtschaftsweisen, führt, oder das vom Amerikaner Dennis Snower geleitete Institut für Weltwirtschaft in Kiel. Das an der Förde gelegene Institut hatte einst einen Ruf als Bastion ordnungspolitischen Denkens, den die legendären Präsidenten Herbert Giersch und Horst Siebert prägten. Snower hingegen hat dieses Profil aufgeweicht und will weg vom Bild der „kalten Kieler". Mehr Empathie lautet seine Devise. In der öffentlichen Wahrnehmung ist er mit dem ökonomischen Weichmacherkurs jedoch kaum erfolgreich.

Noch etwas kleiner ist das Institut für Wirtschaftsforschung in Halle. Das IWH ist das Sorgenkind unter den Forschungsinstituten, die in der Leibniz-Gemeinschaft zusammengeschlossen sind. Das Institut forschte vornehmlich über die Transformation von der Plan- zur Marktwirtschaft in Ostdeutschland und Osteuropa, doch bei Evaluationen der Leibniz-Gemeinschaft schnitt es nicht gut ab. Es drohte der Abstieg. Nach zwei Führungswechseln versucht nun der Finanzökonom Reint Gropp dem Hallenser Institut ein neues Profil zu geben. Doch in der Forscherszene gibt es Zweifel, ob es ihm gelingt, dem Institut in Fragen der Finanzmarktforschung wirklich einen Namen zu machen.

Insgesamt ist die Institute-Szene noch viel unübersichtlicher, als es die Konzentration auf die Großen nahelegt. Auch kleine Wettbewerber, etwa das privat finanzierte HWWI in Hamburg oder das gewerkschaftliche IMK, mühen sich um Aufmerksamkeit. Recht groß ist zudem das arbeitgeberfinanzierte Institut der deutschen Wirtschaft. Hinzu kommen Volkswirte in Banken. Und in der wirtschaftspolitischen Beratung spielen auch einige hundert Professoren an den Universitäten eine Rolle, von denen viele in Wissenschaftlichen Beiräten von Ministerien und Kommissionen tätig sind – insgesamt gibt es mehr als hundert davon.

Sie bilden einen vielstimmigen Chor. Der Chef der gelb gestrichenen Villa in München-Bogenhausen hat bislang mit seiner kräftigen Stimme oft den Ton angegeben – doch nun wird der Wettkampf wieder spannend um den Titel des einflussreichsten Ökonomen Deutschlands.

Die Tücken der Prognosen

Die Weltrezession von 2009 wurde zum Waterloo der Konjunkturforscher. Ihr Job ist aber auch in normalen Zeiten nicht einfach.

Im alten Rom gab es die Auguren. Das waren offiziell berufene Prognostiker, Wahrsager, die aus dem Flug und Gekrächze der Vögel herauslesen sollten, ob die Götter ein bestimmtes Vorhaben gutheißen. Kurioserweise werden auch Konjunkturprognostiker heute manchmal als „Auguren" bezeichnet. Sie beobachten das Auf und Ab ökonomischer Zahlenreihen. Auf dieser Basis versuchen sie, die nahe Zukunft vorauszusagen. Das klappt manchmal gut, manchmal weniger gut. Prognosen sind wichtig, damit Unternehmen, Politiker und Verbraucher sich ein Bild über die Zukunft machen und planen können. Ohne Prognosen würden wir alle im Nebel tappen.

Zum Desaster wurden allerdings die 2008 veröffentlichten Prognosen für das folgende Jahr. Ende 2008, Anfang 2009 brach die Wirtschaft in einem Tempo ein, das niemand für möglich gehalten hatte. Es dauerte bis Mitte Dezember 2008, drei Monate nach dem Lehman-Kollaps, bis als erste wichtige Institution die Bundesbank eine Rezession prognostizierte – minus 0,8 Prozent sagte sie für 2009 voraus. Tatsächlich schrumpfte die deutsche Wirtschaft um rund 5 Prozent, mehr als fünfmal so stark wie in der Ölpreisschock-Rezession in den siebziger Jahren. Trotz der Mitte 2007 mit der Schließung mehrerer Fonds und ersten Bankenpleiten begonnen Finanzkrise glaubten die Konjunkturforschungsinstitute noch an ein stabiles Wachstum.

So schrieb der Sachverständigenrat zur Begutachtung der gesamtwirtschaftlichen Entwicklung, es gebe „kein Indiz, dass der Aufschwung zum Erliegen kommt oder gar eine Rezession droht" – so steht es in seinem Jahresgutachten vom November 2007. Wie alle anderen hatten die „Wirtschaftsweisen" die Krise unterschätzt. Auch das Deutsche Institut für Wirtschaftsforschung in Berlin blieb optimistisch: „Aufschwung robust – Rezession nicht in Sicht", schrieben sie zur Herbstprognose 2007. Noch im Oktober, einen Monat nach Lehman, glaubten die DIW-Ökonomen, die „realwirtschaftlichen Auswirkungen der Finanzkrise sind beherrschbar".

Der Vertrauensschock nach der Lehman-Pleite stellte aber alles bisher in der Nachkriegszeit gesehene in den Schatten. Die Unternehmen verfielen in Schockstarre. Aufträge wurden storniert, Investitionen auf Eis gelegt. Erst wirkten auch die Ökonomen wie gelähmt. Dann revidierte ein Institut nach dem anderen seine Prognosen. Im Frühjahr 2009 wurden die Prognosen rabenschwarz. Einige sagten mehr als 6 Prozent Minus voraus, es gab einen regelrechten Wettlauf nach unten. DIW-Präsident Klaus Zimmermann machte dann den Vorschlag, angesichts der Unsicherheit komplett auf weitere Prognosen zu verzichten. Dafür erntete er viel Spott. „Man muss auch mal zugeben können, dass man nichts weiß", erklärte er später seinen Vorstoß.

Aus der Sicht vieler Bürger wurde die Weltrezession zum Waterloo der Ökonomenzunft. Dabei ist nur ein kleiner Teil der Wirtschaftswissenschaftler mit Konjunkturforschung und -prognosen beschäftigt. Diese jedenfalls lagen in peinlicher Weise daneben. Der Grund dafür ist, dass Ökonomen sich mit sogenannten Strukturbrüchen schwertun. Normalerweise schätzen sie aus dem bisherigen Verlauf der Zahlenreihen die künftigen Werte. Schon schwieriger ist es, Wendepunkte zu erkennen. Gibt es aber einen völligen Bruch, dann versagen die Modelle. Es ist wie bei einem Flugzeug: Wenn ein Flügelteil abbricht, geht es schlagartig nach unten. Damit vergleichbar ist der Lehman-Schock.

Aber auch in normalen Zeiten besitzen Konjunkturprognosen nicht gerade eine berauschende Präzision – wobei das nicht (nur) an defizitären Modellen liegt, sondern teils unvermeidlich ist. „Wirtschaft" ist die Interaktion von Millionen Menschen, die in ihrem Verhalten zwar gewisse Regelmäßigkeiten zeigen, aber alle unter Unsicherheit handeln und ihr Verhalten jederzeit ändern können. In normalen Zeiten liegt die Unsicherheit in bekannten Spannbreiten. Neben dieser Unsicherheit gibt es auch noch ein unkalkulierbares „Risiko". Die Unterscheidung zwischen schätzbaren Risiken und unkalkulierbaren Risiken geht auf den amerikanischen Ökonomen Frank Knight zurück.

Unsicherheit bestimmt unser ganzes Leben, doch für manche Ereignisse kann man aus vergangenen Erfahrungen Wahrscheinlichkeiten berechnen, für andere eben nicht. Es gibt „unknown unknowns", wie es Donald Rumsfeld nannte. Nassem Nicholas Taleb schrieb über extreme „Schwarzer Schwan"-Ereignisse, die niemand auf dem Radar hatte. Sie können zu extremer Verunsicherung und Panikreaktionen führen. Dann versagen alle Modelle, der Konjunkturforscher kann nur noch seiner Intuition folgend die Stärke des Absturzes abschätzen.

Eine professionelle, empirische Konjunkturbeobachtung gibt es seit der Zwischenkriegszeit. In den dreißiger Jahren bauten verschiedene Staaten und Institute größere Statistikeinrichtungen auf, die Daten über die wirtschaftliche Entwicklung sammelten. In Amerika war das National Bureau of Economic Research unter Wesley C. Mitchell darin führend, zuvor gab es schon eine Reihe privater und universitärer Pioniere der Konjunkturforschung.[12] In Deutschland begann das DIW im Jahr 1925 als erstes mit größerer Konjunkturforschung, kurz darauf nahm auch das Kieler Institut für Weltwirtschaft mit der neu gegründeten „Abteilung für Statistische Weltwirtschaftskunde und Internationale Konjunkturforschung" die Arbeit auf diesem Forschungsgebiet auf.

Die meisten der damals bekannten Ökonomen und Konjunkturforscher mussten angesichts des Extremereignisses der großen Depression aber kapitulieren. Der Yale-Ökonom Irving Fisher etwa, der mit seiner Quantitätsgleichung die Geldtheorie voranbrachte und zugleich ein bekannter Spekulant und Finanzberater war, erkannte das drohende Unheil des Börsencrashs nicht. Legendär ist seine Aussage vom Oktober 1929, die Kurse stünden auf einem Niveau, „das wie ein dauerhaftes Hochplateau aussieht". Zwölf Tage später brach die Börse ein. Fisher verlor ein großes Vermögen, zudem sein Ansehen als Prognostiker.

In der Nachkriegszeit begann, auch unter dem Einfluss des Keynesianismus, eine Blütephase der Konjunkturforschung. Die Daten und Prognosen sollten nicht nur Unternehmen eine Orientierung liefern, sondern wurden zunehmend auch von Regierungen als Grundlage für Konjunkturpolitik genutzt. In den sechziger und siebziger Jahren entwickelte sich ein großer Planungsoptimismus. Der Wirtschaftshistoriker Alexander Nützenadel nennt dies „die Stunde der Ökonomen". Die Wissenschaftler glaubten, ihre immer größeren und teils schon computergestützten Gleichungsmodelle könnten die Wirtschaftsabläufe präzise nachbilden und künftige Entwicklungen vorhersagen. Konjunkturpolitiker glaubten, die Wirtschaft sei mit keynesianischer Nachfragepolitik steuerbar. Vieles von diesem Überoptimismus hat sich als Hybris und Illusion herausgestellt. Auch die jüngste Krise sollte Demut lehren. „Prognostiker haben ständig ein Rendezvous mit der Wirklichkeit – dieser ultimative Härtetest für die Wirtschaftstheorie erdet die Forschung und beugt wissenschaftlichen Allmachtsphantasien vor", sagt Stefan Kooths, Konjunkturchef des IfW in Kiel.

Die Herausforderung von Konjunkturprognosen in normalen Zeiten liegt auf drei Ebenen: Man braucht ein Modell, das erstens die Summe der mikroökonomischen Zusammenhänge realistisch darstellt, also die Handlungen und Reaktionen der privaten Haushalte, Unternehmen und der Einrichtungen des Staats, und zudem die makroökonomischen Kreisläufe der Volkswirtschaft und die Einflüsse der Weltwirtschaft bei aller Abstraktion treffend abbildet. Sodann muss der Forscher noch plausible Annahmen für die Prognose treffen, beispielsweise für den Ölpreis oder für den Wechselkurs – hier lauert eine erhebliche Fehlerquelle, denn Ölpreis oder Wechselkurse sind kaum wissenschaftlich zu prognostizieren. Auch die diskretionären Staatsausgaben, die die Politik festlegt, muss er schätzen. Mit diesen Daten und den Zahlenreihen der Statistiker füttert man das Modell.

Heutige Makromodelle sind gewaltige Konstrukte aus einer kaum überschaubaren Zahl von Gleichungen und Parametern. Das Ifo-Institut etwa nutzt ein in Oxford entwickeltes Modell mit mehreren tausend Gleichungen. „Ich habe sie nie gezählt, so viele sind es", gestand der langjährige Konjunkturchef des Instituts, Kai Carstensen, der die schwierige Zeit des Krisenausbruchs dort mitmachte. „Die reine Zahl und die Größe sagen aber gar nichts aus über die Qualität des Modells", betont er. Für kurzfristige Prognosen seien oft sogar die kleineren, einfachen Modelle besser geeignet. Eine typische Gleichung in den Modellen bildet beispielsweise eine Relation zwischen dem verfügbaren Einkommen und dem Konsum der Haushalte ab. Die Parameter, wie etwa die Konsumneigung, müssen dann landesspezifisch eingestellt werden. In Amerika ist die Konsumneigung traditionell höher als in Deutschland. In einer Krise können sich die Parameter schlagartig ändern, etwa wenn Haushalte aus Angst plötzlich sparen.

Selbst in normalen Zeiten war die Treffsicherheit der Konjunkturprognosen nicht berauschend. Die Ökonomen Ulrich Fritsche und Jörg Döpke haben 2006 in einem Aufsatz untersucht, wie gut die Wachstumsprognosen für Deutschland über einen Zeitraum von dreieinhalb Jahrzehnten die reale Entwicklung trafen oder daneben lagen.[13] Demnach lagen die im April veröffentlichten BIP-Prognosen für das laufende Jahr durchschnittlich um 0,8 Prozentpunkte über oder unter der tatsächlichen Entwicklung. Die Prognosefehler der Herbstprognosen des IWF, die mehr als zwölf Monate vorausschauen, betrugen fast 1,4 Prozentpunkte. Könnte man da nicht gleich würfeln? Oder eine Münze werfen, wenn es um Richtungsänderungen geht? Fritsche und Döpke haben diese Frage ökonometrisch untersucht. Sie kommen zu einem „für die Prognostiker insgesamt erfreulichen Ergebnis“ – denn immerhin hätten diese Richtungsänderungen besser als ein Zufallsgenerator (ein Münzwurf) vorhergesagt. Na denn.

Selbstkritisch hat Bert Rürup, der langjährige Vorsitzende des Sachverständigenrats eingeräumt, dass die „Weisen“ tiefere Abschwünge oft zu spät erkannten. Lediglich zwei der sieben Rezessionen der Bundesrepublik hätten die Weisen richtig gesehen. Das zeigt, dass die Modelle eben noch stark verbesserungswürdig sind. Nach der Finanzkrise haben die Forscher erkannt, dass die Finanzmärkte in ihren Modellen ein blinder Fleck waren. Notdürftig haben sie ein paar zusätzliche Gleichungen eingefügt, um nun auch Entwicklungen an den Börsen und im Bankensektor besser zu erfassen.

Zum Teil liegt die Schwierigkeit der Konjunkturprognose aber auch an der Qualität und Aktualität der verfügbaren Daten. Diese sammeln hierzulande das Statistische Bundesamt in Wiesbaden, die Bundesbank sowie Wirtschaftsforschungsinstitute, Banken und Verbände. Das Zusammentragen und Hochrechnen der Daten dauert Zeit. Meist veröffentlichen die Statistikämter etwa 45 Tage nach Ende des Quartals ihre erste Schätzungen zu den Quartalsdaten. Wenn ein Konjunkturforscher im Frühherbst eine Prognose errechnet, liegen ihm also nur Zeitreihen mit Quartalswerten bis zum Frühjahr vor. Danach klafft eine Lücke, es gibt nur noch Stimmungsindikatoren wie das Ifo-Geschäftsklima. Auf dieser Datenbasis versucht er, die Zukunft zu prognostizierten.

„Eine Prognose ist zuweilen eher ein Blick zurück als nach vorn“, gestand Rürup ein. Zudem sind die Daten nicht sicher, es sind nur Schätzungen. Die der offiziellen Zeitreihen beruhen am aktuellen Rand nur auf Hochrechnungen und werden von den Statistikern später, wenn mehr und detaillierte Daten vorliegen, noch revidiert – zum Teil recht stark. „Es gibt ein gewaltiges Datenproblem", klagt der Wirtschaftsprofessor Volker Caspari von der TU Darmstadt. Eine Untersuchung der OECD zeigte, wie groß die nachträglichen Korrekturen ausfallen: Nach fünf Monaten werden die Quartalswachstumswerte um durchschnittlich fast 0,2 Prozentpunkte revidiert, drei Jahre später wachsen die Revisionen sogar auf durchschnittlich 0,4 Prozentpunkte. [14] Das entspricht fast dem durchschnittlichen Wachstumswert in einem Quartal.

Das alles ergibt eine eher dünne, wackelige Datengrundlage. Bedenkt man noch die inhärente Unsicherheit der Prognosemodelle, so erstaunt die scheinbare Präzision, die viele Konjunkturforscher beanspruchen. Sie veröffentlichen Prognosen mit Punktwerten bis auf eine Nachkommastelle. Das ist jedoch Scheingenauigkeit. Nach dem Desaster von 2008 und 2009 gingen einige Institute dazu über, neben der Punktprognose auch ein Intervall zu veröffentlichen, in dem mit einer bestimmten Wahrscheinlichkeit der reale BIP-Wert läge. Die Spanne ist groß. Will man wissen, wo der reale Wert mit Zweidrittel-Wahrscheinlichkeit liegt, so ergibt sich aus den Modellen ein Intervall mit einem Prozentpunkt Abweichung nach oben und unten von der Punktprognose. Einige Jahre nach dem Einbruch von 2008/2009 haben die Konjunkturforscher diese Intervalle etwas stärker hervorgehoben. Allerdings haben die Medien das kaum beachtet. Sie stehen auf die Punktprognose, die Scheingenauigkeit.

Die Ökonomen und der Mindestlohn

Vor der Einführung warnten viele vor großen Jobverlusten – die sieht man heute auf den ersten Blick gar nicht. Doch es blieben Risiken.

Die Ökonomen, die hohe Jobverluste als Folge des gesetzlichen Mindestlohns an die Wand malten, werden verlacht. Wo sind die Beschäftigungsverluste? Die Zahl der Beschäftigten ist doch 2016 auf einen Rekord von 43,4 Millionen gestiegen. Wieder mal eine krasse Fehlprognose der Ökonomen, so heißt es.

Tatsächlich wurde vor Einführung des Mindestlohnes vor großen Jobverlusten gewarnt. Das Ifo-Institut hatte 2014 eine Studie der Arbeitsmarktökonomen Andreas Knabe (Uni Magdeburg), Ronnie Schöb (FU Berlin) und Marcel Thum (TU Dresden) veröffentlicht, die ausgerechnet hatten, dass der Mindestlohn mittelfristig bis zu 900.000 Arbeitsplätze gefährde, davon 660.000 Minijobs.[15] In Vollzeitstellen ausgedrückt, entspräche dies etwa 340.000 Arbeitsplätzen. Die großen Wirtschaftsforschungsinstitute nannten in ihrem Frühjahrsgutachten 2014 eine Größenordnung von

200.000 Arbeitsplätzen, die 2015 durch den Mindestlohn gefährdet würden; 150.000 weitere könnten in späteren Jahren wegfallen.

Lediglich das DIW schloss sich dieser Prognose nicht an. Auch das gewerkschaftsnahe IMK sah keine Jobverluste, es warb wie die Gewerkschaften und die SPD für den Mindestlohn. Der Direktor des Instituts für Arbeitsmarkt und Berufsforschung (IAB) der Bundesagentur für Arbeit, Joachim Möller, gehörte unter den renommierten Arbeitsmarktökonomen zu den wenigen, die den Mindestlohn befürworteten.

Hören wir uns differenzierter an, welche Argumente unter Wissenschaftlern verschiedener Lager vor Einführung des Mindestlohns ausgetauscht wurden. Grundsätzlich gibt es zwei Lager: Auf der einen Seite stehen die neoklassischen Arbeitsmarktforscher. Sie argumentieren, dass eine staatliche Lohnhürde, die oberhalb des Gleichgewichtspreises liegt, die Nachfrage nach Arbeit beschneidet. Arbeiter, deren Produktivität zu gering ist, werden nicht mehr eingestellt. Wolfgang Franz, der langjährige Vorsitzende des Sachverständigenrats, hat diesen Punkt immer wieder betont: Unternehmen stellen niemanden ein, der mehr kostet, als er an Leistung bringt. Ein hoher Mindestlohn vernichte daher viele Beschäftigungsverhältnisse, gerade im Osten, wo es viele geringbezahlte Jobs gibt.

Auf der anderen Seite der Debatte stehen Kritiker der neoklassischen Theorie. Vielfach zahlten Unternehmen nicht die Löhne, die der Grenzproduktivität der Beschäftigten entsprechen, also deren Leistung widerspiegeln. Manche Löhne lägen darunter. Örtliche Arbeitgeber können eine gewisse Marktmacht haben, sagt Möller, Direktor des IAB)in Nürnberg. Ökonomen nennen dies ein „Monopson" (Nachfrage-Monopol). Für die niedrigen Löhne ist aber das Arbeitsangebot gering. Wenn der Staat einen Mindestlohn vorgibt, könnten das Arbeitsangebot und die Beschäftigung somit steigen, sagt Möller. Studien, die mit Hilfe von Nachfrageelastizitäten hohe Beschäftigungsverluste errechnen, nennt er „Bierdeckel-Rechnungen". Umgekehrt halten die Mindestlohnkritiker das theoretisch richtige „Monopson"-Argument in der Praxis für wenig relevant.

In den Vereinigten Staaten tobt seit zwei Jahrzehnten die Schlacht mit empirischen Studien. Dort haben Bundesstaaten verschieden hohe Mindestlöhne. Die Arbeitsmarktforscher David Neumark und William Wascher untersuchten die Vielfalt und kamen zu dem Ergebnis, dass Mindestlohn-Erhöhungen der Beschäftigung schadeten.[16] Ein 10-Prozent-Anstieg habe 1 bis 2 Prozent der Stellen vernichtet, gerade für junge Leute. Eine vielzitierte frühe Fallstudie von David Card (Universität von Kalifornien in Berkeley) und Alan Krueger (Princeton) kam zu einem anderen Ergebnis.[17] Sie errechneten, dass die Erhöhung des Mindestlohns in New Jersey Anfang der neunziger Jahre in Schnellrestaurants keinen negativen, sondern sogar einen positiven Beschäftigungseffekt hatte. Dies ergab sich im Vergleich zum benachbarten Pennsylvania, wo der Mindestlohn stagnierte.

Die nächste Runde in diesem Streit läutete eine Untersuchung von Forschern um Michael Reich von der kalifornischen Universität Berkeley ein.[18] Sie trugen einen sehr breiten und detaillierten Datensatz zusammen, der auf einzelne Landkreise (Counties) abzielt. Wenn frühere, traditionelle Studien negative Beschäftigungseffekte gezeigt hatten, dann seien dafür andere, lokale ökonomische Faktoren verantwortlich gewesen, schrieben die Forscher um Reich. Sie fanden in ihrer Landkreisstudie keine negativen Beschäftigungseffekte von Mindestlöhnen. Neumark und Wascher beharren aber darauf, dass es sehr wenige Forschungsarbeiten gebe, die überzeugende Belege für positive Beschäftigungseffekte brächten. Gerade für junge oder geringqualifizierte Arbeitnehmer sei der Mindestlohn eine Hürde, die den Zutritt zum Arbeitsmarkt erschwere.

In Deutschland gibt es inzwischen ein Dutzend Branchen mit Mindestlohnregelungen, vom Baugewerbe bis zur Zeitarbeit. 2011 haben Ökonomen im Auftrag des Arbeitsministeriums versucht, die Wirkungen dieser Mindestlöhne zu untersuchen. Sie fanden in den meisten Branchen keine gravierenden Beschäftigungseffekte. Vielfach war aber die Datenlage zu dünn, um belastbare Aussagen zu treffen. Als beschäftigungsschädlich erwies sich der Mindestlohn im Dachdeckergewerbe. „Als dieser Mindestlohn in Ostdeutschland auf das Westniveau angehoben wurde, betraf er mehr als 50 Prozent der Beschäftigten", sagt IAB-Chef Möller. „Das kann nicht gut gehen." Heute liegt der Dachdecker-Mindestlohn bei 11,20 Euro. „In Umfragen haben sich die Beschäftigten teilweise selbst beklagt, dass die Entlohnung zu starr und undifferenziert sei."

Als Erfolgsgeschichte präsentieren hingegen viele Forscher den britischen Mindestlohn. Als er 1999 von der Labour-Regierung eingeführt wurde, gab es Warnungen vor Stellenverlusten. Diese seien nicht eingetreten, betont Alan Manning von der London School of Economics. Allerdings wurde die staatliche Lohnuntergrenze moderat bei 3,60 Pfund angesetzt. Das waren nur 40 Prozent des mittleren Lohnniveaus des Landes. Und die Low Pay Commission, in der Arbeitgeber und Gewerkschafter sowie Wissenschaftler sitzen, hat in den wirtschaftlich unsicheren Jahren nur geringe Anstiege empfohlen. (Heute, seit der jüngsten Anhebung im April 2016, liegt der Mindestlohn in Großbritannien bei 7,20 Pfund (umgerechnet 9 Euro), für 18- bis 20-Jährige beträgt er 5,30 Pfund.) „Der wichtigste Effekt war wohl der auf die Lohnungleichheit", sagt LSE-Professor Manning. Diese habe, zumindest im unteren Bereich, etwas abgenommen. Mindestlohngegner verweisen dagegen auf Frankreich. Dort sei klar, dass der recht hohe Mindestlohn mitverantwortlich für die schon seit Jahren hohe Jugendarbeitslosigkeit sei.

Die 8,50 Euro, mit denen der deutsche Mindestlohn startete, halten viele Ökonomen für eine hohe Schwelle, selbst IAB-Chef Möller zeigte Skepsis: „8,50 Euro Stundenlohn würde im Osten etwa 25 Prozent der Beschäftigten betreffen, das ist schon ein sehr hoher Wert", sagte er vor Einführung des Mindestlohns. In Großbritannien betraf der Mindestlohn bei Einführung nur etwas über 5 Prozent der Arbeitenden.

Heute fühlen sich diejenigen bestätigt, die geringe oder keine Bedenken hatten oder aktiv für den Mindestlohn warben. Möller sagt, die „Schreckensszenarien" seiner Kollegen seien falsch gewesen. „Unter dem Strich hat der Mindestlohn der weiterhin guten Arbeitsmarktentwicklung offenbar nicht entgegengestanden." Es gebe auch die positiven Aspekte des Mindestlohns, etwa dass höher bezahlte Mitarbeiter motivierter seien und es weniger Fluktuation durch Kündigungen in den Unternehmen gebe. Das nutze auch den Unternehmern. Der langjährige Ifo-Präsident Hans-Werner Sinn hingegen verweist darauf, dass 2015 etwa 190.000 Minijobs verloren gingen, die zuvor in großer Zahl geringer als der Mindestlohn bezahlt wurden. Im Übrigen lasse sich nach einem Jahr bestenfalls eine Zwischenbilanz des Mindestlohns ziehen: „Die ökonomischen Effekte solcher strukturellen Maßnahmen stellen sich erst nach Jahren ein", sagt Sinn. Unternehmen, die wegen höherer Löhne unter Druck kommen, versuchen durchzuhalten. Erst wenn sie längere Verluste machen, müssten sie aufgeben. Dann seien die Jobs verloren.

Ein Glück war, dass der Mindestlohn 2015 in einer Situation in Deutschland eingeführt wurde, als die Konjunktur sich sehr robust entwickelte. Die Unternehmen stellten mithin Beschäftigte ein. So stieg die Erwerbstätigenzahl um rund eine halbe Million, erstmals waren mehr als 43 Millionen Menschen in Deutschland beschäftigt. Die Folgen des Mindestlohns lassen sich jedoch nicht mit einem Blick auf die Gesamtzahlen abschätzen. Vielmehr müsste man diese mit einem hypothetischen Fall ohne Mindestlohn vergleichen. Das IAB schätzte in einer Studie im März 2016, dass der Mindestlohn so gesehen 60.000 Jobs gekostet habe. Solche Zahlen erscheinen gering angesichts der guten Beschäftigungslage.

Aus der Sicht der Kritiker wird die eigentliche Belastungsprobe erst kommen, wenn die Konjunktur nicht mehr gut läuft. Auch die Vermittlung einer sechsstelligen Zahl von Asylbewerbern, die überwiegend geringqualifiziert sind, in den Arbeitsmarkt wird durch den Mindestlohn erschwert.

Abschied von Mr. Spock

Das Modellbild des kühl kalkulierenden Homo oeconomicus ist unter Beschuss. Aber trifft das Gegenteil zu, dass der Mensch irrational handelt?

Immer lauter ist die Kritik geworden. Die Wirtschaftswissenschaft habe ihre Modelle auf einem falschen Menschenbild aufgebaut. Den Homo oeconomicus gebe es gar nicht, er sei eine irreführende Fiktion. Diese Kontroverse rüttelt an den Grundfesten der klassischen Ökonomie. Natürlich stimmt es, dass der Homo oeconomicus, diese zentrale Annahme der modernen Ökonomie, nicht der reale Mensch ist. Der Homo oeconomicus handelt stets perfekt rational, ist frei von Emotionen und Wahrnehmungsstörungen. Er ähnelt dem legendären Mr. Spock aus der TV-Serie Raumschiff Enterprise. Wie dieser kalkuliert er sämtliche Optionen durch und maximiert kühl-vorausschauend seinen Nutzen – unter Berücksichtigung einer intertemporalen Budgetrestriktion.

Natürlich ist diese fehlerfreie ökonomische Rechenmaschine eine Fiktion. „So ein Quatsch", sagt Reinhard Selten, der Spieltheoretiker und Ökonomie-Nobelpreisträger, wenn man ihn auf den Homo oeconomicus anspricht. Menschen hätten keine Nutzenfunktion im Kopf. Schon Mitte der fünfziger Jahre entwickelte der Psychologe Herbert Simon das Konzept der „bounded rationality" (eingeschränkte Rationalität). Er bezweifelte, dass der Mensch bei komplizierten Entscheidungen, etwa beim Kauf eines Autos, sämtliche Aspekte gegeneinander abwägen und bewerten könne (das wären ja Hunderte sehr unterschiedliche Dimensionen) und damit eine Nutzenfunktion maximiere. Statt der Nutzenmaximierung gehe es eher um ein bestimmtes Maß an Zufriedenheit – „satisficing" nannte es Simon. Der Autokäufer informiert sich und vergleicht einige Kriterien, bis er ein Fahrzeug hat, das ihm in den wichtigen Aspekten gefällt.

Den Frontalangriff auf die Modellannahme des Homo oeconomicus begannen in den siebziger Jahren die Psychologen Daniel Kahneman und Amos Tversky. Als erstes untersuchten sie systematisch in Laborexperimenten, wie Menschen Probleme lösen, vor allem in Situationen mit ungewissen Ereignissen. Ihre Forschung zeigt, dass es einige Verzerrungen, sogenannte Biases, in der Urteilskraft der Menschen gibt. Scheinbar machen sie in bestimmten Kontexten systematisch Fehler. Statt perfekt zu rechnen, bedienen sie sich oftmals einfacher mentaler Daumenregeln und gedanklicher Abkürzungen. Diese werden „Heuristiken" genannt.

Schon die Wahrnehmung der Realität ist schwierig. Dabei bedienen sich Menschen häufig eines Stereotypen- oder Schubladendenkens. Kahneman und Tversky sprachen von der Repräsentativitätsheuristik. Die Einschätzung von Wahrscheinlichkeiten und der Umgang mit ihnen fällt den

Menschen ebenfalls schwer. Unser Gedächtnis ist nicht perfekt. Vielmehr bewerten wir kurz zurückliegende Ergebnisse oft zu hoch. Gerade verfügbare Informationen prägen uns mehr als weniger leicht verfügbare, aber vielleicht relevantere Informationen (Verfügbarkeitsheuristik). Wir lassen also uns bei der Bewertung von Produkten zum Beispiel durch Werbung irreführen. Diese zwei klassischen Heuristiken („Representativity" und „Availability") beschrieben Kahneman und Tversky 1974 in einem Aufsatz.[19]

Der nur sieben Seiten lange Artikel setzte eine weltweite wissenschaftliche Forschung nach weiteren Verzerrungen in Gang. Es gibt zahlreiche Biases – einen guten Überblick über das gesamte Forschungsgebiet erlaubt das Lehrbuch „Behavioral Economics" von Hanno Beck.[20] Sehr plausibel ist etwa der Bestätigungsirrtum („Confirmation Bias"): Menschen nehmen Informationen oder Meinungen stärker wahr, wenn sie ihrer Meinung entsprechen oder diese unterstützen. Zudem neigen viele Menschen zu Überoptimismus. Umfragen zeigen etwa, dass die Mehrheit der Bürger sich für überdurchschnittlich gute Autofahrer hält (was statistisch nicht sein kann). Allerdings gibt es auch Situationen, in denen wir zu mangelnder Zuversicht (Underconfidence) neigen und Risiken überschätzen. Eine der bekanntesten Verzerrungen unserer Kognition ist das sogenannte „Anchoring": Wird Versuchspersonen, die eine bestimmte Information (Jahreszahl, Größe, Wahrscheinlichkeit) schätzen sollen, zuvor eine beliebige andere Zahl vorgegeben – beispielsweise durch ein Glücksrad –, so beeinflusst diese „Verankerung" ihre Schätzung. Als sehr wichtig hat sich auch das sogenannte „Framing" von Entscheidungs- oder Experimentsituationen herausgestellt. Die Art der Präsentation einer Frage oder Handlungsalternative hat zuweilen entscheidenden Einfluss auf unsere Antwort beziehungsweise Handlung.

In einem zweiten Schritt gingen Kahneman und Tversky weiter und entwickelten als Alternative zur klassischen Erwartungsnutzentheorie der Ökonomen[21] eine andere Theorie der Entscheidungsbildung, die „Prospect Theory".[22] In diesem Modell geht es erst darum, wie der Mensch bei einer Entscheidungsfindung die Ergebnisse „editiert", also in seinem Kopf formatiert. Dabei werden einige Dinge „zurechtgebogen" und vereinfacht. Für die Entscheidung werden die Wahrscheinlichkeiten einzelner Ergebnisse subjektiv gewichtet. Experimente zeigen, dass der Mensch sich im Umgang mit Wahrscheinlichkeiten, gerade mit sehr kleinen oder sehr großen Wahrscheinlichkeiten, schwertut. Kleinste Wahrscheinlichkeiten werden oft überschätzt oder übergewichtet. Die meisten Menschen sind risikoavers. Zusätzlich fanden Kahneman und Tversky eine starke Verlustaversion. Menschen gewichten negative Ergebnisse ungefähr doppelt so schwer wie positive. Das hat zur Folge, dass die Entscheidungssituationen asymmetrisch wahrgenommen werden. Verlieren wir Geld, schmerzt uns das viel mehr, als ein Gewinn gleicher Höhe an Freude bringt. Zudem neigt die Mehrheit der Menschen, wie Experimente zeigten, zu einem gewissen Konservatismus: Sie wollen den Status quo eher erhalten und sind Neuem gegenüber eher reserviert. In Experimenten wurde zudem gezeigt, dass wir dazu neigen, den Wert von Dingen in unserem Besitz zu überschätzen.

So weit, so schlecht für die Theorie des Homo oeconomicus. Dieser lässt sich offenbar leichter manipulieren und irreführen als gedacht. Allerdings gab es auch Kritik am Forschungsprogramm der Verhaltensökonomen und ihren Behauptungen. Einige Vertreter der neuen psychologischen Richtung gingen so weit, den Menschen voller Denkfehler als kognitiven Versager zu sehen. Statt Homo oeconomicus scheint Homer Simpson, die trieb- und impulsgesteuerte Zeichentrick-Witzfigur, die von einem Irrtum und Fettnäpfchen zum nächsten tappt, dem realen Menschen nahezukommen. In einem Paper stellten Analysen der Deutschen Bank ernsthaft diesen Vergleich.

Doch wenn der Menschen so von systematischen Irrtümern gelenkt ist, wie kann er sich überhaupt im täglichen Leben sinnvoll zurechtfinden? Wie konnte die Spezies Mensch so weit kommen mit all den technischen und wissenschaftlichen Leistungen? Astronauten sind zum Mond geflogen, aber der Durchschnittsmensch soll bei einfachsten Entscheidungssituationen versagen? Das abwertende Bild des Menschen als kognitivem Versager, das mindestens genauso eine Karikatur ist wie der hyperrationale Mr. Spock, hat berechtigte Kritik hervorgerufen. Während die Unterstellung völliger Rationalität überzogen scheint, ist die Behauptung weitgehender Irrationalität ebenso falsch. „Ich denke nicht, dass ich gezeigt habe, dass Menschen irrational sind", stellte Daniel Kahneman 2002 klar, nachdem er den Ökonomienobelpreis erhalten hatte.

Nach Ansicht der Kritiker der abwertenden Verhaltensökonomie sind viele der Heuristiken, die wir Menschen verwenden, zwar einfache, aber doch wirkungsvolle Werkzeuge und effiziente Problemlösungsstrategien, wie etwa der Psychologe und Risikoforscher Gerd Gigerenzer vom Berliner Max-Planck-Institut für Bildungsforschung unterstreicht. Vielfach sind sie aus evolutorischer Sicht gut zu erklären. Manche dieser evolutorisch entwickelten Verhaltensweisen passen aber nicht mehr richtig in unsere heutige Umwelt.[23] Im richtigen Rahmen erlauben die gängigen Heuristiken aber dennoch gute Entscheidungen bei sparsamem gedanklichem Aufwand. Man braucht wenig Zeit und Informationen, um zu akzeptablen Lösungen zu kommen, deren Qualität sich durchaus mit den Resultaten formalerer, komplexerer Berechnungsmethoden messen lassen können, die man dem Homo oeconomicus zuordnen würde. So zeigt Gigerenzer, dass manche Heuristiken, die angeblich irrationales Verhalten zeigen, effektiver, effizienter und leistungsfähiger waren als ausgefeilte statistische Rechenprogramme. Was zählt ist das Umfeld. Die positiven Aspekte der Heuristiken wollten viele Verhaltensökonomen aber nicht sehen.

Warum neigt ein Teil der Verhaltensökonomie so stark dazu, dem Menschen immer mehr „Anomalien“ und ein quasi gestörtes Denken zu unterstellen? Manche Laborversuche, Experimente und Fragestellungen seien bewusst so konstruiert worden, um die Versuchsteilnehmer intellektuell aufs Glatteis zu locken, wo sie kläglich ausrutschen, sagen Kritiker. „Man legt die Menschen absichtlich aufs Kreuz“, sagt Hanno Beck, Autor des ersten deutschen Lehrbuchs „Behavioral Economics“. Er macht einen dazu Vergleich: „Ein Hammer ist ein brillantes Werkzeug, aber nicht, wenn man eine Schraube vor sich hat.“ In den Experimenten im Labor wurden die Teilnehmer – im übertragenen Sinn – dazu verleitet, mit dem Hammer auf der Schraube herumzuklopfen. Beck sieht die Gefahr, dass in der künstlichen Laborumgebung und bei einem speziellen Studiendesign verzerrte Resultate herauskommen.

Tendenziell stünden die Menschen dümmer da, als sie seien. Für diese Tendenz in der Verhaltensökonomie gebe es einen wissenschaftsimmanenten Anreiz, nämlich die Belohnung durch hochrangige Publikationsmöglichkeiten. Ein Ökonom, der eine neue, möglichst verblüffende Verhaltensanomalie nachweist, kann sein Forschungspaper in den angesehenen Wissenschaftsjournalen veröffentlichen. Das verschafft ihm wissenschaftliches Renommee und Punkte für die Karriere. Dass systematischen Anreize im Wissenschaftsbetrieb existieren, immer neue Heuristiken und Verhaltensanomalien zu finden, hat auch der renommierte Verhaltensökonom Baruch Fischhoff von der Carnegie Mellon Universität vor Jahren zugegeben. Jeder neuer Angriff auf den Homo oeconomicus wurde gefeiert, bekam viel Aufmerksamkeit. Beck warnt vor einer systematischen Verzerrung der Anreize in der Wissenschaft. Mithin unterlägen die Forscher selbst einem „Bias“, den sie sonst dem Homo oeconomicus unterstellen. Die generelle Kritik am Homo oeconomicus hält Beck für fehlgeleitet, denn dessen Befürworter hätten nie behauptet, dass dieses Modellbild ein realistisches Bild sei.

Allerdings hat die Verhaltensökonomie doch eine substantiell neue Sicht auf den Menschen und seine Präferenzen gebracht. Einige Resultate der Experimente sind sehr robust, sie wurden hundertfach reproduziert, betont Axel Ockenfels von der Universität Köln. Ein Beispiel dafür sind das Ultimatum- und das Diktator-Spiel. In beiden geht es darum, wie die Versuchspersonen einen Gewinn teilen. Beim Ultimatum-Spiel gibt der Versuchsleiter dem Teilnehmer A einen Geldbetrag, davon soll er Mitspieler B etwas abgeben. B kann annehmen oder ablehnen. Wenn er ablehnt, verlieren B und A alles. Als Homo oeconomicus sollte B auch kleinste Summen annehmen (zumindest bei nicht-unendlich wiederholten Spielen). Ein paar Cent sind besser als nichts. Doch Ultimatum-Spiele in verschiedensten Varianten haben gezeigt, dass zu geringe Angebote abgelehnt werden. Im Durchschnitt werden bei Ultimatum-Spielen etwa 40 Prozent abgegeben. Beim Diktator-Spiel kann A alleine bestimmen, ob und wie viel er B abgibt. Selbst in dieser Konstellation teilen die Versuchspersonen das Geld, sie geben freiwillig einen substantiellen Anteil ab.

Diese Experimente zeigen, dass die Unterstellung eines reinen Eigennutzdenkens, das man beim karikaturhaften Homo oeconomicus annimmt, falsch ist. Vielmehr haben Menschen offenbar soziale Präferenzen. Wenn man das anerkennt, muss man die individuelle Nutzenfunktion völlig neu denken. Ende der neunziger Jahre haben zwei Wissenschaftler-Teams das getan, zum einen der Züricher Experimentalökonom Ernst Fehr mit dem Münchner Spieltheoretiker Klaus Schmidt und zum anderen Gary Bolton und Axel Ockenfels.[24] Beide Forschergruppen haben die bisherige Nutzenfunktion in einem entscheidenden Punkt modifiziert. Neben der Berücksichtigung der unmittelbar eigenen Payoffs (Einkommen) kann der Nutzen auch steigen, wenn es anderen Menschen besser geht. Der Nutzen der anderen wird mehr oder weniger stark „mitgenossen". Falls „Mitspieler" zu wenig bekommen, leidet man nach dieser Theorie mit. Bei den meisten Menschen ist zudem eine recht deutlich ausgeprägte „Ungleichheitsaversion" festzustellen – allerdings sinkt die Bereitschaft zum Teilen deutlich, wenn es um hart erarbeiteten Verdienst geht.

Andere Experimente zudem zeigen, dass das theoretisch angenommene Problem des „Free Riding", das zum Zusammenbruch von Kooperation führt, in vielen Kontexten nicht so stark ausgeprägt ist wie zuvor angenommen. Menschen sind bereit, freiwillig Beiträge zu leisten, damit ein öffentliches Gut finanziert oder gebaut werden kann. Der Mensch ist eben kein kurzsichtiger Egoist, der nicht in größeren Zusammenhängen denkt. Vielmehr hat er eine soziale Ader. Und wenn die Mitspieler merken, dass ein Akteur nicht kooperiert oder nicht teilen will, sind sie sogar bereit, für die Bestrafung eigenes Geld einzusetzen, also Verluste zu machen. Menschen bestehen auf reziprokem Verhalten: „Wie Du mir, so ich Dir...", lautet das Sprichwort. Unser Verhalten beruht auf Gegenseitigkeit.

All das ist aus einer evolutorischen Perspektive gut verständlich. Im Laufe der Evolution haben sich soziale Normen herausgebildet, die das Zusammenleben ermöglichen. Gerade in der Frühzeit der Menschen in der Kleingruppe war eine Ethik des Teilens überlebenswichtig. Die Ethik der kleinen Gruppe hat sich tief in unser Bewusstsein eingegraben, auch wenn es atavistische Reflexe sein mögen, wie Hayek kritisierte. Die frühen Klassiker der Ökonomie wie etwa Adam Smith sahen den Menschen zwar einerseits durch Eigennutzstreben motiviert, doch Smith betonte auch die

Fähigkeit zur Empathie, zum Mitgefühl. Man kann scheinbar altruistisches Verhalten auch als indirekt eigennutzstiftend interpretieren. Wenn wir teilen und kooperieren, kann man bei anderen einen Lerneffekt erwarten. Am Ende stehen sich alle besser. Da die reale Welt, anders als viele Labor-Experimente, die einmalig durchgeführt werden, ein „Spiel" mit unendlichen Wiederholungen ist, haben wir „soziale" Verhaltensweisen gelernt.

Einige der Angewohnheiten, die wohl evolutionär begründet sind, passen nicht zum Bild des Homo oeconomicus. Etwa dass viele Menschen ihr Einkommen nicht vorrangig nach der absoluten Höhe beurteilen, sondern es mit anderen vergleichen. Was der Kollege oder der Nachbar verdient, ist für unsere Zufriedenheit nicht unerheblich. „Menschen mögen es nicht, hinter andere zurückzufallen", sagt Ockenfels. Das gilt für Kinder, aber auch für Manager. Ein hohes Einkommen allein motiviert Arbeitnehmer nicht, man will mehr bekommen als der Rivale. Auch sind evolutorische Gründe anzunehmen, sagt Ockenfels: Für die Frühmenschen spielte die „Fitness" eine entscheidende Rolle, nur der im Vergleich mit anderen Bessere überlebte oder konnte sich fortpflanzen. Das führt heute noch zu kuriosen Verhaltenswesen: Manchmal sind wir bereit, weniger zu akzeptieren, wenn wir nur mehr haben als der Nachbar. „All dieses Verhalten ist nicht notwendigerweise irrational, aber es ist inkonsistent mit dem üblichen ökonomischen Modell, das sagt ‚mehr ist besser'", erklärt Ockenfels.

Eng verwandt mit der Verhaltensökonomie ist die ökonomische Glücksforschung, die sich auf Umfragen und Experimente stützt. Das bekannteste, umstrittenste Ergebnis dieser Glücksforschung ist das sogenannte Easterlin-Paradox. Obwohl der Wohlstand, gemessen im Bruttoinlandsprodukt je Kopf, über die vergangenen Jahrzehnte weiter zugenommen hat, steige die Lebenszufriedenheit nicht, sondern stagniere, hatte Richard Easterlin 1974 in einem berühmten Aufsatz argumentiert. Man gewöhne sich an den Wohlstand, der Vergleich mit reicheren Nachbarn mache unglücklich. Menschen neigen zudem zu Status-Konsum: Man kauft ein teures Auto, nur um dem Nachbar zu zeigen, wie wohlhabend man ist. Kauft dann auch der Nachbar ein teures Auto, fallen beide auf ihr ursprüngliches Nutzenniveau zurück. Beide haben viel Geld ausgegeben ohne einen Nutzengewinn zu verspüren.

Der Wettlauf um Status-Konsum sei ein Nullsummenspiel. Status-Konsum sei volkswirtschaftlich ineffizient, reine Ressourcenverschwendung, sagen Kritiker. Einige Glücksforscher wie Richard Layard haben radikale Schlüsse gezogen: Der Staat müsse die Bürger davor bewahren, in der ökonomischen Tretmühle unglücklich zu werden. Als Instrument schlagen sie eine hohe, stark progressive Einkommensbesteuerung und sogar Arbeitszeitbeschränkungen vor. Kritiker finden, dass solche Eingriffe viel zu weit gehen und eine Bevormundung darstellen. (Weiter hinten im Buch wird die Frage, ob Geld uns (nicht) glücklich macht, noch ausführlicher besprochen.)

Das einstige Bild des Homo oeconomicus hat seit dem psychologischen „Turn" der Wirtschaftswissenschaften ohne Zweifel einige Risse und Brüche bekommen. Aber es komme stets auf den Kontext an. In vielen Kontexten funktioniert das Modell des rationalen Nutzenmaximierers hervorragend. „Das Rationalmodell ist so verkehrt nicht. Wir finden in Experimenten doch sehr häufig, dass sich die Menschen genau so verhalten, wie es die Theorie auf Basis des Rationalmodells vorhersagt", sagt Joachim Weimann, Professor in Magdeburg und Vorsitzender der Gesellschaft für experimentelle Wirtschaftsforschung. Auch der Münchner Spieltheoretiker und Experimentalökonom Klaus Schmidt würde den Homo oeconomicus keinesfalls einfach aufgeben: „Den Homo oeconomicus einfach wegzuschmeißen, das wäre das Dümmste, was wir machen können. Er ist ein sehr gutes Modell, weil er auf so einfachen Annahmen beruht." Nur funktioniert das Modell nicht in allen Kontexten. Der Mensch verhält sich unterschiedlich.

Daniel Kahneman unterscheidet zwei verschiedene Systeme des Denkens.[25] Auf der einen sieht er das „schnelle" Denken, das automatisch, unbewusst, intuitiv, fast reflexartig funktioniert. Hier kommt es zu einigen kognitiven Verzerrungen, Schnell- und Fehlschlüssen, die dem Homo oeconomicus widersprechen. Zum Teil ist dieses „schnelle Denken" ein Ergebnis jener Verhaltensweisen des Menschen, die er in seiner Evolution eingeübt hat. Auf der anderen Seite gibt es aber auch das bewusste, „langsame" Denken, wo wir uns mehr konzentrieren und sorgfältiger unsere Entscheidungen abwägen. Man darf annehmen, dass Menschen, wenn es um wichtige Dinge und wichtige Entscheidungen geht, länger nachdenken, sich besser informieren und beraten lassen. Das hilft, Denkfehler und Fehlentscheidungen zu vermeiden.

Der Karikatur, dass die Mehrheit der Menschen so tölpelhaft wie Homer Simpson sei, widerspricht die evolutionäre Realität: das hohe technische, wissenschaftliche und ökonomische Niveau, das die Menschheit in den vergangenen Jahrhunderten erklommen hat. Möglich wurde dieser Wohlstand durch die Interaktion und Kooperation über Märkte, die eine effiziente Nutzung von Ressourcen und Wissen ermöglichen, wie die Nobelpreisträger Friedrich August von Hayek und Vernon Smith hervorgehoben haben. Smith hat den Begriff der „ökologischen Rationalität" geprägt, der mit Kahnemans Denksystem I (dem schnellen Denken) korrespondiert. Auch wenn diese Denkweisen sowie die meisten Institutionen, Normen und Prinzipien menschlichen Zusammenlebens nicht geplant und damit nicht strikt rational erscheinen mögen, haben sie sich doch über lange Zeit herausgebildet und bewährt. Märkte wurden nicht auf dem Reißbrett geplant, sondern sind spontan entstanden. Es haben sich im evolutorischen Wettbewerb keine Institutionen etabliert, die ihnen überlegen wären. Die spontane Ordnung ist gegenüber der „Anmaßungen von Wissen" einer geplanten institutionellen Ordnung überlegen. So erscheinen auch viele der Denk- und Verhaltensweisen des Menschen, die Verhaltensökonomen im Labor untersuchen, auf den ersten Blick nur wenig rational oder als „Anomalien", doch auf den zweiten Blick kann man durchaus einen Sinn erkennen.

In jedem Fall ist das Menschenbild, das Ökonomen ihren Theorien und Modellen zugrunde legen, heute vielschichtiger geworden. Bislang ist es den Verhaltensökonomen aber nicht gelungen, eine umfassende, konsistente Theorie des menschlichen Verhaltens zu entwerfen. Je nach Situation und Kontext verwendet man unterschiedliche Theorien. Oft hört man dazu den Vergleich mit verschiedenen Landkarten in unterschiedlichen Maßstäben. Ein völlig „realistisches" Menschenbild, das sämtliche Komplexitäten genau erfasst, entspräche einer Eins-zu-eins-Karte, das alle topografischen Details genauestens abbildet. Eine solche Karte gibt es nicht. Jede Landkarte ist eine Vereinfachung, nur so bietet sie Orientierung. „Je nach Situation ist mal die und mal die Karte besser", erklärt Ockenfels, mal der Weltatlas, mal eine Straßenkarte, mal ein Stadtplan, mal ein U-Bahn-Plan. Die Herausforderung für Ökonomen bestehe darin, jeweils die passende Karte zu benutzen. Ein wunder Punkt bleibt aber, dass manche der Karten so gar nicht zueinander passen wollen.

Wirtschaft als Experiment

Die Verhaltensökonomik ist auf dem Vormarsch. Sie untersucht das menschliche Handeln und fragt nach Motiven. Deutsche Forscher sind vorn dabei.

Die Zahl der Labore für wirtschaftswissenschaftliche Experimente in Deutschland wächst stetig. Mittlerweile gibt es schon mehr als zwei Dutzend, in Köln sind es sogar gleich drei. Vor einigen Jahren ist in Göttingen ein neues eröffnet worden. Reinhard Selten, der einzige deutsche Ökonomie-Nobelpreisträger, kam zur Einweihung. Das Labor im sechsten Stock des „Blauen Turms", einem Zweckgebäude aus den siebziger Jahren auf dem Uni-Campus, besteht aus zwei nicht allzu großen Räumen, in denen kleine Kabinen jeweils mit einem Computer stehen. Ergänzt um mobile Kabinen, kann das Laboratorium für Versuche mit bis zu 200 Personen genutzt werden.

Der hochbetagte Spieltheoretiker Reinhard Selten, Jahrgang 1930, nennt es eine „Great Honor", dass er schon wieder ein Labor einweihen darf. Er lächelt etwas verlegen, dann hebt er die große Schere und zerschneidet ein dünnes rotes Band. Schon wenige Tage später kamen die ersten Versuchspersonen, überwiegend Studenten. Dann begannen die Experimente unter Leitung von Claudia Keser, eine Schülerin Seltens. Die Freude ist der Göttinger Professorin anzumerken, dass sie in der wachsenden Schar der Experimentalökonomen mitspielen kann.

Reinhard Selten war mit seinem Lehrer Heinz Sauermann in Frankfurt der wohl wichtigste Pionier für ökonomische Verhaltensforschung in Deutschland. Schon früh zweifelte er an den klassischen Annahmen der Ökonomen, dem Menschenbild des „Homo oeconomicus", der vollständig rational agiert und gemäß einer inneren Präferenzordnung seinen Nutzen maximiert. „So ein Quatsch, Sie haben doch keine Nutzenfunktion im Kopf, um dann auszurechnen, wie Sie Ihren Nutzen optimieren", sagte mir Selten ein wenig ärgerlich, als ich ihn auf den berühmten Homo oeconomicus ansprach. Die Entscheidungsmechanismen seien ganz andere.

Um diese empirisch zu untersuchen, begann er mit Experimenten. 1984 richtete Selten in Bonn das erste Labor der Welt mit aufwendiger elektronischer Unterstützung ein, an dem ökonomische Experimente durchgeführt wurden, darunter Entscheidungsspiele, Verhandlungen, Auktionen. „Für die ersten einfachen Experimente, ein Kooperationsspiel mit drei Leuten, mussten wir monatelang die Computer programmieren", erzählt Selten. Inzwischen haben wohl rund 30.000 Versuchspersonen oder mehr das BonnEconLab durchlaufen.

Seit einigen Jahren erlebt die experimentelle Wirtschaftswissenschaft einen enormen Aufschwung weltweit – und deutsche Forscher sind ganz vorn mit dabei. „In der Experimentalökonomik sind deutschsprachige Ökonomen äußerst erfolgreich und nach den Amerikanern die zweitwichtigste Gruppe", sagt der Magdeburger Professor Joachim Weimann, der die Gesellschaft für experimentelle Wirtschaftsforschung (GfeW) leitet. Innerhalb der ökonomischen Disziplin nehme der Stellenwert der Experimentalen ständig zu. Es gebe weit über hundert Lehrstühle in Deutschland, an denen auch experimentell gearbeitet werde, schätzt Weimann. Und etwa zwei Dutzend Professoren widmeten sich vorrangig der Experimentalökonomie.

Mehr als 20 Prozent der akademischen Ökonomen im deutschsprachigen Raum hätten sich schon mit Experimenten beschäftigt, schätzt Friedrich Schneider, der die Jahrestagung des Vereins für Socialpolitik (VfS) im Herbst 2008 in Graz dem Thema widmete. Weimann verweist auf die vielen renommierten Preise, die in den vergangenen Jahren an experimentell arbeitende Ökonomen gingen, etwa die Leibniz-Preise an Axel Ockenfels von der Universität Köln und Armin Falk, der als Nachfolger Seltens der

Direktor des Bonner Labors ist, sowie die Gossen-Preise an Ernst Fehr, Klaus Schmidt und Simon Gächter.

Auch nach der Zahl der Laboratorien zählt Deutschland zu den führenden Forschungsstandorten auf der Welt. Nach einer Aufstellung der Universität von Montpellier gibt es rund zwei Dutzend, neben den großen und bekannten Labors wie in Bonn, Köln und Jena etwa jene in Erfurt, Magdeburg, Mannheim, München, Konstanz, Kiel, Berlin, Oldenburg, Clausthal-Zellerfeld und Essen, wo die junge Professorin Jeanette Brosig Anfang 2009 ein gut ausgestattetes Labor zur Kommunikationsforschung mit schalldichten Kabinen eingerichtet hat. In jüngerer Zeit kamen Passau, Gießen und Hamburg hinzu. Nur die Vereinigten Staaten haben noch mehr zu bieten. Nach der Montpellier-Liste gibt es 74 Labore in Amerika, darunter sehr große und renommierte Einrichtungen. Weltweit sind es nach dieser List fast 200 Labore. Selbst in einigen Schwellenländern wie China werden inzwischen die ersten Ökonomie-Experimente in Laboren durchgeführt.

Fast gleichzeitig mit Reinhard Selten hat in den fünfziger Jahren der Amerikaner Vernon Smith an der Purdue-Universität mit einfachen Experimenten begonnen. Smith ließ seine Studenten im Klassenzimmer eine sogenannte doppelte Auktion durchspielen. Dabei stellte sich heraus, dass die herkömmliche, neoklassische Theorie der Preisbildung auf Märkten das experimentelle Resultat erstaunlich gut vorhersagte. „Die Amerikaner um Smith wollten die neoklassische Theorie bestätigen und mit Experimenten untermauern", erinnert Selten. Er hingegen suchte die Situationen, in denen die neoklassische Theorie versagt, die vom Homo oeconomicus ausgeht, der sich strikt rational und eigennützig verhält.

„Die derzeitige Krise hilft uns", sagt Selten, „jetzt wird die Rationalitätshypothese noch stärker hinterfragt." Die Spekulationen auf Finanzmärkten könne man schwerlich strikt rational nennen. Die Akteure dort überschätzen oft die künftigen Gewinnaussichten, wie auch Vernon Smith in neueren Experimenten gezeigt hat. Hätte die Welt auf den Yale-Professor Robert Shiller, den bekannten Verhaltensökonomen aus Yale, gehört, wäre sie von der aktuellen Wirtschaftskrise vielleicht nicht ganz so hart getroffen worden – Shiller warnte als einer der Ersten vor der Preisblase am amerikanischen Häusermarkt, deren Platzen den weltweiten Wirtschaftsabschwung einleitete. 2013 erhielt er den Nobelpreis.

Die Ergebnisse der Experimentalökonomen zeigen den Menschen von seiner allzu menschlichen Seite: Er ist von Gefühlen und Neigungen, nicht allein von der Ratio bestimmt. Neben dem Streben nach Eigennutz gibt es auch andere Motive, die sein Handeln leiten: Altruismus, Fairness- und Gerechtigkeitserwägungen. Das Ziel der Verhaltensökonomik sei, eine allgemeine Theorie des menschlichen Verhaltens zu finden, erklärt der

Münchner Spieltheoretiker Klaus Schmidt. „Das ist ein bisschen wie die Suche nach dem heiligen Gral", sagte er auf der VfS-Jahrestagung in Graz.

Bis zu einer universellen Theorie – so sie denn möglich ist – braucht es wohl noch viele Experimente. Im Göttinger „Blauen Turm" hat Claudia Keser zunächst mit Varianten des sogenannten „Trust Game" begonnen. Dabei geht es um die Frage, ob man anderen Personen Vertrauen schenkt und ob diese vertrauenswürdig sind. Das Vertrauen der Ökonomen, dass ihre Experimente trotz der künstlichen Atmosphäre im Labor zur Erklärung der Welt nützlich sind, ist jedenfalls groß, auch wenn es einige Kritik gab.

Das Stichwort heißt: mangelnde „externe Validität" – gemeint ist der Vorwurf, dass die Ergebnisse außerhalb des Labors nicht ausreichend gültig seien. Dazu sagt Weimann: „Der Vorwurf der mangelnden externen Validität ist ernst zu nehmen und wir müssen diese sehr wichtige Diskussion führen." Man könne den Experimentatoren vorwerfen, dass sie dieser Debatte zu lange aus dem Weg gegangen seien. Die gleiche Frage könne man aber auch Theoretikern stellen. „Einige Theoretiker sagen: Ihr macht Experimente, die nur im Labour funktionieren – aber man könnte ja auch sagen: Ihr macht Theorien, die nur in der Theorie stimmen."

Nachdem die externe Validität der Experimente einige Jahre zunehmend in Frage gestellt wurde, gibt es eine Gegenbewegung. Der meistzitierte Experimentalökonom aus dem deutschen Sprachraum, Ernst Fehr von der Universität Zürich (ein heißer Kandidat für den Nobelpreis in den nächsten Jahren), der seit einiger Zeit sogar die Hirnaktivitäten der Probanden mittels Scannern untersucht, sagt daher mit großer Überzeugung, dass der Schluss vom Laborergebnis in die reale Welt sogar besser ist als angenommen.

Ein oft gehörter Einwand war, dass an Labor-Experimenten meist Studenten teilnehmen, also kein Querschnitt der Bevölkerung, und dass die gebotenen (monetären) Anreize für die Versuchspersonen zu klein seien, sich so zu verhalten, wie sie es auch sonst im realen Leben tun würden. Üblicherweise werden ein paar Euro oder Dollar in Aussicht gestellt, die sie in verschiedenen Spielsituationen gewinnen können. Vielleicht ist das Verhalten bei solchen kleinen Beträgen anders, als wenn es um wirklich viel Geld geht? Doch dagegen sprechen Experimente in Entwicklungsländern, welche die gleichen Versuche nachstellen, etwa Ultimatum- oder Diktatorspiele, die über soziale Präferenzen Auskunft geben. Die Teilnehmer, ganz normale, einfache Bürger, konnten Geldsummen erhalten, die mehreren Monatsgehältern entsprechen. Für die armen Probanden waren die möglichen Gewinnsummen ein erheblicher Anreiz. Ihr Verhalten in den Spielsituationen war aber nicht signifikant anders als bei den Experimenten in westlichen Ländern mit kleinen Beträgen. Auch wenn es um großes Geld ging, waren sie bereit zu teilen, forderten von anderen gerechtes Teilen und bestraften nicht teilungswillige Mitspieler, obwohl ihnen das selbst erhebliche Kosten verursachte.

Jüngst hat eine Studie Aufsehen erregt, welche die Ergebnisse zweier Forschungsmethoden innerhalb und außerhalb des Labors miteinander verglichen hat – mit verblüffend nah beieinander liegenden Ergebnissen. Es ging darum, wie stark sich der Vergleich mit anderen (Peer Effect) auf die Arbeitsproduktivität auswirkt. In einem Experiment wurde eine bestimmte Elastizität (Steigerungsrate) des Ausstoßes von Probanden ermittelt. Dann wurde dieselbe Frage in einem „Feldexperiment", in einer realen Fabrik, untersucht. Die Princeton-Ökonomen Daniel Herbst und Alexandre Mas zeigten in einem in der Zeitschrift „Science" 2015 veröffentlichten Bericht, dass die Labor-Versuche die Werte aus der realen Feldbeobachtung in erstaunlich akkurater Weise vorhersagen konnten, sowohl die Mittelwerte als auch die Varianz.

Den Vorwurf, dass die Experimente mit kleinen Teilnehmerzahlen gemacht würden und die Ergebnisse mit geringen Stichproben nicht auf größere Populationen verallgemeinert werden dürften, will Weimann ebenfalls nicht gelten lassen. Jüngst hat er ein Experiment mit insgesamt 5000 Teilnehmern abgeschlossen, „das wohl größte ökonomische Labor-Experiment bisher auf der Welt", wie er sagt. In Teilgruppen von jeweils hundert Personen ging es darum, ob die Probanden es schaffen zu kooperieren, um ein öffentliches Gut bereitzustellen. Weimann fand, dass die große Gruppe sich im Experiment ganz ähnlich verhielt wie die sonst üblichen Kleingruppen von vielleicht acht Teilnehmern.

Allerdings darf man auch nicht übersehen, dass es zahlreiche Beispiele für fragwürdige Designs von verhaltensökonomischen Experimenten gibt. Schon kleine Veränderungen des Versuchsaufbaus, eine andere Erklärung des Leiters oder ein anderer Rahmen (Framing) können dazu führen, dass die Ergebnisse sich stark verändern. Manchmal konnten bizarre Verhaltenseffekte durch Änderungen des Versuchsdesigns an- und abgeschaltet werden.

Der Bonner Armin Falk und der Nobelpreisträger James Heckman von der Universität Chicago sind in einem CesIfo-Arbeitspapier vor Jahren den verbreiteten Vorbehalten entgegengetreten und haben den Wert der Experimente hervorgehoben. Der große Vorteil sei, dass der Forscher das Umfeld kontrollieren und variieren kann. Die so generierten Daten über das Verhalten der Menschen seien erstaunlich robust und könnten in anderen Kontexten repliziert werden. Daher sollte man sie ernst nehmen. Man sollte keine Hierarchie der Daten annehmen – dass etwa reale Feldforschung und -Beobachtung oder Umfragedaten wichtiger seien als Experimentalergebnisse. Es gebe keinen Vorrang der Auswertung von herkömmlichen Statistiken mittels standardmäßiger ökonometrischer Methoden. Alle diese Methoden haben ihre Berechtigung. Wenn sie sich gegenseitig befruchten, kann das dem wissenschaftlichen Fortschritt nur gut tun.

Ein Schubs in die richtige Richtung?

Das Konzept des „Nudging" erscheint attraktiv für die Regierung, ihre Bürger zu „besseren Entscheidungen" zu lenken. Doch gibt es ein erhebliches Missbrauchspotential.

„Merkel will Psycho-Trainer anheuern", schrieb die „Bild"-Zeitung vor anderthalb Jahren. Das Boulevardblatt fragte, ob die Kanzlerin nun im „Guru-Stil regieren" wolle. Aufhänger für den Artikel war eine Stellenausschreibung des Bundeskanzleramts, die tatsächlich die Phantasie anregen konnte: Gesucht wurden drei Referenten „mit tiefen Kenntnissen über Psychologie, Anthropologie und Verhaltensökonomik" für den Stab Politische Planung, Grundsatzfragen und Sonderaufgaben. Ein Regierungssprecher dämpfte dann die Phantasie: Es würden keine Sofas für Psychositzungen im Kanzleramt aufgestellt, vielmehr gehe es um „wirksames Regieren". Dafür sollten Erkenntnisse der Verhaltensökonomie stärker genutzt werden. Denn Forscher hätten herausgefunden, „dass viele Menschen so handeln, dass es ihren eigenen Interessen widerspricht", so fasste der Regierungssprecher die mittlerweile halbe Bibliotheken füllende Literatur aus dem Bereich der Behavioral Economics zusammen.

Mit dem kleinen Team im Kanzleramt, das seit Frühjahr 2015 tätig ist, hat Deutschland nun auch eine „Nudge"-Einheit in der Regierung. Sie soll, so die Stellenausschreibung, die „Entwicklung alternativer Designs von politischen Vorhaben" auf Grundlage verhaltenswissenschaftlicher Erkenntnisse vorantreiben. In Großbritannien stellte die Regierung Cameron schon 2010 ein „Behavioral Insights Team" auf, das oft Nudge-Unit genannt wird und zu vielfältigen Themen forscht und berät. Die dänische Regierung hat ein „Mind Lab" eingerichtet, auch die Obama-Administration zeigt großes Interesse an verhaltenswissenschaftlichen Ansätzen.

Den Grundstein der „Nudge"-Idee legte das gleichnamige Buch des Ökonomen Richard Thaler (Universität Chicago) und des Juristen Cass Sunstein (heute Harvard), das 2008 die Bestsellerlisten erstürmte.[26] Es ist eine Art „Bibel" der Bewegung geworden. Die direkte Übersetzung für „Nudge" bedeutet: kleiner Schubser. Der Staat soll den Bürgern also einen kleinen Schubser in die „richtige Richtung" geben. Kernidee ist die aus verhaltenswissenschaftlichen Experimenten abgeleitete These, dass die Menschen oft falsche, weil für sie langfristig ungünstige Entscheidungen träfen. Manchmal tun sie Dinge, die sie später bereuen, weil sie sich von kurzfristigen Reizen oder Emotionen verleiten lassen oder eine verzerrte Wahrnehmung der angebotenen Alternativen hatten.

Die Idee der Anhänger des „Nudging" ist nun, dass man das Verhalten der Menschen mit einfachen psychologischen Methoden korrigieren und in eine „bessere" Richtung lenken kann – jene Richtung, die sie selbst (angeblich) wollten, wenn sie nur eine bessere Urteilskraft über ihre wahren Interessen hätten. Der Staat soll als „sanfter Paternalist" auftreten, der die Menschen zu besserem Verhalten bringt, behutsam, ohne großen Zwang oder finanzielle Sanktionen. Aber wie weit darf die Lenkung gehen? Immer mehr wuchern die Verbraucherschutzvorschriften, die Bürger gegen Irrtümer absichern sollen. Er soll vor Fehlentscheidungen und letztlich vor sich selbst geschützt werden. Dem Bürger wird wenig eigene kritische Urteilskraft zugetraut. Die immer umfassendere Verbraucherschutzpolitik habe „den Trottel zum Leitbild", schrieb der „Spiegel" vor einiger Zeit – so ähnlich könnte man das Menschenbild mancher „Nudging"-Enthusiasten beschreiben.

Was macht nun das „Nudge"-Team in Berlin? Ein Jahr nach Einzug der Verhaltensökonomen ins Kanzleramt hat sich die Vorgesetzte des Teams, Andrea Schneider, bei einer Veranstaltung des RWI in Essen erstmals (und bislang zum einzigen Mal) öffentlich der Diskussion gestellt. Schneider, die stellvertretende Leiterin des Planungsstabs ist, wies den Begriff „Nudging" als „nicht hilfreich" zurück. Der Begriff werde inzwischen beliebig verwendet, findet sie. Jedes Gesetz und jedes Informationsfaltblatt könne als „Nudge" bezeichnet werden. Es gehe nicht um Manipulation der Bürger, sondern darum, wie die Regierung wirksamer und effizienter Ziele erreichen könne, die sie sich setze. Was die Gruppe im Kanzleramt konkret mache, wollte Schneider nicht sagen. Es gebe Feldversuche und Experimente, um die Wirkung von Maßnahmen abzuschätzen, Nebenwirkungen zu erkennen und die Effizienz zu erhöhen, sagte sie. Wo die Feldversuche stattfänden, wollte sie nicht sagen – denn wenn Menschen wissen, dass sie oder eine Einrichtung beobachtet werden, kann das natürlich ihr Verhalten verändern. Das würde die Experimente stören.

Vehement wehrte sich Schneider gegen die Unterstellung, es ginge darum, vom Leitbild des mündigen Verbrauchers und mündigen Bürgers abzurücken. Genau das aber kritisiert der Psychologe Gerd Gigerenzer, einer der prominentesten Kritiker des „Nudging". Es sehe nicht, dass der Staat versuche, die Entscheidungskompetenz zu stärken, etwa durch bessere Bildung. Vielmehr gehe es darum, „die Menschen wie eine Schafherde zu lenken, von der Wiege bis zur Bahre", kritisierte der Direktor des Max-Planck-Instituts für Bildungsforschung. Die in Kopenhagen lehrende Konsumforscherin Lucia Reisch hingegen verteidigte „Nudging" als ganz pragmatischen Ansatz. Häufig gehe es um mehr Aufklärung, damit die Menschen bessere Entscheidungen träfen. Dass es hierzulande so viel Kritik und Widerstand gibt, nannte sie „eine sehr deutsche Debatte". In Skandinavien sei man aufgeschlossener. Dort forderten die Bürger, die Erkenntnisse der Verhaltensökonomen aufzunehmen.

Der Phantasie des „Nudgings" sind dabei wenig Grenzen gesetzt. Manches sind eher banale Beispiele, die Thaler und Sunstein anführen. Werden im Bistro oder in der Kantine das gesunde Obst und der Salat weit vorn und gut sichtbar präsentiert, noch vor den fetten Steaks, steigt der Obst- und Salatkonsum. Die Verbraucher haben weiterhin die Alternative, doch schon die bessere Sichtbarkeit ändert das Wahlverhalten. Andere Verhaltensökonomen haben bemerkt, wie impulsiv das Käuferverhalten oft ist. Man kann im Geschäft einem scheinbar attraktiven Angebot nicht widerstehen, zuhause ärgert man sich über den Kauf. Nur zu oft tun wir Dinge, die wir später bereuen. Colin Camerer vom California Institute of Technology hat sein Menschenbild so formuliert: „Uns sitzt ein wilder Affe auf der Schulter, der uns ständig unvernünftige Entscheidungen einflüstert." Einige Verhaltensökonomen empfehlen daher staatliche Vorgaben für sogenanntes „Cooling-off", man soll einen kühlen Kopf bekommen. Ein Vertrag soll erst nach einiger Verzögerung wirksam werden. Wer einen Sportwagen kaufen will, muss beispielsweise drei Tage warten. Allerdings müssen dann auch jene Käufer drei Tage warten, die sich den Erwerb sehr genau überlegt haben.

Häufig geht es bei Thaler und Sunstein um die Gestaltung von „Default-Optionen", also der Standardeinstellung, wenn Menschen aus verschiedene Alternativen wählen müssen. Wird eine andere Default-Option festgelegt, kommen teils erstaunlich andere Ergebnisse heraus. Das liegt am Status-Quo-Bias des Menschen (der Trägheit, die Dinge lieber nicht zu verändern). Paradebeispiel ist die Möglichkeit, die Teilnahme an betrieblicher Altersvorsorge zur Standardlösung zu machen. Anstatt dass Arbeitnehmer sich aktiv dafür entscheiden müssen (opt-in), wird ihre Teilnahme zur Regel, falls sie nicht explizit aussteigen (opt-out). Das unterschiedliche „Framing" erhöht die Teilnahmequote an der betrieblichen Altersvorsorge drastisch.

Sehr viel heikler ist es beim Thema Organspende. In Deutschland gilt die Opt-In-Regel, die Quote der Leute mit Organspenderausweis liegt bei etwas über 12 Prozent. Dagegen gilt in einigen anderen Ländern die Opt-Out-Regel. Jeder wird standardmäßig zum Organspender erklärt, nur wer sich explizit abmeldet, muss seine Organe nicht zur Verfügung stellen. Solche Regeln erzeugen sozialen Druck – bis hin zur Stigmatisierung von Abweichlern. In vielen Ländern mit Opt-Out-Regel sind mehr als 90 Prozent der Leute Organspender. Der Staat hat ihnen zwar die Wahl gelassen auszusteigen. Trotzdem bleibt ein schales Gefühl, gerade bei diesem ethisch hochgradig sensiblen Thema. Ist es so, dass die Organe des Menschen nach seinem Tod der Allgemeinheit gehören müssen? Geht der Staat bei diesem Eingriff nicht doch zu weit? Auch der Vorsitzende des Rats der Wirtschaftsweisen, Christoph Schmidt, zeigte sich bei der RWI-Veranstaltung skeptisch, ob der Staat in diese Entscheidung eingreifen darf.[27]

Ein anderes Beispiel für Verhaltenslenkung durch den Staat sind die drastischen Kampagnen gegen das Rauchen. Immer mehr Länder haben den Druck ekelhafter Schockbilder von verfaulten Zähnen oder Raucherlungen auf den Packungen vorgeschrieben. Ökonomen sind gespalten, ob das richtig ist. Der Staat lässt zwar Rauchern noch die Freiheit, zur Zigarette zu greifen, doch werden ihnen neben der Tabaksteuer zusätzlich psychologische Kosten durch den Anblick der Bilder auferlegt. Wer den Vorsatz hatte, das Rauchen aufzugeben, mag sich für den hilfreichen „Schubs" bedanken. Aber jene Raucher, die sich bewusst für den Konsum entscheiden, erleiden wegen der psychologischen Kosten einen Wohlfahrtsverlust. Eine höhere Tabaksteuer wäre eine effizientere Lösung, da sie immerhin noch Einnahmen für den Fiskus bringt.

Im Kern geht es um die Frage, ob der Staat erwachsene Bürger für mündig hält. Wie weit darf er mit verhaltenswissenschaftlich motivierten Eingriffen gehen? Was ist Hilfestellung, wo fängt die Bevormundung an? In der klassisch liberalen Ethik John Stuart Mills ist das „No harm"-Prinzip zentral. Die Freiheit des einen endet dort, wo er die Freiheit des anderen schädigt. Aber bei Mill war es doch ziemlich klar, dass es das Recht zur Selbstschädigung gibt. Der Mensch ist frei, sich auch „unvernünftig" zu verhalten und Dinge zu tun, die ihm nicht gut bekommen. Nach liberaler Ethik ist die Autonomie der Konsumenten zu respektieren. Zwar sagen die liberalen Paternalisten, dass den Konsumenten ja weiterhin die Wahlfreiheit gelassen werde – aber es wird eben doch ein ganz erheblicher psychologischer Druck ausgeübt. Kritiker des „weichen" Paternalismus bemängeln daher, dass die sanft-paternalistische Politik entgegen ihrer Behauptung nicht mehr die Autonomie individueller Konsumenten respektiert, vielmehr oftmals manipulativ und bevormundend ist, wie Jan Schnellenbach herausgearbeitet hat.[28] Die Gefahr eines Missbrauchs ist groß.

Ein wichtiger Einwand ist, dass es nur ein kurzer Weg vom soften zu harten Paternalismus sei. Kritiker sehen eine Rutschbahn, auf der es schnell abwärts geht. Es fängt mit weichen Vorgaben an und führt zu harten Eingriffen und Verboten. Beispielsweise sprach vor einigen Jahren der Bonner Verhaltensökonom Armin Falk bei einer Frankfurter Konferenz über „neues ökonomisches Denken" über unvernünftige Essgewohnheiten besonders in der Unterschicht. „Vor allem Kinder aus benachteiligten Schichten futtern den letzten Scheiß", beklagte Falk. Man hätte nun ein Plädoyer erwarten können für mehr Aufklärung oder für höhere Steuern auf fetten Speisen, die den Konsum drosseln. Verschiedene wichtige Organisationen, etwa die UNO, fordern „Sündensteuern“ auf Zucker und Fett. Aber nein, Falk ging deutlich weiter. „Ich wäre für ein Verbot von Junk Food“, sagte er, um hinzuzufügen, „aber das kann letztlich nur demokratisch entschieden werden.“

Man kommt nun zu einer sehr grundsätzlichen Frage. Wenn man davon ausgeht, dass Menschen als Konsumenten derart gedankenlos und irrational handeln, wie kann man ihnen dann als Wähler in der Demokratie eine fundierte, abgewogene Entscheidung zutrauen? Lassen sich nicht auch die Wähler von Emotionen und Bauchgefühl bestimmen, statt mit kühlem Kopf die Wahlprogramme zu studieren, die politischen Angebote durchzurechnen und mit ihren Präferenzen und der intertemporalen Budgetrestriktion des Staates abzugleichen? Und die Politiker? Sind sie vor Verzerrungen und Fehlern gefeit? Unterliegen nicht auch sie Biases? Gerade in der Demokratie mit kurzen Wahlzyklen gibt es Anreize für kurzfristiges, opportunistisches Verhalten. Zudem bietet ein paternalistischer Staat, der in den Konsum eingreift, auch Lobbygruppen prächtige Möglichkeiten, die mit der Verhaltenslenkung ihre Interessen und Geschäfte befördern wollen.

So reich an Erkenntnissen das verhaltensökonomische Forschungsprogramm ist, so kann es auch in bedenklicher Weise politisch instrumentalisiert und missbraucht werden. Die verkürzte Botschaft, Menschen würden sich auf den Märkten permanent irrational verhalten, die in manchen Medien als Quintessenz der Behavioral Economics verkündet wird, in dieser Pauschalität aber falsch ist, liefert den Vorwand für immer mehr Regulierung, die stark die allgemeine Handlungsfreiheit einschränkt. Hanno Beck, der das erste deutsche „Behavioral Economics“-Lehrbuch geschrieben hat, kommt letztlich zu einem sehr skeptischen Fazit. „Die Unterstellung irrationalen Verhaltens fungiert als Türöffner für einen stärkeren Staat, der sich das Recht herausnimmt, in die Freiheiten der Bürger einzugreifen, stets mit dem Argument versehen, dass der Bürger ja irrational handele.“[29] Die Behavioral Economics würden als Steilvorlage für die Politik missverstanden, die Bürger zu bevormunden.

Der Teufel steckt in der Empirie

Seit einigen Jahren wird die Ökonomie immer empirischer. Viele Studien stützen sich auf Datenberge. Doch manches ist nicht nachvollziehbar.

Es war ein mittleres Erdbeben in der Ökonomenszene und weit darüber hinaus. Die berühmte, sehr einflussreiche Studie „Growth in a Time of

Debt" über die Gefahr zu hoher Staatsschulden von Kenneth Rogoff und Carmen Reinhart[30] enthielt einen Rechenfehler. In einer Excel-Tabelle hatten die beiden Harvard-Forscher mehrere Felder mit Daten schlicht übersehen und andere falsch verknüpft.

Auf den peinlichen Fehler kam der Doktorand Thomas Herndon von der University of Massachusetts, der sich vom früheren IWF-Chefvolkswirt Rogoff die Daten hatte schicken lassen und selbst noch mal nachrechnete.[31] Dabei entdeckte er, dass in einer Spalte die Daten für fünf Länder, darunter Australien, Neuseeland und Kanada, aus den vierziger Jahren schlicht übersehen worden waren. Diese Länder waren damals hoch verschuldet, ihre Wirtschaft wuchs trotzdem schnell. An anderer Stelle gab es Codierungsfehler – also falsche Formelbezüge – sowie eine seltsam anmutende Gewichtung der Daten. Wenn man all das korrigiere, so der junge Forscher aus Massachusetts, dann sei das postulierte Ergebnis von Rogoff und Reinhart nicht mehr zu halten, dass oberhalb der Schwelle von 90 Prozent Staatsschuldenquote das Wachstum zusammenbreche, so wie es in der Studie behauptet worden sei.

Kaum war der Vorwurf in der Welt, brach ein regelrechter Sturm über Rogoff und Reinhart los. Alle Kritiker, die schon lange gegen einen zu scharfen Sparkurs waren, der mit Rogoffs und Reinharts Warnung begründet wurde, fühlten sich bestätigt. Der linksliberale Nobelpreisträger Paul Krugman jubilierte. Die Studie, die die Begründung der Notwendigkeit von Haushaltskonsolidierungen lieferte, sei einfach eine schlechte Rechnung. Aus dem Europaparlament twitterte der Fraktionsvorsitzende der deutschen Sozialdemokraten: „Die Staatsschuldenlüge ist nicht mehr haltbar." Andere Ökonomen verteidigten die Harvard-Forscher. Rogoff reagierte geschockt, sprach von einer „Hexenjagd". Im Übrigen beharrte er darauf, dass die Grundaussage stimmt: Zu hohe Schulden hemmen das Wachstum. Das zeige eine weitere Studie, die den Zeitraum seit 1800 bis heute umfasse. Sie habe ähnliche Ergebnisse erbracht.[32]

Wie dem auch sei, die Episode zeigt, dass bei empirischen Forschungsarbeiten der Teufel oft im Detail liegt. Wie verlässlich sind all jene Studien, die sich auf die statistische Auswertung großer Mengen von Daten stützen? Diese Frage hat an Bedeutung gewonnen, seit der Anteil empirischer Arbeiten in den späten achtziger und frühen neunziger Jahren so stark zugelegt hat. Daniel Hamermesh hat das anhand der Beiträge in den fünf amerikanischen Top-Zeitschriften nachgewiesen. Es stehen immer mehr Daten zur Verfügung, seien es amtliche Statistiken oder eigene Erhebungen von Ökonomen, darunter Resultate aus Experimenten und Feldstudien. Allerdings bleibt es bis heute die Ausnahme, dass die Rechnungen der Studien von unabhängigen Dritten nachgeprüft werden. Man nennt dies „Replikation“: Dabei verwendet man die Daten der Originalstudie, rechnet aber am eigenen Computer alles noch mal nach.

Manche Wissenschaftsdisziplinen sind in eine Glaubwürdigkeitskrise gefallen, weil eine Vielzahl von Studien aus ihrem Bereich nicht replizierbar waren. Vergangenen Herbst hat der Psychologe Brian Nosek von der Universität Virginia dazu in der angesehenen Zeitschrift „Science“ eine Megastudie vorgelegt.[33] Zusammen mit 270 Kollegen von Universitäten und Forschungseinrichtungen hatte Nosek ganze einhundert Experiment- und Korrelationsstudien aus drei psychologischen Fachjournalen zu replizieren versucht. Das Ergebnis war ziemlich niederschmetternd: Bei der Nachprüfung schmolzen die berechneten mittleren Effekte auf etwa den halben Wert der Originalstudien zusammen. Hatten die Autoren der Originalstudien bei 97 Prozent der publizierten Resultate eine statistische Signifikanz behauptet, waren es bei der Replikation nur noch 36 Prozent. Das Fazit: „Ein großer Teil der Replikationen hat schwächere Evidenz für die originalen Ergebnisse ergeben“. Insgesamt kamen die Forscher um Nosek zum Ergebnis, dass bei rund einem Drittel der Studien keine statistisch signifikanten Effekte vorlägen. Mithin ist ihr wissenschaftlicher Wert höchst zweifelhaft. Dabei gehe es um zufällige oder sogar um systematische Fehler, schrieben sie.

Nun mögen Ökonomen die Studien von Psychologen für weniger harte Wissenschaft halten als ihre eigenen Arbeiten. Doch auch dort gäbe es wohl viel aufzuräumen. In einem Aufsatz in „Science“ zur Replikationsfestigkeit von ökonomischen Laborexperimenten kommen der bekannte Verhaltensökonom Colin Camerer vom California Institute of Technologie und Kollegen zu einem gemischten Ergebnis.[34] Sie werteten achtzehn Studien aus den Top-Journalen „American Economic Journal“ und „Quarterly Journal of Economics“ aus den Jahren 2011 bis 2014 aus. Im Durchschnitt schrumpfen die replizierten Effekte auf 66 Prozent des im Original angegebenen Wertes. Das heißt, dass sie um ein Drittel geringer waren, als die Ursprungsautoren angegeben hatten. „Die Reproduktionsfähigkeitsquote variiert zwischen 67 und 78 Prozent für vier weitere Reproduzierbarkeitsindikatoren“, schließen die Autoren. Was heißt das genau? Bei einem Drittel bis einem Viertel der Studien konnten die Effekte, gemessen an diesen Indikatoren, nicht wiedergegeben werden – die ursprüngliche Studie behauptete etwas, das einer Nachprüfung nicht standhielt.

Gebhard Kirchgässner, VWL-Professor an der Universität St. Gallen, hat schon früher davor gewarnt, dass viele ökonometrische Studien kleinere und größere Fehler enthalten. „Die meisten Fehler werden nicht aufgedeckt“, sagt er. Kirchgässner verweist auf zwei Überblicksstudien über Arbeiten im „Journal of Money, Credit and Banking“ aus den achtziger und neunziger Jahren. Diese ergaben, dass in der Mehrzahl der untersuchten Beiträge aus der Zeitschrift die Ergebnisse der Rechnungen von einem unabhängigen Gutachter nicht nachvollzogen und wiederholt werden konnten.[35] „Manchmal fehlten die Daten, manchmal gab es kleine Fehler, aber selbst kleine Fehler können massive Auswirkungen haben", sagt Kirchgässner, der auch in seiner Thünen-Vorlesung beim Verein für Socialpolitik 2012 vor einer allzu großen Gläubigkeit in ökonometrische Studien gewarnt hatte.[36]

Empirische Arbeiten stützen sich auf Rechnungen, die heutzutage mit Computer-Programmen durchgeführt werden. Zuweilen kann bei der Rechnung schon ein anderes Ergebnis herauskommen, wenn man eine andere Version der gleichen Computer-Software verwendet. So erging es Raphael Silberzahn und Eric Uhlmann. Sie hatten eine Studie vorgelegt, die ihnen zunächst viel Aufmerksamkeit und Anerkennung verschaffte. Demnach sollen Menschen mit Nachnahmen wie Kaiser, König und Fürst bessere Karrierechancen haben.[37] Doch dann untersuchte ein Kollege den Datensatz noch mal und konnte das Resultat nicht bestätigen. Silberzahn und Uhlmann versuchten die Flucht nach vorne und machten ein Experiment, um die Anfälligkeit wissenschaftlicher Studien für unterschiedliche Herangehensweisen zu untersuchen: Sie organisierten und finanzierten per Crowdfunding 29 Forscherteams.[38] Diese sollten anhand desselben Datensatzes untersuchen, ob Fußballspielern mit dunkler Hautfarbe häufiger eine rote Karte gezeigt wird als weißen Mitspielern. Damit wollten sie Rückschlüsse über mögliche Diskriminierung schließen. Doch die Forscherteams kamen zu sehr unterschiedlichen Resultaten: Eine Studie fand eine viermal höhere Wahrscheinlichkeit. Im Durchschnitt fanden die 29 Teams eine 1,3-Mal höhere Wahrscheinlichkeit. Neun Teams fanden keinen Zusammenhang zwischen Hautfarbe und roter Karte. Je nach Rechenmethode kamen beliebige Ergebnisse heraus.

Die Auswahl der untersuchten Variablen, die Gewichtung, schon die Definition der relevanten Faktoren kann einen gravierenden Unterschied machen. Hier ist noch nicht mal unterstellt, dass die Forscher bewusst manipulieren oder zumindest an die Grenzen des wissenschaftlich Redlichen gehen. Aber auch das ist offenbar weit verbreiteter, als man denken möchte. Wie einfach ist es, ein oder zwei Datenpunkte aus der Zeitreihe einfach als „Ausreißer" beiseite zu lassen. Schon erhält man die Ergebnisse auf einem höheren Signifikanzniveau. Beim „Data Mining" und „Data-Crunching" kann der Forscher dieselbe Rechnung mit einem leicht veränderten Datensatz mehrfach durchführen, die Methode jeweils ein bisschen ändern und das Signifikanzniveau für seine Hypothese so lange verschieben, bis das Ergebnis passt.

Diesen Schluss legt eine große Untersuchung nahe, die das Bonner IZA-Forschernetzwerk unter dem Titel „Star Wars: The Empirics Strike Back" veröffentlicht hat.[39] Vier Ökonomen nahmen dafür 50.000 ökonometrische Tests aus Artikeln in drei amerikanischen Top-Journalen unter die Lupe und fanden zwei auffällige Hügel in der Verteilung der Testergebnisse, stets knapp unter bestimmten p-Wert-Schwellen wie 0,25 oder 0,10. Liegt der p-Wert (probability) unterhalb dieser Schwelle, so kann man die Nullhypothese ablehnen; mithin erscheint die These des Forschers bestätigt. Würde man die Schwelle aber nur minimal verrutschen, fielen etwa 10 bis 20 Prozent der Studienergebnisse unter die Hürde der Signifikanz, zeigt die IZA-Studie. Die Studien wären dann nicht mehr relevant für eine Veröffentlichung gewesen. „Unsere Interpretation ist, dass Forscher versucht sein können, die Werte der beinahe zurückgewiesenen Tests aufzublähen, indem sie eine ‚signifikante' Spezifikation (bei ihrem Versuch oder Rechenmodell) anwenden", lautet das Fazit der IZA-Forscher.

Um Missbräuche aufzudecken, wäre eine systematischere Replikationskultur in der Wissenschaft notwendig. Forscher und Journale sollten standardmäßig ihre Daten, Studiendesigns und Rechencodes offenlegen. Bislang tun dies weniger als ein Zehntel aller Zeitschriften, wie Maren Duvendack, Richard Palmer-Jones und Robert Reed in einem Beitrag für Econ Journal Watch bemängeln.[40] Nur 27 von 333 Zeitschriften stellen regelmäßig die den Aufsätzen zugrundeliegenden Datensätze und Rechnungen zur Verfügung. Überprüfungen finden selten statt und dann hauptsächlich in nur einer Handvoll Journale.

Wenn jede Studie standardmäßig von unabhängigen Dritten nachgeprüft würde, könnte man die Quote der faulen Eier drastisch verringern. Doch die Anreize in der Wissenschaft sind nicht so, dass man als fleißiger Replikationsarbeiter großen Lorbeer verdient. Ruhm und Ehre erhalten jene Forscher, die eine neue, bahnbrechende These in die Welt setzen und (scheinbar) belegen. In den seltensten Fällen kann man mit Replikationsstudien in wichtigen Journalen punkten. Offenbar werden zuweilen Überprüfungsbemühungen sogar blockiert, weil die Journale kritische Arbeiten ausgerechnet jenen Ökonomen zur Begutachtung geben, deren ursprüngliche Arbeit attackiert wurde. In einem Arbeitspapier der Federal Reserve Bank of St. Louis berichtete Christian Zimmermann von mehreren solchen Fällen.[41] Diese zeigen, dass das (vorgeblich anonyme) Gutachtersystem nicht so neutral ist, wie gemeinhin angenommen wird. Zimmermann plädierte deshalb für eigene Zeitschriften zur regelmäßigen Replikation von Studien. In Deutschland hat die Zentralbibliothek für Wirtschaftswissenschaft in Kiel jüngst diesen Schritt angekündigt. Außerdem gibt es im Internet verschiedene Initiativen.

Neben der Überprüfbarkeit empirischer Forschungsergebnisse ist ein anderer Punkt fast noch wichtiger: Forscher sollten sich nicht vorrangig davon lenken lassen, in welchen Bereichen besonders viele und detaillierte Daten verfügbar sind. Ein großer Haufen Daten ist natürlich verführerisch. Aber es kann zur Verzerrung der Forschung führen, wenn die Verfügbarkeit von Datenbergen das leitende Kriterium der Ökonomen wird. Der Düsseldorfer Wettbewerbsökonom Justus Haucap vergleicht solche Ökonomen mit dem Betrunkenen, „der seinen verlorenen Schlüssel unter der Laterne sucht, weil es dort besonders viel Licht gibt, der eigentlich aber weiß, dass der Schlüssel (zur Erkenntnis) ganz woanders (im Dunkeln) liegt".[42] Viele wichtige Fragestellungen werden damit vernachlässigt. Gänzlich aus dem Blickfeld drohen jene Fragen zu kommen, bei denen es sinnvoll sein kann, auch mit nicht-quantitativen, verbalen Methoden zu forschen und zu argumentieren. Die nicht-quantitativen, qualitativen Methoden sind den modernen Ökonomen weitgehend suspekt – doch nicht alles lässt sich messen und zählen.

Sind Ökonomen patriotisch?

Eine neue Umfrage zeigt: Wirtschaftswissenschaftler schauen, was dem Vaterland nützt.

In einem unveröffentlichten Manuskript von Alfred Marshall, das sein Kollege Arnold Pigou zitierte, gibt es eine merkwürdige Stelle. Der Cambridge-Professor Marshall (1842 bis 1924), einer der einflussreichsten Ökonomen seiner Zeit, wandte sich an „Studenten der Sozialwissenschaft", gemeint waren Wirtschaftsforscher. Sie sollten die Probleme der Welt erforschen, sich aber vor öffentlichem Applaus hüten. Für den Forscher sei es ein „Übel, wenn alle gut von ihm sprechen", schrieb Marshall. Und dann folgt die merkwürdige Formulierung: „Es ist beinahe unmöglich für den Forscher, ein echter Patriot zu sein und gleichzeitig den Ruf eines solchen zu besitzen."

Wie ist das zu verstehen? Marshall schrieb zu einer Zeit, als die wirtschaftsliberale Schule unter Wissenschaftlern und in der Elite die tonangebende war. Aber der Zeitgeist begann sich schon zu wandeln. Protektionismus, Nationalismus und Etatismus lauteten die großen neuen Strömungen. Marshall sah mit Sorge, dass Wissenschaftler den Massen nach dem Mund redeten. Ein Wissenschaftler, der wahrer Patriot ist, wurde also nicht als solcher anerkannt, weil er sich gegen populär-populistische Meinungen stelle. Zum Beispiel: Ökonomen treten für den Freihandel ein, weil dieser den Wohlstand fördert, wogegen Protektionismus schadet, den aber vermeintliche Patrioten predigen (wohinter sich meist Interessengruppen versteckten).

Marshalls Aussage wurde immer wieder von Ökonomen aufgegriffen, die vor der verführerischen Wirkung des vermeintlich patriotischen oder demokratischen Applauses warnten. Friedrich August von Hayek etwa mahnte in seinem Buch „Die Verfassung der Freiheit" davor, die Meinung der Mehrheit als Richtschnur zu verwenden. „Der Staatsphilosoph, der findet, dass seine Anschauungen sehr populär sind, hat allen Grund zu bezweifeln, dass er seine Aufgabe erfüllt." Und Wilhelm Röpke gab Marshalls Worten einen europapolitischen Dreh: Es sei „sehr schwer für einen Nationalökonomen, ein europäischer Patriot zu sein und gleichzeitig den Ruf eines solchen zu haben". Wir werden später darauf zurückkommen, was Röpke damit meinte.

Inzwischen hat sich der Zeitgeist unter den meisten Intellektuellen stark gewandelt. In Deutschland hat man ein gebrochenes Verhältnis zum Patriotismus. Viele Ökonomen geben vor, ihre gesamtwirtschaftlichen Analysen verfolgten die Maximierung einer quasi globalen Wohlfahrt; sie verträten eine über-nationale Position. Aus der freihändlerisch-liberalen Perspektive folgt oft eine kosmopolitische oder universalistische Haltung. Eine neue Studie dreier Wirtschaftspsychologen kommt zum gegenteiligen Schluss. „Haben Ökonomen ein Vaterland?", fragten die Forscher Robert Jacob und Detlef Fetchenhauer von der Universität zu Köln sowie Fabian Christiandl von der Fresenius Hochschule – und bejahten die Frage.[43]

Für die Studie wurden 100 deutsche Ökonomen – je ein Drittel Professoren, Post-Docs und Doktoranden – telefonisch befragt, was sie von vier Regelungen hielten: Sollten alle Ausländer frei nach Deutschland einwandern können? Sollte Deutschland vor allem hochqualifizierte Ausländer anziehen? Sollte Deutschland keine Waffen exportieren? Sollte Deutschland unilateral seine CO_2-Emissionen reduzieren, selbst wenn andere Länder ihre Emissionen nicht reduzieren? Zudem wurden die Ökonomen gefragt, ob die jeweilige Maßnahme eher der eigenen Nation oder der Welt insgesamt nutze und ob man sie für „fair" halte. Zuletzt wurden die Ökonomen gefragt, ob sie die politischen Vorschläge eher aus einer nationalen, deutschen oder einer globalen Perspektive beurteilt hätten.

Es stellte sich bei den meisten Fragen ein klares Muster heraus: Die „nationale Effizienz" einer Maßnahme war für die Zustimmungsquote wichtiger als die „globale Effizienz". Völlig freie Einwanderung lehnte die Mehrheit der Ökonomen ab, sie erwarteten für Deutschland ungünstige Auswirkungen. Gesteuerte Zuwanderung von höher Qualifizierten befürworteten sie dagegen und hielten sie für Deutschland für nützlich. Eine knappe Minderheit votierte für ein völliges Waffen-Exportverbot. Erstaunlicherweise votierte eine leichte Mehrheit der Befragten für eine einseitige CO_2-Minderung, die sie national wie global für effektiv erklärten, obwohl die meisten Klimaökonomen die Wirkung einer einseitigen Reduktion zweifelhaft finden.

Der entscheidende Punkt bei der ökonometrischen Auswertung der Befragungsresultate ist, dass der Parameter „globale Effizienz" nahe bei null lag und statistisch nicht signifikant war. Im Klartext: Globale Erwägungen spielten nicht erkennbar eine Rolle für Zustimmung oder Ablehnung einer politischen Maßnahme, sondern es waren die Auswirkungen auf das eigene Land. Und überraschenderweise war das auch bei jenen Ökonomen der Fall, die sich selbst als „global orientiert" bezeichneten. 24 Prozent der Befragten bekannten sich zu einer eher deutschen Perspektive, 19 Prozent bezeichneten ihre Perspektive als global – aber ihre Antworten unterschieden sich kaum.

Wie sehr die auf vier Sachfragen aufgebaute Studie für alle anderen Bereiche der Ökonomie und Politik generalisiert werden kann, ist zweifelhaft. Doch die Frage der nationalen oder supranationalen Orientierung spielt eine erhebliche Rolle, da Ökonomen als Politikberater viel Einfluss haben. In der Euro-Krise ist häufig die Forderung zu hören, man müsse „europäischer" denken. Jene, die solche Rede führen, predigen meist „mehr Integration" als Ausweg aus der Krise. Durch Vergemeinschaftung von Politik (oder auch Schulden) und mehr supranationale Entscheidungen wäre die Krise zu überwinden.

Kommen wir zurück zu Wilhelm Röpke. Der in der NS-Zeit ins Schweizer Exil gegangene liberale Ökonom, ein echter Geistes-Europäer, war einer der großen frühen Kritiker dieser Art von europäischer Integration. „Gerade wer es mit dem Bekenntnis zu Europa ernst meint und wer Europa in seiner Überlieferung und Eigenart über alles liebt, hat genug Anlass, starkes Unbehagen zu empfinden", warnte Röpke.[44] Er schrieb über sein „Unbehagen über den Eifer der Ökonomokraten und Technokraten, die Europa auf dem Reißbrett konstruieren, die es zu einer kolossalen Organisation, einer internationalen Wirtschaftsbürokratie machen möchten". Viele Schritte der „europäischen Integration" durch immer mehr Zentralisierung lehnte er folglich ab. Röpkes Pointe in Abwandlung von Marshalls Paradox will die europhile Elite nicht verstehen: Ein Ökonom, der ein echter europäischer Patriot ist und die Vielfalt gegen den EU-Zentralismus verteidigt, muss sich als „Anti-Europäer" diffamieren lassen.

Gesucht: Weibliche Top-Ökonomen

Vor fünfundzwanzig Jahren gab es nur 2 Prozent weibliche VWL-Professoren. Heute sind es 16 Prozent. In der jungen Generation von Ökonomen drängen aber mehr Frauen nach vorne.

Der Weg für Frauen in die Ökonomie war steinig: Als Elinor Ostrom in den fünfziger Jahren in Kalifornien Wirtschaftswissenschaft studieren wollte, hieß es an der Universität: Das ist nichts für Frauen. Über Umwege gelangte Ostrom doch zur Ökonomie – und erhielt 2009 für ihre Forschung über Allmendegüter als erste und bislang einzige Frau den Nobelpreis.

Die Wirtschaftswissenschaft ist bislang ein klar männlich dominiertes Gebiet. Nur wenige Ökonominnen schaffen es in die oberste Liga. In den Vereinigten Staaten war immerhin die Berkeley-Professorin Christina Romer mehrere Jahre wirtschaftliche Chefberaterin von Präsident Obama. Die Notenbank Federal Reserve führt seit 2014 erstmals eine Frau, Janet Yellen, die zuvor ebenfalls Professorin in Berkeley war. Als Steuerfrau über die Geldpolitik hat sie gewaltigen Einfluss auf die Wirtschaft. Und die Entwicklungs- und Handelsexpertin Anne Krueger war nicht nur Weltbank-Chefökonomin und IWF-Vize, sondern schon in den neunziger Jahren (zweite) weibliche Vorsitzende der Ökonomenvereinigung American Economic Association.

In Deutschland haben es Frauen in der Wirtschaftswissenschaft noch nicht ganz bis in die erste Reihe geschafft. Die Tübinger Ökonomin Claudia Buch beackerte im Sachverständigenrat wie ihre Vorgängerin, die Schweizerin Beatrice Weder di Mauro, ein wichtiges Feld: die Banken- und Finanzmarktregulierung. Doch in der Öffentlichkeit trat sie kaum auf. Auch nachdem Buch zur Bundesbank-Vizevorsitzenden ernannt wurde, hört man nicht allzu viel von ihr. In den Sachverständigenrat wurde im Mai 2014 als ihre Nachfolgerin die Bonner Professorin Isabel Schnabel berufen. Vor Weder di Mauro, Buch und Schnabel war der Rat der „Wirtschaftsweisen" mehr als vier Jahrzehnte eine reine Männerdomäne.

Blättert man die Fachzeitschriften durch, so finden sich zwischen vielen Beiträgen männlicher Forscher zunehmend Beiträge von Frauen. Auch aus Deutschland kommen einige der Nachwuchsstars der Disziplin: Etwa Ulrike Malmendier, die erst Jura studierte und mit einer Arbeit über römisches Recht promoviert wurde, aber heute als Verhaltensökonomin an der Universität Berkeley Karriere macht – und zudem zwei Kinder hat. Oder Nicola Fuchs-Schündeln, die mit ihrem Mann aus Harvard zurückkehrte und nun in Frankfurt lehrt. Sie ist sogar dreifache Mutter und hat es mit ihren Aufsätzen, etwa über das Sparverhalten der Deutschen nach der

Wiedervereinigung, in die wichtigsten Journale geschafft. Viele andere Frauen verzichten für die Karriere auf Kinder.

Langsam wächst eine neue Generation von Ökonominnen heran, doch sind sie nach wie vor eine kleine Minderheit. Vor fünfundzwanzig Jahren gab es in Deutschland nur sieben weibliche VWL-Professoren von insgesamt 313 Lehrstuhlinhabern. Der Frauenanteil betrug also 2 Prozent. Heute sind es 87 Frauen von 547 Professuren, also rund 16 Prozent. Im Durchschnitt aller Studienfächer liegt der Frauenanteil in der Professorenschaft laut Statistischem Bundesamt bei 22 Prozent. Auch in den Vereinigten Staaten sind nur wenige der Economics-Professoren weiblich, etwa 13 Prozent. Unter den Assistenz-Professoren sind es aber schon mehr als ein Viertel. Der Anteil an den Promotionen steigt auch in Deutschland deutlich: Vor fünfundzwanzig Jahren waren es nur 15 Prozent Frauen, heute sind es mehr als ein Drittel – so hoch wie der Anteil der weiblichen VWL-Studenten.

Die Frauen holen aber auf, ist sich der Makroökonom Michael Burda sicher. „Aber es braucht Zeit." An der Humboldt-Universität, wo der Deutsch-Amerikaner lehrt, studieren schon „leicht mehr Frauen als Männer" in den Wirtschaftswissenschaften. Burda war auch Vorsitzender des Vereins für Socialpolitik. In diesem Club der deutschsprachigen Ökonomen sind von 3800 Mitgliedern rund ein Fünftel weiblich. Bei der Göttinger Jahrestagung 2012, auf der sich viele Nachwuchsforscher tummelten, hielten Frauen ein Viertel der mehr als 400 Vorträge. „Diese Zahlen finde ich ermutigend", sagt Burda, „denn die VWL gilt als ein ‚hartes' und mathematisiertes Fach." Und Frauen „werden bekanntlich in der Mathematikausbildung in Schulen benachteiligt", meint Burda.

Eher selbstkritisch äußert sich die Harvard-Professorin Claudia Goldin über ihr Fach. Goldin hat sich mit Studien über die steigende Erwerbsbeteiligung von Frauen im zwanzigsten Jahrhundert – sie nennt die Entwicklung eine „stille Revolution" – einen Namen gemacht. Die VWL, so, wie sie an den Universitäten gelehrt werde, wirke auf viele Frauen aber abschreckend, sagt Goldin. „Frauen wollen über Fragen nachdenken, die am Menschen orientiert sind, und sie wollen Lösungen, die Individuen helfen, etwa in Gesundheitsfragen, Biologie, Psychologie und so weiter." Die Ökonomie sei dagegen zu distanziert gegenüber Menschen aus Fleisch und Blut. „In unseren EC101 Textbüchern für Anfänger gibt es wenig Menschen und hauptsächlich ‚Agenten'", sagt Goldin. Das spreche junge Frauen kaum an. Auch Monika Schnitzer, Professorin an der Ludwig-Maximilians-Universität in München, sieht unterschiedliche Interessen als einen Hauptgrund. „Frauen tendieren zu Fächer, die mit Menschen zu tun haben." Zu Mathematik, Ingenieurwesen, Naturwissenschaften und Technik – als MINT-Fächer bekannt – ziehe es sie weniger.

Tatsächlich zeigen Statistiken aus vielen westlichen Ländern, dass Frauen mehr zu den Sprach-, Sozial- Human- und Kulturwissenschaften neigen. In Deutschland etwa ist der Anteil der Professorinnen in Sprach- und Kulturwissenschaften mit 37,5 Prozent am höchsten, in Allgemeiner Psychologie sind es 35 Prozent, in der Kunstwissenschaft 31 Prozent. Dagegen sind es in Mathematik und Naturwissenschaften nur 15 Prozent, in Ingenieurwissenschaften sogar nur 11 Prozent. Bei den Studenten ist die Verteilung zum Teil noch ungleicher: Geht es um Sprach- und Kulturwissenschaften, sind die Hörsäle zu drei Vierteln von Frauen bevölkert, in den mathematisch-naturwissenschaftlichen Disziplinen sind sie es nur zu gut einem Drittel.

Was viele Frauen von einer akademischen Karriere abhält, sei die schwierige Planbarkeit, die Unsicherheit und die schlechte Vereinbarkeit von Beruf und Familie, betont Monika Schnitzer. Um einen Lehrstuhl zu bekommen, braucht es einen langen Atem. Bis man diese feste Position erobert habe, müssen die Jung-Wissenschaftler mehrfach den Ort wechseln. Das kollidiere mit der Familienplanung der jungen Frauen. „Männer nehmen darauf weniger Rücksicht“, sagt die Münchner Professorin. „Der Karriereknick setzt da ein, wo Frauen in Teilzeitarbeit gehen“, sagt Schnitzer, die 2015 Vorsitzende des Vereins für Socialpolitik wurde – als erste Frau in der 140-jährigen Geschichte des Vereins. Außerdem zeigen Studien, dass Frauen risikoscheuer sind und eher Sicherheit suchen.

Um Frauen mehr zu fördern, sei das Wichtigste mehr Hilfe beim Betreuungsangebot, findet Schnitzer. „Große Unternehmen bieten einen Familienservice, einige Universitäten wie die Münchner LMU haben das jetzt auch“, lobt sie. Der Familienservice hilft dabei, passende Betreuungsmöglichkeiten zu finden. „Und außerdem wären Mentoren gut, die Frauen bei Bewerbungen, Reden und Präsentationen Hilfestellung geben und sie anleiten und bestärken, überhaupt Karriere machen zu wollen.“

Die dunkle Seite der Wissenschaft

Schwerer Betrug ist in der Ökonomik selten. Doch es gibt eine breite Grauzone wissenschaftlich fragwürdiger Verhaltensweisen. Und es gibt Fälle von haarsträubenden Interessenkonflikten.

Erstmals liegt eine detaillierte Untersuchung vor, wie verbreitet wissenschaftliches und ethisches Fehlverhalten unter Ökonomen in Europa ist. Grundlage ist eine anonyme Internetbefragung von Mitgliedern der European Economic Association. Die Ergebnisse sind zum einen beruhigend, denn extremes Fehlverhalten – wie Plagiarismus, das Erfinden oder Fälschen von Daten oder die Manipulation von Tests – betreibt offenbar nur eine winzige Minderheit. Solche Kardinalsünden beichteten anonym 1 bis 3,5 Prozent der befragten Ökonomen. Beunruhigend ist aber, dass „fragwürdige Forschungspraktiken" doch recht verbreitet sind, wie die Autoren der Studie „Scientific Misbehavior in Economics", Lars Feld vom Eucken-Institut und der Universität Freiburg, seine Doktorandin Sarah Necker und der Ökonom Bruno Frey von der Universität Zürich, schreiben.[45]

Zu den „fragwürdigen Praktiken" zählen eine voreingenommene Forschung, die nur bestimmte Arbeiten zitiert, eine selektive Auswahl von Daten oder Ergebnissen, die ins Konzept oder in die Weltanschauung passen, oder die berüchtigte Salamitaktik beim Veröffentlichen: Die Ergebnisse der Forschung werden in dünne Scheiben geschnitten, die jeweils gerade noch einen Aufsatz für eine wissenschaftliche Zeitschrift ergeben. So lässt sich die Publikationsleistung steigern, und der Forscher steigt in den Rankings auf. Obwohl jeweils eine große Mehrheit all diese Praktiken abzulehnen vorgibt, gaben 20 bis 60 Prozent zu, sie anzuwenden. Am häufigsten ist „strategisches Vorgehen" bei Publikationen. Etwa jeder siebte Wissenschaftler gab an, vom Fehlverhalten anderer zu wissen. 85 Prozent sagten, die Entdeckungswahrscheinlichkeit sei gering.

Die genannten Schummeleien oder fragwürdigen Praktiken sind auch aus anderen Wissenschaftsdisziplinen bekannt, wie eine Metastudie von Daniele Fanelli, veröffentlicht in der Public Library of Science, ergab.[46] Die neue Umfrage wirft aber doch einen Schatten auf die „selbsternannte Königin der Sozialwissenschaften", wie die Autoren die Ökonomik nennen. Alarmierend ist die geringe Melde- und Aufdeckungsquote: Weniger als ein Viertel der Fälle von Fehlverhalten, die Kollegen auffallen, werden berichtet. Zum Teil scheuen sie Denunziation, weil sie Rache fürchten, oder sie wollen schummelnden Freunden und Kollegen nicht schaden, ergab die Umfrage für die Studie von Feld, Necker und Frey.

An der Umfrage im Herbst 2010 beteiligten sich 435 Ökonomen, also 17 Prozent der angeschriebenen 2500 EEA-Mitglieder. Die Umfrage sei in etwa repräsentativ, meinen die Autoren, weil die Antwortenden einen guten Querschnitt durch den Berufsstand der forschenden Wirtschaftswissenschaftler in Europa darstellen. Drei Viertel sind Männer, knapp ein Viertel Frauen. 27 Prozent der Antwortenden hatten ordentliche Professuren, 40 Prozent waren assoziierte oder Assistenzprofessoren, 18 Prozent waren Doktoranden. Knapp ein Viertel der Ökonomen arbeitet in Deutschland, der Rest in Großbritannien, Italien und Spanien, Frankreich, Amerika, der Schweiz und anderen Ländern.

Ihre Antworten zum wissenschaftlichen Fehlverhalten decken sich mit einer weniger ausgefeilten Studie vor zehn Jahren unter Ökonomen der American Economic Association (AEA). Dort gaben 4,5 Prozent zu, sie hätten schon einmal Daten gefälscht. Bis zu 10 Prozent bekannten weniger schwere Fehltritte, etwa das gleichzeitige Einreichen von Aufsätzen in mehreren Zeitschriften oder die Gefälligkeitsangabe von Koautoren.

Pikant an der Studie über „Scientific Misbehavior“ in Europa ist die Tatsache, dass Mitautor Bruno Frey selbst von der Universität Zürich eine Rüge für Fehlverhalten erhielt. Es ging um seine Forschung über das Verhalten von Passagieren beim Untergang der Titanic. Frey hatte ähnliche oder fast gleichlautende Aufsätze darüber in mehreren Zeitschriften veröffentlicht. Kritiker nannten das „Eigenplagiate“. Eine Kommission der Universität Zürich erklärte Freys Vorgehen für „anstößig“. Der Forscher selbst entschuldigte sich für seinen „schweren Fehler“. „Es hätte niemals passieren dürfen.“ Doppelt pikant ist die Angelegenheit, weil Frey zu den schärfsten Kritikern von Publikationspraktiken zählt, die dazu dienen, in Rankings besser abzuschneiden. Frey steht im vielbeachteten VWL-Ranking des „Handelsblatts“ in der Kategorie Lebensleistung auf Platz 1.

Die Veröffentlichung der Umfrage über Betrug und Schummeleien unter Ökonomen hat die Debatte über ethische Standards in der Disziplin befeuert. Die deutschen Ökonomen berieten seit 2012 im Vorstand des Vereins für Socialpolitik über einen Ethikkodex. Aufgeschreckt wurden sie von der Diskussion in Amerika, die dort durch den Film „Inside Job“ angestoßen wurde.

Es gab in den Vereinigten Staaten tatsächlich einige haarsträubende Fälle, etwa den von Frederic Mishkin. Der Professor von der Columbia University, der 2006 ins Board der Fed berufen wurde, verfasste im gleichen Jahr einen Bericht „Financial Stability in Iceland“, worin er zwar auch Risiken benennt, etwa das zu schnelle Kreditwachstum, insgesamt aber eine Lobeshymne auf den isländischen Finanzplatz und seine „recht starke Regulierung und Aufsicht“ anstimmt. Was die Leser nicht erfuhren, war das stolze Honorar von 124.000 Dollar, das Mishkin von der isländischen Handelskammer erhielt. Besonders peinlich: Als der isländische Finanzvulkan explodierte, veränderte Mishkin auf seiner Universitäts-Homepage den Titel des Berichts in „Financial **In**stability in Iceland“. Beides deckte Charles Ferguson, der Macher des Films „Inside Job“, auf.

Weitere einflussreiche Wirtschaftsprofessoren, die fürstliche Gagen für Beratertätigkeiten einsteckten, wurden in dem Film an den Pranger gestellt. Ökonomen wie die Berkeley-Professorin Laura Tyson, die den Council of Economic Advisors und den National Economic Council der Clinton-Regierung leitete, aber gleichzeitig im Aufsichtsrat der Investmentbank Morgan Stanley saß und dort jährlich 350.000 Dollar bekam. Der größte Fall ist wohl der von Larry Summers, dem blitzgescheiten Harvard-Professor, der unter Clinton Finanzminister war und mit der Aufhebung des Trennbanken-Systems 1999 einen großen Schritt zur Deregulierung des Finanzsektors vollbrachte. Später machte Summers in eben diesem Sektor richtig Kasse. Für eine einzige Rede bei Goldman Sachs erhielt er 135.000 Dollar. Als Berater und Manager von Hedgefonds verdiente er in acht Jahren insgesamt mehr als 20 Millionen Dollar. Unter Obama wurde Summers 2009 bis 2010 Chef des National Economic Council und beriet die Regierung bei der Regulierung des Finanzsystems.

Interessenkonflikte deckte auch eine Studie von Gerald Epstein und Jessica Carrick-Hagenbarth auf.[47] Die beiden Forscher der Universität von Massachusetts wollten Licht in die „dunklen Ecken“ werfen. Konkret untersuchten sie die Verbindungen von 19 Topwissenschaftlern zur Finanzwirtschaft. Die Untersuchten sind Mitglieder der Squam-Lake-Arbeitsgruppe und der Pew Economic Policy Group, die Vorschläge zu Reformen der Finanzmärkte machte. 13 der 19 Ökonomen waren zugleich Berater, Aufsichtsräte oder gar Miteigentümer von Wall-Street-Firmen. Traten sie in den Medien auf, gaben aber nur fünf diese Verbindung an. Die anderen nannten nur ihre Professorentitel renommierter Universitäten, einige gaben zusätzlich Positionen im IWF oder bei der Weltbank an.

Die Stichprobe war zwar klein, doch traf die Studie einen wunden Punkt. Sie zeigt, wie die Grenzen zwischen Wissenschaft und Lobbygruppen verschwimmen. Auch bei den Anhörungen im amerikanischen Senat zur großen Reform der Finanzmarktregulierung im vergangenen Jahr traten zahlreiche Experten auf, die nicht nur Wissenschaftler, sondern auch Berater und Akteure der betroffenen Finanzbranche waren. Nach einem Bericht der Nachrichtenagentur Reuters verschwieg aber etwa jeder Dritte seine geschäftlichen Verbindungen, als er vor dem Senat als Sachverständiger auftrat.

Der Film „Inside Job“ und andere Berichte haben letztlich die Debatte angestoßen, die dazu führte, dass die AEA auf ihrer Jahrestagung im Januar 2012 neue Richtlinien beschlossen hat, die für Transparenz sorgen sollen. Einer der wichtigsten Punkte im Ethik-Kodex: Wer Studien veröffentlicht, muss alle Geldquellen offenlegen, aus denen er für die Forschung Unterstützung erhalten hat, und er muss alle Einkommen aus Stipendien oder Beratertätigkeiten über 10.000 Euro angeben. Zudem muss er Posten in Denkfabriken und Forschungsgremien angeben. Selbst mögliche Interessenkonflikte des Ehepartners sollen die amerikanischen Ökonomen künftig darlegen.

„Dass jemand mit Vorträgen oder als Berater etwa für eine Bank Geld verdient, das können wir nicht anprangern, aber wir brauchen Transparenz“, sagt auch Michael Burda, Professor an der Humboldt-Universität. Unter seinem Vorsitz hat der deutsche Ökonomenverein VfS ebenfalls neue Leitlinien für einen „Ethikkodex“ erstellt.[48] Transparenz solle künftig das oberste Gebot sein. In der Präambel des Ethikkodex wollen die Ökonomen grundsätzlich werden, sagt Burda: „Die Reputation unserer Wissenschaft ist wie ein öffentliches Gut. Wenn einzelne Ökonomen sich fehlverhalten, dann verursachen sie einen Schaden für alle", warnt er. Der gebürtige Amerikaner Burda sieht einige schwarze Schafe in den Vereinigten Staaten wie auch Europa, will aber keine Namen nennen. „Es gibt leider einige konkrete Fälle, die ich aber nicht kommentieren möchte." Ein Problem für den VfS wird sein, dass er bei Verstößen gegen den Kodex kaum Sanktionsmöglichkeiten hat, wie Burda zugibt. „Wir können so jemanden lediglich rausschmeißen."

Ein Bindestrichfach

Korruptionsskandale und die Finanzkrise haben das Ansehen der Sozialen Marktwirtschaft beschädigt. Wirtschaftsethiker wollen nun aus der Nische heraus.

Seit Jahren schon signalisieren Umfragen, dass in der Bevölkerung die Zustimmung zur marktwirtschaftlichen Ordnung sinkt. Das Bundeswirtschaftsministerium wollte gegensteuern mit einer Konferenz über „Ethik der Sozialen Marktwirtschaft. Vertrauen – Regeln – Wettbewerb". Die Gründerväter der Sozialen Marktwirtschaft, vor allem der Freiburger Walter Eucken, haben Wirtschaft und Ethik zusammengedacht. Sie plädierten für eine Wettbewerbsordnung, weil sie das Entstehen und Ausnutzen von Machtpositionen verhindere und weil sie den Menschen freie Entfaltung ermögliche. Eucken betonte damit die moralische Qualität der Wettbewerbsordnung, die er sogar religiös begründete.

Heutige Ökonomen sprechen kaum über Ethik. Ihre zentrale Kategorie ist die Effizienz. Für Fragen der Gerechtigkeit, gar für den Sinn des Wirtschaftens, sehen sie sich nicht zuständig – ein Riesenfehler! Das sagen zumindest Wirtschaftsethiker. Wie alle Bindestrichfächer tut sich die Wirtschaftsethik aber schwer. Sie sitzt zwischen den Stühlen: Die reinen Ökonomen halten Wirtschaftsethik für weich und schwammig; die reinen Ethiker rümpfen die Nase über eine „Bereichsethik" für die Wirtschaft.

In der Gesellschaft, der Unternehmenswelt und in der Politik nimmt das Interesse aber langsam zu. „Die Nachfrage nach wirtschaftsethischer Beratung ist groß", sagt Nils Ole Oermann, junger Professor für Nachhaltigkeitsethik und Vizerektor der Leuphana Universität in Lüneburg. Doch vielfach gebe es „diffuse Vorstellungen, was eigentlich der Beitrag von Wirtschaftsethik sein kann". Und auch die Wissenschaftler scheinen verunsichert, wo ihre Disziplin eigentlich steht und wo sie hinwill. Deshalb hat Oermann eine kleine Tagung mit dem Titel „Quo vadis, Wirtschaftsethik?" in Lüneburg organisiert. Unter den Teilnehmern sind klassische

Ökonomen und Betriebswirte sowie Politologen, Theologen und Philosophen. Manche spüren Aufwind, andere äußern sich eher pessimistisch.

„Wirtschaftsethik hat Konjunktur, aber keine Wirkung", meint Birger Priddat, Ökonom und Philosoph, der an der Privatuniversität Witten-Herdecke lehrt. Sie habe eigentlich nur einen marginalen Einfluss, bleibe zu oft abstrakt. Zu lange habe sie auf das Setzen besserer Regeln und Anreize vertraut. Doch die regelorientierten Ansätze griffen zu kurz, kritisiert Priddat. Es fehle nicht an Regeln, sondern an Ethos. Die Wirtschaftswissenschaft dürfe den Menschen nicht nur als kühlen Nutzenmaximierer sehen, sondern ihn wieder mit all seinen Gefühlen und Leidenschaften entdecken. Adam Smith und David Hume, die sowohl Philosophen wie Ökonomen waren, hatten eine umfassende Sicht auf den Menschen. Der Blick des neoklassischen Mainstreams der Ökonomen war dagegen verengt und eindimensional.

Lange Zeit war dieser Mainstream übermächtig – und drückte Kritiker an den Rand. „Von den Ökonomen gab es teilweise eine richtige Feindseligkeit gegen die Wirtschaftsethik", fand Peter Koslowski, lange Jahre Philosophieprofessor an der Freien Universität Amsterdam. Immerhin gebe es seit der Finanzkrise mehr Nachdenklichkeit. „Der Rechtfertigungsdiskurs in der Wirtschaft nimmt zu", sagt der Berliner Theologe Rolf Schieder und fügt hinzu. „Es gibt einen großen Markt für Wirtschaftsethik."

Während an vielen BWL-Fakultäten mittlerweile Ethikkurse angeboten werden, tut sich in der VWL weniger. Höchstens auf dem Feld der Institutionenökonomik wird über die Bedeutung von Werten, soziale Normen und „Belief Systems" geforscht. In der klassischen Ökonomik ist das kaum angekommen. „Mit Ethik kann man nicht gut eine wissenschaftliche Karriere planen", sagt Markus Beckmann, Professor für „Social Entrepreneurship" in Lüneburg. Mit wirtschaftsethischen Ansätzen komme man nicht in die wichtigen Journale und habe es schwer an den Universitäten. Ausnahmen sind die anthroposophisch geprägte Hochschule Witten-Herdecke, die katholische Universität Eichstätt-Ingolstadt sowie die Martin-Luther-Universität Halle-Wittenberg, die alle Schwerpunkte in der Wirtschaftsethik bildeten. In Eichstätt lehrte viele Jahre Karl Homann, einer der Pioniere des Fachs, dessen Schüler Ingo Pies und Andreas Suchanek heute zu den bekannteren Namen zählen. „Es ist wohl kein Zufall, dass sich vor allem weltanschaulich oder religiös orientierte Hochschulen des Themas annehmen", sagt Koslowski.

In den Vereinigten Staaten gehören Ethikkurse schon seit Jahren zur Standardausbildung von Managern. Seit den Bilanzfälschungsskandalen bei Enron und Worldcom sind sie in vielen MBA-Programmen verpflichtend. Auch in Deutschland gibt es immer mehr Lehrstühle für Unternehmensethik, Corporate Governance und Nachhaltigkeitsmanagement.

Früher konnte der Nobelpreisträger Milton Friedman noch sagen, die „soziale Verantwortung" von Unternehmen liege allein darin, Gewinne zu machen. Heute würde das kein Manager mehr zu sagen wagen. Fast jedes größere Unternehmen hat eine „Unternehmensphilosophie" formuliert und bekennt sich zu „Corporate Social Responsability".

Das soll zum einen die eigenen Mitarbeiter motivieren und ist zugleich ein Signal nach außen, an zunehmend kritische Kunden und die Politik. Seit einigen Jahren, vor allem nach dem Siemens-Korruptionsskandal, sind die Gesetze gegen korrupte Praktiken deutlich verschärft worden. Welcher Vorstand die „Compliance", also das Befolgen der Regeln, oder die Sorgfaltspflichten („due diligence") nicht ernst nimmt, der riskiert hohe Strafen für sein Unternehmen und steht potentiell schon mit einem Bein im Gefängnis, sagt Josef Wieland vom Institut für Wertemanagement an der Hochschule Konstanz.

Im Falle von Siemens wurde nach der Aufdeckung der schwarzen Kassen fast die komplette Führung ausgetauscht. Heute hat der Konzern eine Compliance-Abteilung mit mehreren hundert Mitarbeitern aufgebaut. Peter Koslowski, der bis zu seinem Tod den Arbeitskreis Compliance und Ethik in Finanzinstitutionen leitete, resümierte indes bitter enttäuscht. „Die Compliance Officer haben versagt." Als es um den Handel mit riskanten, kaum verständlich strukturierten Wertpapieren ging, habe sich keiner dem Wunsch des Vorstands zu widersetzen gewagt.

Ein Volk von Ökonomie-Analphabeten

Die Mehrheit der Bevölkerung hat große Wissensdefizite über Ökonomie und Finanzen. Mehr Bildung wäre nötig. Doch die Schulpolitik bewegt sich quälend langsam.

Wie dünn die Kenntnisse sind, hat eine große Umfrage einer Gruppe von Wissenschaftlern mit dem Psychologen und Risikoforscher Gerd Gigerenzer gezeigt: „Wir fanden schwere Wissensdefizite über ökonomische Fakten, Konzepte und kausale Zusammenhänge in der Bevölkerung", schrieben die vier Forscher.[49] Insgesamt zeige ihre repräsentative Umfrage unter gut 1300 Personen „das Vorherrschen von ökonomischem Analphabetismus in einer repräsentativen Bevölkerung", notierten die Forscher aus Berlin, Dresden und Friedrichshafen. Für viele ist Wirtschaft ein Buch mit sieben Siegeln.

Die 24 Fragen an die Versuchsteilnehmer waren überwiegend simpel, teils etwas anspruchsvoller. Dass aus 100 Euro Anlage bei 5 Prozent Zins nach einem Jahr 105 Euro werden (und nicht 100,50 oder 105,50 oder

150 Euro), berechneten immerhin 89 Prozent der Befragten korrekt. Große Unsicherheit gab es aber beispielsweise bei der Frage, welchen Effekt eine Dollar-Aufwertung auf die deutsche Wirtschaft habe. 27 Prozent sagten, die deutschen Exporte würden sinken. 10 Prozent glaubten, dass Rohstoffpreise für Deutschland günstiger würden. Nur etwas mehr als die Hälfte der Befragten erkannte die korrekte Antwort, dass nach der Dollar-Aufwertung (entspricht Euro-Abwertung) Ölimporte teurer werden.

Als italienische Ökonomen eine Untersuchung zur Financial Literacy (gemeint ist die Bildung in Finanzfragen) machten, kamen ebenfalls bescheidene Ergebnisse heraus: Nur 34 Prozent konnten korrekt eine Frage zu Zinsen und Wertpapieren beantworten (Nehmen Sie an, in den nächsten sechs Monaten steigen die Zinsen. Glauben Sie, es ist dann eine gute Idee, jetzt ein festverzinsliches Wertpapier zu kaufen?). Und nur 52 Prozent wussten die richtige Antwort auf eine einfache Inflationsfrage (Ist der Wert einer Anlage bei 2 Prozent Zins und 2 Prozent Inflationsrate nach zwei Jahren geringer / gleich / mehr?). Nur jeder sechste Befragte beantwortete beide Fragen richtig. Fehlende Finanzkenntnisse sind ein persönliches Vermögensrisiko, erklärten die Forscher Luigi Guiso und Tullio Jappelli. Sie belegten, dass gebildete Anleger ihr Vermögen breiter streuen und durch Diversifikation Risiken reduzieren.[50]

Andere Studien belegen, dass finanziell gebildete Menschen seltener in Überschuldung schlittern. Eine Untersuchung aus Schweden zeigte, dass ökonomisch gebildete Menschen eher an Altersvorsorge denken. Und ein aktuelles Forschungspapier des Leibniz-Instituts für Wirtschaftsforschung Halle belegt einen kausalen Zusammenhang zwischen besserer ökonomischer Bildung und der Neigung von jungen Leuten, sich selbständig zu machen.[51] Es könnten mehr Unternehmen gegründet werden, wenn die wirtschaftlich-finanzielle Bildung in den Schulen mehr gefördert würde.

Doch mit einem Schulfach Wirtschaft tut sich Deutschland nach wie vor schwer. Die meisten Bundesländer haben höchstens Mischfächer mit Namen wie „Politik-Wirtschaft“, „Arbeit, Wirtschaft, Technik“ oder „Wirtschaft und Recht“. „Es gibt fast 30 verschiedene Bezeichnungen und starke ideologische Kämpfe um die Lehrinhalte“, sagt Hans Kaminski, Direktor des Instituts für Ökonomische Bildung an der Universität Oldenburg. Er wirbt seit Jahren dafür, ein Schulfach Wirtschaft mit ausreichend Lehrstunden fest zu verankern. Doch der deutsche Bildungsföderalismus macht dies schwierig, ebenso gibt es Vorbehalte von Seiten der Lehrergewerkschaften. Lange Zeit hieß es auch, am Gymnasium habe – getreu dem humanistischen Bildungsideal – so etwas schnöde Materialistisches wie Wirtschaft nichts verloren. „Das ändert sich aber, das Interesse der Elternschaft und der Schüler nimmt zu“, beobachtet Kaminski.

Der Wirtschaftsdidaktiker Hans-Jürgen Schlösser von der Universität Siegen hat jüngst 800 Schüler intensiv befragen lassen. Sein Ergebnis: Relativ gute Kenntnisse haben die Schüler beim Thema Sparen. Besonders schwach sind die Kompetenzen hingegen in den Bereichen Schulden, Versicherungen und Steuern sowie beim Thema Geldpolitik. „Da gibt es große Täler des Unwissens", klagt er. Als Hauptgrund sieht er Versäumnisse der Schulen und eine verbreite Abneigung, über Geldfragen zu sprechen.

Anders als hierzulande ist das Verhältnis der Amerikaner und Briten zur Wirtschaft und zu „Economics" in der Schule deutlich positiver. In Großbritannien gibt es seit Jahrzehnten ein reguläres Schulfach Ökonomie. „Hierzulande wird das Thema Wirtschaft in der Schule leider oft mit Wirtschaftsinteressen oder Lobbyismus verwechselt", sagt Schlösser. Inzwischen aber sei das Interesse gestiegen. Eltern und auch Schüler forderten mehr ökonomische Bildung in der Schule.

Doch als in Baden-Württemberg noch unter Grün-Rot ein neues Fach Wirtschaft beschlossen wurde, gab es 2015 wütende Proteste von links. Dirk Lange, Politikprofessor in Leipzig, wetterte in einem Kommentar in der „Zeit", dass nun per Lehrplan „dem Neoliberalismus eine Renaissance" bereitet werde. Das Fach sei ein „Kniefall vor den Arbeitgebern". Im Auftrag der Gewerkschaften schrieb die Kölner Sozialwissenschaftlerin Birgit Weber ein Gutachten. Ihre Kritik: Die Schüler würden mit Effizienzdenken und ökonomischem Modellwissen traktiert, nicht zu kritischen Konsumenten ausgebildet. Soziale Fragen kämen zu kurz. Ungeachtet der Proteste wird das Schulfach Wirtschaft in Baden-Württemberg bald starten.

Auch im Nachbarland Schweiz klagen prominente Wirtschaftswissenschaftler über den Stand der ökonomischen Bildung. „Als Professor finde ich es bedrückend zu sehen, wie sehr es an politischer und ökonomischer Allgemeinbildung bei den jungen Studenten fehlt", sagt etwa Reiner Eichenberger von der Universität Freiburg. Zumindest ein kleines „Wirtschafts-Einmaleins" sollte die Bevölkerung beherrschen: etwa das Abwägen von Kosten (auch Opportunitätskosten) und Nutzen, die Unterscheidung von realen und nominalen Größen, absoluten und relativen Werten, Brutto und Netto und die Wirkung von Wechselkursänderungen. „Das Problem bei den Studenten ist, sie lesen zu wenig. Kaum einer liest noch Zeitung, die eine breite Bildung vermittelt. Alle lesen nur noch selektiv im Internet", kritisiert Eichenberger.

Das Forscherteam um Gigerenzer hatte differenziert herausgearbeitet, in welchen Bevölkerungsgruppen die ökonomische Bildung noch am höchsten ist. Männer mit höherem Schulabschluss hatten bessere Kenntnisse als Frauen und Geringergebildete. Wer viel Fernsehen schaute und wenig Zeitung las, schnitt schlechter ab. Einen anderen, alarmierenden Befund hat die Schülerbefragung von Schlösser jüngst ergeben. Sie zeigte, dass Kinder aus reicheren Elternhäuser mehr von Finanzfragen verstehen als die ärmeren Schulkameraden, wohl weil in der Familie über Gelddinge gesprochen wird: „Je höher das Einkommen, desto mehr wissen die Kinder", sagt Schlösser. Gerade jenen Gruppen, die wirtschaftlich aufholen sollten, fehlte es damit an Wissen für den Aufstieg.

2. Teil: Vom Wert der Vergangenheit

Die Renaissance der Wirtschaftsgeschichte

Vor Jahren beinahe ausgestorben, jetzt wieder stark: Warum historisch orientierte Ökonomen im Aufschwung sind.

Sie sind eine seltene Spezies geworden, standen beinahe vor dem Aussterben: Wirtschaftshistoriker an deutschen Universitäten. Seit 1990 sind etwa ein Viertel der Lehrstühle an wirtschaftswissenschaftlichen Fakultäten geschlossen worden, beklagt Jochen Streb, langjähriger Vorsitzender des wirtschaftshistorischen Ausschusses im Verein für Socialpolitik. „Es hat einen ziemlichen Bedeutungsverlust gegeben", sagt Streb. Er schätzt, dass es im deutschsprachigen Raum noch rund 50 Lehrstühle für Wirtschaftsgeschichte gibt – je etwa zur Hälfte an VWL- und an Geschichtsfakultäten. Albrecht Ritschl, der an der London School of Economics lehrt, sagt mit gewisser Zuversicht, das Fach Wirtschaftsgeschichte habe sich in Deutschland nach Jahren des Abbaus „auf niedrigem Niveau stabilisiert"

Der Niedergang war teils von der alten Garde selbst verschuldet. „Die Wirtschaftsgeschichte war lange Zeit wie versteinert", sagt Nikolaus Wolf von der Humboldt-Universität. „Man hatte sich eine eigene Nische geschaffen und forschte mit Methoden, die weder Ökonomen noch Historiker interessant fanden, deshalb wurden von beiden Seiten Lehrstühle abgebaut", erklärt Wolf, einer der Vertreter der jüngeren Generation. „In Amerika kam in den sechziger und siebziger Jahren die Cliometrie auf", erklärt Streb. Der Name setzt sich zusammen aus Clio, der Muse der Geschichte, und Metrik, dem griechischen Wort für die Kunst des Messens. Wirtschaftsgeschichte sollte also mit quantitativen Methoden erforscht und analysiert werden. Einer der Pioniere dieser Entwicklung war Robert Fogel, der mit seiner originellen Forschung über die Sklaverei und den Einfluss der Eisenbahnen auf das Wirtschaftswachstum in Amerika bekannt wurde. 1993 wurde er mit dem Wirtschaftsnobelpreis ausgezeichnet.

„Die Entwicklung moderner Methoden wurde in Deutschland zu lange verschlafen und von manchen auch bewusst abgelehnt", sagt Streb, „erst vor einigen Jahren haben wir den Anschluss geschafft." Nun habe die Hinwendung der Wirtschaftshistoriker zu ökonometrischen Methoden und ökonomischen Theorien den wissenschaftlichen Kontakt mit den anderen Ökonomen wieder möglich gemacht. Die seit den neunziger Jahren andauernde Schließung von Lehrstühlen wurde gestoppt. Inzwischen ist sogar eine Trendwende zu sehen. „Es werden keine Lehrstühle mehr abgebaut, sondern sogar erste neue geplant, etwa in Bayreuth für einen neuen Masterstudiengang", sagt Nikolaus Wolf. Und die historisch orientierte Wirtschaftsforschung sei aus der Nische rausgekommen und finde großen Anklang bei den Ökonomen. „Es gibt eine richtige Renaissance der Wirtschaftsgeschichte, immer mehr Mainstream-Ökonomen nutzen historische Daten", sagt Hans-Joachim Voth, Professor für Makroökonomie und Finanzmärkte an der Universität Zürich, der ursprünglich studierter Historiker war, bevor er sich der Ökonomik zuwandte.

Durch die jahrelange Vernachlässigung und das mangelnde Interesse an Wirtschaftsgeschichte ist die Wirtschaftswissenschaft ärmer geworden. Martin Hellwig vom Bonner Max-Planck-Institut formuliert es so: „Die Auseinandersetzung mit der Wirtschaftsgeschichte ist wichtig, denn sie ist eine der Quellen empirischen Wissens, und wir haben nicht viele solche Quellen." Der frühere Vorsitzende der Monopolkommission erinnert sich an seiner Studienzeit in Amerika. „Die beste ökonomische Vorlesung, die ich je gehört habe, war die Vorlesung von Peter Temin über Wirtschaftsgeschichte am MIT." Dieser Kurs habe ihm gezeigt, wie hilfreich die Konzepte der Ökonomie bei der Analyse und Erklärung empirischer, hier historischer Phänomene sind. „Dann nimmt man die Dinge mit anderen Augen wahr", sagt Hellwig.

Auch als Vorsitzender der Monopolkommission hat Hellwig historische Analysen einbezogen. Ein brisantes Beispiel ist die Finanzkrise. 2004 warnte das Hauptgutachten der Monopolkommission, dass die von der Bundesregierung verfolgte Strategie der Schaffung von „nationalen Champions" im Banksektor die Gefahr von Moral Hazard mit sich brächte. Denn solche „Champions" tendierten dazu, im Vertrauen, sie seien „too big to fail", übermäßig große Risiken einzugehen. Hellwig zog eine Parallele zur Bankenkrise von 1931. „Diese Krise wurde auch dadurch verursacht, dass die Großbanken mit Zweigstellensystemen eine unsolide Liquiditätspolitik verfolgt hatten, wohl im Vertrauen darauf, dass die Reichsbank gegebenenfalls schon helfen werde." Auf das Gutachten antwortete die Bundesregierung damals, die heutige Bankenaufsicht funktioniere so gut, dass sich jeglicher Vergleich mit 1931 verbiete. Eine solche Krise könne sich nicht wiederholen…

Sicherlich liegt die Renaissance der Wirtschaftsgeschichte am Ausbruch der großen Finanz- und Schuldenkrise, die die meisten Ökonomen unvorbereitet traf. „Das war eine gute Krise für die Wirtschaftsgeschichte", so begann Barry Eichengreen vor vier Jahren seine Eröffnungsrede als Präsident der American Economic Association. Nicht wenige Ökonomen fingen nun an, historische Krisen auf Parallelen hin zu untersuchen. Vergleiche mit der Großen Depression und die daraus zu ziehenden Lehren wurden diskutiert. Viele Ökonomen, die zuvor nur Daten der jüngeren Vergangenheit von zehn oder zwanzig Jahren – die Schönwetterperiode der „Great Moderation" – analysiert hatten, griffen nun zu weiter zurückreichenden Zeitreihen. „We are all economic historians now", sagte der renommierte Finanzmarkt- und Bankenforscher Gary Gorton von der Yale School of Management vor kurzem. Einer der jüngeren Stars dieser Forschung über historische Finanz- und Schuldenkrisen ist der Bonner Ökonom und Wirtschaftshistoriker Moritz Schularick.

Das neue Interesse der Ökonomen an der Geschichte liegt zum Teil auch daran, dass sie bei Grundfragen ihres Faches anders nicht weiterkommen. Warum sind einige Länder arm und andere reich? Das ist die Kernfrage seit Adam Smith. Doch ohne den Rückgriff auf historische Daten und die Analyse der Rahmenbedingungen der Wirtschaft in unterschiedlichen Ländern und Zeiten bleibt alle Wachstumstheorie grau und unbefriedigend. Der MIT-Ökonom Daron Acemoglu hat mit einer Reihe bahnbrechender Aufsätze eine Welle von historischen Untersuchungen ausgelöst. „Viele sind auf den Acemoglu-Zug aufgesprungen", sagt Voth. Auch wenn manche Historiker die Nase rümpfen, weil Acemoglu angeblich die Dinge zu stark vereinfache oder Zusammenhänge ihrer Ansicht nach falsch darstelle – unbestritten ist sein Talent, ein „big picture" zu malen, das dem Verständnis der heutigen Welt enorm hilft.

Die sogenannte Neue Institutionenökonomie ist zwar schon mehr als drei Jahrzehnte alt, begründet von Douglass North, der dafür 1993 mit dem Nobelpreis ausgezeichnet wurde. Richtig anschlussfähig an die Mainstream-Ökonomie wurde sie erst mit Acemoglu, weil er die Thesen mit statistisch-quantitativen Methoden testete und erhärtete. Noch einen Schritt weiter geht der Kanadier Nathan Nunn (Harvard). Er bezieht verstärkt kulturelle Faktoren und langfristige Prägungen in die Analyse mit ein. In einem vielzitierten Paper hat Nunn beispielsweise untersucht, wie die Erfahrung des Sklavenhandels bis heute die Vertrauensniveaus verschiedener afrikanischer Gesellschaften unterschiedlich prägt – und ohne Vertrauen kann auch heute dort eine Marktwirtschaft nur schwer gedeihen. Das alles testet und begründet er mit raffinierten ökonometrischen Analysen.

Die Aufrüstung der Wirtschaftsgeschichte mit ökonometrischen Methoden, die schon in den sechziger Jahren mit der Cliometrie begann, hat sie auf Augenhöhe mit den Ökonomen gebracht. Die moderne Ökonomik wiederum ist weitgehend abgerückt von rein abstrakten Theorien, vielmehr arbeiten die meisten heute empirisch, also mit Daten. „80 bis 90 Prozent der Arbeiten sind heute empirisch. Die statistisch-empirische Datenanalyse ist heute die gemeinsame Sprache von Ökonomen und Wirtschaftshistorikern", erklärt Davide Cantoni, der an der Universität München forscht und zu den aufsteigenden Vertretern der jüngeren Generation gehört.

In amerikanischen Top-Journalen ist der Anteil wirtschaftshistorischer Beiträge schon seit der Jahrtausendwende stark gewachsen. Er liegt mit etwa fünf Prozent inzwischen wieder auf dem Rekordniveau der Zwischenkriegszeit, wie Ran Abramitzky (Stanford) errechnet hat. Einige deutsche Forscher wie etwa Voth werden weltweit geachtet. Allerdings hat die hiesige Wirtschaftsgeschichte die Entwicklung hin zu ökonometrischen Methoden erst verspätet mitgemacht. Auch fehlt es in Deutschland an richtigen Zentren wirtschaftshistorischer Forschung. In England, etwa an der LSE oder in Warwick, und in den Vereinigten Staaten und Schweden gibt es eine höhere Dichte.

Hierzulande seien die Wirtschaftshistoriker an ihren Universitäten doch eher Einzelkämpfer, sagt Streb. Er betont auch, dass etwa zwei Drittel der Wirtschaftshistoriker weiterhin vor allem mit klassischen historischen Methoden arbeiten, etwa Werner Plumpe (Goethe-Universität Frankfurt), Alexander Nützenadel (Humboldt-Uni Berlin) und Jan-Otmar Hesse (Bayreuth). Statt große Datenmengen durch Statistikprogramme zu jagen, arbeiten sie vor allem mit qualitativen Quellen und Archivdokumenten, legen Wert auf Quellenkritik und analysieren die historischen Sonderbedingungen. „Die Spaltung des Fachs", sagt Streb, „macht es schwierig, aber auch interessant."

Nach Ansicht von Streb liegt der Mehrwert der Wirtschaftsgeschichte darin, dass sie wiederkehrende Muster erkennt. Ein Beispiel sei die Globalisierung: „Schon im späten neunzehnten Jahrhundert gab es eine frühe Globalisierung mit allen auch gegenwärtig vorhandenen Vorteilen und Problemen, bis dann in den zwanziger Jahren und vor allem in den dreißiger Jahren des zwanzigsten Jahrhunderts eine protektionistische Antiglobalisierungspolitik die Integration der Weltwirtschaft unterbrach." Daraufhin verschärfte sich die Rezession drastisch. Diese Fehler wurden in der jüngsten Krise nicht wiederholt.

Alles Napoleon, oder was?

Deutschland verdankt seine Industrialisierung und Modernisierung den französischen Besatzern, hieß es lange. Nun melden Ökonomen Zweifel an.

Am Anfang war Napoleon" – mit diesen Worten hat Thomas Nipperdey seine deutsche Geschichte des 19. Jahrhunderts eingeleitet. Viele Historiker erachten den Einfluss des Korsen und der französischen Besatzung auf Deutschlands Entwicklung als eine entscheidende Weichenstellung. Wichtige Reformen wurden durch französisches Vorbild inspiriert, andere im Zuge einer „defensiven Modernisierung" in Preußen durchgesetzt. Die preußischen Reformer erkannten nach der Niederlage gegen Napoleon, dass ihr Land nur durch eine radikale Modernisierung wirtschaftlich und militärisch wieder auf die Füße kommen und gegen die französische Macht bestehen konnte.

Auch unter Ökonomen, die den Einfluss von „Institutionen" – also der Rahmenbedingungen – auf die Wirtschaftsentwicklung untersuchen, sind die direkt und indirekt von der französischen Besatzung angestoßenen Reformen ein Forschungsgegenstand. In der „American Economic Review" erschien dazu vor fünf Jahren ein aufsehenerregender Aufsatz von Daron Acemoglu (Massachusetts Institute of Technology), Davide Cantoni (Universität München), Simon Johnson (Sloan School of Management, MIT) und James A. Robinson (Harvard University).[1] Sie gaben an, erstmals in einem ökonometrischen Modell die These prüfen und belegen zu können, dass die von der französischen Besatzungsmacht in den linksrheinischen und westdeutschen Gebieten durchgesetzten Reformen entscheidend gewesen seien für die spätere Industrialisierung.

Der Aufsatz von Acemoglu & Co. hat hohe Wellen geschlagen. Vor allem weil es nicht nur um eine historische Frage geht. Letztlich lautete ihre These, dass radikale „Big Bang"-Reformen, die von außen kommen und sogar gewaltsam durchgesetzt werden, in einem unterentwickelten, rückständigen Land langfristig positive Wirkung entfalten können. Wenn man diese These akzeptiert, könnte das weitreichende Folgen für die Entwicklungspolitik haben.

Nun aber ist das Paper von Acemoglu & Co. von zwei anderen Ökonomen im „Journal of Institutional Economics" heftig attackiert worden. ACJR (so kürzen sie das Acemoglu-Team ab) hätten fatale Fehler gemacht: Zum einen hätten sie wichtige Reformen falsch datiert, was ihre ökonometrischen Ergebnisse insignifikant mache. Zum anderen hätten sie die entscheidende Rolle des Kohlenbergbaus für die Industrialisierung vernachlässigt. Beides zusammen entwerte die These von Acemoglu & Co., behaupten Michael Kopsidis (Leibniz-Institut für Agrarentwicklung und Transformationsökonomien in Halle) und Daniel W. Bromley (University of Wisconsin).[2]

Betrachten wir beide Studien etwas näher. Die Forscher um Acemoglu haben einen Reformindex konstruiert, der für die französisch besetzten Gebiete deutlich höhere Werte ausweist als für die nichtbesetzten Länder westlich und östlich der Elbe. Französisch besetzt waren in den Kriegen nach der Revolution vor allem die linksrheinischen Gebiete. Es kam zu Plünderungen und Chaos, aber auch politisch und wirtschaftlich bedeutenden Reformen. Neben dem Rheinland und der Pfalz, die neunzehn Jahre lang unter direkter Kontrolle Frankreichs standen, errichtete Napoleon in Westfalen und anderswo Satellitenstaaten.

Die Forscher um Acemoglu heben vier Reformfelder hervor: erstens die Einführung des Code Napoléon, der Gleichheit vor dem Gesetz und mehr politische und wirtschaftliche Freiheit brachte, zweitens die Aufhebung der Leibeigenschaft, drittens Agrarreformen und viertens die Abschaffung der Zünfte, die zuvor den Wettbewerb in Handwerk und Industrie behindert hatten. Je früher diese Reformen in einem Gebiet in Kraft traten, desto höher der Reformindex. Dann betrachten Acemoglu & Co. als Ergebnisvariable den Grad der Urbanisierung. Sie steht stellvertretend für das Wohlstandsniveau (und indirekt für die Industrialisierung).

Nach komplizierten Regressionsanalysen und ökonometrischen Tests sehen sie ihre These als belegbar an: Die Beseitigung der alten feudal-korporatistischen Strukturen durch die Franzosen hat in den westdeutschen Gebieten zu einem stärkeren Wirtschaftsaufschwung geführt – aber erst mit erheblicher Verzögerung. In den Daten von 1850 ist nämlich noch nichts von höheren Urbanisierungsraten zu sehen. Erst 1875 und 1900 kann man eine stärkere Entwicklung in Westdeutschland als in den nichtbesetzten Gebieten westlich und östlich der Elbe sehen. Dies sei auf die Langzeitwirkung früherer Reformen zurückzuführen, sie spielten eine „erhebliche Rolle … bei der Schaffung eines Umfeldes, das Innovationen und unternehmerischer Aktivität förderlich ist". Die beiden Kritiker sind von den Thesen des Papers und dem angeblichen ökonometrischen Beweis nicht überzeugt. Acemoglus Modell sei fehlerhaft, wichtige Reformen seien falsch datiert worden, und die Hauptursache für die Industrialisierung – nämlich die Rolle der Kohlevorkommen – werde übersehen, kritisieren Kopsidis und Bromley. Warum, fragen sie, sollte es 50 Jahre gedauert haben, bis die französischen Reformen sichtbare Wirkung erzeugten? Die Besatzungszeit sei eher kurz gewesen. Nur fünf Prozent der deutschen Bevölkerung habe länger als sechs Jahre unter französischer Herrschaft gelebt. Nach Ansicht von Kopsidis und Bromley reicht die Erklärungskraft der institutionellen Reformen nicht aus, um das Muster der Industrialisierung in Deutschland zu erklären. Das gelinge erst, wenn man die Konzentration von Kohle im Ruhrgebiet als wichtigsten Rohstoff für die Schwerindustrie erfasse, die nach 1840 mit dem Eisenbahnausbau einen Aufschwung erlebte.

Mit dem Angriff auf das gefeierte Acemoglu-Paper wird die Debatte neu belebt, wie stark institutionelle Reformen von außen Deutschlands Weg in die wirtschaftliche Moderne beschleunigten. Kohle spielte wohl auch eine wichtige Rolle. Aber sie allein war viel zu wenig. Russland beispielsweise hatte jede Menge Kohle- und Eisenerz sowie Massen an billigen Arbeitskräften – und dennoch gab es dort im 19. Jahrhundert kaum Ansätze zur Industrialisierung, einfach weil die alte feudal-agrarische Ordnung erhalten blieb und den Aufstieg neuer unternehmerischer Pioniere verhinderte.

Vom Piraten zum Ehrenmann

Patent-Klau ist eine bewährte Aufholstrategie. Das zeigt die Geschichte des deutschen Maschinenbaus.

Zum Stichwort Produktpiraterie fallen deutschen Industrievertretern heute meist die bösen Chinesen ein. Kein Patent ist vor denen sicher. Auch Hightech-Maschinen bauen sie nach. Laufen deutsche Ingenieure über eine internationale Messe, sehen sie dauernd gefälschte eigene Produkte aus China, schimpft der Verband der deutschen Maschinen- und Anlagenbauer.

Vor hundert Jahren hörte man ähnliche Klagen – doch damals kamen sie von Amerikanern und bezogen sich auf die Deutschen, wie die Wirtschaftshistoriker Ralf Richter und Jochen Streb in einer Studie schreiben.[3] Sie haben in Archiven und Zeitschriften gestöbert und ein weitgehend vergessenes Kapitel deutscher Industriegeschichte analysiert.

Erstmals traten deutsche Maschinenbauer wohl auf der Pariser Weltausstellung 1867 als Imitatoren in Erscheinung. Ende des neunzehnten Jahrhunderts kopierten deutsche Ingenieure recht ungeniert hochwertige amerikanische Werkzeugmaschinen. Sie kauften Modelle in Providence, New Haven oder Cincinnati, um davon zu lernen und sie nachzubauen. Nur die Namensschilder der Originalproduzenten fehlten, berichtete 1897 die Zeitschrift „American Machinist".

Richter und Streb argumentieren, dass es ein zwar unschönes, aber durchaus übliches Muster aufstrebender Nationen ist, Patentrechte zu missachten und auf diesem Weg technologisch aufzuholen. Drei Phasen dieses Prozesses sind zu unterscheiden: erst die Phase des reinen Nachmachens, dann die adaptive Innovation und schließlich die Entwicklung eigener Ideen bei zunehmendem Wettbewerb zwischen den Produzenten. Entsprechend ändert sich deren Einstellung zum Patentrecht: Anfangs verletzten sie es bedenkenlos. Sobald sie jedoch eigene innovative Produkte entwickelt haben, wollen sie ihr geistiges Eigentum geschützt sehen und respektieren fremde Rechte.

Der deutsche Maschinenbau durchlief alle drei Phasen. Wie heute die Chinesen kauften sie vor hundert Jahren ausländische Erfolgsmodelle ein, zerlegten die Maschinen und bauten sie nach. Deutsche Ingenieure fuhren auf internationale Messen und schickten Berichte zurück in die Heimat. Oder sie studierten eifrig die Fachpresse. Die Firma Schubert & Salzer aus Chemnitz, dem Zentrum des frühen deutschen Werkzeugmaschinenbaus, stellte eigens einen Übersetzer ein, der Artikel aus sechzig Journalen übertrug. Und die Firma Reinecker warb einen Fachmann der amerikanischen

Konkurrenz ab, der zuvor auf der Chicagoer Weltausstellung Neuheiten präsentiert hatte.

Die Aufholjagd war äußerst erfolgreich, wie die Patentdaten zeigen, die Richter und Streb ausgewertet haben. Unmittelbar nach der Reichseinigung 1871 forschten die deutschen Unternehmen noch wenig selbst, sondern imitierten gut eingeführte amerikanische Maschinen und traten damit erfolgreich auf dem Weltmarkt auf. Schon 1885 übertraf der deutsche Export den Import. Um die Jahrhundertwende war die Ausfuhr von Maschinen doppelt so groß wie die Einfuhr. Nun stieg auch die Zahl der wertvollen deutschen Patente.

Kurz vor Ausbruch des Ersten Weltkriegs exportierten die Deutschen erstklassige Werkzeugmaschinen im Wert von mehr als 3 Milliarden Mark, fünfmal so viel, wie sie importierten. Angesichts des Erfolgs deutscher Unternehmen im Ausland fühlte sich nun die Reichsregierung genötigt, den Patentschutz für ausländische Produzenten zu verbessern. Zuvor galten Bestimmungen, wonach nur der Patentschutz genieße, der auch in Deutschland produziere. 1909 nahm die Reichsregierung amerikanische Unternehmungen von dieser Regelung aus. Und die notorischen Imitatoren der frühen Jahrzehnte, namentlich die Firmen Reinecker, Pfauter und Wanderer-Werke, gaben ihre Piratenstrategie auf, nachdem sie selbst Patente in Amerika hielten.

Die Deutschen waren erkennbar auf dem Weg zum Weltmarktführer, bis sie der Erste Weltkrieg zurückwarf. Das amerikanische Office of Alien Property enteignete per Federstrich die Patente der Kriegsgegner. Nach 1918 kannten die beraubten Deutschen dann ihrerseits wenig Skrupel, wieder auf Ideenklau zu gehen. 1927 las man in der französischen Zeitschrift „La machine moderne" in einem Artikel über Produktpiraterie in Deutschland, Werkzeugmaschinen würden ohne jede Änderung nachgebaut. „Die meisten dieser Maschinen werden tatsächlich als Originale verkauft, und der Name des amerikanischen Konstrukteurs wird in der Werbenotiz erwähnt mit dem Hinweis ‚Typ' oder ‚Muster'."

Insgesamt kühlte das Wirtschaftsklima in der Zwischenkriegszeit stark ab. Immer mehr Nationen schotteten sich ab, Patentverletzungen waren weit verbreitet. Ein amerikanischer Handelskommissar führte die Namen von 64 amerikanischen Maschinenbauern auf, deren Produkte in Deutschland kopiert würden. Einige zogen dagegen vor Gericht. Doch die deutschen Behörden und Richter ließen die Ausländer auflaufen. Prozesse zogen sich manchmal mehr als zehn Jahre hin, die deutschen Branchenvertreter bildeten eine geschlossene Front gegen die Kläger. Ende der zwanziger Jahre hatten die deutschen Maschinenbauer ihren technischen Rückstand wieder aufgeholt.

Für die Wirtschaftshistoriker ergibt sich aus der Geschichte zweierlei Moral: Zum einen sollten sich die entwickelten Länder nicht so anstellen – sie hätten in früheren Zeiten ebenfalls Imitationsstrategien angewandt, um zu den damaligen Marktführern aufzuschließen. Zum anderen aber besteht Hoffnung, dass die Piraten sich bald in Ehrenmänner verwandeln, meinen Richter und Streb. Die Fälschungen der chinesischen Maschinenbauer, die derzeit von der Regierung in Peking geduldet werden, dürften aufhören, sobald die Chinesen selbst höherwertige Produkte entwickelt haben. Dann entdecken auch sie, wie wertvoll der Schutz geistigen Eigentums ist.

Gute Professoren

Nachdem die Nazis die Intelligenz vertrieben hatten, sank das Niveau an den Unis kolossal.

Wer an einer Top-Universität seine akademische Ausbildung erhält, hat später beruflich mehr Erfolg. Es zeigt sich ein deutlicher statistischer Zusammenhang, eine Korrelation, die vor allem für Doktoranden stark ausgeprägt ist. Nicht so einfach ist aber die Frage, ob auch ein kausaler Zusammenhang besteht. Es könnte zum Beispiel ein Selektionsproblem vorliegen: dass einfach die talentierteren Studenten an die renommierten Universitäten kommen, weil diese gezielt nur die Besten aufnehmen. In diesem Fall wäre es nicht gerechtfertigt, die spätere Karriere ursächlich mit dem speziellen akademischen Umfeld zu begründen. In der Wissenschaft spricht man dann von einem Endogenitätsproblem.

Der junge deutsche Ökonom Fabian Waldinger, der an der Universität Warwick forscht, hat eine bemerkenswerte Studie verfasst, die ein dunkles Kapitel der deutschen Wissenschaftsgeschichte ökonometrisch ausgewertet.[4] Dabei findet er erstaunlich harte Belege für die These, dass eine hohe Qualität der Universitätsausbildung ein Turbo für die spätere akademische Karriere ist. Für seine Forschung hat Waldinger 2010 vom Verein für Socialpolitik den Reinhard-Selten-Preis verliehen bekommen, eine Auszeichnung für Nachwuchsforscher. Das passt, denn Selten, der 1930 in Breslau geborene einzige deutsche Wirtschaftsnobelpreisträger, hatte selbst wegen seiner halbjüdischen Abstammung in seiner Jugend schulische Benachteiligungen erlebt.

Waldingers Studie wertet aus, wie die Verfolgung von jüdischen und anderen Wissenschaftlern nach 1933 die deutschen Universitäten verarmen ließ. Die NS-Politik ist dabei ein exogener Schock, der die Wissenschaft von außen getroffen hat. Massenweise wurden „nichtarische“ und politisch missliebige Wissenschaftler nach dem „Gesetz zur Wiederherstellung des Berufsbeamtentums" entlassen, das die Nationalsozialisten schon neun Wochen nach ihrer Machtergreifung verabschiedeten.

Mehr als 1100 Wissenschaftler, also 15 Prozent der insgesamt 7266 Dozenten an den deutschen Universitäten, mussten ihre Posten verlassen, ergab eine frühere Studie. Unter den Mathematikern, auf die sich Waldinger konzentriert, waren es sogar rund 18 Prozent der Professoren und Privatdozenten. „Wie geht es der Mathematik in Göttingen, nachdem sie von jüdischem Einfluss befreit worden ist?", fragte der NS-Wissenschaftsminister Bernhard Rust 1934 den Institutsdirektor David Hilbert. Dieser soll in seinem ostpreußischen Dialekt geantwortet haben: „Mathematik in Göttingen? Dat jibt es doch janich mehr." In der Tat waren die mathematischen Fakultäten in Göttingen wie auch die in Berlin, die zu den führenden im Reich zählten, von der NS-Säuberung besonders schwer betroffen. 10 von 17 Professoren in Göttingen und 5 von 13 in Berlin wurden aus der Lehre verbannt.

Die meisten emigrierten daraufhin, überwiegend in die Vereinigten Staaten. So verlor die deutsche Wissenschaft herausragende Mathematiker wie John von Neumann, den Begründer der Spieltheorie, der dauerhaft von Berlin nach Princeton wechselte, Richard Courant, der Göttingen verließ und sich in New York etablierte, und Richard von Mises (den Bruder des liberalen Ökonomen), der von Berlin über Istanbul an die Harvard-Universität kam.

Jenseits trauriger persönlicher Anekdoten über die Folgen der Emigration hat Waldinger nun quantitativ nachgewiesen, wie stark der Verlust der entlassenen Forscher sich auf die nachfolgende Generation der Mathematiker auswirkte, die in den Jahren vor und nach 1933 in Deutschland ihren Doktor machte. Seine Ergebnisse: Wenn sich das wissenschaftliche Niveau der Fakultät um eine Standardabweichung (ein spezielles statistisches Maß) verschlechterte, dann sank die Wahrscheinlichkeit der jungen Doktoren, ihre Dissertation in einer der führenden Zeitschriften veröffentlichen zu können, um 13 Prozentpunkte. Zugleich trübten sich die Aussichten für eine akademische Karriere ein: Die Wahrscheinlichkeit, einmal ein festangestellter Professor zu werden, war 10 Prozentpunkte geringer. All das sind starke Belege für die These, dass gute Ausbildung und Betreuung durch forschungsstarke Professoren tatsächlich signifikanten Einfluss auf die Laufbahn der Absolventen haben.

Wie aber wird die Qualität einer Fakultät objektiv gemessen? Dazu hat sich Waldinger die Publikationen und Zitationen der Professoren in den deutschen und einigen wichtigen ausländischen Fachzeitschriften genau angeschaut. Für jeden einzelnen Wissenschaftler errechnete er daraus einen Produktivitätsindex, so wie auch heutige Rankings einen halbwegs objektiven Maßstab für die wissenschaftliche Leistung zu geben versuchen. Die Liste der 20 Top-Professoren führen die großen Namen von Neumann, Courant und von Mises, auf deren Veröffentlichungen fast drei Viertel der gewichteten Zitationen der Jahre 1925 bis 1932 entfielen. Ohne Zweifel hat der Weggang dieser wissenschaftlichen Schwergewichte eine deutliche Einbuße der durchschnittlichen Qualität der Fakultäten gebracht. Aber auch ohne die „Ausreißer" bleibt der Effekt der tendenziellen Qualitätseinbuße signifikant.

Diese historischen Ergebnisse widersprechen der These, die andere Forscher aufgestellt haben, dass der Hauptbeitrag guter Universitäten darin liege, gute Studenten anzuziehen. Die Auswertung der NS-Erfahrung zeigt, dass nicht nur die Selektion, sondern auch die Förderung durch gute Wissenschaftler eine wichtige Rolle spielt.

Ein anderes interessantes Ergebnis hat Waldinger schon in einer früheren Arbeit veröffentlicht.[5] Während die Studenten und Doktoranden durch den Weggang der NS-Verfolgten negativ betroffen waren, scheint die Forschungsleistung der in Deutschland verbliebenen Professoren nach 1933 nicht gelitten zu haben. „Interessanterweise haben Entlassungen in der örtlichen Fakultät die Produktivität der bleibenden Professoren nicht beeinträchtigt." Daraus schließt Waldinger zweierlei: Für Studenten und Doktoranden ist es äußerst wichtig, dass sie gute akademische Betreuer haben. Die schon etablierten Forscher kämen eher ohne ein lokales Netzwerk aus, weil sie anderweitig die notwendigen Kontakte und den wissenschaftlichen Austausch hätten.

Ökonomen gegen Hitler

Über den vergessenen Widerstand ordoliberaler Professoren an der Universität Freiburg.

Als im Universitätsstädtchen Freiburg am 9. November 1938 die Fensterscheiben jüdischer Geschäfte zerklirren und in der Nacht die Synagoge angezündet wird, sind einige Professoren tief erschüttert. „Was wir in den letzten beiden Wochen erlebt haben im Ganzen des Vaterlandes, ist das Beschämendste und Schrecklichste, was seit langen Jahren geschehen ist", schrieb der konservative Historiker Gerhard Ritter in einem Brief an seine Mutter. Die drei Ökonomen Constantin von Dietze, Adolf Lampe und Walter Eucken, Ritter sowie andere Professoren und evangelische Pastoren bildeten daraufhin ein „Freiburger Konzil". Sie trafen sich reihum in den Villen der Professoren und debattierten über die Christen in einem

Unrechtsstaat gebotene Widerstandspflicht. 1945 entkamen einige nur knapp dem Tod in einem Berliner Gestapo-Gefängnis.

Wenn um den 20. Juli herum des deutschen Widerstandes und der mutigen Tat der Offiziere um Stauffenberg gedacht wird, dann bleiben andere Widerstandsgruppen im Hintergrund. Die Studenten der Weißen Rose sind einer breiteren Öffentlichkeit bekannt. Dass auch ordoliberale Ökonomen, die Vordenker der „Sozialen Marktwirtschaft", aktiv in Widerstandskreisen engagiert waren, wird in den meisten Geschichtsbüchern höchstens am Rande erwähnt.[6]

Die Machtergreifung der Nationalsozialisten bedeutete an den Universitäten einen tiefen Einschnitt. Mit großer Härte gingen sie gegen missliebige Wissenschaftler vor. Fast ein Viertel der Dozenten der wirtschaftswissenschaftlichen Fakultäten waren bis zum Wintersemester 1934/35 aus politischen oder rassischen Gründen entlassen worden. Aktiv oppositionell war nur eine kleine Minderheit der Wirtschaftsprofessoren, darunter Linke, Liberale und Konservative. Wilhelm Röpke hatte schon 1930 zur Reichstagswahl in einem Flugblatt drastisch vor der NSDAP gewarnt. Kurz nach der Machtergreifung 1933 wurde der junge liberale Professor aus der Universität Marburg entlassen. Er emigrierte ebenso wie sein Freund Alexander Rüstow in die Türkei, später ging er nach Genf. In Artikeln für die „Frankfurter Zeitung" sowie die „Neue Zürcher Zeitung" attackierte Röpke weiterhin die NS-Politik und hielt Verbindung zu Eucken.

In Freiburg war die Situation an der Universität besonders heikel, weil der neue Rektor Martin Heidegger offensiv die NS-Ideologie vertrat und das Führerprinzip einführen wollte. „Die vielbesungene, akademische Freiheit' wird aus der deutschen Universität verstoßen; denn diese Freiheit war unecht, weil nur verneinend", tönte Heidegger in einer Rede. Der 42 Jahre alte Eucken, Sohn des Philosophen und Literaturnobelpreisträgers Rudolf Eucken, bot Heidegger im Senat die Stirn.

Eucken war Kopf der „Freiburger Schule", die sich seit 1932/33 um ihn und den Juristen Franz Böhm bildete. Im Zentrum ihrer Überlegungen stand die Idee der Wettbewerbsordnung. Das zielte gegen die unselige deutsche Tradition der Kartelle und Monopole. Marktabsprachen und Kartelle waren in der Weimarer Republik grundsätzlich erlaubt, nur der „Missbrauch" verboten. Mitte der zwanziger Jahre gab es rund 2500 Kartelle in Deutschland. Eucken beklagte die „Vermachtung der Wirtschaft", eine unselige Verflechtung mit der Politik. Der Staat werde von den Interessengruppen okkupiert, die um Subventionen und Privilegien kämpfen.

Machtballungen, ob nun in der Wirtschaft oder der Politik, sahen die Freiburger als Gefahr für die Freiheit an. Wie recht sie damit hatten, zeigte die Entwicklung nach 1933. Den Nationalsozialisten fiel es leicht, die hochkonzentrierte Wirtschaft zu übernehmen und gemäß ihren Zwecken zu steuern. Ab 1936 traten Vierjahrespläne mit Preiskontrollen in Kraft, erstellt im Auftrag von Hermann Göring. Die Pläne beseitigten die Reste der marktwirtschaftlichen Ordnung. Formell gab es noch Privateigentum, tatsächlich bestimmte der Staat über die Produktion und nutzte die Kartelle zur Vorbereitung des Krieges.

Den kritischen Freiburger Professoren war all dies ein Graus. Ihr „Konzil" hatte enge Verbindungen zur regimekritischen Bekennenden Kirche. Im Auftrag des dort führenden Pfarrers Dietrich Bonhoeffer erarbeiteten sie eine umfangreiche Denkschrift für eine nach dem Krieg geplante ökumenische Weltkirchenkonferenz. Sie enthielt Überlegungen für eine Neuordnung nach dem Ende der NS-Herrschaft. Ihre staatspolitischen Vorstellungen waren protestantisch-etatistisch, aber der wirtschaftspolitische Teil enthielt ein klares Bekenntnis zu einer freiheitlichen „Ordnung auf Selbstverantwortlichkeit", für Wettbewerb, Markt- und Preisfreiheit anstatt staatlicher Vorgaben.

Zugleich arbeiteten die Ökonomen in der Klasse IV der Akademie für deutsches Recht mit. Was sie dort an kritischen Analysen zu Papier brachten, begeisterte Röpke. In der NZZ schrieb er 1941, besonders Eucken habe „das Fiasko der NS-Wirtschaftspolitik" offen dargelegt. Später trafen sich die Ökonomen in einer privaten „Arbeitsgemeinschaft Erwin von Beckerath". Auch hier planten sie für eine Wirtschaftsordnung nach dem absehbaren NS-Zusammenbruch. Es gelte, „das Unsere zur Vermeidung eines vollendeten Chaos beizutragen", schrieb Lampe.

Mehr als 40 Gutachten verfassten sie. Herausragend war die Studie zu einer Währungsreform. Darin analysierten sie die Probleme, die sich aus der gigantischen Geldschöpfung der Nazis zur Kriegsfinanzierung ergaben. Gast bei einigen Beratungen war der konservative Politiker Carl Friedrich Goerdeler, der ehemalige Leipziger Oberbürgermeister. Getarnt als Wirtschaftsvertreter, reiste Goerdeler herum und bereitete mit Generaloberst Beck einen Staatsstreich gegen Hitler vor.

Auch Ludwig Erhard, der spätere Wirtschaftsminister der Bundesrepublik, hatte Kontakt zu Goerdeler. Erhard war kein Widerstandskämpfer, das hat er nie behauptet. Aber er ging ein Risiko ein, als er eine 268 Seiten starke Denkschrift über die Kriegsschulden und den Übergang zur Friedenswirtschaft verfasste. Goerdeler las sie auf der Flucht nach dem 20. Juli. Erhard habe „eine sehr gute Arbeit" verfasst, notierte er. Mit ihm sei man „gut beraten".

Nach dem gescheiterten Staatsstreich vom 20. Juli begann die Verfolgung von Tausenden Mitwissern und ihren Familien. Goerdeler wurde gefasst und im Februar 1945 enthauptet. Eucken hatte Glück, er konnte sich bei Gestapo-Verhören herausreden. Böhm entkam durch eine Namensverwechslung der Verhaftung. Dietze, Lampe und Ritter wurden im September 1944 festgenommen. Sie saßen in Berliner Gefängnissen, Dietze zeitweilig im KZ Ravensbrück. Dietze wurde bei Verhören bis zur Bewusstlosigkeit ausgepeitscht. Sie kamen aber davon: Kurz vor Kriegsende im April 1945 konnten sie im allgemeinen Chaos aus dem Gefängnis fliehen.

Von den elf Teilnehmern der Arbeitsgemeinschaft von Beckerath wurden sechs nach 1948 wissenschaftliche Berater des Bundeswirtschaftsministeriums. Eucken, der Vordenker der Wettbewerbsordnung, starb überraschend 1950, als er eine Vortragsreise nach London machte, an einem Herzinfarkt.

Am Rande des Wirtschaftswunders

Die Vertriebenen haben Deutschland nach dem Krieg mit aufgebaut. Aber sie selbst haben am wenigsten davon profitiert.

Winter 1945, ein kleiner Ort in Ostpreußen. Die Front rückt näher. Eine junge Mutter hat Angst um sich und ihre Kinder. Sie packt Kleidung und Essen in einen Leiterwagen und setzt darauf den zweieinhalbjährigen Bub und das Schwesterchen. Dann macht sie sich in der Kälte auf einen langen Fußmarsch nach Westen. Es ist ein Schicksal wie das von Millionen Flüchtlingen und Vertriebenen. Nach Monaten landen sie in einem zerbombten Universitätsstädtchen in Westfalen. Der Vater wird vermisst. Später erfahren sie: Er ist in den letzten Kriegstagen gefallen. Sie haben alles verloren. Nach ein paar Jahren heiratet die Frau wieder, ihr neuer Mann baut ein Häuschen mit Garten. Die Kinder wachsen im Wirtschaftswunderland auf, es geht ihnen materiell gut. Der Sohn kann studieren und promoviert, macht später Karriere in IT-Unternehmen. Sein Sohn wird später Journalist.

In Sonntagsreden wurde oft die gelungene Integration der Flüchtlinge und Vertriebenen gelobt. Etwa 12 Millionen hatten ihre alte Heimat in den Ostgebieten, in Hinterpommern, Schlesien und dem Sudetenland, verloren; acht Millionen kamen nach Westdeutschland. Dort machten sie 1950 fast 17 Prozent der Bevölkerung aus. Ihnen Unterkünfte, Nahrung und Arbeit zu geben, war eine gewaltige Herausforderung. Wie ist die Integration wirklich gelungen, war sie eine absolute Erfolgsgeschichte? Einige Historiker und Soziologen haben Zweifel angemeldet. Vielfach reagierten die Westdeutschen, die selbst ums Überleben kämpften, ablehnend auf die Flüchtlinge aus dem Osten, es gab sogar Demonstrationen. „Kalte Heimat" nennt der Historiker Andreas Kossert das frostig-ausgrenzende Umfeld. Ein Soziologe sprach vom „Mythos der schnellen Integration". Und selbst heute schlägt den Vertriebenen nicht selten Ressentiment entgegen.

Nun haben drei Wirtschaftswissenschaftler erstmals ökonometrisch nachgewiesen, dass die Vertriebenen und ihre Kinder lange Zeit vom Wirtschaftswunder deutlich weniger profitierten als der Rest der Gesellschaft und dass sie ihren Einkommensrückstand nur mühsam aufholten.[7] Noch ein Vierteljahrhundert nach dem Krieg waren sie ärmer als die nichtvertriebenen Westdeutschen. Die Ökonomen Thomas Bauer, Sebastian Braun und Michael Kvasnicka nutzen dabei die Mikrozensus-Zusatzerhebung von 1971, in der detailliert nach Vertriebenen- und DDR-Flüchtlingshintergrund gefragt wurde. Das Ergebnis: Selbst ein Vierteljahrhundert nach dem Krieg lagen die Vertriebenen-Einkommen fast 5 Prozent unter dem Durchschnitt. Berücksichtigt man das Produktivitätsgefälle, das zwischen den Ostgebieten und dem Westen vor dem Krieg herrschte, dann schrumpft die Einkommenslücke etwas.

„Dennoch bleibt ein beträchtlicher Einkommensunterschied zwischen den Heimatvertriebenen und den vergleichbaren Einheimischen“, stellen die Wissenschaftler fest – und das gilt sogar noch für die zweite Generation der Vertriebenen. Ihre Einkommen lagen gut 3 Prozent unter denen vergleichbarer nicht-vertriebener Westdeutscher. Besonders groß war die Ungleichheit hinsichtlich der Vermögen. Der Anteil der Vertriebenen mit Wohneigentum lag 20 Prozent unter dem West-Durchschnitt, für Frauen sogar 25 Prozent. Hauptgrund dafür war natürlich, dass sie auf der Flucht fast alles Vermögen zurückgelassen hatten. 1952 wurde zwar ein Lastenausgleichsgesetz beschlossen, das eine gewisse Entschädigung bringen sollte. Bis in die siebziger Jahre wurden mehr als 100 Milliarden D-Mark umverteilt. Doch die Vermögensnachteile wurden so nur zu einem kleinen Teil ausgeglichen. Wenn es Vertriebenen gelang, ein neues Unternehmen aufzubauen, so hatten sie eher kleine Betriebe im Vergleich zu den Westdeutschen. Die Quote der Selbständigen war deutlich geringer.

Eine erstaunliche Entwicklung haben Bauer, Braun und Kvasnicka aber bei jenen Vertriebenen festgestellt, die zuvor im Osten in der Landwirtschaft tätig waren: Deren Einkommen lagen 1971 sogar um 10 Prozent höher als die der westdeutschen Bauern. Denn durch die Vertreibung wurde der Strukturwandel beschleunigt. Vor dem Krieg war der Anteil der landwirtschaftlich Beschäftigten im Osten mit fast 19 Prozent höher als im Westen (12,5 Prozent). Die vertriebenen Bauern und ihre Familienangehörigen mussten sich dann nach einer neuen Beschäftigung umschauen, etwa in der Industrie. Und dort konnten sie durchschnittlich etwas höhere Einkommen erzielen, als wenn sie in der Landwirtschaft geblieben wären.

Erstaunlich ist der Bildungserfolg der vertriebenen Landbevölkerung trotz widriger Umstände. Normalerweise gibt es einen starken Zusammenhang zwischen dem Schulbildungsniveau der Eltern und der Kinder. Doch die Söhne vertriebener Bauern ragen heraus. Während die westdeutschen

Bauernsöhne an der Scholle klebten und meist nur die Hauptschule absolvierten, mussten sich die ostdeutschen Bauernsöhne neu orientieren. „Die Vertriebenenkinder waren gezwungen, sich nach Arbeit außerhalb der Landwirtschaft umzusehen und darum zu wetteifern, das heißt Arbeit, die größere Investitionen in das Humankapital erforderte." So schmerzhaft der Verlust der Heimat war, für manchen brachte er auch neue Chancen.

Viele Westdeutsche beobachteten die Neuankömmlinge mit Misstrauen, wie Kossert dargestellt hat. Es gab Klagen über die hohen Integrationskosten. Zu den etwa 8 Millionen Ostdeutschen kamen rund 3 Millionen Flüchtlinge aus der DDR, bis diese 1961 die Grenze abriegelte. Insgesamt hat die junge Bundesrepublik erheblich vom Zustrom der hochflexiblen, einsatzfreudigen und genügsamen Arbeitskräfte profitiert, wie der Wirtschaftshistoriker Gerold Ambrosius festgestellt hat: „Als Gesamturteil bleibt festzuhalten, dass Vertriebene und Flüchtlinge das Wachstum des Sozialprodukts-pro-Kopf zweifellos beschleunigten, dass mit ihnen der Wohlstand des Einzelnen in Westdeutschland schneller stieg als ohne sie."[8] Nur eben ihr eigener Wohlstand lag noch lange unter dem Durchschnitt der anderen.

Der Planer tappt im Dunkeln

War der Untergang der DDR ein Unfall – oder war das System schuld?

Für Millionen Menschen im Osten war es ein graues Gefängnis, für nicht wenige westliche Linksintellektuelle hingegen war die DDR das „bessere Deutschland". Zwar sahen auch sie gewisse Mängel, doch immerhin war die DDR ein sozialistisches Land, das die üblen Kapitalinteressen überwunden hatte und ein solidarisches Miteinander pflegte, das jedem Arbeit, jedem eine Wohnung, (fast) jedem das Gleiche gab. Heute ist kaum noch vorstellbar, welche Faszination der Sozialismus im neunzehnten und zwanzigsten Jahrhundert auf viele ausübte. Der Kapitalismus galt als kalt, ausbeuterisch, chaotisch. Seine periodischen Krisen schienen Marx' Theorie zu bestätigen. Dagegen sollte der Kommunismus eine planbare, sicherere, friedliche und von materiellen Zwängen befreite Zukunft bieten.

Soweit die Theorie, die Utopie. In der Praxis sah es anders aus. Und dennoch: Bis heute gibt es eine verbreitete Sehnsucht nach der geplanten Idylle. „Der Sozialismus war eine gute Idee, die schlecht ausgeführt wurde", sagen in den Allensbach-Umfragen seit der Wende eine deutliche Mehrheit der Menschen im Osten und etwa ein Drittel im Westen.

Ist der Sozialismus an inkompetenter Führung gescheitert? Falsch! Selbst die beste Führung muss an der Planwirtschaft scheitern, wie der österreichische Ökonom Ludwig von Mises überzeugend dargestellt hat: Es kann keine rationale Wirtschaftsrechnung im Sozialismus geben, so Mises' damals äußerst provokantes Argument, das hitzige Debatten zwischen marktwirtschaftlichen und sozialistischen Ökonomen auslöste.

Die frühen marxistischen Theoretiker hatten wenige Gedanken an die konkrete Ausgestaltung der Planwirtschaft verschwendet, sie hatten die Komplexität der Aufgabe völlig unterschätzt. Lenin war der Meinung, man könne ganze Volkswirtschaften „wie ein Postamt" leiten. In „Staat und Revolution", verfasst 1917, beschrieb er seine Vision. Alle Bürger würden Angestellte und Arbeiter eines umfassenden Staatssyndikats. Ihre Arbeit sei leicht zu überprüfen, denn „die Rechnungsführung und Kontrolle" in der Wirtschaft sei „durch den Kapitalismus bis zum Äußersten vereinfacht worden". Jeder sei imstande, sie zu beaufsichtigen, meinte Lenin, „es genügt, dass er die vier Grundrechenarten beherrscht".

An dieser Stelle legte Mises den Finger in die Wunde. Von Wien aus hatte er das Chaos beobachtet, in das die russische Wirtschaft fiel. 1920 publizierte er einen Aufsatz „Die Wirtschaftsrechnung im Sozialismus", den er in sein umfassendes Buch „Die Gemeinwirtschaft" übernahm.[9] Im Unterschied zu früheren Kritikern, die einwandten, nach Abschaffung von Privateigentum und Gewinnen bestünde im Sozialismus kein ausreichender Leistungsanreiz mehr, wählte Mises einen völlig neuen Angriffspunkt: Ohne Privateigentum und ohne Austausch auf dem Markt gebe es keine realistischen Preise, welche die relative Knappheit verschiedener Gütern anzeigen. In einer verstaatlichten Wirtschaft ohne freie Preisbildung fehlt dem Planer schlicht die Orientierung für den produktivsten Einsatz von Ressourcen. Der Planer tappt im Dunkeln. Das sei, erklärte Mises, „das Grundproblem der Lehre vom Sozialismus".

Die Kritik traf die klügeren sozialistischen Theoretiker ins Mark. Es entwickelte sich ein intensiver wissenschaftlicher Streit, die „Kalkulationsdebatte", in der linksgerichtete Ökonomen wie Fred M. Taylor und Henry D. Dickinson sowie Oskar Lange, nach dem Krieg polnischer Wirtschaftsminister, und Abba P. Lerner den Einwand von Mises zu entkräften versuchten.[10] Erstere wollten ein Gleichgewichtsmodell der gesamten Volkswirtschaft schaffen und mit leistungsstarken Rechnern „Schattenpreise" berechnen. Das sei utopisch, hielt Mises' Schüler Friedrich August von Hayek dagegen. Das nötige Wissen werde erst im Austausch gebildet. Lange und Lerner propagierten eine „marktsozialistische" Lösung, in der staatliche Betriebsleiter mehr dezentrale Spielräume und Anreize erhielten, um den Bedarf besser zu treffen.

Die DDR versuchte zunächst die starre, zentralistische Variante der Planwirtschaft. Schon bald zeigten sich Anreiz- und Koordinationsprobleme, die zu einem Produktivitätsrückstand von etwa einem Drittel gegenüber

Westdeutschland führten. In den frühen sechziger Jahren steckte die DDR in einer schweren wirtschaftlichen Krise. Nun griff die Staatsführung um Walter Ulbricht auf liberalere Planungsansätze zurück, die der sowjetische Reformökonom Evsej Liberman entwickelt hatte. Im „Neuen ökonomischen System der Planung" sollten die zentralen Pläne nur noch grobe Eckdaten liefern, den unteren Ebenen wurde mehr Spielraum gelassen. Nicht mehr die Bruttoproduktion, sondern der Gewinn sollte Leistungsmaßstab sein.

„Im Grunde versuchten die Reformer, marktwirtschaftliche Mechanismen zu simulieren, ohne die Grundlagen einer Marktwirtschaft einzuführen", schreibt der Wirtschaftshistoriker André Steiner.[11] Sie hielten an Kollektiveigentum und staatlicher Preissetzung fest. Die von Ulbricht ausgegebene Parole „Überholen ohne einzuholen" blieb so Fiktion. Tatsächlich brachte die forcierte Aufholjagd die DDR an den Rand des Kollapses, wegen inkonsistenter Pläne kam es zu Störungen im Produktionsablauf. Um die Situation zu entspannen, erhöhte die DDR die Importe aus dem Westen, finanziert auf Kredit. Ulbricht verriet 1970 in Moskau: „Wir machen Schulden bei den Kapitalisten bis an die Grenze des Möglichen, damit wir einigermaßen durchkommen." Kurz darauf wurde er abgesetzt.

Erich Honecker drehte die Reformen zurück und zentralisierte die Wirtschaftsplanung wieder stärker. Um die Bevölkerung zu beruhigen, wurden Konsum und Sozialleistungen ausgeweitet – auf Kosten der Investitionen. Die Folge war, dass der Kapitalstock, die volkswirtschaftliche Substanz, immer mehr aufgezehrt wurde. Als die Ölpreiskrise die DDR verspätet traf und Anfang der achtziger Jahre die Zinsen drastisch stiegen, wuchsen ihr die Schulden über den Kopf. Nur Milliardenkredite, verbürgt von der Bonner Regierung, konnten eine Zahlungsunfähigkeit abwenden. Der Sozialismus hatte abgewirtschaftet, der letzte Akt der Tragödie dauerte aber noch fast ein Jahrzehnt.

Die Kritiker erfuhren immerhin eine späte Ehrung in den neunziger Jahren. Im Moskauer Außenministerium wurde eine Hayek-Büste, an der Universität Warschau eine Mises-Büste nahe dem „Oskar-Lange-Saal aufgestellt.

Die große Täuschung

Im Westen haben viele den desolaten Zustand der DDR-Wirtschaft nicht sehen wollen.

Als vor gut 25 Jahren die DDR kollabierte, gab es große Illusionen hinsichtlich ihrer Wirtschaftskraft. Viele westliche Intellektuelle und Politiker hatten sich von der Ost-Berliner Propaganda verführen lassen, dass die DDR auf Rang zehn der Industrieländer stehe. „Dass die DDR es über Jahrzehnte geschafft hat, den wahren Zustand ihrer wirtschaftlichen Leistungsfähigkeit zu verdecken, kann man nur als eines der größten Täuschungsmanöver des zwanzigsten Jahrhunderts bezeichnen", schrieb Helmut Kohl im zweiten Band seiner Memoiren. „Wie falsch selbst unsere pessimistischen Schätzungen über das reale Produktionskapital und den Wert des volkseigenen Vermögens der DDR lagen, merkten wir erst im Lauf der nächsten Jahre." Und aus dieser Fehleinschätzung resultierten Fehlentscheidungen.[12]

Dass die Täuschung der DDR über den Zustand ihrer Wirtschaft gelang, lag auch an der Bereitwilligkeit des Westens, sich täuschen zu lassen. Allzu viele Intellektuelle und Politiker wollten an eine stabile DDR glauben und hatten sich mit der Teilung abgefunden.

In den fünfziger Jahren war das noch anders gewesen. Damals gab es intensive Planungen und Konzeptionen für eine Transformation der DDR-Planwirtschaft in eine Marktwirtschaft, vor allem im 1952 gegründeten „Forschungsbeirat für Fragen der Wiedervereinigung Deutschlands". Die Forscher legten kritische Berichte und Statistiken zur Entwicklung der Ost-Wirtschaft vor. Anfang der sechziger Jahre stellten sie einen Rückstand der DDR-Produktivität von mehr als einem Drittel zum West-Niveau fest.

Warum entwickelte sich die DDR wirtschaftlich viel schlechter als Westdeutschland? Sie kämpfte, neben den Verlusten durch sowjetische Demontagen in der Anfangszeit, mit den inhärenten Schwächen des sozialistischen Planungssystems. Es gab drei Hauptprobleme, die sich gegenseitig verstärkten: das Koordinations–, das Motivations- und das Innovationsproblem. Schon die frühen Sozialismuskritiker Ludwig von Mises und Friedrich August von Hayek hatten erkannt, warum die Planwirtschaft scheitern musste: Weil es keine Preise gab, die die relative Knappheit und Begehrtheit von Gütern anzeigen, tappt der zentrale Planer im Dunkel; Ressourcen werden verschwendet. Die Pläne gehen am Bedarf vorbei, ohne Wettbewerb sind die Staatsunternehmen wenig innovativ, machen Verluste und liefern schlechte Qualität.

Im realen Sozialismus der DDR ließen sich diese Schwierigkeiten besichtigen. Die mit großem bürokratischem Aufwand erstellten Wirtschaftspläne mussten ständig korrigiert werden. Es kam zu Stockungen im Produktionsablauf durch die starre Materialzuweisung der Staatlichen Planungskommission (SPK). Außerdem war die Motivation der Arbeiter schwach. Im Frühjahr 1953 befahl die SED-Regierung eine starke Anhebung der Arbeitsnormen, indirekt bedeutete dies eine kräftige Lohnkürzung. Das löste landesweite Proteste und den Volksaufstand des 17. Juni aus. Auf die fortlaufende Massenauswanderung reagierte Ulbricht im August 1961 mit dem Bau der Mauer.

Die Wirtschaftslage blieb prekär. Ab 1963 versuchte Ulbricht eine Reform: Er wollte das starre Planungssystem lockern und den Betrieben mehr Spielräume geben und sogar eine gewisse Gewinnorientierung einführen. Das „Neue System der Planung und Leitung der Volkswirtschaft" (NÖS) versuchte, marktwirtschaftliche Koordinations- und Anreizmechanismen zu imitieren, ohne vom Grundsatz des Kollektiveigentums abzugehen. An dieser Widersprüchlichkeit scheiterte es. 1970 stand das System vor dem Kollaps, Ulbrichts Planvorgaben waren nicht einzuhalten. Die DDR-Führung erhöhte folglich die Importe aus dem Westen, finanziert durch Kredite. „Wir machen Schulden bei den Kapitalisten bis an die Grenze des Möglichen, damit wir einigermaßen durchkommen", beichtete Ulbricht der Sowjetführung in Moskau. Zugleich versprach er „einen Sprung nach vorn".

Auch im Westen wollten viele glauben, dass die DDR eigentlich ein recht gut funktionierendes Wirtschaftssystem habe, zudem imponierte vielen der Sozialstaat. Das Ulbricht-System galt einigen Beobachtern als Beleg für die These von der Konvergenz der Systeme. Der Osten experimentiere mit Marktmechanismen, der Westen sollte seinerseits mehr staatliche Planung wagen. Hinzu kam die allgemeine Linksverschiebung der Intellektuellen nach 1968. Der „Forschungsbeirat für Fragen der Wiedervereinigung Deutschlands" galt nun als überholtes Relikt der Adenauer-Zeit, 1975 wurde er aufgelöst.

Das fiel zusammen mit einem Paradigmenwechsel in der DDR-Forschung in Westdeutschland. Statt die fundamentalen Fehler der sozialistischen Planwirtschaft und die Unfreiheit im SED-Regime anzuprangern, propagierte die neue Generation von Forschern um den Soziologen Peter C. Ludz eine „systemimmanente Methode". Man sollte versuchen, das System aus seinem Selbstverständnis heraus zu verstehen. Auch das Deutsche Institut für Wirtschaftsforschung (DIW) wandte sich der neuen Linie zu. Präsident Klaus Dieter Arndt, schrieb im Taschenbuch „DDR-Wirtschaft": Der westliche Wissenschaftler stelle heute das politisch-ökonomische System der DDR „nicht mehr in Frage", er mache lediglich Verbesserungsvorschläge. Ludz' „systemimmanente Methode" sollte objektiv sein; in Wahrheit war sie distanzlos und ging der Ost-Propaganda auf den Leim.

So entging den Forschern wie auch den meisten Medien, die ein geschöntes DDR-Bild transportierten, wie schlecht sich die Ost-Wirtschaft real entwickelte. Die DDR lebte unter Honecker zunehmend von der Substanz und war auf Kredite des Westens angewiesen. 1982 konnte sie den Staatsbankrott nur durch die Milliardenkredite der Bundesrepublik abwenden. Im Herbst 1989 präsentierte der Vorsitzende der Zentralen Planungkommission Gerhard Schürer eine schonungslose Analyse: Nur eine Senkung des Konsumniveaus der Bevölkerung um 25 bis 30 Prozent könne die Zahlungsunfähigkeit abwenden. Tatsächlich kam die DDR-Industrie wohl nur noch auf ein Drittel der West-Produktivität.[13] Dass die industrielle Basis im Osten verrottet war, erkannten die Bonner Politiker aber zu spät. Kohl weckte mit dem Versprechen der „blühenden Landschaften“ falsche Erwartungen. Er glaubte, durch den Verkauf der Staatsbetriebe die Kosten der Wiedervereinigung zahlen zu können. Am Ende machte die Treuhand 270 Milliarden D-Mark Verlust. Hinzu kamen die Transfers durch die Sozialsysteme. Nach Schätzung des ifo Instituts wurden seit 1990 rund 1,6 Billionen Euro in den Osten gepumpt.

Wunder dauern etwas länger

Der Fortschritt macht uns produktiver. Aber das geht nicht von heute auf morgen.

Wir leben in einer seltsamen Zeit. Einerseits gibt es unglaubliche technische Fortschritte, vor allem in der IT-Industrie und mit dem Internet, die allmählich zu einer digitalen Vernetzung der gesamten Wirtschaft führen. Andererseits sind die Produktivitätszuwächse der meisten entwickelten Volkswirtschaften auf einem niedrigen Niveau. Das liegt nicht primär an der Finanz- und Wirtschaftskrise. Schon vor ihrem Ausbruch, vor etwa einem Jahrzehnt, gab es merkliche Knicke in den Produktivitätskurven.

Wie passt das zusammen, der rasende technische Fortschritt und ein eher lahmes Produktivitätswachstum? „Man kann das Computerzeitalter überall sehen, nur nicht in den Produktivitätsstatistiken“, sagte Robert Solow, der für seine Wachstumstheorie den Wirtschaftsnobelpreis bekam, vor rund dreißig Jahren. In den frühen siebziger Jahren war das starke Nachkriegs-Produktivitätswachstum merklich abgeflacht. Es blieb gering in den achtziger Jahren, obwohl immer mehr Computer in den Büros eingesetzt wurden und dort die Arbeit beschleunigten und erleichterten. Erst in den neunziger Jahren wuchs die Produktivität schneller. Aber nachdem die ersten Früchte der starken IT-Investitionen geerntet waren, fiel es etwa ab 2005 wieder. Warum nur? Wird die Revolution der Computer, des Internets, der vernetzten Roboter und Big Data überschätzt?

Einige Ökonomen sagen, man müsse mehr Geduld haben, bis eine technologische Allzweckinnovation („General Purpose Technology“) wie das Internet sich in der Breite der Wirtschaft segensreich auswirkt. Der Stanford-Historiker Paul David hat in einer Studie über die industrielle Revolution im späten neunzehnten Jahrhundert dargestellt, wie langsam und mühsam das oft geht. Der produktivitätstreibende Fortschritt ist manchmal eine Schnecke. David untersuchte, wie die neuartigen Elektromotoren, die in den 1880er Jahren aufkamen, in den Produktionshallen installiert wurden. Die damaligen Ingenieure und Fabrikkonstrukteure setzen die neuen Motoren nicht anders ein als vorher die riesigen Dampfmaschinen. Diese standen zentral in der Mitte oft mehrstöckiger Hallen, um sie herum waren die Maschinen recht verschachtelt angeordnet. Das war kompliziert und teuer. Erst nachdem eine neue Generation von Fabrikkonstrukteuren erkannte, dass kleine Elektromotoren als dezentrale Antriebe taugten, gab es einen Produktivitätsschub. Denn das neue Fabrikdesign sparte Bau- und Betriebskosten. Aber es dauerte ungefähr dreißig Jahre, bis das erkannt wurde. So könnte es auch mit den IT-Wundern sein. Wir müssen erst noch lernen, sie in der Breite der Wirtschaft optimal einzusetzen.

Eine neue Studie von zwei jungen Wirtschaftshistorikern zeigt, wie langfristig man die Dinge betrachten muss. Bis ins späte Mittelalter und die frühe Neuzeit gehen Lars Boerner von der London School of Economics und Battista Severgnini von der Copenhagen Business School zurück.[14] Sie untersuchen, welche Wirtschaftswachstumseffekte die Einführung von mechanischen Uhren hatte. Dass öffentliche Uhren ein völlig neues Gefühl für die Zeit brachten, ist leicht verständlich. Vorher konnte man sich nur an der Sonne orientieren; einige wenige hatten kleine Wasseruhren, die aber nicht zuverlässig waren. Erst mit mechanischen Uhren wurde der Tag sommers wie winters in gleich lange Stunden eingeteilt. Und das ermöglichte nun eine viel bessere Organisation, Planung und Koordination wirtschaftlicher Aktivitäten, genauere Verabredungen mit weniger Wartezeiten und letztlich die Entwicklung einer ganz neuen Arbeitskultur und Arbeitsethik. Die Bummelei bei der Arbeit, die im Mittelalter noch vorherrschte, wich einem strafferen Zeitmanagement – so half die Uhr bei der Entfaltung des modernen Kapitalismus und einer rationaler agierenden Gesellschaft, wie Marx, Weber und Sombart in ihren Schriften bemerkt haben.

Schon frühere Wirtschaftshistoriker wie David Landes und Joel Mokyr sowie Historiker wie Jacques Le Goff haben die Einführung der Uhren seit dem späten 13. Jahrhundert nicht nur als eine technische Sensation, sondern als Wendepunkt bezeichnet, der die Produktivität steigern musste. Aber Boerner und Severgnini versuchen nun erstmals mit einem anspruchsvollen Modell quantitativ zu schätzen, um wie viel die Produktivität in den Städten stieg, die zu den frühen Uhren-Pionieren zählten.

Die ersten öffentlichen Uhren (die nur einen Glockenschlag erzeugten und noch kein Ziffernblatt hatten) ließen Fürsten oder kirchliche Institutionen errichten. Laut urkundlicher Erwähnungen wurde im Jahr 1283 in der mächtigen Kirche der englischen Stadt Dunstable die wohl erste Uhr Europas installiert, kurz darauf folgten ähnliche mit Gewichten angetriebene Uhren in Exeter, in der St. Paul's Kathedrale in London und in Oxford. Im 14. und 15. Jahrhundert verbreitete sich die technische Neuerung in mehreren Wellen, zuerst in England, Norditalien und dem deutschen Reich, dann auch in Frankreich, erst spät und spärlich in Spanien und Osteuropa.

Insgesamt 182 öffentliche mechanische Uhren aus dem späten Mittelalter bis zum Jahr 1450 verzeichnen die beiden Wirtschaftshistoriker. Diese Daten lassen sie in ein kompliziertes Wachstumsmodell einfließen, in dem das Bevölkerungswachstum in den folgenden Jahrhunderten als Proxy-Variable für das Wirtschaftswachstum steht. Einige andere Faktoren, etwa die geographische Lage einer Stadt in der Nähe eines Flusses, die Existenz eines Seehafens, einer Universität und andere Umstände wie den Grad der wirtschaftlichen Freiheit nehmen sie als Kontroll-Variablen, um zu verhindern, dass sie das Falsche messen.

Heraus kommt, dass in den Städten, die früh eine öffentliche Uhr installierten, die Wirtschaft in den folgenden zwei Jahrhunderten um etwa 30 Prozent stärker wuchs als in den Städten, die nicht zu den frühen Uhr-Einrichtern zählten. Um dieses Ergebnis robust zu erhalten, müssen die beiden Forscher noch ein spezielles Problem behandeln, nämlich die Gefahr, dass ihre Variable „Uhr" endogen ist. Es könnte ja sein, dass die Uhr nicht die Ursache des Wachstums, sondern eine Folge war. Diese These schließen die Ökonomen mit einer cleveren Berechnung aus, die darauf beruht, dass die frühe Uhrenentwicklung eng mit astronomischen Forschungen zusammenhängt. Städte, in denen es häufiger eine Sonnenfinsternis zu bestaunen gab, entwickelten tendenziell früher als andere Orte eigene Uhren. Das können die Ökonomen unter anderem mit einem großen Datensatz der Nasa nachweisen.

Die Uhr war also das Ergebnis astronomischer Neugierde – und als wirtschaftliche Folge (quasi als unbeabsichtigter Nebeneffekt) brachte sie dann eine bessere Möglichkeit der Organisation, Planung, Koordination und letztlich eine neue Arbeitsdisziplin hervor. Aber diese wirtschaftliche Revolution dauerte Zeit. Wir müssen also Geduld haben, bis die Computer-Revolution wirklich in der Breite die Produktivität hebt.

3. Teil: Die Finanzkrise – Doping mit billigem Geld

Geld, Gold, Greenspan

Lies nach bei Hayek: Wie staatliche Notenbanken die Blasenwirtschaft fördern.

Über viele Jahre galt Alan Greenspan als der Zauberer unter den Notenbankern. Inzwischen ist die Kritik, die ihn für die gegenwärtige Finanzkrise mitverantwortlich macht, so laut und heftig geworden, dass sich der Anfang 2006 vom Vorsitz der amerikanischen Fed zurückgetretene Zauberer zu Rechtfertigungen veranlasst sieht. In Interviews hat er die Vorwürfe zurückgewiesen, die Fed habe die Banken dazu verleitet, Risiken auf dem Hypothekenmarkt zu vernachlässigen, indem sie sie mit billiger Liquidität versorgt habe. Die Globalisierung sei schuld, meint Greenspan. Sie habe die Inflationsraten und die langfristigen Zinsen so weit gedrückt, dass Gegensteuern unmöglich gewesen sei. „Ich könnte kein Beispiel einer Zinspolitik nennen, die den Anstieg von Vermögenspreisen gebremst hätte", sagt Greenspan.

Fakt ist, dass die Fed nach dem Platzen der New-Economy-Blase und den Anschlägen vom 11. September 2001 die Leitzinsen drastisch gesenkt hatte – schrittweise auf 1 Prozent. Erst spät, Mitte 2004, begann sie, die Zinszügel wieder zu straffen. Bis dahin stand billiges Geld massenweise zur Verfügung. Die Kritiker sehen darin den entscheidenden Grund, weshalb Amerikas Banken jegliche Vorsicht aufgaben und Hauskredite auch an Leute ohne Sicherheiten vergaben. Solange die Immobilienpreise stetig stiegen, schien alles gut. Die Aufblähung (lateinisch: inflatio) der Vermögenswerte finanzierte einen hohen Konsum – wieder auf Kredit. Als dann die Zinsen zu steigen und die Häuserpreisblase zu platzen begann, geriet das System ins Wanken. Hunderttausende faule Kredite bedrohen nun das Weltfinanzsystem.

Schon vor gut siebzig Jahren hat der österreichische Ökonom Friedrich August von Hayek eine Theorie formuliert, die dieses Krisenmuster schlüssig erklärt. Seine Konjunkturtheorie betont die monetären Faktoren, also die Rolle des Geldes und der Kredite, die Investitionen finanzieren. Mitten in der Weltwirtschaftskrise stellte sich Hayek damit in scharfen Gegensatz zu Keynes, der eine zu geringe Nachfrage als Grund der Misere sah. Nach Hayek war es aber im Vorfeld der Krise zu Fehlinvestitionen von Unternehmen und Banken gekommen, die korrigiert werden müssten. Die Krise sei also eine Katharsis. Mit dieser These machte er sich damals wenig Freunde

– doch bietet sie einen Ansatz, um viele konjunktur- und geldpolitische Dramen zu verstehen.

„Geradezu schulmäßig entwickelte sich die Spekulationsblase in Japan bei Immobilien und Aktien, als sich Mitte bis Ende der achtziger Jahre, alimentiert von der Billiggeld-Politik der Bank of Japan, die Kurssteigerungen gegenseitig nach oben trieben, bis schließlich die kräftigen Zinserhöhungen der BoJ die Blasen platzen ließen und die japanische Volkswirtschaft in eine Rezession und lang andauernde Deflation hineinzogen", schreibt der Tübinger Volkswirt Joachim Starbatty zur hayekianischen Blasentheorie.[1] Auch die amerikanische Subprime-Krise ist demnach „Ausdruck eines fehlgeleiteten gesamtwirtschaftlichen Produktionsaufbaus" durch zu niedrige Zinsen.

Wie derartige Katastrophen zu verhindern seien, war unter den neoliberalen Ökonomen, zu deren Leitfiguren Hayek zählte, heiß umstritten: Hayek hatte Sympathien für eine Goldwährung, die, wie es Joseph Schumpeter formuliert hat, als „goldene Bremse" in der Kreditwirtschaft wirkt. Dagegen hielt Milton Friedman, die andere neoliberale Leitfigur, eine Golddeckung für zu teuer. Er warb für eine strikte Geldmengenregel, um inflationäre Tendenzen zu verhindern.

Ironischerweise war Alan Greenspan in seinen jüngeren Jahren überzeugter Verfechter eines Goldstandards. In den sechziger Jahren, als er zum libertären Zirkel um die Schriftstellerin Ayn Rand gehörte, schrieb er in deren Zeitschrift „Objectivist" einen flammenden Aufsatz für Gold und gegen ungedeckte Geldschöpfung und die unsolide Finanzpolitik des Wohlfahrtsstaats, die nur im Papiergeldsystem möglich sei.[2] Auch später noch, selbst als er 1987 Fed-Vorsitzender wurde, bekannte sich Greenspan augenzwinkernd zur Botschaft dieses Aufsatzes.

Eine Rückkehr zum Goldstandard erscheint utopisch, ebenso der reizvolle Vorschlag zur „Entnationalisierung des Geldes", den Hayek, inzwischen Nobelpreisträger, 1976 machte.[3] Nach diesem Plan sollte den staatlichen Notenbanken das Monopol entzogen werden und ein freier Wettbewerb privater Emittenten für solides Geld sorgen. Von solch kühnen Gedanken ist man derzeit weit entfernt.

Als Konsequenz der aktuellen Krise werden gemeinhin mehr Transparenz und schärfere Regulierung des privaten Finanzsektors gefordert. „Es ist freilich erstaunlich, dass die Akteure, die die Welt mit reichlicher Liquidität versorgten und damit die Fehllenkung der Ressourcen zu verantworten haben, bisher von Ratschlägen verschont geblieben sind", findet Starbatty. Notwendig sei es, Anreize zum Fehlverhalten (Moral Hazard) zu beenden, also die Politik des billigen Geldes, die zu hohen Risiken einlädt, wie auch die staatlichen Nothilfen. Als die Fed und andere Notenbanken den Hedge-Fonds LTCM in einer von Greenspan erdachten Aktion 1998 vor dem Konkurs bewahrten, sendeten sie ein fatales Signal an alle Finanzakteure mit hochspekulativen Neigungen. Der neue Fed-Vorsitzende Ben Bernanke scheint mit aggressiven Zinssenkungen und einer neuen Geldschwemme die unselige Tradition fortzusetzen. „Der Schwerpunkt der therapeutischen Bemühungen muss daher auf der Disziplinierung der Zentralbanken liegen", meint Starbatty. Denn sie liefern die Liquidität, die zur nächsten Blase führt.

Notenbanker auf dem Gaspedal

Zentralbanken sind schnell dabei, das Geld zu verbilligen. Und hören zu spät damit auf.

Viele Notenbanken gleichen Autos, die sich schwer bremsen lassen, weil das Gaspedal, einmal heruntergedrückt, zu klemmen scheint. Das zeigt die geldpolitische Geschichte seit den achtziger Jahren, wie sie Gunther Schnabl und Andreas Hoffmann von der Universität Leipzig analysieren.[4] Es gibt offenbar viele Notenbanker mit Bleifuß, die in Krisenzeiten das Gaspedal voll durchdrücken, nach der Krise aber zu spät die Bremse finden. Natürlich nennen es die beiden Makroökonomen nicht so; ihr wissenschaftlich-trockener Ausdruck lautet „asymmetrische Reaktionen". Zinssenkungen gehen schnell, Zinserhöhungen kommen nur zögerlich.

Dieses Verhaltensmuster ist seit Mitte der achtziger Jahre zu beobachten. Und es ist mitverantwortlich für die bedrohliche Welle von Blasen in verschiedenen Märkten und Ländern. In jeder Wirtschaftskrise, beginnend in Japan, haben die Notenbanken immer mehr Liquidität in die Finanzmärkte gepumpt. Nun vagabundiert das Geld um die Welt und sucht nach Anlagemöglichkeiten. Nicht nur verzerre das viele billige Kapital die Preissignale an den Märkten, warnen Schnabl und Hoffmann, es verführe auch zu Fehlinvestitionen. Und diese könnten auf mittlere Sicht das Wachstum auf der Welt beeinträchtigen. Auch eine Stagflation – also eine stagnierende Wirtschaft bei steigender Inflation – sei vorstellbar.

Hintergrund der düsteren Thesen sind schon sehr alte und lange vernachlässigte Konjunkturtheorien, welche vor fast hundert Jahren österreichische Ökonomen wie Ludwig von Mises, Joseph Schumpeter und Friedrich August von Hayek entwickelt haben. Sie basieren auf der Zinstheorie des Schweden Knut Wicksell. Im Zuge der aktuellen Finanz- und Wirtschaftskrise haben einige Forscher diese Konjunkturtheorien wiederentdeckt.

Sie interpretieren den konjunkturellen Absturz als logische Folge des vorangegangenen, fehlgeleiteten Aufschwungs, der von zu billigem Geld und übertrieben positiven Erwartungen befeuert war. Diese Erwartungen können verschiedene Gründe haben. Zuweilen war es ein „Hype" um neue Produkte und Märkte oder gar eine „New Economy", zuweilen auch Finanzinnovationen, wie der Krisentheoretiker Hyman Minsky betont hat. Die Verbriefung von „Subprime"-Krediten war so eine Neuerung, die den Kreditboom verstärkt hat.

Im Boom wird mächtig investiert. Die Banken geben immer mehr Kredite aus, zum Teil auch, weil sie im Wettbewerb stehen und keine Marktanteile verlieren wollen. Der Risikoappetit der Investoren steigt, sie beginnen immer größere und gewagtere Projekte – „Überinvestition" nennen dies die österreichischen Konjunkturtheoretiker. Zugleich fühlt sich auch die Allgemeinheit reicher, sie gönnt sich mehr Konsum. Die Unternehmen machen mehr Profit, die Aktienkurse steigen. Einige an den Märkten wittern zwar schon „irrationale Übertreibungen", doch zeigen alle Kurven nach oben, und kaum einer will diese Party verpassen.

Irgendwann ist aber doch das Ende erreicht, die Preise sind auf ein unhaltbares Niveau gestiegen. Der Abschwung wird häufig von einer Zinserhöhung ausgelöst. Unter diesen neuen Bedingungen sind plötzlich viele Investitionsprojekte nicht mehr profitabel, sie müssen liquidiert werden. Die Aktienkurse fangen an zu sinken. Die Euphorie der Börsianer kann nun in Panik umschlagen, die Banken verweigern neue Kredite. Damit droht ein Einbruch der Investitionen, und dies beschädigt nun auch die reale Wirtschaft. Die Rezession werde umso tiefer sein, je höher der künstliche Höhenflug zuvor war, meinten die österreichischen Konjunkturtheoretiker. Sie sahen eine Rezession nicht bloß als Zerstörung, sondern auch als Chance zur Bereinigung von Fehlentwicklungen.

Allerdings wird die Politik der Rezession nicht untätig zusehen. Sie möchte den Abschwung bremsen. Auch Hayek hatte dagegen nichts einzuwenden, die Zentralbanken sollten „in Krisenzeiten verstärkt Kredit geben ... um eine Panik zu vermeiden", wie er mitten in der Großen Depression schrieb. Die österreichischen Theoretiker forderten jedoch, dass der geldpolitische Kurs symmetrisch sein sollte: im Abschwung die Zügel lockern, im Aufschwung aber bitte rechtzeitig straffen.

Daran fehlt es aber, wie Schnabl und Hoffmann mit Hinweis auf die jüngste Geschichte kritisieren. So hat die amerikanische Notenbank unter Alan Greenspan nach dem Platzen der „New Economy"-Blase 2000 die Leitzinsen sturzartig gesenkt. Nachdem die Konjunktur aber wieder anzog, hat die Fed die Zinsen in den Jahren 2004 bis 2006 auf einem sehr niedrigen Niveau gehalten, obwohl es Anzeichen für Preisblasen gab. Das war ihr großes Versäumnis, das zur großen Krise beigetragen hat.

Im Chaos der Finanzkrise 2008/2009 haben die Zentralbanken rund um den Globus die Leitzinsen so niedrig wie noch nie gedrückt und die Liquiditätsschleusen geöffnet. Inzwischen scheint die gröbste Krise überwunden. Nun sind alle gespannt, wann der „Exit" aus der extrem expansiven Geldpolitik beginnt. Schnabl und Hoffmann sind skeptisch, ob die Zentralbanken rechtzeitig anfangen. Es lassen sich Gründe finden, warum man besser warten solle. Man dürfe die Konjunkturentwicklung nicht abwürgen, heißt es etwa, zudem sei die Stabilität des Finanzsystems nicht gesichert.

Was aber passiert, wenn die Zentralbanken zu spät vom Gaspedal gehen und zu spät bremsen? Neue Blasenbildung und Fehlinvestitionen wären programmiert. Eine verzerrte Wirtschaftsstruktur brächte große Kosten, höhere Steuern oder höhere Inflation. Um dem vorzubeugen, wäre ein koordinierter Ausstieg der Notenbanken von Amerika, Europa und Japan notwendig. In jedem Fall wird es schwierig sein, dem Teufelskreis aus Geldschwemme, Blasen und Krisen zu entkommen.

Das „Wunder" der Banker

Der Finanzsektor hat sich mächtig aufgebläht. Sein wirklicher Beitrag zum Wohlstand wird weit überschätzt.

Als die Bank von England, damals die private Bank des britischen Königs, im frühen achtzehnten Jahrhundert ein erstes eigenes Gebäude in der Threadneedle Street errichtete, war dies zwar stattlich, mit einer tempelartigen Fassade, doch keineswegs dominant in der City. Das überragende Gebäude blieb die nahe St.-Paul's-Kathedrale. Bis nach dem Zweiten Weltkrieg war die Kirche mit 111 Metern das größte Gebäude der Stadt. Erst in den sechziger Jahren wurden höhere Bürowolkenkratzer errichtet. Inzwischen überragen ein Dutzend Geschäfts- und Bankentürme die Kathedrale. In vielen Metropolen beherrschen heute die Türme der Hochfinanz die Skyline.

Woher kommt das enorme Wachstum des Finanzsektors, das sich auch architektonisch zeigt? Was ermöglicht die angeblich so starke Wertschöpfung? „Wunder oder Illusion?" Unter diesem Titel haben drei Ökonomen der Bank of England, darunter Andrew Haldane, der oberste Fachmann für Finanzstabilität und Chefvolkswirt, eine Studie veröffentlicht, die sich äußerst kritisch mit dem volkswirtschaftlichen Beitrag des Finanzsektors beschäftigt.[5] Ihre These: Der Finanzsektor ist maßlos aufgebläht. Es gab kein „Produktivitätswunder", wie vielfach behauptet, sondern eine systematische Unterschätzung von Risiken. Daraus folgten Scheingewinne ohne volkswirtschaftlichen Wert.

Die Zahlen zum raschen Wachstum der Banken in den vergangenen drei Jahrzehnten, die Haldane präsentiert, beeindrucken: Während sich die

Wirtschaftsleistung im Vereinigten Königreich zwischen 1980 und 2008 verdoppelte, schaffte der Finanzsektor eine Verdreifachung. Sein Anteil am Bruttoinlandsprodukt (BIP) stieg von 5 auf 8 Prozent. Von den späten vierziger bis in die siebziger Jahre machten die Bruttogewinne des Finanzsektors durchschnittlich 1,5 Prozent aller Gewinne aus, 2008 waren es 15 Prozent. In den Vereinigten Staaten gab es eine ähnliche Entwicklung: Dort wuchs der Anteil des Finanzsektors von 2 auf heute 8 Prozent des BIP. Nach Daten des „Banker Magazine" berichteten die tausend größten Banken der Welt 2007/2008, kurz vor der großen Krise, insgesamt fast 800 Milliarden Dollar Gewinne – 150 Prozent mehr als zur Jahrtausendwende.

Doch was ist Gold, was ist Katzengold in den Bilanzen? Viele „Werte" entpuppten sich in der Krise als Illusion. Und auch der volkswirtschaftliche Beitrag der Banken, ihre „Bruttowertschöpfung", sei nach der gängigen Messung grob überzeichnet, meint Haldane. Theoretisch kann man das BIP auf drei Arten berechnen: über die Entstehung, die Verwendung oder die Verteilung. Bei der letzten Methode wird von den Gehältern und Boni sowie den Gewinnen im Finanzsektor auf seinen volkswirtschaftlichen Beitrag geschlossen. Das ist aber recht trivial und ökonomisch wenig aussagekräftig.

Anspruchsvoller ist eine Berechnung über die Entstehungsseite des BIP. Dabei kommt es auf die Wertschöpfung an. Bei vielen Bankgeschäften, etwa einer Überweisung oder eine Beratung, ergibt sich die Wertschöpfung aus den Gebühren, die der Kunde zahlt, abzüglich der Kosten der Bank für Personal, Mieten, IT-Infrastruktur und andere Ausgaben.

Was aber ist die Wertschöpfung bei einem zinstragenden Kredit, der aus dem Nichts geschaffen wird? Bringen mehr und mehr Kredite immer mehr Wertschöpfung? Für diese schwierigen Fragen, die Haldane und seine Mitautoren aufgreifen, wird seit den neunziger Jahren international das FISIM-Konzept (Financial Intermediation Services Indirectly Measured) genutzt. Hier wird der „Mehrwert" eines Kredits als Differenz aus dem Zins für das Darlehen und einem Referenzzinssatz berechnet. Der Referenzsatz ist im Wesentlichen der Zins für risikolose Ausleihungen zuzüglich einer passenden Risikoprämie. Die direkte Wertschöpfung der Bank ist also, Kapital zu vermitteln und ein Risiko zu übernehmen. Indirekt ergibt sich ein weiterer volkswirtschaftlicher Ertrag, wenn – so die Theorie – produktive Investitionen ermöglicht werden, welche insgesamt mehr Wohlstand für die Gesellschaft bringen.

Doch was, wenn sich das Risiko im Nachhinein als viel größer herausstellt und die Investition scheitert? Was, wenn die Risiken insgesamt unterschätzt wurden? Dann war auch der Referenzzins zu niedrig angesetzt. „In Zeiten, wenn das Risiko steigt, kann der Beitrag des Finanzsektors zur Realwirtschaft überschätzt werden", schreibt Haldane. Zwar habe der

Finanzsektor viel Risiko getragen, doch das allein sei ja noch keine produktive Tätigkeit. So betrachtet erscheint auch das „Produktivitätswunder“ der Banker, das bis in die Krise andauerte, in einem anderem Licht: Nach den gängigen Statistiken konnten diese nämlich zwischen 1995 und 2007 ihre Produktivität jährlich um 2,2 Prozent steigern – wahre Supermänner also, die weit über dem Durchschnitt der restlichen Wirtschaft mit 0,5 bis 1 Prozent Zuwachs der Arbeitsproduktivität standen.

Sieht man genauer hin, so hat dieses „Wunder“ vor allem damit zu tun, dass die Banker immer größere Hebel für ihre Geschäfte einsetzten, kritisiert Haldane. Sie nahmen immer weniger Eigenkapital und spekulierten mit immer mehr Fremdkapital. Das trieb die Eigenkapitalrendite in luftige Höhen. Von den siebziger Jahren bis zur Krise verdreifachte sie sich in Großbritannien auf mehr als 20 Prozent, etwa das Doppelte des Werts in der übrigen Wirtschaft. Und es steigerte auch die Gehälter der Banker auf etwa das Doppelte des mittleren Einkommens der restlichen Wirtschaft. Von „Exzessen“ spricht Haldane. Eine Vermutung ist zudem, dass es in manchen Bereichen des Banking wenig Wettbewerb gibt, so dass die Banker dort Marktmacht haben und extra hohe Gewinne einstreichen.

Das vermeintliche Wunder der Banker beruhte nach Haldane auf einer Risikoillusion: In seinem Fazit wird er noch deutlicher: „Risikoillusion ist kein Unfall, sie wird mit Absicht gemacht. Es ist im Interesse der Bankmanager, Illusionen wie Wunder aussehen zu lassen.“ Darauf sollte niemand mehr reinfallen. Solch scharfe Analysen aus der altehrwürdigen Bank of England werden die Banker in den hohen Türmen aufhorchen lassen.

Wie schön ist es, systemrelevant zu sein

Große Banken erhalten leichter Kapital. Denn sie gehen niemals pleite – Dank Vater Staat.

Wer sind die größten Subventionsempfänger im Lande? Die Bauern? Früher der Steinkohlebergbau, heute die Solarbranche? Immer mehr Ökonomen entdecken, dass tatsächlich die Großbanken auf einem der obersten Plätze der Liste stehen; sie haben schon vor der Krise von einer unsichtbaren Subvention profitiert. Gemeint ist die unausgesprochene Garantie des Staates, allzu große und vernetzte Finanzinstitute nicht untergehen zu lassen. „Too big to fail“ (TBTF) heißt das in der Ökonomensprache.

Würde man eine TBTF-Bank pleitegehen lassen, drohte eine Systemkrise des Finanzsektors, und auch die Realwirtschaft würde schwer leiden. Deshalb können TBTF-Banken darauf bauen, dass sie aufgefangen werden – mit der Folge, dass die Bankmanager höhere Risiken eingehen. Dadurch steigt sogar die Gefahr einer Pleite und einer Instabilität des Finanzsystems, aber die Staaten schauen hilflos zu. Sie werden „in Geiselhaft durch den Finanzsektor genommen“, warnt der Sachverständigenrat.

Mehrere Ökonomen haben seit der Krise versucht, den Wert der TBTF-Subvention zu ermitteln. Die Analysten Dean Baker und Travis McArthur haben für das Center for Economic and Policy Research eine recht grobe Rechnung angefertigt, die immerhin einen Anhaltspunkt für die Größenordnung gibt.[6] Ihre Methode: Sie messen den Abstand der Zinsen für Anleihen kleiner und großer Banken. Wenn eine Kleinbank untergeht, dann kräht kein Hahn danach, ihre Fremdkapitalgeber verlieren ihr Geld. Eine Großbank kann dagegen auf Rettung bauen, daher verlangen ihre Fremdkapitalgeber einen niedrigeren Zins.

Die sogenannten Zinsspreads haben sich in der Krise nach dem Lehman-Zusammenbruch im Herbst 2008 drastisch ausgeweitet. Baker und McArthur argumentieren, dass der Abstand von fast einem halben Prozentpunkt mit der staatlichen Garantie zu tun hat. Für die 18 größten Banken beträgt die versteckte Subvention nach ihren Berechnungen im höchsten Szenario 34 Milliarden Dollar im Jahr, durchschnittlich 1,9 Milliarden Euro je Großbank. Im niedrigsten Szenario sind es immerhin noch 6,3 Milliarden Dollar für alle 18 Finanzgiganten zusammen. Die weite Spanne der Schätzungen ergibt sich aus unterschiedlichen Referenzwerten für die Spreads vor Lehman.

Schon vor einer Krise wittern Banken und ihre Gläubiger, dass ihnen der TBTF-Status einmal nützlich sein könnte. Die implizite Garantie für die Größten verzerrt nicht nur den Wettbewerb, sie ist zudem ein fataler Anreiz zu übermäßigem Wachstum. Elija Brewer von der De-Paul-Universität in Chicago und Julapa Jagtiani, die für die Federal Reserve Bank von Philadelphia forscht, haben dazu eine Studie geschrieben mit dem Titel „Wie viel haben Banken dafür gezahlt, too big to fail und systemisch wichtig zu werden?“.[7] Dafür haben sie die Fusionswelle untersucht, die seit den frühen neunziger Jahren zu einer immer höheren Konzentration im Finanzsektor führte. 411 Zusammenschlüsse aus den Jahren 1991 bis 2004 werten sie statistisch aus. Als TBTF-Grenze setzen sie wie auch Baker und McArthur eine Bilanzsumme von mehr als 100 Milliarden Dollar oder einen Börsenwert der Bank von mehr als 20 Milliarden Dollar an.

Es zeigt sich, dass bei Zusammenschlüssen, die den fusionierten Finanzkonzern über diese Schwellenwerte hoben, signifikant höhere Fusionsprämien als bei Übernahmen üblich gezahlt wurden. Der Übernahmepreis für die Bank lag weit über ihrem Marktwert vor der Fusion. Nach einer komplizierten Regressionsanalyse, die eine Menge anderer Faktoren berücksichtigt, die den Börsenwert von Banken bestimmen können, erhalten die beiden Ökonomen folgendes Ergebnis: Für die acht Fusionen, aus denen TFTB-Banken entstanden, zahlten die Übernehmer einen Zuschlag von 14 bis 17 Milliarden Euro über normale Fusionsprämien hinaus. Die 14 Milliarden Euro seien mit Sicherheit die Untergrenze der „Too big to fail"-Subvention, betonen Brewer und Jagtiani. Ihre Schätzungen gehen bis 25 Milliarden Dollar. Der tatsächliche Wert des TBTF-Status liege wohl noch deutlich höher, da nicht nur die Aktionäre, sondern auch die Einleger und die Fremdkapitalgeber der Großbanken von der Staatsgarantie profitieren.

Priyank Gandhi und Hanno Lustig von der Universität von Kalifornien in Los Angeles haben dazu einen interessanten Punkt untersucht: Aktienanleger in den Vereinigten Staaten waren offenbar über fast vier Jahrzehnte bei gleichem Risikoprofil bereit, von Großbanken eine signifikant niedrigere Rendite zu akzeptieren als von börsennotierten Kleinbanken.[8] Warum? Ihr Befund weist ebenfalls stark in Richtung der impliziten Staatsgarantie gegen „Finanzdesaster". Die niedrigere Rendite wird dadurch ausgeglichen, dass im Krisenfall die TBTF-Großbank durch das staatliche Netz aufgefangen wird, wogegen mittlere und kleine Banken sang- und klanglos vom Markt verschwinden. Seit Mitte 2008 sind nach Angaben der Einlagensicherung FDIC mehr als 500 amerikanische Banken in die Pleite gerutscht – ohne dass sie aufgefangen wurden.

Von Großbanken hingegen wird wegen der TBTF-Garantie erwartet, dass sie Finanzkrisen überleben und sich erholen können. Nach der Berechnung von Gandhi und Lustig entspricht die Garantie des Staates einer jährlichen Subvention von stolzen 4,7 Milliarden Dollar je Bank. Schon in den Jahren vor der Krise habe sich das Problem der Wettbewerbsverzerrung verschärft, warnen sie: Von 2000 bis 2005 stiegen etwa die versteckten Subventionen für die Bank of America, die Citigroup oder Wells Fargo um ein Drittel bis fast um die Hälfte, nur noch übertroffen von der unseligen Fannie Mae, geben die Ökonomen an. Das entspreche auch dem enormen Anstieg der Bankbilanzsummen.

Die Berechnungen spiegeln auch die zunehmende Konzentration in der Finanzbranche wider. In den siebziger Jahren vereinten die obersten 10 Prozent der Banken rund 50 Prozent der Marktkapitalisierung auf sich; nach der Jahrtausendwende waren es schon 90 Prozent. Nach der Krise dürfte sich das Problem der TBTF-Banken noch verschärft haben, warnen Brewer und Jagtiani. „Unsere Ergebnisse machen uns besorgt und vorsichtig, da die Zahl der assistierten Fusionen zwischen schwachen TBTF-Finanzinstituten während der Mitte 2007 begonnenen Finanzkrise weiter steigt und sich daraus TBTF-Bankorganisationen ergeben, die sogar noch größer als vor der Krise sind."

Was tun? Der deutsche Sachverständigenrat forderte, zum Ausgleich der Subvention für systemrelevante Banken eine nach Größe gestaffelte

Abgabe einzuführen. Die Schweizer planen höhere Eigenkapitalanforderungen für ihre Großbanken. So würde das Streben nach einer Größe gebremst, die gemeingefährlich werden kann. Die Kapitalvorschriften der EZB und die Basel-III-Regeln sehen nun tatsächlich einen kleinen Aufschlag für ganz Große vor – doch ob das ausreicht, um ihr Wachstum zu einer gefährlichen Größe zu bremsen, darf bezweifelt werden.

Die Banken sind fett und gefährlich

Europas Finanzsektor ist derart aufgebläht, dass dies der Wirtschaft schadet.

Ein großer Finanzsektor ist gut fürs Wachstum der ganzen Volkswirtschaft – so hieß es jahrzehntelang, bis die Krise viele alte Gewissheiten erschüttert hat. Nun drehen Ökonomen den Spieß um: Ein übergewichtiger Finanzsektor ist ein Risiko für die langfristige Gesundheit der Volkswirtschaften des Kontinents. „Is Europe Overbanked?", fragt eine 2014 veröffentlichte Studie des hochkarätig besetzten European Systemic Risk Board (ESRB).[9] Die Forscher haben das neue Wort „overbanked" in Anlehnung an „overweight" gewählt. Zu fett sei der Finanzsektor geworden. „Nach allen Indikatoren ist der Patient abnormal schwer", heißt es in der neuen Studie des ESRB. Dieser ist ein von der EU eingerichtetes Aufsichtsgremium für Europa. An dem brisanten Bericht haben so angesehene Forscher wie die damalige Wirtschaftsweise Claudia Buch (jetzt Bundesbank-Vize) und der Bonner Ökonom Martin Hellwig mitgeschrieben.

Die Fakten, die sie zusammentragen, sprechen eine eindeutige Sprache: Den größten Teil des 20. Jahrhunderts betrug das Verhältnis von Bankkrediten zur Wirtschaftsleistung meist um 40 Prozent. Nach 1990 veränderte sich das. Die Kreditberge begannen zu wachsen, seit den späten neunziger Jahren besonders stark. Und es gibt einen Unterschied zwischen Europa und den Vereinigten Staaten. In Europa ist das Volumen der Bankkredite bis zur Krise über 100 Prozent des BIP gestiegen, in Amerika ging es nur halb so hoch. Die Bilanzsummen der Banken in der EU kamen 2013 auf 274 Prozent des BIP, in manchen Ländern überstiegen sie den sagenhaften Wert von 400 Prozent. Der vergleichbare Wert in den Vereinigten Staaten betrug nur 145 Prozent. Obwohl das Bankensystem in der Krise um etwa 10 Prozent geschrumpft ist, sei es noch immer viel zu groß, finden die Forscher.

Zwar kann man die Größe der Finanzbranche zum Teil damit erklären, dass in einer langen Friedens- und Wachstumsphase große Vermögen entstanden sind und damit mehr Bedarf an Vermögensverwaltung und

Banking besteht. Aber das Wuchern des Bankensektors sei weit überproportional und nicht nur damit zu erklären, betonen die Forscher.

In Europa gibt es zudem eine ungesunde Konzentration im Finanzsektor. Die 20 größten Banken in der EU hatten 2012 zusammen eine Bilanzsumme von 23,7 Billionen Dollar, die 20 größten Banken in den Vereinigten Staaten kamen nur auf 12,4 Billionen Dollar. Die Beinahe-Verdoppelung der Größe des EU-Bankensektors in den vergangenen fünfzehn Jahren hat fast ausschließlich mit dem extremen Wachstum der größten Banken zu tun. Diese sind zudem auf höchst riskante Weise gehebelt, das heißt, sie haben viele Kredite und Bilanzpositionen bei nur wenig Eigenkapital. Ohne Risikogewichtung der Bilanz liege die mittlere „Leverage Ratio" bei 3,9. Das heißt: Für je 100 Euro Anlagen oder Kredite hatten sie nur 3,9 Euro eigenes Kapital. Sie seien „nur sehr dünn kapitalisiert", schreiben die Ökonomen.

Warum ist ein übergewichtiger Finanzsektor gefährlich? Er belastet das Wachstum der Realwirtschaft, warnen die Ökonomen des Systemrisiko-Rates. Ein aufgeblähter Finanzsektor beansprucht zu viele Ressourcen, sowohl zu viel Kapital als auch zu viele menschliche Talente. Hoffnungsvolle Uni-Absolventen gehen nicht mehr in Unternehmen, um dort reale Produkte zu entwickeln und zu produzieren, sondern sie jonglieren nur noch mit Finanzwerten.

Bis zu einem gewissen Grad ist ein effizientes Finanzwesen sehr nützlich für die reale Wirtschaft, es hilft bei Finanzierungen, verarbeitet Informationen und Risiken. Aber wenn der Finanzsektor immer weiter wächst, ist der positive Effekt irgendwann erschöpft. „Das europäische Bankensystem hat eine Größe erreicht, wo sein marginaler Beitrag zum realen Wachstum wohl null oder sogar negativ ist", schreiben die Ökonomen.

Außerdem steigt mit der Größe des Finanzsektors die Wahrscheinlichkeit, dass die Banken exzessive Risiken eingehen. Wenn ihre Wetten dann schiefgehen, besteht die Gefahr, dass die umstürzenden Banken das Gemeinwesen beschädigen. Sie sind nicht nur „too big to fail", sondern auch „too big to save". Aus Banken- werden Staatsfinanzenkrisen. In Irland etwa ist das geschehen, wo die Schulden der Pleitebanken von den Steuerzahlern übernommen werden mussten und diese Schuldenlast nun mehrere Generationen belasten wird.

Aber warum sind gerade in Europa die Banken so übermäßig gewuchert? Die ESRB-Ökonomen haben mehrere Gründe gefunden, die dazu beigetragen haben. Eine lockere Geldpolitik, die die Geld- und Kreditmengen aufbläht, gab es zu beiden Seiten des Atlantiks. In Europa aber wirken einige Sonderfaktoren: Hier sind die Unternehmen stärker als in Amerika von Bankkrediten abhängig, sie begeben weniger Anleihen. Das ist schlecht, finden die ESRB-Ökonomen. Sehr kritisch sehen sie auch das in

(Kontinental-)Europa vorherrschende Modell der Universalbanken. Deren Vorteile wögen die Nachteile nicht auf.

Europa hat sich aber das Problem seines übergewichtigen Bankensektors vor allem dadurch geschaffen, dass die Politik die Banken recht unverhohlen ermuntert hat, besonders groß und fett zu werden. Politiker wollten „nationale Champions" formen. Und während der Krise haben die meisten Länder ihre angeschlagenen Banken zu erhalten versucht. Die Beziehung zwischen Politikern und Banken habe „zum Aufkommen und abnormalen Wachstum von Mega-Banken geführt, weil die Politiker geneigt sind, Zombie-Banken mit gesünderen Banken zu fusionieren und weil sie ‚nationale Champions' schaffen und stützen wollen, die im europaweiten Wettbewerb bestehen können", heißt es im ESRB-Bericht.

Während die amerikanische Bankenaufsichtsbehörde FDIC hart durchgreift und Pleitebanken einfach schließt (mehr als 400 wurden in der Krise abgewickelt), sind in Europa nur wenige Institute beerdigt worden. Vielmehr hat die Politik versucht, wenigstens Teile zu retten. Und weil die Banken schon vor der Krise darauf spekulieren konnten, dass sie als „systemrelevant" eingeschätzt und gerettet würden („too big to fail"), sind sie besonders hohe Risiken eingegangen.

Das übertriebene Wachstum der Banken ist damit von der Politik provoziert worden, die implizite Staatsgarantien für die Banken gab. Die Forscher des ESRB finden, dass seit der Krise einige Fortschritte gemacht wurden, „Bail-outs" künftig zu vermeiden. Banken müssen etwas mehr Eigenkapital vorhalten, im Notfall sollen in erster Linie ihre Eigentümer und Gläubiger haften. Doch reichen diese neuen Regeln? Die Forscher des ESRB sind skeptisch. Sie fordern, dass gegen übermäßig große und zu stark konzentrierte Banken schärfer mit den Mitteln des Kartellrechts vorgegangen werden sollte.

Wir retten keine Banken mehr

Nie wieder sollen die Steuerzahler Pleitebanken retten müssen, verspricht die Politik. Wer's glaubt, wird selig.

Verdammt viel Geld hat die Bankenrettung in der Finanzkrise die Steuerzahler gekostet. In Deutschland tragen sie bis zu 50 Milliarden Euro Verluste, schätzte der Bankenprofessor Christoph Kaserer von der TU München schon vor zwei Jahren. Vermutlich liegt die Wahrheit am Ende noch etwas über dieser Schätzung. Der Bankenrettungsfonds Soffin ist nach sieben Jahren mit einem Verlust von 22 Milliarden Euro geschlossen worden.

Dazu kommen die direkten Kapitalspritzen für angeschlagene Banken, vor allem die öffentlich-rechtlichen Landesbanken.

Niemals wieder sollen die Steuerzahler für Bankenpleiten blechen – dieses Versprechen hören wir nun von der Politik. In Zukunft soll es kein „Bail-out" (Herauspauken) von insolventen Banken mehr geben, stattdessen sollen Eigentümer und Gläubiger der Banken herangezogen werden, um Verluste aufzufangen. Hereinpauken („Bail-in") lautet das Zauberwort. Das klingt gut – nur: Ist es glaubwürdig?

Eine neue Studie renommierter Ökonomen weckt erhebliche Zweifel. Gerade in Ländern wie Deutschland, die noch relativ gute Finanzen haben, glaubt der Markt demnach nicht daran, dass der Staat (also der Steuerzahler) im Fall einer Pleite einer „systemrelevanten" Bank nicht doch wenigstens zum Teil einspringen würde. Das legen die Ergebnisse nahe, die Isabel Schnabel, Mitglied des Rats der Wirtschaftsweisen und Professorin an der Uni Bonn, die Mainzer Ökonomin und frühere Wirtschaftsweise Beatrice Weder di Mauro sowie ihr Mitarbeiter Alexander Schäfer vorlegen.[10]

Aber wie kann man messen, ob die Beteuerungen und Absichtserklärungen der Politik vom Markt geglaubt werden? Wenn Investoren, die ihr Geld in Banken gesteckt haben, für Verluste zwingend zur Kasse gebeten werden, dann müssten die Risikoaufschläge für Kreditausfallversicherungen dieser Banken, die sogenannten Credit Default Swaps, steigen. Je teurer die Absicherung wird, desto eher zeigt dies, dass Investoren erwarten, dass im Insolvenzfall sie für Verluste haften müssen – und nicht der Steuerzahler.

Ein Grund für das riskante Verhalten der Banken, das zur Finanzkrise geführt hat, war ja, dass Bankmanager, Aktionäre und Investoren darauf vertrauten, dass der Staat die Banken stets retten werde, weil sie „too big to fail" oder anderweitig „systemrelevant" seien. Aus Schaden sei man nun klug geworden, versichert die Politik. Künftig müssten Eigentümer und Bankinvestoren, aber auch große Einleger selbst haften.

Wie ist diese Botschaft im Markt angekommen? Die Studie von Schnabel, Weder di Mauro und Schäfer untersucht fünf konkrete Fälle von Bankenpleiten mit „Bail-ins" in Europa in Hinblick darauf, ob unmittelbar danach die CDS-Kosten für Banken signifikant gestiegen und die Aktienkurse gesunken sind. Denn teurere Kreditausfallversicherungen bedeuten, dass sich die Banken nicht mehr so günstig finanzieren können. Zuvor genossen sie faktisch eine milliardenschwere implizite Subvention durch die staatliche Rettungsgarantie. Wird das Sicherungsnetz weggezogen, wird ihre Finanzierung teuer. Das geht auf Kosten der Profite und Renditen, die Aktienkurse sinken.

Bislang gab es nur eine Handvoll tatsächlicher Bail-in-Fälle in Europa. Diese haben die drei Ökonomen untersucht. In einigen Fällen fanden sie keine signifikante Reaktion der Märkte für Bank-CDS und Aktienkurse.

Als in Dänemark die kleine Amagerbanken 2011 in Schieflage geriet und auch vorrangige Anleihegläubiger um 41 Prozent „rasiert" wurden, gab es kaum eine Reaktion in der Breite des Marktes. Die Inhaftungnahme der Gläubiger wurde als isoliertes Ereignis betrachtet. In Spanien mussten bei der Pleite der Bankia-Gruppe im Sommer 2012 nur nachrangige Anleihegläubiger finanziell Federn lassen, die vorrangigen blieben ungeschoren. Die Bail-in-Basis war also eher schmal. Entsprechend war auch die Signalwirkung begrenzt: Nur eine begrenzte CDS-Reaktion lässt sich aus den Börsendaten herauslesen.

Stärker war die Reaktion auf den Fall der niederländischen SNS Reaal, die Ende 2012 ins Straucheln geriet und im Frühjahr 2013 gerettet wurde, wobei sich auch die Investoren, zumindest die nachrangigen Anleihegläubiger, maßgeblich an den Verlusten beteiligen mussten. Diese Kostenübertragung an die Gläubiger fiel zusammen mit der nun europaweit diskutierten Initiative für eine EU-Richtlinie für verbindliche Bail-in-Regeln, was die Wachsamkeit der Anleger erhöht haben dürfte. Der Aderlass der Anleihegläubiger der SNS Reaal löste jedenfalls erstmals europaweit einen signifikanten Sprung der Risikoaufschläge für CDS-Kreditausfallversicherungen aus, besonders ausgeprägt mit 0,26 Prozentpunkten in den südeuropäischen Krisenländern. Die Aktienkurse der Banken dort sanken damals signifikant.

Ein echter Wendepunkt war dann im Frühjahr 2013 der Fall Zypern. Die Studienautoren schreiben von einem „Regimewechsel". Für viele Anleger und Sparer wurde die große Bankenpleite in Zypern auch deshalb ein Schock – beziehungsweise ein Weckruf –, weil unter dem Druck der europäischen Politiker beschlossen wurde, auch Spareinlagen zur Sanierung der maroden Banken heranzuziehen. Zunächst sollten sogar Einleger mit weniger als 100 000 Euro auf dem Konto, der eigentlich gesicherten Summe, zum Teil enteignet werden. Nach hektischem Hin und Her wurde schließlich eine Verlustbeteiligung für alle größeren Einlagen von mehr als 100 000 Euro beschlossen und durchgesetzt. Viele Großeinleger verloren dadurch viel Geld. Schlagartig schossen danach europaweit die Preise für Kreditausfallversicherungen in die Höhe, und die Aktienkurse der Banken gerieten unter Druck.

Heißt das nun, dass künftig wirklich nicht mehr die Steuerzahler, sondern nur noch die an Finanzinstituten beteiligten Eigentümer, Investoren und Großeinleger für mögliche Verluste haften werden? So steht es in der mittlerweile in der EU beschlossenen Richtlinie, nach der die Abwicklungsbehörde SRM (Single Resolution Mechanism) handeln soll. Doch die Ergebnisse der Studie von Schnabel, Weder di Mauro und Schäfer können skeptisch stimmen. Denn sie zeigen eine Asymmetrie der Marktreaktion: In Ländern mit hohen Schulden wird es als wahrscheinlicher angesehen, dass die Staaten so pleite sind, dass sie die Banken nicht noch einmal auf Steuerzahlerkosten retten können. Doch in Ländern mit vergleichsweise soliden Finanzen wie Deutschland bleiben Zweifel: Dort unterstellt der Markt, dass die Finanzminister im Härtefall doch wieder Milliarden von Euro lockermachen könnten, um ein großes nationales Finanzinstitut zu unterstützen.

Ein genauer Blick in die Bankenabwicklungsrichtlinie zeigt tatsächlich eine Vielzahl von fragwürdigen Ausnahmen und Schlupflöchern. Besicherte Forderungen von Gläubigern etwa sind von der Haftung ausgenommen. Außerdem soll die private Haftung nur bis zu einer Höhe von 8 Prozent der Bilanzsumme gelten. Darüber hinausgehende Verlusten sollen mit Geld aus einem Abwicklungsfonds aufgefangen werden, den Banken mit Beiträgen über die Jahre füllen sollen. Das geplante Volumen von 55 Milliarden Euro wird aber erst 2024 erreicht. Eine große, „systemische“ Krise lasse sich mit den vereinbarten Regeln nicht bewältigen, warnten die Ökonomen des Kronberger Kreises, darunter der Wirtschaftsweise Lars Feld, schon vor anderthalb Jahren.[11] Sie forderten daher, dass die Banken noch mehr haftendes Eigenkapital als Risikopuffer vorhalten sollten.

4. Teil: Eurokrise und kein Ende

Eine Krise mit Ansage

Ökonomen haben früh vor Risiken und Nebenwirkungen der Währungsunion gewarnt.

Als Otmar Issing in den späten neunziger Jahren zum Chefvolkswirt der EZB ernannt wurde, schrieb ihm sein Freund Milton Friedman einen ironischen Brief: „Herzlichen Glückwunsch zu einem unmöglichen Job." Der Chicagoer Ökonom und Nobelpreisträger, einer der einflussreichsten Geldtheoretiker des zwanzigsten Jahrhunderts, hielt es für unmöglich, eine gemeinsame Währung für ein so heterogenes Wirtschaftsgebiet wie Europa zu schaffen. Doch Issing machte das vermeintlich Unmögliche möglich. Ein Jahrzehnt schlug sich der Euro recht wacker. Die EZB hielt die Inflation niedrig, der Außenwert des Euro stieg gegenüber dem Dollar. Friedmans düstere Prognose „Der Euro hält keine zehn Jahre" schien widerlegt.

Heute aber sieht Issing sein Lebenswerk zusammenbrechen. Wenn die sogenannte „No-bail-out"-Klausel verletzt wird, die besagt, dass kein Land für die Schulden anderer Staaten haftet, „legt das die Axt an den stabilitätspolitischen Rahmen der Währungsunion", hat der heute pensionierte EZB-Chefvolkswirt eindringlich gewarnt. Dann gebe es „kein Halten mehr" für das Schuldenmachen auf Kosten anderer. Ist es nun soweit mit dem Griechen-"Bail-out" und dem 750-Milliarden-Schutzschirm für alle Pleitekandidaten?

Den Ökonomen wird vorgeworfen, dass sie viele Krisen, etwa die 2008 ausgebrochene Finanzkrise, nicht vorhergesagt haben. Für die Euro-Krise gilt das nicht. Während der neunziger Jahre haben vor allem deutsche, aber auch amerikanische Ökonomen vor gravierenden Konstruktionsfehlern der Währungsunion gewarnt. Im Juni 1992, wenige Monate nach den Maastrichter Beschlüssen, protestierten 60 angesehene Ökonomen, darunter der frühere Wirtschaftsminister Karl Schiller, mit dem Manifest „Die EG-Währungsunion führt zur Zerreißprobe".[1] Es klingt prophetisch angesichts der aktuellen Spannungen.

Der erste und wichtigste Kritikpunkt lautete: „Eine funktionsfähige Wirtschafts- und Währungsunion erfordert als Vorbedingung eine dauerhafte – über mehrere Jahre hinweg nachgewiesene – Angleichung der relevanten Wirtschaftsstrukturen der Mitgliedsländer." Das war nicht der Fall. 1998 veröffentlichten 155 deutsche Wirtschaftsprofessoren, darunter

Wim Köster, Manfred Neumann, Renate Ohr und Roland Vaubel, den Aufruf „Der Euro kommt zu früh".[2]

Die Politik ignorierte diese letzte Warnung. Sie wollte die Währungsunion möglichst schnell und möglichst groß beginnen. Um die Konvergenzkriterien punktgenau zu erfüllen, war einigen Ländern kein Trick zu billig. Von einer dauerhaften Konvergenz der Euro-Volkswirtschaften konnte keine Rede sein. Im Gegenteil: Seit der Euro-Einführung vergrößerte sich der Abstand in der Wettbewerbsfähigkeit zwischen den Ländern mit Leistungsbilanzüberschüssen (Deutschland, Österreich und Niederlande) und jenen wie Griechenland, Portugal und Spanien, die steigende Defizite aufwiesen, also zu wenig Exportkraft hatten, um ihren Import zu bezahlen.

Vor der Einführung des Euro konnten die Drachme, der Escudo und die Pesete abgewertet werden, wenn die preisliche Wettbewerbsfähigkeit gelitten hatte. So ließen sich die negativen Auswirkungen zu hoher Lohnsteigerungen kaschieren. In der Währungsunion fiel dieses Ventil weg. In den ersten Jahren erlebten sie eine Sonderkonjunktur durch niedrigere (real negative) Zinsen, doch die Konjunkturkrise legte ihre Wettbewerbsschwäche schonungslos offen.

Völlig richtig war daher die frühe Warnung der 60 Ökonomen: „Die ökonomisch schwächeren europäischen Partnerländer werden bei einer gemeinsamen Währung einem verstärkten Konkurrenzdruck ausgesetzt, wodurch sie aufgrund ihrer geringeren Produktivität und Wettbewerbsfähigkeit wachsende Arbeitslosigkeit erfahren werden. Hohe Transferzahlungen im Sinne eines ‚Finanzausgleichs' werden damit notwendig."

Angesichts der schlechten Erfahrungen und perversen Anreize des deutschen Länderfinanzausgleichs, der Milliarden verschlingt, wollte kaum ein Ökonom sich eine solche Umverteilungsmaschine auf EU-Ebene vorstellen. Mit dem großen Rettungsschirm und der Verletzung der „No-bailout"-Klausel ist der Einstieg in eine europäische Transferunion vollzogen. Zahlmeister werden wieder die Deutschen sein.

Auch aus den Vereinigten Staaten blickte eine Mehrheit der Wirtschaftswissenschaftler in den neunziger Jahren sehr skeptisch auf das Euro-Projekt. Der MIT-Ökonom Rudiger Dornbusch hat die typischen Aussagen seiner amerikanischen Kollegen über den Euro so zitiert: „It can't happen. It's a bad idea. It won't last." Anfang dieses Jahres, als der Euro noch in ruhiger See schien, hat der Ökonom Lars Jonung von der EU-Kommission unter diesem Titel die vermeintlichen Irrtümer der Euro-Debatte analysiert.[3]

Die amerikanischen Ökonomen waren deshalb so skeptisch, weil sie die Euro-Idee an der Theorie des optimalen Währungsraumes maßen. Was darunter zu verstehen ist, hat der spätere Nobelpreisträger Robert Mundell 1961 in der „American Economic Review" dargelegt.[4] Da in einer

Währungsunion keine Wechselkursänderungen möglich sind, müssen die notwendigen Anpassungen anders erfolgen – durch flexible Güterpreise, flexible Arbeitsmärkte und eine hohe Mobilität der Arbeitnehmer. Nur bei ausreichender Elastizität liegt ein optimaler Währungsraum vor.

Das heterogene Europa ist offenbar keiner. Zum Beispiel ist die Arbeitnehmermobilität wegen der Sprach- und Kulturgrenzen gering. Obwohl die Arbeitslosenquote in Spanien auf 20 Prozent gestiegen ist (Jugendarbeitslosigkeit über 40 Prozent), ziehen die Iberer eben nicht massenweise nach Holland oder Österreich, wo es trotz Krise nur 5 Prozent Arbeitslosigkeit gibt. Die Anpassung ist schwierig. Weil das Ventil einer Abwertung versperrt ist, müssen die Südländer – vor allem Griechenland, Portugal und Spanien – intern abwerten, also Löhne und Preise senken. Aber führt das nicht in eine zerstörerische Deflationsspirale?

Nach Ansicht von Jonung ist die Theorie des optimalen Währungsraums ungeeignet, um Europas Experiment zu beurteilen. Ein optimaler Währungsraum sei nicht von Anfang an gegeben, sondern entstehe erst, wenn sich die Volkswirtschaften unter einem gemeinsamen Währungsdach angleichen. Wie fraglich diese Hypothese ist, zeigt die aktuelle Krise.

Der Euro – eine Friedenswährung?

Er hat die Krise verursacht und spaltet die Europäer, hat Martin Feldstein schon früh gewarnt.

Glühende Euro-Europäer reagieren auf das Wort „Euro-Krise" allergisch. „Alles Gerede und Geschreibe über eine angebliche ‚Krise des Euro' ist leichtfertiges Geschwätz von Medien, von Journalisten und von Politikern", schimpfte Helmut Schmidt 2011 auf dem SPD-Parteitag. Er war einer der Vordenker der Gemeinschaftswährung. Auch der Luxemburger Premier Jean-Claude Juncker, der den Euro mit Kohl und Mitterrand aus der Taufe gehoben hat, bekommt Zustände beim Wort Euro-Krise: „Es macht mich wütend, wenn ich höre, der Euro sei in der Krise." Viele Veteranen der europäischen Einigung denken so.

„Der Euro ist stabil", lautet das Mantra der Verteidiger. Die Inflation sei wie versprochen niedrig gewesen, im Durchschnitt knapp unter 2 Prozent, rechnet die Europäische Zentralbank (EZB) vor. Auch seinen Außenwert, etwa gegenüber dem Dollar, habe der Euro gut gehalten. Die Gemeinschaftswährung als solche habe mit der Krise nichts zu tun. Es gebe lediglich eine Schuldenkrise einiger Euroländer, deren Fiskalpolitik zu lax war. Und die sollen nun mit verschärften Sanktionen diszipliniert werden.

Unter Ökonomen gibt es aber schon länger Zweifel, ob die 1999 begonnene Währungsunion wirklich eine so tolle Sache war. Der Harvard-Professor Martin Feldstein, einer der am meisten geachteten amerikanischen Ökonomen, hat eine vernichtende Bilanz gezogen.[5] Der Euro sei ein kostenträchtiges Experiment, das wenig Nutzen und viel Schaden gebracht habe. Feldstein geht so weit, den Euro als Hauptursache der gegenwärtigen Krise auszumachen. Das Aufkommen von Staatsschuldenkrisen nur zwölf Jahre nach Beginn der Währungsunion „war kein Unfall oder Ergebnis von bürokratischem Missmanagement, sondern die unvermeidliche Folge davon, einer sehr heterogenen Gruppe von Ländern eine Einheitswährung aufzuerlegen".

Schuldenkrise, Bankenprobleme, die hohe Arbeitslosigkeit, die Handelsbilanzdefizite vieler Länder – praktisch alle ökonomischen Übel, die nun den Euroraum plagen, führt Feldstein auf die Schaffung des Euro zurück. Schon früher hat er dazu pessimistische Aufsätze geschrieben. Dass die Inflationsrate in der Eurozone gering gewesen sei, worauf die EZB so stolz ist, hält er für keine besondere Leistung. Auch andere Länder hätten eine Dekade niedriger Inflation hingekriegt, meint Feldstein, einst oberster Wirtschaftsberater von Präsident Reagan und langjähriger Chef des National Bureau of Economic Research.

Seine Kritik richtet sich vor allem auf die verzerrende Wirkung des Einheitszinses für den gesamten Euroraum. Der sei stets für die einen zu tief und für die anderen zu hoch. Für die Peripherie-Länder war der Zins die ersten Jahre deutlich zu niedrig. Denn real, also abzüglich ihrer höheren Inflationsrate, hatten sie sogar negative Zinsen und konnten extrem günstige Kredite aufnehmen. Diese Chance ließen sie sich nicht entgehen. Die privaten Haushalte begannen, sich stark zu verschulden. Die Konjunktur zog an, die Immobilienpreise stiegen – bis eine Blase entstand und platzte. Nun kamen wieder die alten Wettbewerbsschwächen der südeuropäischen Länder zum Vorschein. Die Staatsverschuldung steigt rasant, und die Kapitalmärkte erheben höhere Risikoaufschläge.

Da es keine Abwertungsmöglichkeiten im Euro gibt, haben die Südländer ihr wichtigstes Instrument verloren, um flexibel und differenziert auf Schocks zu reagieren, kritisiert Feldstein. Nach seiner Analyse werden infolge des starren Geld-Korsetts in Europa die zyklische Arbeitslosigkeit und konjunkturelle Krisen künftig zunehmen. Die Handelsgewinne, die es im einheitlichen Währungsraum auch gibt, wögen diese Probleme nicht auf. Beim Vergleich mit den Vereinigten Staaten, die auch einen heterogenen Wirtschaftsraum umfassen, findet Feldstein mehrere entscheidende Unterschiede: Gibt es in einem amerikanischen Bundesstaat hohe Arbeitslosigkeit, ziehen die Menschen woandershin. Die hiesigen Arbeitslosen sind viel weniger mobil; zu hoch sind die Barrieren aus Sprache, Kultur,

Religion, Gewerkschaften und Sozialsystemen. Auch wenn nun einige tausend Spanier oder Griechen nach Norden ziehen – es sind vergleichsweise wenige.

In Amerika findet noch ein anderer Ausgleich zwischen Regionen mit schwacher und Regionen mit starker Wirtschaftsentwicklung statt: über den föderalen Finanzausgleich. Etwas vereinfacht rechnet Feldstein vor, dass ein konjunktureller Einbruch beispielsweise in Massachusetts oder Ohio, der dort die Steuereinnahmen um einen Dollar drückt, durch Transfers aus der Bundeskasse von etwa 40 Cent teilweise ausgeglichen wird. Das stabilisiert erheblich. Feldstein ist skeptisch, ob die Europäer eine ähnliche Fiskalunion akzeptieren würden. Vermutlich würden die Bürger in den nordeuropäischen Geberländern auf die Barrikaden gehen, wenn sie für permanente Milliardentransfers zur Kasse gebeten würden.

Was aber wird aus Europa als Friedensprojekt? Der Euro ist dabei, den Frieden zu stören, fürchtet Feldstein. Viele Griechen auf der Straße fühlen sich von Deutschland kujoniert. Kanzlerin Merkel zwinge Südeuropa zu schmerzhaften Sparkuren, die lange Rezessionen bedeuten und deren Erfolg nicht absehbar ist. In Frankreich mehren sich die Stimmen, die sich vor einer germanischen Dominanz ängstigen. Der französische Europaminister Jean Leonetti fühlt sich 2012 gar an die Stimmung zwischen den Weltkriegen erinnert und warnte vor „hysterischem Deutschenhass“. In der Londoner „Times“ leistete sich der europhile Kolumnist Anatole Kaletsky die irre Bemerkung, Deutschland sei „wieder im Krieg mit Europa – wenigsten in dem Sinne, als deutsche Politik in Europa charakteristische Kriegsziele zu erreichen versucht – die Verschiebung internationaler Grenzen und die Unterwerfung fremder Völker“.

Das ist es, das hässliche Wort Krieg. Sagte nicht einst Helmut Kohl, der Euro sei „eine Frage von Krieg und Frieden“? Nun kommt tatsächlich feindselige Rhetorik auf – weil Deutschland nicht bereit ist, eine Transferunion zu schaffen und die Staatsfinanzierung über die Notenpresse zuzulassen. „Die Einführung des Euro hat Spannungen und Konflikte innerhalb Europas geschaffen, die es andernfalls nicht gegeben hätte“, lautet Feldsteins Fazit. Es ist schwer, ihm da zu widersprechen.

Vielfalt ist Trumpf

Politischer Zentralismus lähmt die Wirtschaft. Das zeigt die Geschichte des alten China.

Von Alfred Marshall stammt der Ausspruch, dass ein Ökonom, der das Beste wolle für sein Land und deshalb für Freihandel werbe, selten als

„guter Patriot“ gelte. Instinktiv meinten damals und meinen auch heute noch viele, ein Patriot müsse für den „Schutz“ der heimischen Industrie durch Zölle eintreten. Den Spruch von Marshall hat Wilhelm Röpke in den fünfziger Jahren abgewandelt: Für einen liberalen Ökonomen sei es schwierig, als „guter Europäer“ zu gelten. Denn „gute Europäer“, so das Dogma der Berufseuropäer und Integrationsfanatiker, sind solche, die immer mehr Regelungskompetenzen an die europäische Ebene delegieren wollen.

Wer dagegen eine zu starke Machtkonzentration in Brüssel verhindern will, gilt schnell als Antieuropäer. Wilhelm Röpke und Ludwig Erhard, die frühzeitig vor undurchsichtigen europäischen Institutionen und einer ausufernden Bürokratie warnten, galten als Euroskeptiker. Heute herrscht in weiten Teilen der Bevölkerung ein wachsendes Unbehagen wegen der Tendenz zur Überregulierung, die Brüssel unterstellt wird. Hellsichtig klingt Röpkes Warnung: „Wenn wir versuchen sollten, Europa zentralistisch zu organisieren, einer planwirtschaftlichen Bürokratie zu unterwerfen und gleichzeitig zu einem mehr oder weniger geschlossenen Block zu schmieden, so ist das nicht weniger als ein Verrat an Europa.“[6]

Die historische Grundlage von Europas Erfolg war der Systemwettbewerb der Staaten, wie ihn Eric L. Jones in seinem Klassiker „The European Miracle“ analysiert.[7] Europa war ein Flickenteppich höchst unterschiedlicher Legislationen – im späten Mittelalter fast eintausend selbständiger Gemeinwesen. Als „Wunder“ empfindet der Wirtschaftshistoriker Jones, wie der Staatenwettbewerb zur Eindämmung politischer Willkür beitrug und damit günstige Bedingungen für die Wirtschaft schuf. Wenn ein Herrscher in seinem Gebiet übermäßige Frondienste oder Steuerzahlungen forderte, dann konnten seine Untertanen – zumindest mobile Minderheiten – in ein benachbartes Land ausweichen. In Grenzgebieten wanderten gelegentlich ganze Bevölkerungsgruppen umher, schreibt Jones, dorthin, „wo am besten regiert wurde – im Sinne von Alexander Pope: nämlich am wenigsten besteuert“.

Im Systemwettbewerb wirkten diese Steueroasen (so würde man sie heute wohl nennen) disziplinierend auf die anderen Staaten. Die Möglichkeit der Abwanderung in diese Steueroasen stärkte die privaten Eigentumsrechte auch im restlichen Europa. Eine konfiskatorische Besteuerung konnten Fürsten auf Dauer nicht betreiben. Zudem erodierte der Systemwettbewerb wirtschaftsfeindliche Regulierung. Wo die Wirtschaft mehr Freiraum bekam, blühten Handel und Wandel auf. „Die Markttätigkeit war am regesten in Gebieten, in denen eine Kontrolle nur halbherzig erfolgte, wie etwa in Grenzregionen zwischen Feudaleinheiten oder zwischen zwei Staatswesen und auf dem flachen Land weitab vom Einfluss der Zünfte“, schreibt Jones über die Entwicklung im ausgehenden Mittelalter.

Ein Beispiel dafür ist die rasche Verbreitung des Buchdrucks. In Frankreich gab es mächtige Schreiberzünfte, die sich zunächst gegen die neue Technik stellten, wogegen in Deutschland eine zentrale Aufsicht fehlte und die Zensur lückenhaft war. „Zwei Oberherren gegeneinander auszuspielen war ein Trick, der durch die Aufsplitterung in zahlreiche und einander überlappende Hoheitsgebiete in Europa nur umso leichter anzuwenden war", schreibt Jones. Fünfzig Jahre nach der Erfindung durch Gutenberg waren bereits in dreihundert Städten etwa 1700 Druckerpressen in Betrieb. Im Osmanischen Reich hingegen wurde der Druck von Büchern bis ins späte achtzehnte Jahrhundert fast durchgängig verboten. Die Folge waren sehr niedrige Alphabetisierungsraten.

Wie verheerend sich falsche politische Entscheidungen in einem zentralisierten System auswirken können, zeigt das Beispiel China. Im elften und zwölften Jahrhundert war China unter der Sung-Dynastie wirtschaftlich und technologisch äußerst erfolgreich. Chinesen hatten Kompass, Schießpulver und Buchdruck, die nach Francis Bacon wichtigsten Erfindungen der Menschheit, hervorgebracht. Zudem entwickelten sie eine mit Wasserkraft betriebene Spinnmaschine. Es gab eine sehr hohe Eisenproduktion und erste Anzeichen einer dynamischen Industrialisierung. All das wurde jedoch gestoppt, denn die Ming-Dynastie (1368 bis 1644) stand den mechanischen Erfindungen ablehnend gegenüber: Sie lenkte die Arbeitskraft ihrer Untertanen wieder in die Landwirtschaft, weg von Technik und Industrie.

Zwischen 1405 und 1430 waren sieben Dschunken-Armadas mit insgesamt 37.000 Soldaten ausgelaufen und hatten weite Reisen im Pazifischen und Indischen Ozean unternommen. Die Chinesen kamen bis nach Ostafrika, von wo sie eine Giraffe und Straußenvögel mitbrachten. Es entwickelte sich ein reger Handel mit Luxusgütern aus Indien und Afrika. Die Chinesen waren nicht weit davon entfernt, das südafrikanische Kap zu umrunden. Sie hätten dann vielleicht den Seeweg nach Europa „entdeckt" – viele Jahrzehnte bevor Europäer den Seeweg nach Indien und China fanden. Doch 1430 entschied der Kaiser in Peking, dass alle Reisen abzubrechen seien. Das Reich der Mitte zog sich auf sich selbst zurück. Schließlich wurde aller Fernhandel über See verboten. Im sechzehnten Jahrhundert war das Wissen für den Bau großer Schiffe verloren. Das Reich verharrte über Jahrhunderte in Stagnation.

Eine solche Behinderung von wirtschaftlicher Dynamik war in Europa mit seinem zersplitterten politischen System unmöglich. Zwar gab es auch dort politische Fehlentscheidungen, es wurden gelegentlich ungeliebte Wissenschaftler, neue Techniken oder unternehmerische Initiativen unterdrückt. Doch der Wettbewerb der Staaten bot stets einen Ausweg für Erfinder und Kaufleute. Anders als in China schafften es in Europa weder Kaiser noch Päpste, die Macht zu zentralisieren. Umso beunruhigender erscheint nun die Tendenz der übereifrigen europäischen Bürokratie zu Regulierung und „Harmonisierung". Dahinter verbirgt sich oft nichts anders als die Ausschaltung von Steuer- und Systemwettbewerb. Europa gibt damit eine der Grundlagen seines Erfolgs auf.

Die tiefen Wurzeln der Staatsschuldenkrisen

Unterschiedliche Steuermentalitäten halten sich hartnäckig.

Warum haben manche Länder chronische Haushaltsdefizite? Die Antwort darauf ist kompliziert. Ein Teil der Erklärung sind klientelistische politische Systeme, in denen die jeweils regierenden Parteien „Geschenke" und Posten verteilen, um ihre Anhänger zu befriedigen und sich an der Macht zu halten. Auf der anderen Seite stehen Bürger und Unternehmer, die zwar gerne „Geschenke" und Subventionen annehmen, sich aber einer Besteuerung widersetzen. Das führt zu chronischen Defiziten in schwachen Staaten, die mehr versprechen, als sie halten können. Für die Regierung erscheint es (zunächst) einfacher, die Haushaltsdefizite durch Schulden zu decken, als die Widerstände gegen Steuern zu überwinden. Sie erliegen der fatalen Verlockung einer Finanzierung auf Pump.

In Europa lässt sich bei den Staatsfinanzen ein starkes Nord-Süd-Gefälle beobachten: Im Norden haben die Staaten tendenziell solidere Finanzen. Sie wirtschaften sparsamer, können effizienter Steuern zur Deckung der Ausgaben durchsetzen und müssen weniger Schulden aufnehmen. Es ist erstaunlich, wie lange dieses Gefälle schon besteht. Daran erinnert der Marburger Finanzwissenschaftler Horst Zimmermann in seinem Aufsatz „Die tiefen Wurzeln der Staatsschuldenkrise".[8] Er verweist darin auf zwei fast vergessene Untersuchungen der Steuer- und Finanzmentalitäten in Europa.

Vor gut fünfzig Jahren hat der Kölner Finanzwissenschaftler Günther Schmölders eine empirische Studie über die „Steuermentalitäten" in verschiedenen europäischen Ländern durchgeführt. Schmölders war einer der Pioniere der empirischen Sozialforschung auf dem Gebiet der Steuerpsychologie. Sein Forscherteam führte Hunderte Interviews mit Bürgern aus repräsentativen Stichproben in verschiedenen Ländern durch. Das Ergebnis von 1960 lautete: Am besten war die Steuermentalität in der Schweiz. Dort haben die Bürger eine vertrauensvolle Beziehung zu ihrer Regierung und zahlen bereitwillig die Steuern. Auch in den skandinavischen Ländern fand Schmölders eine hohe Akzeptanz. Deutschland lag in der oberen Mitte, was die Steuermoral angeht.

Weit abgeschlagen landeten dagegen die romanischen, südeuropäischen Länder. Am besten stand es noch in Spanien, wo die Bürger die geltende Besteuerung am ehesten akzeptierten. In Frankreich fand Schmölders eine schlechte Steuermoral. Der Staat war nicht in der Lage, die Bürger entsprechend ihrer Zahlungsfähigkeit zur Finanzierung der Staatsaufgaben heranzuziehen, sondern musste sich auf geschätzte Einnahmen verlassen. Italien stand am unteren Ende der Skala: Der Staat war weitgehend unfähig, effektiv Steuern einzuziehen. Griechenland untersuchte Schmölders für seine Studie nicht. Aber er erwähnt es als ein Land, wo das Steuersystem zu einer „reinen Farce" verkommen sei.

Bis heute sind die Verhältnisse in Hellas nicht viel besser geworden. Seit Jahrzehnten haben die regierenden Parteien ihre jeweilige Wählerklientel bedient und ihren Anhängern Vergünstigungen, hohe Renten, Subventionen und Posten im öffentlichen Dienst versprochen. Sie haben das Gegenteil von dem errichtet, was die Ökonomen Daron Acemoglu und James Robinson in ihrem Buch „Warum Nationen scheitern" als „inklusive Institutionen" bezeichnen (das wäre eine offene Ökonomie mit gleichen Wettbewerbsregeln und Partizipationschancen für alle). Stattdessen gibt es in Griechenland Klientelismus, Nepotismus, Korruption und weitverbreiteten Steuerbetrug. Griechenland ist in dieser Beziehung ein *Failed State:* Die Superreichen drücken sich erfolgreich vor ihren Steuerpflichten. Bis heute existiert kein Kataster, das über die Grundbesitzverhältnisse vollständig Auskunft geben könnte. Bis heute gibt es einen Wirrwarr an Mehrwertsteuersätzen auf den verschiedenen Ägäis-Inseln. Ein Großteil der wirtschaftlichen Transaktionen läuft ohne Rechnung am Fiskus vorbei. Der Linzer Schattenwirtschaftsforscher Friedrich Schneider schätzt den Anteil der Schwarzarbeit auf ein Viertel des Bruttoinlandsprodukts.

Das Nord-Süd-Gefälle in der Steuermoral und Steuermentalität hat möglicherweise sogar jahrhundertealte Wurzeln. Der Finanzwissenschaftler Zimmermann erinnert nicht nur an Schmölders' Forschung, sondern auch an die Schrift „De Aerario" des holländischen Gelehrten Kaspar Klock von 1651, der einen Überblick über die öffentlichen Finanzen verschiedener europäischer Länder und deren politische, wirtschaftliche und kulturelle Hintergründe gab. Das 800-Seiten-Werk beschreibt die nördlichen Länder – bei allen Unterschieden ihrer wirtschaftlichen Entwicklung – als tendenziell sparsamer und solider finanziert. Griechenland war damals Teil des Osmanischen Reichs, das der Niederländer Klock als ein typisches Beispiel für eine Tyrannei beschreibt. Die Menschen unter der Besatzung der Osmanen seien von Furcht niedergedrückt, hätten einen Untertanengeist entwickelt, litten unter Rechtsunsicherheit. Was die Osmanen an finanziellen Ressourcen haben wollten, nahmen sie laut Klock willkürlich, eine gleichmäßige, rechtsstaatliche Besteuerung gab es nicht.

Leider geht Zimmermann nicht auf die Langfristfolgen dieser Geschichte ein. Einige Historiker und Soziologen sehen die tieferen Ursachen der Abneigung gegen den Staat und seine Institutionen sowie die dysfunktionalen politischen Strukturen in Griechenland in der langen Prägung durch die osmanische Fremdherrschaft, die rund vier Jahrhunderte währte. Daraus resultiere die bis heute verbreitete Einstellung, den Staat nicht als Gemeinwesen zu betrachten, sondern kleine und größere Betrügereien gegen den Fiskus als legitime Widerstandshandlung anzusehen. Deshalb kann man auch die staatlichen Finanzen für die jeweiligen Klientelsysteme anzapfen. Zimmermann sagt voraus, wegen des Nord-Süd-Gefälles in Fragen der Steuermoral werde die Europäische Währungsunion noch viele Jahre unter großen Spannungen stehen.

Bedauerlicherweise bankrott

Die Griechen sind vor über hundert Jahren schon mal schon mal aus einer Währungsunion geflogen.

Mit Staatsbankrotten haben die Griechen in ihrer Geschichte einige Erfahrung gemacht – und auch mit internationalen Finanzaufsehern. Seit der Unabhängigkeit 1830 nach mehr als vierhundertjähriger Besatzung durch die Osmanen sind die Staatsfinanzen chronisch zerrüttet. Ein halbes Dutzend Mal musste Griechenland seine Zahlungsunfähigkeit erklären. Mit den Worten „Bedauerlicherweise sind wir bankrott" leistete Ministerpräsident Charilaos Trikoupis 1893 den Offenbarungseid. Vier Jahre später – eine Niederlage gegen die Türken hatte die Staatskasse noch mehr belastet – sprangen die europäischen Großmächte ein. Sie garantierten eine Anleihe, verlangten aber zugleich Reformen und die Kontrolle über die Rückzahlung. Eine internationale Kommission wachte darüber. Im Grund war es ein Ausschuss wie heute die Troika, die von den Griechen inzwischen wie eine Besatzungsmacht empfunden wird.

Was heute kaum noch einer weiß: Auch im neunzehnten Jahrhundert bestand schon einmal eine Währungsunion – die Lateinische Münzunion –, die durch die Aufnahme Griechenlands, aber auch innere Konstruktionsfehler in Schwierigkeiten geriet. Warum man die Griechen nur in diese Währungsunion hereingelassen hatte, fragten damals viele. Der amerikanische Ökonom Henry Parker Willis urteilte 1901: „Es ist schwierig, zu verstehen, warum der Beitritt Griechenlands zur Münzunion gewünscht oder erlaubt wurde." Das Land sei in einem bemitleidenswerten Zustand, wirtschaftlich marode, von politischem Streit gelähmt und finanziell verrottet. Immer offensichtlicher verstieß Griechenland gegen die Fairness-

Regeln der Lateinischen Münzunion. Es druckte Papier-Drachmen und tauschte sie gegen die Gold- und Silbermünzen anderer Mitglieder der Währungsunion. Diese waren über die Athener Tricks zur Kaschierung des Bankrotts zunehmend verärgert. Im Jahr 1908 schlossen sie Griechenland schließlich vorübergehend aus der Münzunion aus.

„In keinem Fall ist Griechenland ein wünschenswertes Mitglied der Währungsunion", hatte Henry Parker Willis geschrieben. Genau hundert Jahre später wurde Griechenland in die aktuelle Euro-Währungsunion aufgenommen – ein denkbar schlechtes Omen. Dabei hatten die beteiligten Politiker – damals wie heute – hochfliegende Erwartungen bezüglich der Währungsunionen. Im Fall der 1865 gegründeten Münzunion ging die Initiative von Frankreich aus. Ihr Vordenker, der Ökonom und Vizepräsident des Staatsrats Felix Esquirou de Parieu, betonte nicht nur die Vorteile, die der Wegfall von Wechselkurs- und Spekulationsrisiken sowie Umtauschkosten dem Handel bringen würde. Er sah die Münzunion als Vorstufe zu einer „europäischen Union" mit einer „europäischen Kommission" als politischer Leitung. Weniger deutlich sagte er, dass die Union indirekt Frankreichs machtpolitischen Interessen dienen sollte. Napoleon III. indes sprach offen darüber, die Münzunion als Instrument zur Erlangung der „Hegemonie über Kontinentaleuropa" einzusetzen. Das klappte aber nicht.

Gegründet wurde die Münzunion im Dezember 1865 mit einem Vertrag zwischen Frankreich, Belgien, der Schweiz und Italien. Diese Staaten vereinbarten feste Wechselkurse zwischen ihren Gold- und Silbermünzen. Wenig später wurde Griechenland Mitglied. Zunächst lobten viele Beobachter den Währungsverbund. Der „Economist" etwa schrieb, es gebe „keinen Grund, warum jedes Land eine separate Währung haben sollte". Reisende zeigten sich erfreut, dass nun lästiges Geldwechseln unnötig war. Kaum einer erkannte schon zu Beginn die Konstruktionsfehler der Münzunion. Zum einen war problematisch, dass Länder mit sehr unterschiedlicher Finanz- und Wirtschaftskraft zusammengespannt wurden. Die Union umfasste recht weit industrialisierte Länder im Norden und rückständige agrarische Länder im Süden. Asymmetrische Schocks lösten Finanz- und Handelskrisen aus. Zudem kam der sogenannte bimetallische Standard mit einem Tauschverhältnis von Gold zu Silber von 1 zu 15,5 unter Druck, nachdem Goldfunde am Ende des neunzehnten Jahrhunderts die relativen Preise verschoben. Das relativ günstiger werdende Gold verdrängte das Silber.

Das gravierendste Problem war aber, dass die Ausgabe von Papiergeld in den Verträgen nicht geregelt war. Italien war nach seinen Einigungskriegen in finanziellen Schwierigkeiten und inflationierte seine Papiergeldausgabe, die es dann gegen Münzen tauschte. Das so geschaffene Geld strömte in andere Länder und bewirkte auch in Frankreich und Belgien eine Inflation. Die Banque de France suspendierte schließlich für mehrere Jahre die Einlösung der Banknoten in Metallmünzen. Die Griechen tricksten weiter ungeniert mit Papiergeld, bis sie 1908 ausgeschlossen wurden. Zwei Jahre später durften sie zwar wieder eintreten. Doch mit Ausbruch des Ersten Weltkriegs war die Münzunion praktisch erledigt. Zum Schluss gab es permanente Konflikte über die Regeln, ähnlich dem heutigen Streit über den Stabilitätspakt. Dass der Vertrag über die Münzunion trotzdem nicht früher gekündigt wurde, lag daran, dass die Länder – wie bei einer zerrütteten Ehe – die hohen Kosten der Auflösung scheuten. Nach langem Siechtum wurde die Lateinische Münzunion 1926 endgültig aufgelöst.

Was kann man aus der Geschichte lernen? Ökonomen und Historiker sind sich weitgehend einig: Zwischenstaatliche Währungsunionen sind instabil, weil souveräne Staaten sich den nötigen Regeln nicht beugen wollen oder können. „Alle Monetären Unionen, die keine vollständigen Politischen Unionen waren, blieben temporäre Arrangements. Sie lösten sich auf", warnte die Ökonomin Theresia Theurl in einer Studie schon zu der Zeit, als der Maastricht-Vertrag noch nicht ratifiziert war.[9] Der Historiker Dominik Geppert zieht aus dem Scheitern der Lateinischen Münzunion mehrere Lehren. Erstens sei es naiv zu glauben, dass eine gemeinsame Währung machtpolitische Rivalitäten beende. Zweitens sei es problematisch, wenn eine Währungsunion keine geordnete Ausstiegsoption enthalte. Und drittens seien die zwischenstaatlichen Arrangements fragil und nicht unbedingt glaubwürdig.[10] Geschichte wiederholt sich zwar nicht unbedingt, aber die Parallelen der heutigen Euro-Krise zum Scheitern der Lateinischen Münzunion sind doch auffällig.

Vereinigte Schulden von Europa?

Amerikas Geschichte zeigt: Haftung für fremde Finanzen kann eine Staatenunion ruinieren.

Auf dem Flug zur IWF-Frühjahrstagung 2013 in Washington blätterte Bundesfinanzminister Wolfgang Schäuble in einem historischen Wälzer, einer Biographie Alexander Hamiltons. Das 800-Seiten-Buch hatte ihm sein amerikanischer Amtskollegen Jack Lew geschenkt. Sicherlich eine spannende Lektüre, denn Hamiltons Lebensweg war atemberaubend: Vom unehelichen Kind, geboren wohl 1755 auf einer karibischen Zuckerinsel, stieg er zum bedeutenden Staatsrechtler, Stabschef George Washingtons und Parlamentarier auf und wurde 1789 erster Finanzminister der Vereinigten Staaten von Amerika. 1804 starb er nach einem Duell mit Vizepräsident

Aaron Burr. Biograph Ron Chernow preist Hamilton als entscheidenden Mann der Weltgeschichte.

Aber natürlich hatte Lew mit seinem Präsent auch einen Hintergedanken. Denn Hamilton war als Finanzminister auch verantwortlich für eine fiskalische Revolution: Hamilton setzte gegen alle Widerstände durch, dass der Bundesstaat für die Schulden der Teilstaaten haftete. Im Gegenzug erhielt die Bundesregierung eigene Zoll- und Steuereinnahmen. Die Altschulden, aufgehäuft im Unabhängigkeitskrieg, wurden 1792 in einen „sinking fund“ (Tilgungsfonds) ausgelagert. Hamiltons Programm „trug dazu bei, die Bonität der Vereinigten Staaten zu sichern, einen großen amerikanischen Anleihemarkt zu schaffen und den Staaten eine Refinanzierung zu niedrigen Zinsen zu ermöglichen“, schwärmte der deutsche Sachverständigenrat der „Wirtschaftsweisen“ in seinem Gutachten im Herbst 2011, als sein Konzept eines „Schuldentilgungsfonds“ für Europa präsentierte.

Das „Wall Street Journal“ fragte schon vor Jahren: „Wer ist der neue Alexander Hamilton, wo ihn nun die Eurozone braucht?“ Viele südeuropäische und linke Ökonomen wollen noch weiter gehen – sie fordern nicht nur einen europäischen Altschuldenfonds, sondern neue Schuldverschreibungen mit gemeinsamer Haftung (Eurobonds). Das sei der Ausweg aus der Schuldenkrise. Denn mit vergemeinschafteter Haftung sinken die Zinskosten der Krisenländer, weil das Ausfallrisiko der Anleihen gemeinsam (letztlich von Deutschland) getragen wird. Wackelkandidaten würden stabilisiert. Sie müssen weniger hart sparen, die Wirtschaft blüht wieder auf – so die keynesianische Argumentation.

Aber war Hamiltons Tat wirklich ein nachhaltiger und uneingeschränkter Erfolg? Eine Gruppe renommierter europäischer und amerikanischer Ökonomen hat die historische Erfahrung unter die Lupe genommen – und kommt zu einem ganz anderen Ergebnis als der Sachverständigenrat. Die Schuldenübernahme habe „kein verantwortliches System der Staatsfinanzen geschaffen, und während des nachfolgenden halben Jahrhunderts kam es zu zahlreichen einzelstaatlichen Zahlungsunfähigkeiten“, heißt es warnend im neuen Bericht der European Economic Advisory Group (EEAG), der der Wirtschaftshistoriker Harold James, Ifo-Präsident Hans-Werner Sinn und andere angehören.[11] Ständige Konflikte über Schuldenübernahmen, Steuern, Transfers und Zölle haben die Beziehungen innerhalb der amerikanischen Union vergiftet. „Tatsächlich stellte sich die Fiskalunion eher als Dynamit denn als Zement heraus“, schreiben die Ökonomen. Dieser Konflikt war einer der Gründe dafür, dass es 1861 zum amerikanischen Bürgerkrieg kam.

Das hatte Hamilton nicht beabsichtigt. Der junge Verfassungsrechtler, einer der Autoren der „Federalist Papers“, war Verfechter eines starken und zentralistischen Bundesstaats. Nach dem Unabhängigkeitskrieg (1775 bis 1783) gegen die britische Krone waren die 13 Ex-Kolonien hoch verschuldet. Einige wie Virginia und Maryland haushalteten aber sehr sparsam und zahlten ihre Schulden zum großen Teil selbst ab. Hamiltons schärfste Gegner im Schuldenstreit waren James Madison aus Virginia und Thomas Jefferson, der spätere Präsident. Sie verteidigten die Prinzipien des Dezentralismus, der Eigenständigkeit und Eigenverantwortung der Staaten.

Es ging damals um 25 Millionen Dollar Schulden, weniger als 20 Prozent des auf 158 Millionen Dollar geschätzten Bruttoinlandsprodukts der jungen Vereinigten Staaten. Madison hielt es für ungerecht, dass die fiskalisch härter sanierenden Einzelstaaten wie Virginia für die Schulden der anderen mithaften sollten. Außerdem würden durch eine Kollektivhaftung auch Spekulanten belohnt, die Ramschpapiere billig gekauft hatten und nun vom Steuerzahler herausgehauen würden. Einen solchen „Bail-out" lehnte er ab. Bei einem Abendessen bot Hamilton einen Tauschhandel an: Wenn Madison der Schuldenvergemeinschaftung zustimme, werde die Hauptstadt nach Washington, an der Grenze zwischen Virginia und Maryland, verlegt. Madison stimmte nun zu.

Anfangs schien die neue Schuldenunion gut zu funktionieren. Sie hatte sinkende Zinsen zur Folge, die Renditen der Bonds der Föderalregierung fielen auf 4,6 Prozent. Der Effekt hielt aber nicht lange, wie die EEAG-Ökonomen betonen. Die amerikanische Fiskalunion erlaubte es den nicht sonderlich solventen und wirtschaftlich eher schwachen Staaten, eine üppige Neuverschuldung aufzunehmen und damit zum Beispiel Infrastruktur- und andere Projekte zu finanzieren. Die Gläubiger vertrauten auf die kollektive Haftung. Es kam zu einer „Orgie von Bankkrediten an einzelne Staaten". Das rächte sich bald. 1841/42 brachen fast ein Dutzend Staaten finanziell zusammen und stellte den Schuldendienst ein. Diesmal gab es keine „Hamilton-Lösung", der Kongress verweigerte einen „Bail-out". Hauptargument der Gegner war, dass Schuldenmacher nicht belohnt oder abermals ermuntert werden sollten.

Die Fiskalunion sorgte noch auf andere Weise für böses Blut. Seit Hamiltons Schuldenübernahme hatte die Bundesregierung das Recht erworben, Importzölle und Verbrauchssteuern zu erheben. Die Südstaaten, die mit ihrer Plantagenwirtschaft vom freien Welthandel abhingen, wurden durch den aufkommenden Zollprotektionismus geschädigt. Im Norden dagegen bauten Industrielle hinter den Zollmauern ihre Position aus. Der Süden fühlte sich benachteiligt, als Zahlmeister. Dies war – neben dem Konflikt über das Sklaven-Unrecht – eine Hauptursache für den 1861 ausbrechenden Sezessionskrieg. Der Bürgerkrieg sei auch ein Verteilungsstreit gewesen, wie die EEAG-Studie betont. Als Folge des blutigen und teuren Gemetzels waren in den 1870er Jahren wieder eine Reihe von Staaten pleite – aber der Bund sprang nicht ein. Stattdessen führten nach und nach fast alle Einzelstaaten Regeln für einen ausgeglichenen Haushalt, also Schuldenbremsen, ein.

Aus bitterer Erfahrung haben die Amerikaner ein System entwickelt, dass keinen „Bail-out" für Gliedstaaten vorsieht. Die Euro-Währungsunion war im Maastricht-Vertrag auch auf dem „No bail-out"-Prinzip gegründet. Dieses ist nur noch Makulatur. Es sei verständlich, dass einige Europäer auf Amerikas Geschichte schielten, schreiben die EEAG-Ökonomen. „Aber es ist ein Fehler zu glauben, dass die Vereinigten Staaten ein einfaches und leicht anwendbares Modell darstellen. Die amerikanische Geschichte zeigt vielmehr, wie schwierig und voller Hürden der Weg zum Föderalismus sein kann."

Der Euro und die Zaubertaler

Deutschland malocht für den Export. Der Lohn dafür könnte sich als wertlos erweisen.

Wie ist das eigentlich mit all den Euros, die wir Deutschen im Exportgeschäft mit Europa verdient haben? Stimmt die oft gehörte Behauptung, Deutschland sei Hauptprofiteur des Euro? Um die Problematik etwas zu veranschaulichen, hat der Dortmunder Ökonom Walter Krämer die Geschichte vom Fuchs, den Gänsen und den Zaubertalern geschrieben.[12] Die kleine Fabel geht so: Der schlaue Fuchs kam einst zu einer dummen Gans und bat sie um Essen und Quartier. „Hier ist ein Zaubertaler", sagte er. „Wer ihn besitzt, bekommt dafür ein gutes Essen und ein Nachtquartier." Die Gans gab ihm ein Essen. „Mit dem Zaubertaler gehe ich morgen zu einer anderen dummen Gans, die gibt mir dafür auch ein gutes Essen und ein Nachtquartier", dachte sie. So geschah es.

Der Zaubertaler wanderte seitdem von einer Gans zur anderen, sie bewirteten sich gegenseitig. Jedes Jahr kam der Fuchs wieder. Er fragte abermals nach Essen, konsumierte eifrig und gab den dummen Gänsen dafür Zaubertaler. Die Gänse hatten immer mehr Zaubertaler. Sie fühlten sich reich, das wundersame Geld zirkulierte. Als sie älter wurden, dachten sich die Gänse: „Wir können uns doch nicht ewig untereinander bewirten, jetzt gehen wir mal zum Fuchs." Aber als sie nach ihm fragten, war der Fuchs längst verschwunden. Den Gänsen blieb ein Haufen nutzloser „Zaubertaler" – ohne Gegenleistung.

In der Fabel stecken ein paar wichtige ökonomische Einsichten. Export ist kein Selbstzweck, sondern nur Mittel zum Zweck. Mit Exportüberschüssen erwirbt man Forderungen gegenüber dem Ausland. Und diese sind nur dann wirklich von Wert, wenn irgendwann eine Gegenleistung dafür erfolgt. Deutschland hat Waren in dreistelligem Milliardenvolumen, etwa Autos, Maschinen und andere Güter in die nach Einführung des Euro zunächst boomende südeuropäische Peripherie exportiert. Die Abnehmerländer haben die Rechnungen mit Kredit bezahlt. Der Euro-Skeptiker Krämer fürchtet nun, dass ein Großteil dieser deutschen Forderungen letztlich verloren ist, weil die Länder quasi-bankrott sind.

Doch der Reihe nach. Zunächst einmal zur Behauptung, Deutschland sei der Hauptprofiteur der Euro-Einführung gewesen. Man kann mit guten Gründen dahinter ein großes Fragezeichen setzen. Schon der Blick auf die Wirtschaftswachstumsraten seit 1999, seit Beginn der Währungsunion, weckt erhebliche Zweifel. Im ersten Jahrzehnt nach der Euro-Einführung trug Deutschland mit der zweitniedrigsten Wachstumsrate fast die rote Laterne aller Länder im Euroraum, nur Italien wuchs noch schwächer. Viel stärker war das Wachstum in den heutigen Krisenländern, angeführt von Irland, aber auch in Griechenland, Spanien und Portugal. Ihre Wirtschaft und ihr Lebensstandard (und die Importe aus Deutschland) wuchsen rasant – freilich auf Pump finanziert. Begünstigt hat das die EZB durch die real extrem niedrigen Leitzinsen. Deutsche Banken halfen kräftig mit. Sie lieferten den Kredit zur Bezahlung deutscher Waren und lenkten die hiesigen Spargelder und Altersvorsorgeanlagen in die Peripherieländer. Bis sich dann der dortige Boom als riesige Blase herausstellte. Seitdem ist der private Kreditfluss völlig gestoppt. Doch nun gibt es einen öffentlichen Kreditfluss, als „Euro-Rettung“ bezeichnet, zum einen über die Hilfspakete der Regierungen, zum anderen über das sogenannte Target-System der Zentralbanken.

Der Glaube, dass Exporterlöse ein Selbstzweck seien, ist aber anscheinend unausrottbar. Der frühere CDU-Finanzpolitiker Friedrich Merz beispielsweise schwärmte auf einer Ludwig-Erhard-Konferenz 2013 in Fürth davon, wie sehr Deutschland vom Euro profitiere. Sein Argument, wieder einmal: Der Euro ist für Deutschland auch deshalb ein Segen, weil er unterbewertet ist. Das gebe einen Extraschub für den Export.

Schon richtig, der Euro ist aus Sicht Deutschlands deutlich unterbewertet. Laut einer Studie der Investmentbank von Morgan Stanley lag der angemessene Wechselkurs für Deutschland 2013 etwa bei 1,53 Dollar. Beim gegenwärtigen Kurs von 1,10 Dollar ist der Euro für Deutschland damit um mindestens 30 Prozent zu niedrig bewertet; so viel sind deutsche Waren auf dem Weltmarkt „zu billig“.

Aus Sicht der meisten Südländer ist der Euro zu hoch bewertet. Diese Länder sind zu diesem Kurs nicht wettbewerbsfähig. Der Euroraum ist innerlich gespalten. Und die verzerrten Wechselkurse erklären einen Teil der Außenhandelsüberschüsse Deutschlands und der Defizite der Peripherie – so gesehen ist an der Kritik des amerikanischen Finanzministeriums an deutschen Überschüssen etwas dran.

Die aus deutscher Sicht unterbewertete Währung ist aber ein zweischneidiges Schwert. Während die Exporteure gewinnen, zahlen die hiesigen Verbraucher für Importe zu viel, etwa für Erdöl oder für den Urlaub am Mittelmeer, der als „importierte Dienstleistung" zählt. Die unterbewertete Währung bewirkt über zu hohe Importpreise Wohlstandsverluste. Die Verfechter der These, Deutschland sei „Hauptprofiteur des Euro", verschweigen diese Verluste.

Die großen Exportüberschüsse schlagen sich in jährlichen Leistungsbilanzüberschüssen von mehr als 6 Prozent des Bruttoinlandsprodukts (BIP) nieder. Wenn wir mehr Autos, Maschinen oder Chemie ins Ausland liefern, als wir von dort Waren und Dienstleistungen beziehen, steigen unsere finanziellen Forderungen gegenüber diesen Ländern. Das nennt man Auslandsvermögen. Das deutsche Netto-Auslandsvermögen ist Ende 2012 laut Bundesbank-Statistik auf gut 1100 Milliarden Euro angewachsen – ein Anstieg um fast 230 Milliarden zum Vorjahr.

Doch ein genauerer Blick in die Statistik offenbart doch eine merkwürdige Anomalie. Zum Teil geht das steigende Auslandsvermögen auf höher bewertete und neue Direktinvestitionen zurück, zum Teil auf mehr Wertpapieranlagen im Ausland. Ins Auge fällt aber ein anderer, sonderbarer Posten, der immer größer wird: die Auslandsforderungen der Bundesbank. Diese sind im Verlauf der Euro-Krise sprunghaft gestiegen, um 146 auf 815 Milliarden Euro bis Ende 2012. Der Löwenanteil sind sogenannte Target-Forderungen, die in der Spitze mehr als 700 Milliarden betrugen. Das sind jene Gelder, die im Zahlungssystem zwischen den Euro-Zentralbanken fließen. Target ist tatsächlich so etwas wie eine Zaubertaler-Maschine: Die Banken der Peripherie können sich dort gegen fragwürdige Sicherheiten quasi unbegrenzt Kredit verschaffen. Inzwischen ist der deutsche Target-Saldo zwar wieder etwas gesunken, seit EZB-Chef Draghi 2012 ein unlimitiertes Kaufprogramm zur Stützung von Staatsanleihekursen angekündigt hat. Aber die Ungleichgewichte im Target-System bleiben doch gigantisch hoch. 2016 stiegen sie wieder auf mehr als 600 Milliarden Euro.

Sollten diese Target-Forderungen oder die Euro-Rettungskredite für Länder, die zu tief im Schuldensumpf stecken, eines Tages wertlos werden und abgeschrieben werden müssen, warnt Krämer, „hätten die in Deutschland tätigen Wirtschaftsteilnehmer diese Exporte dem Ausland sozusagen geschenkt" – so wie die Gänse dem Fuchs das Essen. Außer Arbeit, Schweiß und Spesen wäre dann nicht viel gewesen.

Was bedeutet europäische Integration?

Innerhalb der EU nähern sich die Länder wirtschaftlich an, doch die Währungsunion driftet auseinander.

Europa ist ohne Alternative? Stimmt nicht. Seit den Anfangszeiten der europäischen Integration gibt es zwei unterschiedliche, widerstreitende Ansätze: „Markt-Integration" versus „institutionelle Integration". Die Anhänger des ersten Ansatzes sagen, dass Europa durch wirtschaftliche Verflechtung und Wettbewerb zusammenkommt. Freier Austausch von Gütern und Leistungen, freie Bewegung für Arbeitnehmer und investitionsbereites Kapital sind die Treiber der Integration. Es ist ein Zusammenwachsen „von unten", ungeplant und dezentral.

Der andere Ansatz zielt auf eine Integration „von oben": über neu geschaffene Institutionen, politisch-bürokratische Gremien und Kommissionen, die einheitliche Gesetze für den Kontinent schaffen. Es geht um Koordinierung, „Harmonisierung" und letztlich Vereinheitlichung. Die Franzosen versuchten eine wirtschaftliche „Planification" auf europäischer Ebene durchzusetzen. Jean Monnet, der Vordenker der Montanunion, setzte auf politische Vorgaben und Feinsteuerung der Wirtschaft. Frankreich wünschte zudem eine Angleichung der Sozialleistungen und koordinierte Lohnpolitik in ganz Europa. Noch heute schwingt das im Pariser Ruf nach einer „Wirtschaftsregierung" mit.

Die „Markt-Integration" ist ein klassisch-liberaler Ansatz, die „institutionelle Integration" entspricht bürokratisch-sozialistischem Denken. Ludwig Erhard, der legendäre deutsche Wirtschaftsminister, war schon im frühen Stadium der europäischen Integration skeptisch. In seinem Buch „Wohlstand für alle", veröffentlicht im Jahr der Römischen Verträge, 1957, warnte Erhard vor falschen Einheitsphantasien und wetterte gegen den „abwegigen Gedanken ... der ‚Harmonisierung'... und Gleichmacherei aller wirtschaftlichen Verhältnisse". Die Produktivität „von Sizilien bis zum Ruhrgebiet" (an Griechenland dachte damals niemand) sei höchst unterschiedlich, man könne nicht alles über einen Kamm scheren. Erhard war für Freihandel. Regulierung, Planung und bürokratische Gremien brächten Europa nichts. Der mit ihm befreundete liberale Ökonom Wilhelm Röpke warnte in drastischen Worten: „Wenn wir versuchen wollten, Europa zentralistisch zu organisieren, einer planwirtschaftlichen Bürokratie zu unterwerfen und gleichzeitig zu einem mehr oder weniger geschlossenen Block zu schmieden, so ist das nicht weniger als ein Verrat an Europa."

Die Kritik war überzogen. Es gab Fehlentwicklungen wie die Agrarsubventionen – ein Planungsirrsinn. Ansonsten hat die Europäische Wirtschaftsgemeinschaft aber einen Binnenmarkt geschaffen, der den Wettbewerb fördert. Zwar ist Brüssel auch für bürokratische Regelungswut bekannt, Kern der Verträge ist jedoch die Forderung nach „unverfälschtem Wettbewerb“. Die EU spürt Kartelle auf und geht gegen unerlaubte Beihilfen vor.

Die Währungsunion sollte die Integration vertiefen und sie unumkehrbar machen, so sagten die Väter des Euro. Stattdessen steckt Europa nun in der existentiellen Finanzkrise. Die niedrigen Zinsen hatten in den Südländern eine Kredit- und Ausgabenblase befeuert, deren Platzen schmerzhafte Rezessionen bewirkt. Der Ausweg aus der Krise – heißt es aus der Politik gebetsmühlenhaft – soll „mehr Europa“, „mehr Integration“ sein. Doch die Begriffe sind diffus und vieldeutig. Den Südländern und Frankreich geht es um eine Vergemeinschaftung der Schulden, Berlin versucht eine verschärfte zentrale Kontrolle über die Haushalte durchzusetzen.

Um den Stand der „Integration“ messbar zu machen, haben die Ökonomen Jörg König und Renate Ohr von der Universität Göttingen einen „EU-Index“ für jedes Land entwickelt.[13] Der Index setzt sich aus 25 Indikatoren aus vier Bereichen zusammen: „Gemeinsamer Markt“ (die Verflechtungen durch Handel und Dienstleistungen, Kapitalbewegungen und Arbeitskraftemigration), „Homogenität“ (Annäherung der Pro-Kopf-Einkommen, Kaufkraftparitäten, Arbeitskosten, Zinsen, Staatsschuldenquoten und Steuern), „Symmetrie“ (Gleichlauf von Konjunkturzyklen, Inflationsraten, Arbeitslosenquoten, Staatsdefizite und anderes) sowie „Konformität“ mit EU-Rechtsvorschriften.

Das Maximum von 100 Punkten im EU-Index erreicht ein Land, das vollständig integriert ist: Es ist durch Handel, Migration und Finanzen stark im Binnenmarkt verflochten; Einkommen, Zinsen und Defizite liegen im Durchschnitt (so wie die These von der Konvergenz erwarten ließe), die Wirtschaftsentwicklung verläuft parallel zu der im Rest der EU.

Die Ergebnisse des EU-Index sind aber ernüchternd: Zwar hat sich die faktische Integration fast aller Länder von 1999 bis 2010 erhöht, aber der Abstand zwischen den am meisten integrierten Ländern und der abgeschlagenen Europeripherie hat zugenommen. Es gab also keine Konvergenz der Länder in der Währungsunion. „Die Heterogenität hat sich nicht verringert“, betont Renate Ohr. Die höchste Integration haben heute Belgien, Österreich, die Niederlande, Frankreich und Deutschland, Schlusslicht ist Griechenland. Es gibt drei Gruppen von ähnlichen Ländern: die sechs EWG-Gründer, die „PIGS“-Krisenländer (**P**ortugal, **I**talien, **I**rland, **G**riechenland und **S**panien) sowie die Nicht-Euro-Mitglieder. Erstaunlicherweise hat sich die Marktintegration im Euro nicht generell verbessert, im Fall von Italien und Griechenland ist sie geringer geworden. Die Spannbreite ist heute größer als 1999. Ebenfalls überraschend: Die Nicht-Euro-Mitglieder

Dänemark und Schweden bewegen sich makroökonomisch heute näher am EU-Durchschnitt als 1999, während die Euro-Mitglieder Griechenland und Portugal nach unten abweichen. „Es gab keine Konvergenz durch die Währungsunion", sagt Ohr.

Die frühen Skeptiker wussten: Integration lässt sich nicht von oben erzwingen. Sie kann sogar beschädigt werden, wenn zu ungleiche Länder in ein zu enges institutionelles Korsett gezwängt werden.

Zombie-Gefahr

Billige Kredite halten tote Banken künstlich am Leben. Das hemmt das Wachstum.

Was für ein hässliches Wort: Zombifizierung. Wir werden das Wort künftig öfter hören. Vor einer Zombie-Entwicklung in Europa hat der luxemburgische EZB-Direktor Yves Mersch schon im Jahr 2013 gewarnt. Mit Zombies sind Banken gemeint, die eigentlich tot sind, aber durch billige Kredite künstlich am Leben gehalten werden. Solche Banken sind eine große Gefahr. In Japan konnte man sehen, wie untote Banken die ganze Volkswirtschaft über viele Jahre lähmten. Das Problem der Zombie-Banken müsse man „sehr ernst" nehmen, hat Sabine Lautenschläger, damals Bundesbank-Vizechefin, heute EZB-Direktoriumsmitglied, ebenfalls 2013 erklärt.

Die Parallelen zwischen der Krisenentwicklung in Europa und Japan hat der Makroökonom Gunther Schnabl analysiert.[14] Am Anfang stand in beiden Fällen ein durch zu lockere Geldpolitik und teils auch zu hohe Staatsausgaben angeheizter Boom. Der Nikkei-Aktienindex kletterte von 1985 bis 1989 von 15.000 auf fast 40.000 Punkte, die Immobilienpreise stiegen rasant. Allein das Areal um den Kaiserpalast in Tokio galt als teurer als alles Land in Kalifornien zusammen. Nachdem die Bank von Japan die Leitzinsen erhöhte, implodierte die Blase.

Auch im Euroraum war der Boom in den heutigen Krisenländern durch ultraniedrige, teils sogar negative Realzinsen angefacht worden. Kapitalflüsse aus Deutschland führten in den Peripherieländern zu einem starken Aufschwung. In Spanien und Irland boomte der Immobilienmarkt, in Griechenland und Portugal kam es zu Blasen bei Konsum- und Staatsausgaben. Mit Beginn der globalen Finanzkrise stieg die Risikowahrnehmung, Kapitalflüsse aus dem Eurozentrum in die Peripherie versiegten. Die Blasen platzten, seitdem stecken die Länder in Rezessionen.

Sowohl in Japan wie auch in Europa reagierten die Zentralbanken auf die Krise mit einer radikalen Senkung der Leitzinsen. Die japanische Zentralbank reagierte seinerzeit etwas spät, meinen heute viele Ökonomen.

Dann aber schwenkte sie auf einen dauerhaft ultralockeren Kurs ein. Seit Mitte der neunziger Jahre betrug der Leitzins nur noch 0,5 Prozent, seit der Jahrtausendwende liegt er fast bei null. Außerdem hat die Zentralbank mit dem Ankauf von Aktien, Anleihen und Staatspapieren ihre Bilanz relativ zum BIP beinahe verdreifacht und entsprechend viel Geld in die Märkte gepumpt. Der Staat hat riesige kreditfinanzierte Konjunkturprogramme aufgelegt, dadurch stieg die Staatsschuldenquote auf 235 Prozent. Doch das Wirtschaftswachstum blieb gering.

Als Hauptgrund für die Stagnation haben Ökonomen den kaputten Bankensektor identifiziert. Nach dem Absturz der Immobilienpreise saßen die Banken auf vielen faulen Krediten. Viele Finanzinstitute hätten wegen Überschuldung eigentlich schließen müssen. Aber um Abschreibungen zu vermeiden, verlängerten sie Kredite an notleidende Kunden und behielten so Scheinwerte in ihren Bilanzen. Die Zentralbank unterstützte die Zombifizierung durch ihre Niedrigzinspolitik, die Regulatoren drückten beide Augen zu.

Nach Berechnung des Ökonomen Ricardo Caballero vom Massachusetts Institute of Technology (MIT) waren um die Jahrtausendwende bis zu 30 Prozent aller japanischen Firmen von „Zombie-Lending" abhängig.[15] Das führte dazu, dass der normale Wettbewerbsprozess mittels „kreativer Zerstörung" verhindert wird, wie es der österreichische Ökonom Joseph Schumpeter einst formuliert hatte. Unproduktive Unternehmen überlebten durch subventionierte Zinsen und banden Ressourcen. Die Entstehung der kaputten Zombie-Banken war mithin der eigentlich Grund dafür, dass Japan zwei Jahrzehnte in Rezession und Stagnation verharrte. Schnabl betont zudem, dass sich die Kreditnachfrage immer mehr von den Privaten, die kaum noch investierten, auf die Regierung verlagerte. Sie braucht für immer neue Konjunkturprogramme viel Geld. Der Staat ist der Hauptkreditnehmer geworden, er ist zudem immer enger auf Gedeih und Verderb mit der Zentralbank verbunden.

Japan sitzt nun in der Niedrigzins-Falle, wie Schnabl warnt. Bei 235 Prozent öffentlicher Verschuldung kann schon ein leichter Anstieg der Realzinsen den Staatshaushalt sprengen. Derzeit liegt die durchschnittliche Umlaufrendite zehnjähriger Staatspapiere bei etwa zwei Prozent. Würde der Zins auf vier Prozent steigen, bedeutete dies eine Verdoppelung der Zinslast auf 40 Prozent des Staatsbudgets. Das könnte die Regierung nicht mehr stemmen, Japan wäre pleite. Aus diesem Grund setzt die Regierung die Zentralbank unter Druck, die Zinsen dauerhaft extrem niedrig zu halten.

In der Eurozone ist die Schuldenquote in der Krise ebenfalls stark angestiegen. Im Durchschnitt liegt sie nun etwas über 90 Prozent. Einige Krisenländer sind weit höher verschuldet. Auch ihr fiskalisches Überleben hängt von niedrigen Zinsen ab – für die EZB-Chef Mario Draghi mit seinem Programm zum Kauf von Staatsanleihen einsteht. Eine Rekapitalisierung angeschlagener Banken hat man in einigen Euroländern recht früh angeregt, in anderen Staaten wie Spanien sind die regionalen Bankbilanzen noch voll fauler Kredite. Derzeit ringen die europäischen Regierungen darum, wer für die Kapitalspritzen bezahlen soll. Die Südländer hätten gerne, dass der Euro-Krisenfonds ESM, in dem Deutschland den größten Anteil des Haftungsrisikos trägt, diese Lasten übernimmt. Mit der Bankenunion droht eine europäische Sozialisierung der Risiken.

Mit ihrer „Asset Quality Review", der umfassenden Bilanzprüfung der Banken, hat die EZB 2014 zu prüfen versucht, wie viele Leichen in den Kellern der Banken liegen. Einige Fachleute meinen, das sei ihr nicht besonders gut gelungen. Der heutige Ifo-Chef Clemens Fuest verweist etwa auf die italienischen Banken, die in der AQR relativ gut abschnitten, doch schon 2015 wieder große Finanzschwierigkeiten hatten, weil die Zahl der nicht erkannten faulen Kredite zu hoch war. Die umfassende Bereinigung des europäischen Bankensektors steht noch immer aus – neun Jahre nach Beginn der Finanzkrise.

Die untoten Banken zu beerdigen, werde aber allein noch keine Rückkehr zu dynamischem Wachstum bringen, meint Schnabl. Nötig sei auch eine Normalisierung des Zinsniveaus durch die Zentralbank, eine Abkehr vom Geld zum Nulltarif. Denn ein Nullzins verliere seine steuernde Wirkung, warnt Schnabl unter Hinweis auf die österreichische Konjunkturtheorie von Friedrich August von Hayek: Die Investoren unterscheiden nicht mehr zwischen produktiven und unproduktiven Projekten, schwache Teile der Wirtschaft werden künstlich am Leben erhalten und binden Ressourcen. Eine Normalisierung der Zinsen wäre kurzfristig zwar sehr schmerzhaft, doch längerfristig unverzichtbar, um die Zombifizierung der Wirtschaft zu vermeiden.

Alles hängt an der Formel

Sparen Europas Krisenländer sich kaputt? Oder sanieren sie sich durch die Kürzungen?

Der „Multiplikator" klingt nach einer technischen, eher langweiligen Größe. Aber davon hängt das Schicksal von zig Millionen Menschen ab: Es geht um die Frage, ob Krisenländer mit einem Sparkurs in einer Spirale aus Rezession und Schulden versinken, oder ob ihnen die Sanierung ihrer Staatsfinanzen und die wirtschaftliche Erholung gelingt. Das hängt davon ab, wie groß der „Multiplikator“ von Staatsausgaben ist. Makroökonomen rätseln schon seit Jahrzehnten darüber.

Worum geht es genau bei dem ominösen Multiplikator? Er zeigt an, um wie viel das Bruttoinlandsprodukt (BIP) steigt oder sinkt, wenn der Staat seine Ausgaben erhöht oder kürzt. Es geht in gewisser Weise um die Hebelwirkung von Staatsausgaben. Ein großer Multiplikatorwert von mehr als 1 bedeutet, dass die Wirtschaft auf Ausgabenkürzungen stark negativ reagiert. Dahinter stecken makroökonomische Überlegungen, die als Erste die Keynesianer anstellten: Eine Geldeinheit, die der Staat in den Wirtschaftskreislauf schleust, zirkuliert dort. Wird sie mehrfach weitergereicht, weil ein Staatsauftrag noch weitere Aufträge in der Privatwirtschaft anregt, dann ist der Multiplikator groß. So erwarten es die Anhänger des britischen Ökonomen John Maynard Keynes (1883 bis 1946), die große Hoffnung auf eine staatliche Stimulierung der Konjunktur setzen.

Es ist aber durchaus denkbar, dass die Privatwirtschaft auch in der entgegengesetzten Richtung reagiert: Beschließt der Staat zu hohe defizitfinanzierte Ausgaben, erwarten Unternehmer und Bürger künftige Steuererhöhungen. Mit Blick auf den steigenden Schuldenberg werden sie also ihre Ausgaben drosseln, sie werden weniger investieren und arbeiten, weil sie die künftige Steuerlast fürchten. Das schwächt die gesamtwirtschaftliche Nachfrage. Also regt der staatliche Impuls die Wirtschaftsleistung nur schwach an. Der Multiplikator läge unter 1.

Nach dem Zweiten Weltkrieg bis in die siebziger Jahre, als der Keynesianismus en vogue war, hatten viele Ökonomen sehr hohe Erwartungen an den Multiplikator. Nach den enttäuschenden Erfahrungen mit den Konjunkturprogrammen der siebziger Jahre, die nur beschleunigte Inflation, aber keine Wirtschaftsbelebung brachten, entwickelte sich langsam ein neuer Konsens: Der Multiplikator ist eher klein.

In der brenzligen Situation der großen Wirtschaftskrise seit 2009 ist ein regelrechter Krieg um den richtigen Multiplikatorwert ausgebrochen. Der Harvard-Ökonom Robert Barro sorgte für Furore, als er – mitten während des Absturzes Anfang 2009 – behauptete, der Multiplikator liege tatsächlich unter 1. Das hieße, jeder vom Staat ins System gepumpte Dollar schaffe weniger als einen Dollar Wirtschaftsleistung. Zu diesem Ergebnis kam Barro nach der Untersuchung von historischen Episoden mit sehr hohem Deficit Spending für Rüstungsausgaben während des Zweiten Weltkrieges, des Korea-Kriegs und des Vietnam-Kriegs.[16] Barro löste damit heftige Reaktionen aus. Paul Krugman schimpfte auf seinem Blog, dass selbst „erstrangige Ökonomen wirklich saudumme Argumente“ gegen den keynesianischen Stimulus der Obama-Regierung aufbrächten. Nach Berechnung der amerikanischen Regierungsberater Christina Romer und Jared Bernstein lag der Multiplikator für das Konjunkturpaket der Vereinigten Staaten für Staatsausgaben bei rund 1,6.[17] Der Multiplikator hätte somit aus den 800 Milliarden fast 1,3 Billionen Dollar Wirtschaftsleistung gemacht.

Zu ganz anderen Ergebnissen kamen der deutsche „Wirtschaftsweise" Volker Wieland und Tobias Cwik von der Universität Frankfurt.[18] Sie haben zur Berechnung der Wirkung der europäischen Konjunkturpakete fünf unterschiedliche makroökonomische Modelle benutzt. Es sind allesamt Modelle mit (neo-)keynesianischen Eigenschaften, vor allem Preis- und Lohnrigiditäten. Ihr ernüchterndes Ergebnis: Vier der fünf Modelle ergaben für den Multiplikator Werte unter 1. Nur ein Modell, das erwartungsgetriebene Verhaltensänderungen von Konsumenten und Unternehmen weitgehend ausblendet, brachte einen Multiplikator von etwas mehr als 1. Es erscheint damit wahrscheinlich, dass die Konjunkturprogramme insgesamt mehr gekostet als gebracht haben.

Dass die schuldenfinanzierten Impulse nur so schwache konjunkturelle Wirkung haben, liegt vor allem an den Reaktionen der privaten Haushalte und Unternehmen, die der Absicht des Konjunkturprogramms entgegenlaufen. Weil die Bürger erwarten, dass sie künftig höhere Steuern zahlen müssen, um die Staatsschulden zu bedienen, schränken sie ihre Konsumausgaben schon jetzt etwas ein. Hinzu kommt, dass bei einer besseren Konjunktur eine Anhebung des Leitzinses durch die Zentralbank zu erwarten ist; dies macht die Finanzierung für Unternehmen teurer, sie investieren weniger.

Traditionelle Keynesianer argumentieren, dass zumindest ärmere Bürger nicht mehr Rücklagen bilden, weil ihr Einkommen so knapp ist, dass sie es komplett ausgeben. Ein Viertel bis ein Drittel der privaten Haushalte sei derart beschränkt, lauten aktuelle Schätzungen für Europa. Das Ausgabenverhalten dieser Haushalte wird allerdings durch die zurückhaltende Reaktion der anderen Haushalte überkompensiert, die nicht ihr ganzes Einkommen ausgeben und mehr sparen. Der Ökonom John Taylor von der Stanford Universität hat anhand der Steuerschecks für alle amerikanischen Haushalte im Frühjahr 2008 und Frühjahr 2009 gezeigt, dass zwar das verfügbare Einkommen in die Höhe schnellte, doch der Konsum kaum stieg.[19] Der von der Regierung erhoffte Nachfrageimpuls kam also nicht zustande.

Fragwürdig ist auch, ob mit direkten Staatsausgaben – zum Beispiel für Infrastrukturprojekte – eine bessere Wirkung erzielt werden kann. Traditionelle Keynesianer schwören etwa auf Bauinvestitionen, Straßen und Brücken, die zudem einen längerfristigen Nutzen stiften. Allerdings haben sie den Nachteil, dass solche Projekte nur mit einer Zeitverzögerung anlaufen. Nimmt man noch die Reaktionsfrist der Regierung hinzu, ergibt sich eine kritische Verspätung. Sie kann dazu führen, dass die Maßnahmen gar nicht mehr antizyklisch wirken, also im Abschwung einsetzen, sondern erst in der Erholung.

Neu angefeuert wurde die Debatte über den Multiplikator im Sommer 2012 vom Internationalen Währungsfonds – durch einen kleinen Kasten in seinem „World Economic Outlook".[20] Mit nur drei Seiten Text, einer Tabelle und drei Grafiken vollzog der IWF eine spektakuläre Wende: Man habe den kurzfristigen Multiplikator bislang systematisch unterschätzt. Deshalb habe man die Stärke des Wachstumseinbruchs in Staaten mit harten Konsolidierungsprogrammen (Sparen und Steuererhöhen) nicht kommen sehen. Hinter dem Kasten steckte IWF-Chefvolkswirt Olivier Blanchard, der als Neo-Keynesianer bekannt ist. Seine Stoßrichtung: Die Krisenländer sollten einen weniger scharfen Sparkurs fahren, sonst stürze ihre Konjunktur ab.

Noch im Frühjahr 2012 hat der IWF in seinem „Fiscal Monitor" mit Hinweis auf eine breite Literatur die mittlere Schätzung für den Multiplikator in Amerika mit 0,7 und in Europa mit nur 0,5 angegeben. Allerdings seien die Wirkungen von Konjunkturprogrammen in Krisen- und Rezessionszeiten wohl etwas höher, schrieb der Fonds.

Mit dem Kasten im World Economic Outlook 2012 hat er aber eine spektakuläre Wende vollzogen. Die „tatsächlichen Multiplikatoren sind vielleicht höher, in der Spanne von 0,9 bis 1,7", heißt es dort. Zu der Erkenntnis sei man gekommen, als man nach den Gründen für die Fehler in den eigenen Wachstumsprognosen der vergangenen Jahre gesucht habe. Man habe die negative Wirkung der Sparpolitik auf die Konjunktur unterschätzt (am schlimmsten, um 7 Prozentpunkte, hat sich der IWF im Falle Griechenlands verrechnet). Hätte man einen höheren Multiplikator unterstellt, lägen die Prognosen näher an der tatsächlichen Entwicklung.[21] Blanchard ist dafür bekannt, sich mit gewagten Ansichten aus dem Fenster zu lehnen. Vor drei Jahren schrieb er in einem aufsehenerregenden Paper, ob man es nicht angesichts der Krise mit mehr Inflation versuchen wolle. Vielleicht seien 4 Prozent Inflation besser als ein 2-Prozent-Ziel. Auch damals war die Europäische Zentralbank alles andere als begeistert.

Mit seiner überraschenden Aussage zum angeblich viel größeren Multiplikator hat der IWF andere Institutionen bis aufs Blut gereizt, die den Konsolidierungskurs verteidigen. Ökonomen der EU-Kommission und die Europäische Zentralbank schossen sogleich mit einer Studie zurück, die sich gegen die „extreme Ansicht" wandte, dass der Multiplikator so groß sei, dass Sparen quasi selbstzerstörerisch sei. Die EZB reagierte in ihrem Dezember-Monatsbericht mit einer scharfen Replik.[22] Es sei falsch, den Blick auf den kurzfristigen Multiplikator zu verengen. Eine „gut ausgestaltete Haushaltskonsolidierung" der Krisenländer werde sehr wohl zu einer dauerhaften, strukturellen Verbesserung ihrer Staatsfinanzen und der Wirtschaft führen. Die EZB, die sich auf eine aktuelle Studie von Ökonomen der EU-Kommission stützt, betont dabei vor allem einen Punkt: die Glaubwürdigkeit der Politik. Wenn für die Bürger eines Krisenlandes klar sei, dass die Konsolidierung durchgehalten werde, dann stärke dies das Vertrauen auf eine Zukunft, in der wieder Steuererleichterungen möglich sind. Das rege die Wirtschaft an, auch wenn die akute Rezession schmerzhaft ist. Noch einen Punkt betont die EZB: die Risikoaufschläge auf Staatsanleihen. Diese waren auf ein gefährlich hohes Niveau gestiegen und hatten die ganze Wirtschaft stark belastet. Ein glaubwürdiger strikter Konsolidierungskurs sei unerlässlich, um die Zinsen wieder zu senken – und das sei die Voraussetzung für eine Erholung.

Wie das Eis an der Sonne?

Inflation lässt Staatsschulden wegschmelzen. Doch Vorsicht: So leicht geht es nicht.

So hoch wie jetzt waren die Staatsschulden seit dem Zweiten Weltkrieg noch nie. Schuld sind die Finanzkrise, Einnahmeausfälle in der Rezession, Rettungs- und Konjunkturpakete sowie weiter hohe Defizite. Sie haben die Durchschnittsschuldenquote der G-7-Staaten seit 2006 um rund 40 Prozentpunkte auf mehr als 115 Prozent springen lassen. Japan hat inzwischen rund 230 Prozent, Italiens Quote ist auf 135 Prozent gestiegen, in Amerika liegt sie über 100 Prozent, in Frankreich über 80 Prozent, in Großbritannien knapp darunter. Lediglich in Deutschland ist sie seit dem Höhepunkt 2010 etwas zurückgegangen, auf zuletzt auf rund 70 Prozent. In fast allen anderen Ländern zeigt der Trend aber nach oben – und dies vor dem Hintergrund eher schwacher Wachstumsaussichten.

Diese Lasten bereiten den Finanzministern Kopfzerbrechen. Einige Ökonomen haben schon kurz nach Ausbruch der Krise eine brisante Idee aufgebracht: Höhere Inflation, also Geldentwertung, könnte die reale Last der Staatsschulden verringern. Wie Eis an der Sonne können die Schulden dann wegschmelzen. Der frühere IWF-Chefvolkswirt Kenneth Rogoff hat vorgetragen, dass eine Erhöhung des Inflationsziels der amerikanischen Zentralbank um 4 Prozentpunkte über einige Jahre den Schuldenabbau deutlich erleichtern würde. Auch der indisch-amerikanische Ökonom Raghuram Rajan hat das Für und Wider von mehr Inflation erörtert. Und Olivier Blanchard, der aktuelle Chefvolkswirt des Internationalen Währungsfonds, stellte grundsätzlich niedrige Inflationsziele in Frage: Warum nicht 4 Prozent statt 2 Prozent Inflation probieren, was sei daran so schlecht? Höhere Inflation gebe mehr Spielraum, um die realen Zinsen (also die nominalen Zinsen minus Geldentwertung) weit unter null zu drücken. Und das brauche man, meinte Blanchard, um den Wirtschaftskarren nach der Krise wieder flottzumachen.

Die Bundesbank hat die ketzerischen Inflationsgedanken mit Grausen verfolgt. Aber das Argument, dass es grundsätzlich verlockend für die Finanzminister sei, mittels Inflation die Schuldenberge abzuschmelzen, blieb in der Welt. Doch Vorsicht, warnt ein neues Diskussionspapier von Michael Krause und Stéphane Moyen, das die Bundesbank veröffentlicht hat.[23] Die scheinbar leichte Methode funktioniert nicht. Eine vorübergehende Anhebung des Inflationsziels um 4 Punkte hätte nur einen geringen Einfluss auf den realen öffentlichen Schuldenstand, betonen die Forscher. Denn es dauere lange, bis die Teuerung die ausstehenden Schulden reduziert. Der Versuch einer Zentralbank, die Inflation nur vorübergehend steigen zu lassen, könnte die Schuldenproblematik sogar verschärfen – wenn nämlich die Glaubwürdigkeit der Geldpolitik erodiert. Dann steigen nämlich die nominalen Zinsen, die der Staat für seine Neuverschuldung zahlen muss.

Zwei Faktoren sind ausschlaggebend dafür, welchen Effekt eine Änderung der Inflationsstrategie auf die Staatsschulden hat: Zum einen spielt eine Rolle, wie schnell die Bürger und Märkte das neue Inflationsziel der Zentralbank erkennen und dementsprechend ihre Erwartungen (auch an künftige Zinsen) ändern. Wenn sie langsam lernen, dauert es länger, bis sie höhere Zinsen fordern. Allerdings können sich dann auch höhere Inflationserwartungen länger festsetzen.

Noch wichtiger ist die Struktur der Staatsverschuldung für den „Erfolg" der Inflationsstrategie. Haben die Anleihen alle eine kurze Laufzeit, dann bringt ein Anstieg der Inflation nur einen geringen Entlastungseffekt für den Finanzminister. Denn die alten Anleihen laufen aus, und der Finanzminister muss neue Anleihen begeben – zu einem schon steigenden Nominalzins. Anders ausgedrückt: Das Schulden-Eis schmilz nur, wenn es lange genug an der Sonne liegt und von der Geldentwertung zersetzt wird.

Die durchschnittliche Laufzeit der Staatsschuldenpapiere der OECD-Länder beträgt vier bis sieben Jahre. Das ist eine zu kurze Zeitspanne für einen wirkungsvollen Schuldenabbau über Inflation, finden Krause und Moyen. Doch es gibt auch Länder mit einer länger laufenden Staatsverschuldung: Großbritannien hatte mit mehr als zwölf Jahren eine hohe durchschnittliche Laufzeit. Die Versuchung, Schulden mittels Geldentwertung wegzuschmelzen, sei folglich für die britische Politik am größten, schreiben die Forscher. Die Japaner hingegen haben nach IWF-Daten einen hohen Anteil von bald fälligen Anleihen. Deshalb ist für sie Inflation wohl keine Verlockung.

Natürlich kommt es auf die Dosis der Inflation an: Sehr hohe Raten, die schockartig kommen, reduzieren die Staatsschuld. Bei 2 Prozentpunkten mehr Inflation hingegen, wie das Blanchard vorschlug, würde sich die amerikanische Staatsschuld über zehn Jahre um real „nur" 15 Prozent reduzieren, rechnen Krause und Moyen. Sie finden das wenig – aber ein Finanzminister, der gedrückt wird von hohen Zinszahlungen auf noch höhere Schulden, mag das anders sehen.

Viele halten es auch für wichtig, ob die Zentralbank mit offenen oder verdeckten Karten spielt. Aber auch ein Verschleiern der neuen Inflationsstrategie würde nicht viel helfen (im Sinne des Schuldenabbaus). Zwar erkennt die Öffentlichkeit nicht sofort, dass die Inflation bewusst herbeigeführt wird. Doch nach einiger Zeit passt sie ihre Erwartungen an. Die Täuschung der Öffentlichkeit („fooling the public") bringt nichts.

Wie man es dreht und wendet: Durch eine moderate Inflation ließe sich die Staatsschuld nur begrenzt wegschmelzen. Nach 1945 habe vielmehr das hohe Wachstum den Vereinigten Staaten beim Schuldenabbau geholfen, haben George Hall und Thomas Sargent betont.[24]

Allerdings unterschlägt diese Betrachtung einen wichtigen Punkt, nämlich die Möglichkeit der Staaten und Zentralbanken, durch „finanzielle Repression" die Zinsen trotz Inflation niedrig zu halten. Finanzielle Repression war bis in die siebziger Jahre gang und gäbe. Einlagezinsen waren gedeckelt, und Anleger wurden gezwungen, Anleihen trotz mickriger Zinsen zu halten. Auch heute gibt es finanzielle Repression, etwa mittels der Regel, dass Versicherungen einen Anteil von Staatsanleihen halten müssen, auch wenn die Zinsen real sogar negativ sind. Finanzielle Repression hat den Staaten immer wieder bei der Entschuldung geholfen – weil die Bürger sich gegen die Geldentwertung nicht wehren konnten und somit schleichend enteignet werden.

Ist das 2-Prozent-Ziel der EZB noch zeitgemäß?

Einige Ökonomen fänden null Prozent Inflation besser, andere warnen vor einem Kurswechsel. Umstritten ist der Faktor Demographie.

Die EZB pumpt und pumpt und pumpt. Seit März 2015 drückt die Europäische Zentralbank monatlich 60 Milliarden Euro Zentralbankgeld durch Anleihekäufe in die Finanzmärkte, inzwischen sind es monatlich 80 Milliarden Euro. Bis Frühjahr 2017 wird die EZB insgesamt mehr als 1,7 Billionen Euro frisches Geld in die Märkte pumpen. Das soll die Inflationsrate auf das selbstgesteckte mittelfristige Ziel von knapp unter 2 Prozent anheben. Doch die Inflation bleibt niedrig, sie dümpelt um die Nulllinie. Abzüglich der Energiepreise liegt sie bei einem Prozent. EZB-Chef Mario Draghi weckt nun die Erwartung, dass die Geldpumpe noch stärker oder länger laufen könnte. Doch kämpft er vielleicht gegen Windmühlen mit dem Versuch, die Inflation in Richtung 2 Prozent zu schieben?

Angesichts der schwachen Konjunktur sei dieses Ziel kaum erreichbar – „zumal vor dem Hintergrund des starken demographischen Gegenwinds", sagte der frühere Bundesbankpräsident Axel Weber im Sommer 2015.[25] Wenn der Anteil der Menschen im erwerbsfähigen Alter schrumpft, sinkt das Arbeitskräftepotential. „Und das bedingt einen deflationären Druck", ist Weber überzeugt. Das sei ein strukturelles Problem, das sich nicht mit einer expansiven Geldpolitik lösen lasse. Indirekt hat Weber damit geraten, das 2-Prozent-Ziel fallenzulassen. Zumindest sollte die EZB die Geldpumpe nicht weiter hochfahren. Es gibt weitere prominente Stimmen, die das fordern. Ifo-Präsident Hans-Werner Sinn sagt: „Der Maastrichter Vertrag verlangt Preisstabilität. Das heißt null Prozent Inflation." Er findet, die EZB habe eigenmächtig ihr Mandat verändert.

Wie kam es tatsächlich zur Festlegung dieses Inflationsziels? Als die EZB 1998 ihre Arbeit aufnahm, entwickelte der damalige Chefvolkswirt Otmar Issing eine geldpolitische Strategie. Im EZB-Rat gab es Stimmen für und gegen einen numerischen Zielwert. „Für ein Ziel von 2 Prozent sprach die Tradition der Bundesbank", sagt Issing. Bei der Festlegung des Geldmengenziels hatte die Bundesbank mit einer solchen jährlichen Teuerung kalkuliert. Weitere Gründe waren die vermuteten Messfehler (die statistisch ausgewiesene Inflation sei zu hoch, weil Qualitätsverbesserungen der Güter nicht ausreichend berücksichtigt würden), der nötige Abstand zur Nulllinie, damit die Geldpolitik auch im Krisenfall noch Lockerungsspielraum habe, sowie die Tatsache, dass der Euroraum ein heterogenes Gebiet ist: Wenn es im Durchschnitt 2 Prozent Inflation gibt, liegen einige Länder logischerweise darunter. Die Maßgabe „unter zwei" war der damaligen sehr niedrigen Inflationsrate geschuldet. 2003 sagte der EZB-Rat dann öffentlich, dass er die Inflationsrate „unter, aber nahe 2 Prozent" halten wolle. Von Anfang an betonte jedoch die EZB, dass sie die Preisentwicklung nur auf mittlere Sicht zu kontrollieren vermag.

Während in Deutschland Stimmen zu hören sind, die für null Prozent plädieren, gibt es in der internationalen Diskussion auch Vorstöße in die andere Richtung. Warum nicht 4 Prozent statt 2 Prozent Inflationsziel?, fragte der damalige IWF-Chefökonom Olivier Blanchard 2010, als die große Rezession gerade vorbei war und die Staatsschuldenkrise begann. Kenneth Rogoff, sein Vorgänger als IWF-Chefökonom, gab zu bedenken, dass mehr Geldentwertung den Abbau der Staatsschulden erleichtern werde.

Die amtierenden Notenbanker wenden sich dagegen, am Zielwert von 2 Prozent etwas zu verändern. Janet Yellen, die Vorsitzende der amerikanischen Federal Reserve, hat mehrfach betont, warum das 2-Prozent-Ziel erstrebenswert sei, das sich die Fed 2012 explizit gesetzt hat.[26] Sowohl eine überraschend steigende als auch eine dauerhaft zu niedrige Inflationsrate seien schädlich, warnt Yellen: „Die wichtigsten Kosten sind, dass eine sehr niedrige Inflation die Fähigkeit einer Zentralbank zur Rezessionsbekämpfung einschränkt." Gemeint ist, dass bei einer Mini-Inflation die Realzinsen höher liegen, als die Zentralbank es gerne hätte, um die Konjunktur zu stimulieren. Bei geringem Abstand der Inflation zur Nulllinie hat die Zentralbank weniger Spielraum für negative Realzinsen. Stets schwingt auch die Deflationsangst dabei mit.

Auch Bundesbankpräsident Jens Weidmann hat dezidiert die 2-Prozent-Marke als mittelfristiges Inflationsziel verteidigt. Dies sei „ein Kompromiss", eine Gratwanderung zwischen den Kosten einer zu hohen Inflation und denen einer zu niedrigen, insbesondere dem Risiko, an die Nullzinsgrenze zu stoßen. Die 2 Prozent hält er für genau richtig. „Im Übrigen würde es der Glaubwürdigkeit des EZB-Rates sicherlich merklichen Schaden zufügen, wenn er sein Ziel gerade jetzt umdefinieren würde."[27] Nichts fürchten die Notenbanker mehr, als dass die Akteure an den Finanzmärkten ihnen nicht mehr glauben, dass sie die Inflation auf den vorhergesagten Zielwert bringen. Ein Grund für den niedrigen Preisdruck sind die Spätfolgen der Rezession infolge der Euro-Krise. In vielen Ländern des Euroraums liegen Produktionskapazitäten brach, die Arbeitslosigkeit ist hoch. Daher ist kaum mit Preiserhöhungen oder hohen Lohnforderungen zu rechnen. In den neunziger Jahren wurde die Inflationsrate aus einem anderen Grund gedrückt. Damals war es vor allem ein Angebotsschock – die vielen billigen Importe aus China und anderen Schwellenländern. Ökonomen sprachen von einer „Great Moderation".

Doch wie steht es nun mit dem Argument der Demographie, das Axel Weber erwähnte? Dieses Argument wird besonders in Japan häufig vorgebracht. Dort versucht die Zentralbank seit Jahren, die Teuerungsraten mit einer ultraexpansiven Politik anzuheben – weitgehend vergebens. Masaaki Shirakawa, der frühere Chef der Bank of Japan, führte das auch auf die Demographie zurück: Ein alterndes Land mit schrumpfender Erwerbsbevölkerung habe weniger Wirtschaftswachstum und daher auch wenig Preisdruck. Empirisch ist durchaus umstritten, ob alternde Bevölkerungen zwingend mit niedriger Inflation einhergehen. Eine in diesem Frühjahr von der Bank für Internationalen Zahlungsausgleich vorgestellte Studie hat Zweifel an der These geweckt.[28]

Die meisten Ökonomen erwarten gleichwohl eher geringes Wachstum und geringe Teuerung in stark alternden Gesellschaften. Was folgt daraus für die Geldpolitik? Issing bleibt vorsichtig: „Es führt von der Demographie kein direkter Zusammenhang zur Geldpolitik", sagt er. Dazu müsse man erst noch sehr viel mehr forschen.

Keine Angst vor dem Deflationsgespenst

Sinken die Preise, kaufen die Leute mehr ein – nicht weniger.

Woher kommt eigentlich die panische Angst einiger Ökonomen, Politiker und Journalisten vor einer Deflation, also einer Phase sinkender Verbraucherpreise? Im Euroraum ist die Inflationsrate auf ein sehr niedriges Niveau gefallen, und wir hören deshalb apokalyptische Warnungen vor einer möglichen Deflation.

Die Deflation werde dem Euroraum ökonomisch das Genick brechen, heißt es nicht selten. Und warum? Zwei Argumente sind zu vernehmen: Erstens wird bei einem sinkenden Preisniveau die reale Schuldenlast der finanziell angeschlagenen Krisenländer größer. Zweitens, so heißt es, führe eine Deflation in eine wirtschaftliche Abwärtsspirale. Verbraucher verschieben Ausgaben, weil sie auf weiter sinkende Preise hoffen. Auch EZB-Chef Mario Draghi hat diese These von der spekulativen Konsumzurückhaltung schon vorgebracht. Aber stimmt sie denn wirklich?

Die These steht auf wackeligen Beinen. Das zeigt eine empirische Studie des Instituts für Weltwirtschaft (IfW).[29]: Eine fallende Nachfrage bei sinkenden Preisen ist keineswegs die Regel, sondern eher die Ausnahme. In der Realität ist häufiger eine steigende Nachfrage bei sinkenden Preisen zu beobachten. Die Kieler Ökonomen Henning Klodt und Anna Hartmann haben dazu teils unveröffentlichte Zeitreihen des Statistischen Bundesamtes untersucht, das detailliert die Preisentwicklung der verschiedensten Waren erfasst.

Zahlreiche Güter sind im Untersuchungszeitraum 1991 bis 2013 trendmäßig billiger geworden. Von 78 Gütergruppen war dies bei 13 der Fall, am stärksten bei Unterhaltungselektronik, Computern oder großen Haushaltsgeräten wie Waschmaschinen. Diese Güter verbilligten sich zwischen 1994 und 2013 im Durchschnitt um 18 Prozent, wenn man die Qualitätsverbesserung berücksichtigt. Und gleichzeitig stieg die Nachfrage weiter. Ein Beispiel: Wie teuer waren die ersten Digitalkameras, wie billig sind sie heute? Trotz des stetigen Preisverfalls haben Kameraliebhaber keineswegs den Kauf ewig aufgeschoben. Die Deflation der Kamerapreise hat die Industrie nicht in eine Abwärtsspirale getrieben.

Besonders interessant sind für die Forscher solche Datenreihen, wo die Preise zeitweilig stiegen und dann sanken oder umgekehrt. Die IfW-Ökonomen haben untersucht, wie sich die Nachfrage änderte, wenn sich ein Preistrend umdrehte. Das Bild war gemischt. Aber es unterstützte nicht die These der Konsumzurückhaltung. Bei 43 untersuchten Gebrauchsgütern, deren Preistrend sich änderte, sprachen zehn Fälle für, aber 33 gegen die These von der Konsumzurückhaltung in Erwartung fallender Preise. Es gebe mithin „kaum Evidenz für die konsumhemmende Wirkung sinkender Preise", schreiben die IfW-Forscher. Henning Klodt rät den Zentralbanken, sie sollten dem Deflationsgespenst „gelassen ins Auge blicken".

Doch wenn es um Inflation und Deflation geht, bleiben nur die wenigsten Ökonomen und Bürger gelassen. Dabei gibt es eine mentale Kluft zwischen den Debatten in Deutschland und Amerika. Hierzulande sind die Ansichten noch immer vom Inflationstrauma der frühen 1920er Jahre geprägt. In den Vereinigten Staaten hat hingegen die Depression der frühen 1930er Jahre mit der begleitenden Deflation tiefe Narben hinterlassen.

Wenig Erinnerungen hat die Öffentlichkeit an die Deflationen im 19. Jahrhundert. Im Zeitalter des klassischen Goldstandards waren Inflationen die Ausnahme und deflationäre Phasen recht häufig, wie auch der frühere Fed-Chef Ben Bernanke in wirtschaftshistorischen Analysen festgestellt hat.

In Deutschland gab es nach dem geplatzten Gründerzeitboom 1873 eine recht ausgeprägte Deflation bis Mitte der 1880er Jahre. Zwar klagten viele Zeitgenossen über nominal sinkende Löhne und Einkommen. Aber sie übersahen, dass der reale Wert ihrer Einkommen zunahm (die typische Geldillusion). Nach dem heutigen Stand der Forschung wuchs die Wirtschaft des Deutschen Reichs wieder kräftig, nachdem sie den „Gründerkrach" verdaut hatte. Es gab keine „Große Depression". Neue Industrien und steigende Produktivität trieben einen Konjunkturaufschwung in den 1880ern an. Das Preisniveau sank, weil die Wirtschaft produktiver wurde und der Output wuchs, während die Geldmenge nur langsam expandierte. Durch die Deflation konnten sich die Menschen mehr leisten und wurden real reicher.

Zu sagen, dass es „gute Deflationen" gibt, gilt heute aber als ketzerisch. Keynesianische und auch die meisten Mainstream-Ökonomen fürchten Deflationen wie den Gottseibeiuns. Sie sollten den Jahresbericht 2014 der Bank für Internationalen Zahlungsausgleich (BIZ), des Ober-Instituts der Zentralbanken der Welt, genau lesen.[30] Darin steht: Es gebe „zuhauf Beispiele ‚guter' oder zumindest ‚gutartiger' Deflationsepisoden in dem Sinne, dass diese Episoden mit Phasen einhergingen, in denen die Wirtschaftsleistung trendmäßig wuchs oder nicht leicht und vorübergehend schrumpfte". Solche gutartigen Deflationsepisoden waren typisch in der Zeit vor dem Ersten Weltkrieg, während in der Zwischenkriegszeit kostspieligere Deflationen zu verzeichnen waren, die das reale BIP-Wachstum belasteten. „Die Deflationsepisoden der letzten zweieinhalb Jahrzehnte", schreibt die BIZ, als die Globalisierung die Preise drückte, „entsprechen im Schnitt eher dem Typus der guten Deflation."

Es gebe „kein inhärentes Risiko einer Deflationsspirale", betont die BIZ, die sich dabei auf eine Studie ihres Volkswirts Claudio Borio und von

Andrew Filardo beruft. Starke und anhaltende Preisrückgänge seien ziemlich selten. In Japan fielen die Preise über mehr als ein Jahrzehnt kumuliert nur um 4 Prozent. Das war nicht besonders viel.

Ein größerer Schaden für die Volkswirtschaft ergibt sich aber dann, wenn es zu „Vermögenspreisdeflation“ und einer „Debt Deflation“ kommt. Dieses Phänomen hat als Erster der Ökonom und Investor Irving Fisher in der Weltwirtschaftskrise analysiert: Anleger verkaufen in Panik ihre Wertpapiere und Beteiligungen, was den Preisverfall noch beschleunigt. Gleichzeitig wächst die reale Last der Kredite der Investoren und Haushalte.

Damit nähern wir uns dem Kern des Problems: Deflation ist vor allem eine Belastung für Schuldner. Die derzeit in der Eurozone so niedrige Inflation besorgt die EZB, Politiker und Ökonomen, weil den Schuldnern Geldentwertung fehlt, die ihnen die Last abnimmt. Wenn die EZB nun wieder große Geldspritzen vorbereitet, dann primär mit Blick auf die Schuldnerländer. Inflation bedeutet Umverteilung. Sie bewirkt einen Transfer von den Gläubigern (vor allem in Deutschland) zu den Schuldnern (in Südeuropa). Wäre es nicht ehrlicher, diesen Transfer offen zu benennen, statt falsche Argumente über die Deflation vorzuschieben?

Die Zentralbank zielt daneben

Für Deutschland wäre ein Leitzins von 4 Prozent angemessen, für Südeuropa viel weniger.

Seit Beginn der Euro-Währungsunion steht die Europäische Zentralbank (EZB) vor einem schier unlösbaren Problem: Sie muss einen einheitlichen Leitzins setzen, der Euroraum ist aber ein sehr heterogenes Gebilde mit Volkswirtschaften ganz unterschiedlicher Stärke. Der am Euro-Durchschnitt bemessene Leitzins zielt im Grunde immer daneben. Für einige Länder mit guter Konjunktur müsste die Geldpolitik eigentlich straffer sein, für die rezessionsgeschwächten Länder im Süden dagegen noch viel lockerer. Euro-Kritiker haben früh gewarnt, dass eine „One size fits all“-Geldpolitik große Probleme aufwirft.

Dass der Leitzins für Deutschland objektiv viel zu niedrig ist, zeigte eine Berechnung des Brüsseler Thinktanks Bruegel vom Frühjahr 2014.[31] Damals stand der EZB-Leitzins noch bei 0,25 Prozent, heute sind es null Prozent: Nach der Bruegel-Berechnung hätte er aber damals für Deutschland bei rund 4 Prozent stehen sollen. Ist die Geldpolitik zu locker, drohen Verzerrungen, konjunkturelle Überhitzung und im schlimmsten Fall Blasen. Außerdem fühlen sich die Sparer durch die Mini-Zinsen um ihre Altersvorsorge gebracht und enteignet. Auch für andere Kernländer wie

Österreich und Belgien, Finnland und auch Frankreich ist der EZB-Leitzins zu gering. Für sie sollte er nach der Bruegel-Berechnung zwischen 3 und 1,5 Prozent betragen.

Dagegen stöhnen die Südländer, weil aus ihrer Sicht die Geldpolitik nicht locker genug ist. Für Griechenland, das nach fünf Jahren Rezession unter extrem hoher Arbeitslosigkeit und Deflation leidet, wäre nach Bruegel-Berechnung ein Leitzins von minus 15 Prozent angemessen (was praktisch kaum möglich ist). Für Spanien sollte der Leitzins auf minus 4 Prozent, in Portugal auf minus 2 Prozent, in Italien auf minus 1 Prozent gesenkt werden. Die Spanne der „korrekten" Zinsen liegt also bei 4 bis minus 15 Prozent. „Solch eine gewaltige Diversität macht die Arbeit der Europäischen Zentralbank extrem kompliziert", schreibt Bruegel-Ökonom Zsolt Darvas.

Um angemessene Leitzinsniveaus zu berechnen, orientieren sich die meisten Ökonomen an der Taylor-Regel, die der Stanford-Professor John Taylor in den neunziger Jahren entwickelt hat. Die Formel ist ganz einfach: Man misst, wie weit die Inflation von der Zielrate (im Euroraum knapp unter 2 Prozent) entfernt liegt und wie groß die Lücke zwischen Leistung und Potential der Volkswirtschaft ist. Je niedriger die Inflation und je großer die Output-Lücke, desto tiefer sollte der Leitzins liegen. Bruegel hat eine modifizierte Taylor-Regel verwendet, die sich an der Kerninflationsrate und der Arbeitslosenquote orientiert. Deshalb kommt er für Griechenland auf besonders niedrige Leitzinsen.

Die Taylor-Regel gibt Zentralbanken Orientierung, sie haben sie aber schon öfters in den Wind geschlagen. In den Boomjahren vor der großen Finanz- und Wirtschaftskrise betrieben die großen Zentralbanken, allen voran die amerikanische Fed, eine zu lockere, expansive Geldpolitik. Deshalb tragen sie eine Mitschuld an der Krise, weil die Überdosis billigen Geldes Immobilienblasen und Überkapazitäten in verschiedenen Ländern entstehen ließ, die dann geplatzt sind. Zur Krisenbekämpfung haben die Zentralbanken dann die Leitzinsen nahe an die Nullgrenze gedrückt und die Märkte mit Geld geflutet. Einige Ökonomen, etwa die Fachleute der Bank für Internationalen Zahlungsausgleich (BIZ), warnen aber, dass die positiven Wirkungen der Billiggeldpolitik mit der Dauer abnehmen und gefährliche Nebenwirkungen zunehmen. Andere Ökonomen dringen auf eine noch expansivere Geldpolitik durch eine „quantitative Lockerung", also den massenhaften Ankauf von Wertpapieren. Die EZB hat in Modellrechnungen schon einmal eine 1000-Milliarden-Geldspritze durchgespielt. Die Bundesbank sträubt sich dagegen, viele Süd-Notenbanken hätten wohl gerne ein solches Kaufprogramm.

Wie gespalten der Euroraum ist, zeigt auch die Debatte über den Wechselkurs. Seit der Euro-Kurs zeitweise nahe an die Marke von 1,40 Dollar gerückt ist, hört man vermehrt Wehklagen aus den schwachen Volkswirtschaften. Deren Güter sind bei einem solchen Kurs auf dem Weltmarkt schwerer verkäuflich. Für die exportstarke deutsche Wirtschaft ist der aktuelle Wechselkurs von 1,38 Dollar aber sicher nicht zu hoch. Laut einer aktuellen Berechnung der Bank Morgan Stanley wäre für Deutschland ein Kurs von 1,52 Dollar angemessen. Für die weit weniger wettbewerbsfähige spanische, portugiesische und französische Wirtschaft sollte der Euro dagegen auf 1,27 bis 1,23 Dollar, also um 8 bis 10 Prozent abwerten, für Italien sogar um 15 Prozent. Griechenland ist so schwach, dass für die Hellenen der Euro-Kurs bei 1,02 Dollar liegen sollte. Das aber wäre für Deutschland ein großes Problem: Unsere Exporte würden aufgebläht, für Importe müssten wir viel zu viel zahlen.

Auch ein sehr niedriger Leitzins wird auf Dauer zu einem gefährlichen Stimulanz. Bei einer stärkeren Konjunktur in Deutschland besteht das Risiko einer Überhitzung. Die Preise für Immobilien in Großstädten könnten vollends durch die Decke schießen. Zwar beteuert Bundesbank-Chef Jens Weidmann, er werde sich bei Anzeichen von allgemeinen Preisrisiken rechtzeitig für eine straffere Geldpolitik einsetzen. Es ist aber fraglich, ob er sich gegen die Vertreter der schwachen Länder durchsetzen könnte, die – auch wegen der Schuldenberge – auf niedrige Zinsen angewiesen sind und eher mehr als wenig Inflation wünschen.

Die Behauptung der EZB, sie würde die Leitzinsen stets mit Blick auf das Ganze setzen, ist schon länger als Illusion entlarvt worden. Eine Untersuchung von Bernd Hayo (Universität Marburg) und Pierre-Guillaume Méon (Freie Universität Brüssel) hat mittels Taylor-Regel-Simulationen gezeigt, dass der EZB-Rat sich nicht strikt am Euroraum-Durchschnitt orientiert.[32] Vielmehr schielen die nationalen Notenbank-Chefs und die Direktoriumsmitglieder auf die heimische Wirtschafts- und Inflationslage.

Was kann die Bundesbank tun, um einer Überhitzung hierzulande gegenzusteuern? Die Bruegel-Ökonomen erinnern an die Möglichkeit sogenannter „makroprudentieller Maßnahmen“. Die Bankenaufsicht könnte die Kreditvergabe durch strengere Eigenmittelanforderungen drosseln. Allerdings ist fraglich, ob solche Maßnahmen die enorme Wucht eines zu niedrigen Leitzinses wirklich abfangen könnten. Angesichts früherer verheerender Erfahrungen mit wandernden Blasen sind Zweifel angebracht.

Die Schrumpfgeld-Verschwörer

Die Existenz von Bargeld verhindert hohe Negativzinsen. Einige wollen es deshalb abschaffen.

Im Bundesfinanzministerium sind sie überrascht über die heftige Reaktion in der Bevölkerung auf den Plan einer Obergrenze für Barzahlungen. Auch die Schritte der Europäischen Zentralbank (EZB) zur Abschaffung der 500-Euro-Banknote – begründet mit dem Kampf gegen Geldwäsche – haben zu Besorgnis in der Bevölkerung geführt. Geht es wirklich nur gegen Kriminelle? Oder stecken hinter den Vorstößen zur Einschränkung des Bargelds noch andere Überlegungen, etwa die, dass Negativzinsen für alle möglich werden, wenn es nicht mehr Bargeld als Alternative gibt?

„Verschwörungstheorie", heißt es abwehrend in Berlin und Frankfurt, wenn sie mit diesem Vorwurf konfrontiert werden. Und doch gibt es schon seit Jahren Überlegungen einflussreicher Ökonomen, wie die sogenannte Nullzinsgrenze der Zentralbanken durch geschickte Politik überwunden werden kann.

Angefangen hat damit Willem Buiter im Jahr 2009. In der schweren Rezession, als die Notenbanken die Leitzinsen überfallartig senkten, legte er ein Arbeitspapier vor, wie die nominalen Leitzinsen auch unter die Marke von null Prozent gedrückt werden könnten.[33] Der Niederländer Buiter, der im Lauf seiner Karriere von der Hochschule zur Hochfinanz (zur Großbank Citigroup) gewechselt ist, fällt häufig durch ungewöhnliche Vorschläge auf. In der Euro-Krise etwa fand er die Idee reizvoll, die EZB könne einfach Geld aus dem Hubschrauber abwerfen – und auf diese Weise die aus seiner Sicht zu niedrige Inflationsrate wieder anheben, wenn die Menschen mit dem Helikopter-Geld einkaufen gingen.

Neben dem monetären Zuckerbrot kennt Buiter aber auch die Peitsche. In seinem Papier über „drei Wege, um die Nullzinsgrenze zu überwinden", stand als erstes der Vorschlag, das Bargeld abzuschaffen. Denn die Bürger könnten dann zur Abwehr von Negativzinsen nicht mehr ihr Geld vom Konto abheben.

Die älteste Überlegung zu Negativzinsen, die Buiter in der ökonomischen Fachliteratur finden könnte, stammt von dem umstrittenen Theoretiker Silvio Gesell aus dem Jahr 1916. Auf ihn geht die Idee des „Schrumpfgeldes" zurück, damit die Leute das Geld nicht horten, sondern es schnell ausgeben und in den Wirtschaftskreislauf einschleusen. Das Abwerten geschieht über eine Gebühr für einen Stempel oder eine Klebemarke auf den Scheinen, ohne die sie nicht gültig sind. In der Wirtschaftskrise der frühen dreißiger Jahre gab es vereinzelt Experimente mit solchem Schrumpfgeld, etwa im Tiroler Örtchen Wörgl. Auch in den Vereinigten

Staaten und Kanada führten einige Gemeinden wöchentliche Stempelsteuern auf Geldscheine ein. Keynes zeigte sich in seiner „General Theory" beeindruckt von Gesells Idee.

In einer schweren Rezession oder in einer Deflation müsse die Zentralbank den Leitzins weit unter die Nulllinie senken, ist Buiter überzeugt. In Amerika hätte die Fed den Leitzins 2009 auf minus 5 Prozent bis minus 7,5 Prozent setzen sollen, besagen verschiedene Schätzungen. In solchen Situationen sollte man über Stempelsteuern oder einen anderen Weg der kontinuierlichen Abwertung des Bargeldes nachdenken, findet Buiter. Auch in der aktuellen Lage der Eurozone mit sehr niedriger Inflationsrate gehört er zu den Warnern vor Deflation und macht Druck zu einer weiteren Senkung der Leitzinsen.

Nach ihm haben sich verschiedene andere bekannte Ökonomen öffentlich zu der Idee bekannt, Bargeld abzuschaffen. Kenneth Rogoff, der frühere Chefvolkswirt des Internationalen Währungsfonds (IWF), hat 2014 in einem Arbeitspapier „Kosten und Nutzen eines Auslaufens von Papiergeld" diskutiert.[34] Ein Ende des Bargelds würde bei der Bekämpfung von Steuerhinterziehung, Schattenwirtschaft und Kriminalität helfen. Das noch wichtigere Argument für eine Bargeldabschaffung brachte Rogoff in dankenswerter Klarheit bei einer Ifo-Vorlesung so auf den Punkt: „Die Zentralbanken könnten auf diese Weise leichter Negativzinsen durchsetzen, um so die Wirtschaft anzukurbeln." Denn Papiergeld sei „das entscheidende Hindernis, die Zentralbank-Zinsen weiter zu senken". Die Abschaffung sei daher „eine sehr einfache und elegante Lösung für das Problem".

Die Liste der Ökonomen, die sich inzwischen für diese „Lösung" erwärmen, wird mittlerweile immer länger. Amerikas Ex-Finanzminister Larry Summers, ein sehr einflussreicher Ökonom von der Harvard-Universität, der seit Jahren vor einer „säkularen Stagnation" der Welt warnt, hält Negativzinsen – und dafür das Bargeld-Aus – für den Ausweg. Der Würzburger Professor Peter Bofinger, der auf Vorschlag der Gewerkschaften im Rat der „Wirtschaftsweisen" sitzt, will dem „anachronistischen" Bargeld mit einer konzertierten Aktion den Garaus machen. Sämtliche wichtigen Zentralbanken, die amerikanische Fed, die EZB, die Schweizer Nationalbank, die Bank von England und die Bank von Japan, sollten gleichzeitig das Bargeld abschaffen.

Auffällig ist, dass die Befürworter von Negativzinsen oft auch die gleichen sind, die große Scheine abschaffen wollen. Summers hat vor kurzem das Ende des 100-Dollar-Scheins gefordert. „It's time to go after big money", schrieb er und verwies auf eine Studie des Ex-Bankers Peter Sands, der eine enge Verbindung großer Geldscheine zu Kriminalität und Terrorismus beklagt. Die 500-Euro-Note sei der „Bin Ladin" unter den Geldscheinen.

Auch Summers regt ein internationales Abkommen an, mit dem auf der ganzen Welt auf einen Schlag große Geldscheine abgeschafft würden.

Für Banken, die Liquidität bei der EZB parken, gibt es schon heute Negativzinsen. Bislang sind es 0,3 Prozent Strafzins. Die Schweizer Nationalbank hat, um die Frankenaufwertung zu stoppen, den negativen Einlagenzins sogar auf 0,75 Prozent erhöht. Das scheint in etwa die Schmerzgrenze zu sein, bevor die Banken ihr Geld abziehen, denn auch Bargeld verursacht ja Kosten, etwa für die Lagerung in Safes oder die Bewachung. Aber geht es vielleicht doch noch weiter? Die Analysten der Großbank JP Morgan haben kürzlich prognostiziert, dass mit gestaffelten Sätzen die Einlagenzinsen der Zentralbanken noch deutlich weiter in den negativen Bereich gedrückt werden könnten: Minus 1,3 Prozent in Amerika, minus 2,5 Prozent in England und minus 4,5 Prozent für die EZB halten sie für möglich.

Der IWF vertieft unterdessen seine Überlegungen. In einem Arbeitspapier vom Herbst analysieren die IWF-Ökonomen Ruchir Agarwal und Miles Kimball die Möglichkeiten, den Wert von Papiergeld gegenüber elektronischem Buchgeld gezielt zu variieren.[35] Das elektronische Geld könnte der Fixpunkt werden, an dem alle Preise und Löhne aufgehängt sind, das Bargeld würde von der Zentralbank bei Bedarf abgewertet. Auf vierzig Seiten untersuchen sie detailliert ökonomische, rechtliche und politische Aspekte dieser „Herausforderung“. All diese Überlegungen sind öffentlich – und keineswegs eine Verschwörungstheorie.

5. Teil: Mensch, Gesellschaft und Umwelt

Größer und fetter

Erst Wachstum in die Höhe, dann in die Breite. Die seltsame Evolution des Menschen.

Der Homo sapiens ist schon ein ganz besonderes Tier. Auf raffinierte Weise hebelt er die Evolutionstheorie aus. Tiere und Pflanzen passen sich der Umwelt an und erhöhen so ihre Überlebenschance, Homo sapiens macht es umgekehrt: Er passt die Umwelt seinen Bedürfnissen an. Der technisch begabte Mensch nimmt seine Evolution selbst in die Hand.

Durch die „techno-physische" Evolution, wie es der Wirtschaftshistoriker und Nobelpreisträger Robert Fogel (Universität Chicago) nennt, hat der Mensch seine Lebensweise revolutioniert. Er ist über sich selbst hinausgewachsen – auch im wörtlichen Sinne. Der moderne Mensch ist im Durchschnitt viel besser ernährt, größer, stärker und gesünder als jemals zuvor, seine Lebenserwartung hat sich in nur etwa zwei Jahrhunderten verdoppelt. In alldem zeigt sich die enorme Zunahme des Lebensstandards, wie Fogel mit drei weiteren Autoren in dem neuen Buch „The Changing Body" beschreibt.[1]

In den 12 bis 15 Generationen seit 1700 hat sich die Menschheit schneller und substantieller verändert als in Jahrtausenden zuvor. Es gibt viel mehr Menschen – in Großbritannien etwa hat sich die Bevölkerungszahl von 5,5 auf heute 60 Millionen verzehnfacht. Sie sind viel reicher (die realen Einkommen sind um den Faktor zehn gestiegen) und leben gut doppelt so lang (statt 38 Jahre nun 75 Jahre die Männer und 80 Jahre die Frauen).

Doch was brachte den großen Schub zu mehr Wohlstand? Viele Wirtschaftshistoriker nennen vor allem den technischen Fortschritt und die industrielle Revolution als Treiber. Die Autoren von „The Changing Body" betonen dagegen die physischen Voraussetzungen und die Wechselwirkung von physischer und ökonomischer Lage der Menschheit.

Unterernährte Arbeiter können kaum Leistung bringen. Ihre Kinder sind schwach, kränklich und untersetzt. Um das Jahr 1780 waren 14-jährige Jungen aus Londoner Slums bloß 1,30 Meter groß. Gleichaltrige Kinder aus der Oberschicht überragten sie um fast eine Kopflänge. 200 Jahre später messen 14-jährige Londoner Buben aller Schichten im Durchschnitt 1,55 Meter. Ihre Ernährung und Gesundheit sind viel besser. Der Unterschied zwischen Einkommensgruppen ist auf wenige Zentimeter eingeebnet, wenn auch nicht völlig verschwunden.

Die These der Forscher lautet, dass uns die Größe der Menschen viel mehr über ihren Wohlstand erzählt als bislang gedacht. Körpergröße und Stärke sind „Schlüssel zum Verständnis des Wirtschaftswachstums", sagt Roderick Floud vom Gresham College in London, einer der Autoren von „The Changing Body". Nicht die Dampfmaschine, sondern ein besseres Nahrungsangebot im achtzehnten Jahrhundert wegen agrarischer Fortschritte brachte einen günstigen Kreislauf in Gang: Wer als Kind (und schon im Mutterleib) ausreichend Nährstoffe erhält, wird größer. Er kann später härter und länger arbeiten, ist produktiver und erhält mehr Einkommen.

Das gilt sogar heute noch: Eine Studie aus Brasilien ergab, dass ein Prozent mehr Körpergröße mit acht Prozent mehr Lohn einhergingen. Und nicht nur in Schwellenländern, selbst in den hochtechnisierten Vereinigten Staaten, wo die physische Kraft von Arbeitern nicht mehr entscheidend ist, besteht der Zusammenhang: Ein Zentimeter mehr Körpergröße ging einher mit fünf bis zehn Prozent mehr Einkommen, errechnete der Yale-Ökonom T. Paul Schultz.

Korrelation heißt nicht unbedingt Kausalität. Die Zusammenhänge und Wechselwirkungen sind komplex, betonen die Autoren. Doch kommen viele ökonometrische Studien zu dem Ergebnis, dass eben doch ein kausaler Zusammenhang zwischen Größe und Einkommen besteht, auch wenn andere Faktoren wie Ausbildung, Berufserfahrung und Wohnort kontrolliert werden. „Wenn man die Länder Europas nach der Körpergröße ihrer Einwohner aufreiht", sagt Floud, „dann ist das nahe an einem Ranking nach Bruttoinlandsprodukt je Kopf."

Die „techno-physische" Evolution war und ist kein schnurgerader Weg des Fortschritts. Es gibt auch Abwege und Rückschläge. Körpergröße und Lebensstandard haben in den vergangenen drei Jahrhunderten nicht stetig zugenommen. Besonders strittig ist die Entwicklung zur Zeit der industriellen Revolution. Als Friedrich Engels über „Die Lage der arbeitenden Klasse in England" (1845) schrieb, waren die Lebensverhältnisse tatsächlich temporär härter und die Ernährung schlechter geworden. Die durchschnittliche Körpergröße von Männern sank zwischen 1820 und 1850 um fast fünf Zentimeter, schreibt Fogel.

Danach begann der Lebensstandard der Arbeiter langsam zu steigen. Ihre Kinder wurden gesünder, besser ernährt und größer. Immerhin half die Industrialisierung mit der höheren Produktion, das Überleben der fast dreimal größeren Bevölkerung zu sichern. Im zwanzigsten Jahrhundert wuchs der Wohlstand dann gewaltig. Das zeigt sich auch am Körperwachstum. Die Durchschnittsgröße der Briten nahm um mehr als sechs Zentimeter zu. In Dänemark und Norwegen betrug der Zuwachs 11 bis 13 Zentimeter, sie sind heute die größten Menschen der Welt. In Nordamerika sind die Menschen heute mehr als acht Zentimeter größer als im neunzehnten Jahrhundert – und rund 30 Pfund schwerer.

Robert Fogel, Jahrgang 1926, ist eigentlich Optimist. Die Trends der „techno-physischen" Evolution – mehr Wohlstand, bessere Gesundheit, längeres Leben – könnten sich auch in Zukunft fortsetzen. Irritierend ist nur, dass Homo sapiens nicht mehr in die Höhe, sondern zunehmend in die Breite geht, wie Fogel beklagt. In den Vereinigten Staaten gilt mindestens ein Viertel der Bevölkerung als fettleibig mit einem Body Mass Index über 30 (Beispiel: ein Mann von 1,80 Meter Größe, der mehr als 100 Kilogramm wiegt). Ihr Krankheitsrisiko nimmt zu, ihre Arbeitsleistung ab. Dass einmal Überernährung zum großen Problem der Massen würde, hätte im neunzehnten Jahrhundert wohl kaum einer gedacht.

Macht uns Geld nicht glücklich?

Ein alter Streit wird neu gedeutet: Der Wohlstand hat großen Einfluss auf die Zufriedenheit – aber es gibt noch viele andere, teils wichtigere Faktoren.

Die faszinierendste, aber auch umstrittenste These der Glücksforschung lautet, dass der zunehmende materielle Wohlstand die Menschen nicht dauerhaft zufriedener mache. Mehr Einkommen führe nicht zu mehr Glück, so besagt es das „Easterlin-Paradox". Es rüttelt damit an den Grundfesten der herkömmlichen Ökonomik. Denn fast alle Menschen versuchen doch, ihr Einkommen zu steigern. Und die (neo-)klassische Ökonomik geht davon aus, dass die Menschen durch ihr Handeln offenbaren, was sie wollen und was ihnen Nutzen stiftet – so hat es Paul Samuelson in der Theorie der „offenbarten Präferenzen" erklärt.

Die Grundannahme der liberalen Ökonomik lautet daher: Die handelnden Individuen wissen, was ihren Nutzen (ihr Glück) steigert. Entsprechend entscheiden sie. Nicht der Staat oder ein zentraler Planer soll für die Menschen festlegen, was sie tun sollen, sondern sie selbst sollen entscheiden. Es ist offensichtlich, dass die große Mehrheit der Menschen ein „Mehr" an Einkommen anstrebt. Dafür stehen sie frühmorgens auf, machen Überstunden, setzen ihre Kraft und ihren Grips ein, um Geld zu verdienen – weit mehr als sie für einen moderaten Konsum und Lebensstandard brauchen.

Aber wenn das Easterlin-Paradox zutrifft, dann rackern sich die Menschen vergeblich ab. Sie werden durch die Jagd nach Einkommen nicht glücklicher, sondern sind in einer „hedonischen Tretmühle" gefangen. Man strampelt sich ab, kommt aber nicht vom Fleck. Zwar stimmt es, dass man sich kurzzeitig besser fühlt, wenn man mehr verdient als der Nachbar oder der Kollege, mit dem man sich vergleicht. Die relative Einkommensposition hat einen starken Einfluss auf das subjektive Glücksempfinden. Doch wenn die Gesellschaft insgesamt reicher wird, dann lässt sich keine Zunahme der Lebenszufriedenheit erkennen.

Das zumindest legen die Daten aus Umfragen nahe, die Richard Easterlin, einer der Pioniere der Glücksforschung, erstmals 1974 ausgewertet hat. Auch spätere Befragungen in verschiedenen Ländern unterstützten diesen Befund. Für das deutsche „Sozioökonomische Panel" werden jährlich 20 000 Haushalte befragt. Sie müssen ihre Lebenszufriedenheit auf einer Skala von 0 (ganz und gar unzufrieden) bis 10 (ganz und gar zufrieden) einordnen. Obwohl das Pro-Kopf-Einkommen seit den frühen achtziger Jahren von knapp 20.000 Euro auf fast 35.000 Euro – inflationsbereinigt – geklettert ist, stagnierte die durchschnittliche Lebenszufriedenheit um den Wert 7. Geld macht also nicht glücklich?

Daniel Kahneman und Angus Deaton, die beide mit dem Nobelpreis ausgezeichnet wurde, haben 2010 Gallup-Befragungen von rund 450.000 Menschen ausgewertet und eine Grenze errechnet, ab der mehr Geld angeblich keinen Glücksgewinn mehr bringt: 75.000 Dollar Jahreseinkommen sind demnach die Glücksschallmauer. Wer nach mehr strebt, der strampelt sich also vergeblich in der Tretmühle ab. Kahneman und Deaton treffen allerdings eine feine Unterscheidung zwischen Zufriedenheit, einem andauernden Gefühl, und Glück, einer kurzfristigen Empfindung: Hohe Einkommen bis 75.000 Dollar bringen demnach Zufriedenheit, aber machen nicht tagtäglich glücklich. Ganz niedrige Einkommen sind allerdings sowohl mit wenig Lebenszufriedenheit als auch wenig Glücksmomenten verbunden.[2]

Bei einem hohen Einkommen gewöhnen uns aber recht schnell an den höheren Standard und empfinden ihn nicht mehr als besonders komfortabel. Ausgehend von dieser These kann man radikale politische Forderungen aufstellen. Sollte nicht der Staat korrigierend eingreifen, da die Menschen offenbar blind einem falschen Ziel nachjagen? Der „Kampf um relative Einkommen" sei doch absurd, wenn man dafür die wirklich wichtigen Dinge wie Zeit mit Freunden und Familie opfere, argumentiert etwa Richard Layard, einer der bekanntesten britischen Glücksforscher.[3] Er vergleicht das Streben nach mehr Wohlstand mit einem Suchtverhalten: Die Dosis müsse immer mehr gesteigert werden, um überhaupt noch dieselbe Wirkung zu erzielen. So geht das nicht! Um die Menschen zum rechten Glück zu bringen, empfiehlt Layard hohe, möglichst progressiv steigende Einkommensteuern. Einige Glücksforscher und Ökologen wollen noch härter eingreifen und Wirtschaftswachstum, Konsum und Ressourcenverbrauch strikt begrenzen.

Doch stimmt das Easterlin-Paradox wirklich? Die drei deutschen Ökonomen Joachim Weimann, Andreas Knabe und Ronnie Schöb haben ein Buch mit dem Titel „Geld macht doch glücklich" veröffentlicht, das grundsätzliche Zweifel am Easterlin-Paradox zusammenfasst, die sich aus neueren Studien ergeben.[4] Viele Ergebnisse der Glücksforschung lassen sie gelten, etwa dass für unsere Lebenszufriedenheit nichtmaterielle Faktoren wie Gesundheit, Freundschaften und Familie von entscheidender Bedeutung sind und dass länger andauernde Arbeitslosigkeit die Betroffenen besonders unglücklich macht. Aber die zentrale Easterlin-These, dass der allgemeine Wohlstandszuwachs in entwickelten Gesellschaften keine Rolle für die Lebenszufriedenheit spielen soll, das wollen die drei Buchautoren nicht glauben.

Zum einen haben verschiedene Wissenschaftler auf die fragwürdige Qualität der Daten aus dem „World Value Survey" hingewiesen, die Easterlin benutzte. In der weltweiten Befragung gibt es einige Verzerrungen. Die armen Länder sind unterrepräsentiert, doch erreicht die Umfrage dort eher obere Schichten. Vollständig vertreten sind im World Value Survey die ehemaligen Sowjetrepubliken, deren Menschen zwar nicht zu den ärmsten, aber wegen der politischen und sozialen Instabilität zu den unzufriedensten gehören. Als Alternative zum World Value Survey hat Angus Deaton 2008 die Antworten zur Lebenszufriedenheit aus dem Gallup World Poll in 140 Ländern untersucht. Und hier zeigt sich ein deutlicher positiver Zusammenhang zwischen Lebenszufriedenheit und Einkommen. Reichere Gesellschaften sind durchschnittlich zufriedener, obwohl der Zuwachs abflacht.

Zweitens machen Weimann, Knabe und Schöb einen fundamentalen methodischen Einwand. Es ist unzulässig, die Lebenszufriedenheit auf einer Skala von 0 bis 10 abzufragen und dann die Angaben über den Zeitverlauf zu vergleichen. Der Höchstwert der Skala bezieht sich eben nicht auf eine starre Obergrenze für das Glück, sondern verschiebt sich – je nachdem, was die Menschen für die höchstmögliche Stufe der Zufriedenheit halten. Je mehr die Menschen erreichen, desto mehr können sie sich vorstellen. Das obere Ende der Zufriedenheitsskala rutscht nach oben, die eigene Position sieht man darunter. Zu unterschiedlichen Zeitpunkten hat die Skala mithin unterschiedliche Aussagen. Intertemporale Vergleiche führen damit in die Irre.

Ein drittes Argument bezieht sich auf die steigende Lebenserwartung, die durch den wachsenden Wohlstand, die bessere Gesundheitsversorgung und weniger körperlich beschwerliches Arbeiten möglich wird. Das Easterlin-Paradox bezieht sich auf Angaben zur Zufriedenheit zu einem Zeitpunkt, es ignoriert aber die Dauer dieser Empfindung. Wenn die Menschen länger leben, genießen sie ihr relatives Glück länger. Allein daraus ergibt sich, dass steigender Wohlstand zu einer steigenden, weil längeren Zufriedenheit führt. Weimann, Knabe und Schöb jedenfalls warnen davor, eine überzogene Interpretation des Easterlin-Paradoxes zur Rechtfertigung für weitreichende Politikempfehlungen heranzuziehen.

Das Geld aber mit Sicherheit nicht alles ist, zeigen zahlreiche Umfragedaten, etwa jene für das Sozioökonomische Panel (Soep), die Gerd G. Wagner vom Deutsche Institut für Wirtschaftsforschung (DIW) und zwei Kollegen ausgewertet haben.[5] Weil die Forscher die Soep-Angaben der gleichen Person über einen langen Zeitraum mit ihren Lebensumständen verknüpfen, können sie ursächliche Faktoren für Lebenszufriedenheit ermitteln. Demnach erklärten sich diejenigen Menschen eher als zufrieden, die familiären und gemeinnützigen Zielen mehr Bedeutung als beruflichem Fortkommen oder materiellem Wohlstand beimessen. Das Zusammensein mit Freunden, eine stabile Partnerschaft sowie Kinder steigern das Glück mehr als das Streben nach Karriere oder Reichtum. „Unsere Ergebnisse unterstreichen die Bedeutung sozialer Ziele für ein gutes Leben", sagt Wagner. Ein weiteres Ergebnis: Häufige Kirchgänger sind ebenfalls eher glückliche Menschen. Auch körperliche Fitness, gemessen am Body-Mass-Index, macht zufriedener; allzu dünne Männer sowie sehr dicke Frauen waren relativ unglücklich.

Angst essen Verstand auf

Wir Deutschen sind Panik-Weltmeister und eingebildete Umwelt-Kranke. Während die reale Umweltverschmutzung nachlässt, steigt die Angst.

Der Gurken-Grusel erwies sich als Fehlalarm. Auch Tomaten und Salat waren unschuldig. Der tödliche Ehec-Erreger, der im Frühsommer 2011 ganz Deutschland erregte, saß auf Sprossen von einem Bio-Hof und floss in einem hessischen Bach herum. Bis das herauskam, hatte man in Deutschland schon tonnenweise Gurken, Tomaten und Salat vernichtet. Auf mehrere Hundert Millionen Euro belief sich der wirtschaftliche Schaden für die europäischen Bauern. Und trotz der Entwarnung blieben viele Verbraucher verunsichert.

Wie schon beim Rinderwahn (BSE), der Vogel- und der Schweinegrippe, Sars und den Dioxin-Eiern: Die Deutschen sind anfälliger für Hysterien als andere Nationen, sagt der Statistikprofessor Walter Krämer von der TU Dortmund. Er hat elektronische Archive von Zeitungen verschiedener Länder nach einschlägigen Angst-Vokabeln durchsucht und statistisch ausgewertet. Deutsche Medien brachten doppelt bis viermal so viele Angst-Meldungen wie französische, englische, italienische oder polnische

Zeitungen. „Im Angstmachen sind die deutschen Medien wirklich spitze", schreibt Krämer in seinem Buch „Die Angst der Woche".[6]

Nach einem nüchternen Blick in die Statistiken stellt Krämer fest: Die Leute sorgen sich vor den falschen Gefahren und können nicht mit Wahrscheinlichkeiten rechnen. Gesundheitsrisiken, die jedes Jahr zehn- oder hunderttausend vermeidbare Opfer fordern, nehmen wir recht lässig in Kauf. Beispielsweise sterben jedes Jahr in Deutschland mehr als 100.000 Menschen an Magen- und Darmkrebs und anderen Folgen von zu fettem Essen, rechnet Krämer vor. Doch das hält uns nicht vom Verzehr der saftigen Schweinshaxe ab. Auch Alkohol und Tabak genießen wir reichlich, obwohl schätzungsweise je 50.000 Todesfälle im Jahr darauf zurückgehen. „Große Sorgen machen sich viele Fettesser und Alkoholtrinker dagegen wegen der Pestizide im Gemüse, radioaktiver Strahlen, Luftverschmutzung oder BSE", stichelt Krämer. „Bis heute ist an BSE in Deutschland kein einziger Mensch gestorben, aber die dadurch verursachte Panik hat uns Steuerzahler rund eine Milliarde Euro und zahlreiche Landwirte das Vermögen und die Existenz gekostet; in England haben sich deswegen über 150 Farmer umgebracht."

Vollends überzogen und irrational erscheint die Reaktion der Deutschen auf den „Dioxin-Skandal". Ende 2010 wurden ein paar Hühnereier entdeckt, in denen mehr als 3 Pikogramm Dioxin je Gramm – der zulässige Grenzwert – gemessen wurden. Aber waren die Eier deshalb Giftbomben? Selbsternannte Verbraucherschützer heizten die Angst kräftig an. Doch die Grenzwerte sind willkürlich gezogen, kritisiert Krämer. So sind in Eiern bloß 3 Pikogramm je Gramm erlaubt, Schweinefleisch und Fisch, etwa der fettige Aal, enthalten aber oft ein Vielfaches – völlig legal. Die Menge Dioxin in den „verseuchten" Eiern lag weit unter jeder Gefahrengrenze, erklärte schließlich das Bundesinstitut für Risikobewertung.

Aber die Angst – geschürt durch Verbraucherschützer, Medien und Politiker – hatte längst den Verstand blockiert. Wie grotesk verzerrt die Risikowahrnehmung war, zeigt die nüchterne Statistik von Krämer: „In den vier Wochen der Dioxin-Panik wurden in Deutschland (ich extrapoliere hier einmal die Zahlen vom Januar 2009) 32 Menschen ermordet, 296 von Autos totgefahren, 740 fielen im Haushalt von der Leiter und brachen sich das Genick oder kamen bei anderen häuslichen Unfällen ums Leben, 46 starben an verschluckten Fischgräten und Schinkenscheiben, je 14 durch Ertrinken (im Januar!) und Erfrieren, 30 an Verbrennungen, mehrere hundert durch Unfälle bei der Arbeit, von den jeweils über 20.000 frühzeitigen Todesfällen durch Alkohol und fettes Essen allein in den ersten vier Wochen des Jahres gar nicht erst zu reden."

Die meisten Menschen könnten Zahlen und Wahrscheinlichkeiten einfach nicht richtig einordnen, bedauert Krämer. Chemische Stoffe und physikalische Einheiten klingen rätselhaft und gefährlich. 3 Pikogramm Dioxin sind 3 Billionstel Gramm. Eine so verschwindend geringe Menge Dioxin liegt nur knapp über der Messbarkeitsgrenze. Erst seit einigen Jahren sind die Diagnostikinstrumente der analytischen Chemie derart fortgeschritten, dass sie solch winzige Konzentrationen überhaupt erfassen. Krämer meint: „Vor allem deshalb, weil die Analysen immer feiner werden, und nicht, weil wirklich alles immer mehr vergiftet würde, kommen heute an allen Ecken und Enden neue Schadstoffe ans Tageslicht."

Ein gängiges Stilmittel in Panik-Meldungen ist der Konjunktiv: Dieses und jenes „könnte" schädlich sein, „steht im Verdacht" krebserregend zu sein, „könnte" impotent machen, „könnte" für den Anstieg eines Risikos verantwortlich sein. Die Studien, die solchen Meldungen zugrunde liegen, sind oft äußerst zweifelhaft. Als probate „Panik-Regel" formuliert der Statistiker Krämer: „Erwähne vor allem das relative und wenn möglich nicht das absolute Risiko… Melde also nie: ‚Im Bundesdurchschnitt bringt sich jedes Jahr einer von 1000 Menschen um, in der Einflugschneise von Flughäfen sind es dagegen zwei, sondern: ‚Fluglärm treibt die Menschen in den Tod! Selbstmordrate um 100 Prozent erhöht." Umwelt- und Verbraucherschutzorganisationen, Lobbys und Medien spielen mit der Angst der Menschen. In Deutschland funktioniert das so gut, dass der Begriff „German Angst" weltweit bekannt ist.

Als Folge der ständigen Warnungen glauben viele, dass die Belastung der Umwelt und die Gesundheitsrisiken in Deutschland steigen, obwohl nach allen Statistiken das Gegenteil der Fall ist. „Da werden die deutschen Flüsse seit Jahrzehnten sauberer, die Felder und Wälder grüner, die Jungsenioren gesünder, beim Zahnarzt tut es nicht mehr halb so weh wie früher, die Schadstoffbelastung der Atemluft, die Keime im Trinkwasser, die Nebenwirkungen der Arzneimittel gehen Jahr für Jahr zurück", schreibt Krämer, „aber die Klagen über ebendiese Nebenwirkungen, über Umweltverschmutzung und Chemiebelästigung nehmen eher zu." Der Statistikprofessor geht von einer Zahl von 5 bis 10 Millionen eingebildeten Umweltkranken aus – ist das jetzt Panikmache?

Das Märchen vom guten Strom

Viele Milliarden ausgeben für wenig CO_2-Einsparung: Darauf ist Deutschland auch noch stolz.

Es war einmal ein Volk, das wollte die Umwelt und das Klima schützen. Voller Eifer machte es sich daran, Solarzellen auf Dächer und Felder zu montieren. Und auf jeden Hügel setzte es ein Windrad. Die Regierung versprach, der so produzierte Strom werde zu einem garantierten hohen Preis abgenommen. Bald gab es eine Million Solaranlagen. Mehr als die Hälfte der Weltkapazität an Solaranlagen stand in dem eher sonnenarmen Land. Zwar kostete die Einspeisevergütung viel Geld, jedes Jahr mehrere Milliarden Euro für Solar und nochmals mehr Milliarden für Windkraft. Doch die Deutschen zahlten gerne für den „guten" Strom. Schließlich helfe der, das Klima zu schützen, weil bei der Erzeugung kein Kohlendioxid (CO_2) ausgestoßen werde.

Allerdings gab es in dem fleißigen Volk von Umweltschützern auch einige Nörgler, sogenannte Ökonomen, die ihnen eine unangenehme Wahrheit zu erklären versuchten: Keine einzige Tonne, nicht einmal ein Gramm CO_2 wird durch all die Solaranlagen oder Windräder eingespart! Auch das EU-Verbot der Glühbirne entlastet das Klima nicht um ein Gramm Treibhausgas!

Das klingt ungeheuerlich, ist aber einfach zu erklären: Die Gesamtmenge an Emissionszertifikaten, die den CO_2-Ausstoß von Stromerzeugern und Industrie in Europa begrenzt, wird politisch festgelegt. Wenn die Stromkonzerne weniger CO_2 ausstoßen, weil der Anteil an Solar- und Windstrom steigt, dann sinkt der Preis für die Zertifikate. Die Folge: Andere Nachfrager aus der Industrie greifen zu und leisten sich mehr Emissionen, bis das Kontingent ausgeschöpft ist. Die Milliarden zur Förderung von Solaranlagen oder Windrädern in Deutschland sind somit ein denkbar schlechtes Investment für den Klimaschutz.

Zu den schärfsten Kritikern der deutschen Klimapolitik gehört der renommierte Umweltökonom Joachim Weimann, der an der Universität Magdeburg lehrt. In seiner Streitschrift „Die Klimaschutzpolitik-Katastrophe" erklärt er auch für Laien gut verständlich, warum der eingeschlagene Weg ein unglaublich teurer, ineffizienter und letztlich kontraproduktiver Irrweg ist.[7] Für eine Tonne CO_2-Vermeidung durch eine Windkraftanlage zahlen wir etwa das Fünffache, mit Solaranlagen sogar mindestens das Dreißigfache dessen, was die günstigste Vermeidungsform kosten würde – nämlich die Hebung der Effizienzreserven in konventionellen Kraftwerken und Industrieanlagen.

Die Relationen ergeben sich schlicht aus den Grenzvermeidungskosten. Damit bezeichnen Ökonomen jene Kosten, die entstehen, wenn man die Emissionen um eine Einheit senken will. Der Preis für ein Zertifikat für eine Tonne CO_2 lag seit Beginn des Handels im Jahr 2005 an der Leipziger Energiebörse durchschnittlich bei 20 Euro. So viel zahlen Stromkonzerne und Industriebetriebe für das Recht, eine Tonne CO_2 in die Atmosphäre zu blasen. Ihre Grenzvermeidungskosten liegen also nicht darunter, sonst könnten sie ja Geld sparen, indem sie Anlagen und Kraftwerke modernisieren und dort Emissionen vermeiden.

Für 15 bis 20 Euro kann man an der Energiebörse eine Tonne CO_2 aus dem System herauskaufen. Die in Deutschland montierten Windkraftanlagen haben deutlich höhere Grenzvermeidungskosten: in der realistischen Berechnung mehr als 100 Euro je Tonne CO_2, also gut das Fünffache des Zertifikatepreises. Und für Solaranlagen ist die Kosten-Nutzen-Bilanz noch viel ungünstiger: Ihr Wirkungsgrad ist ohnehin ziemlich gering, im sonnenarmen Deutschland ist die Energieausbeute besonders schlecht. Die Grenzvermeidungskosten der derzeitigen Solaranlagen betrugen vor einem Jahrzehnt zwischen 600 und 1100 Euro je Tonne CO_2. Inzwischen sind sie wohl etwas gefallen, aber immer noch hoch.

Deutschland leistet sich einen verhängnisvollen Öko-Irrweg, kritisiert Weimann: „Das Problem ist die Verschwendung von Ressourcen, die wir im Kampf um das Klimasystem bitter nötig brauchen. Wir können diesen Kampf nur gewinnen, wenn wir unsere begrenzten Mittel so einsetzen, dass dabei das Maximum an Klimaschutz herauskommt."

Wo aber die günstigsten Einsparpotentiale für Emissionen liegen, kann die Politik nicht wissen. Für einen zentralen Planer ist es eine unlösbare Aufgabe, die nötigen Informationen zu sammeln, welche der möglichen Technologien für welche Produkte genutzt werden sollen. An diesem Informationsproblem sind die Planwirtschaften gescheitert. Und auch die deutsche Politik, die in bester planwirtschaftlicher Manier bestimmte Quoten für bestimmte Technologien festlegt und fördert, weiß nicht, was sie tut.

Um die Subventionierung der erneuerbaren Energien zu verschleiern, werden die Milliarden diskret über die Stromrechnung der Haushalte abgebucht. Allein für die seit 2005 installierten Solaranlagen werden in den kommenden zwanzig Jahren mindestens 27 Milliarden Euro Einspeisevergütung fällig. So verdient sich die Solarbranche eine goldene Nase. Zugleich brüstet sie sich, Arbeitsplätze zu schaffen, doch verschweigt sie, dass jeder einzelne mit gut 150.000 Euro im Jahr subventioniert wird.

Derweil lassen sich die Deutschen einlullen vom „Märchen von dem ‚guten' und dem ‚schlechten' Strom", schreibt Weimann. Die Deutschen lieben Märchen. Das Öko-Märchen entspricht ihrer romantischen Ader. Demnach sind Ökologen für die grünen Wälder zuständig, Ökonomen sind dagegen für rauchende Schornsteine verantwortlich.

Doch Ökologie und Ökonomie lassen sich sinnvoll vereinbaren. Weimann plädiert dafür, auf alle verzerrenden Subventionen zu verzichten und stattdessen den Zertifikatehandel konsequent und umfassend zu nutzen. Indem jede Tonne CO_2 mit einem Preis belegt wird (der steigt, wenn die Menge in jeder Handelsperiode verknappt wird), spüren Unternehmen den Kostendruck und suchen nach Einsparpotentialen. Die mit den niedrigsten Grenzvermeidungskosten werden als Erste aktiv. So erreicht man den maximalen Effekt mit dem geringsten Aufwand.

Allerdings werden alle Mühen vergeblich sein, wenn es nicht gelingt, das globale Problem der Erderwärmung auch mit einem wirklich globalen CO_2-Abkommen zu bekämpfen. Wenn sich nur ein Teil der Industrienationen ehrgeizige Minderungsziele setzt, verlagern sich die Emissionen bloß: Wir verfeuern weniger Brennstoffe, deren Preis sinkt, und andere kaufen und verbrennen mehr.

Daher ist ein kollektiver Beschluss notwendig. Damit die Kosten der kollektiven Anstrengung nicht unerträglich werden, muss das CO_2-Minderungsziel so effizient wie möglich angestrebt werden. Mit dem planwirtschaftlichen Irrweg wird es nicht klappen. Die Aussichten auf eine wirkungsvolle Klimapolitik seien ohnehin nicht groß, warnt Weimann, und „sie sind nahe null, wenn wir nicht lernen, uns auf die kosteneffizienten Instrumente zu konzentrieren".

Neid bremst den Fortschritt

Nur wenn soziale Unterschiede zugelassen werden, kann die Wirtschaft wachsen.

Wonach strebt der Mensch? Die klassische Ökonomik hatte eine einfache Antwort: Der Mensch strebt in wirtschaftlichen Dingen danach, seinen persönlichen Nutzen zu maximieren. Die Klassiker zeichneten das Bild des „Homo oeconomicus", der streng rational aus verschiedenen Optionen jene mit dem höchsten Nutzen für sich auswählt. Eine neuere, experimentelle Wirtschaftsforschung malt ein großes Fragezeichen hinter den „Homo oeconomicus". Steht damit ein Paradigmenwechsel an?

Das in den achtziger Jahren von Bonner Ökonomen um Werner Güth begonnene Experiment namens Ultimatum-Spiel zeigt, dass Menschen nicht nur ihren eigenen materiellen Nutzen maximieren wollen, sondern sehr genau schauen, was andere bekommen. Unter Umständen tritt in den Experimenten ein klar destruktives Verhalten zutage: Probanden verzichten auf eigenen Gewinn, damit nur kein Mitspieler übermäßig mehr gewinnt. Einige Forscher sprechen von „sozialer Präferenz" – man könnte das Motiv aber auch schlicht Neid nennen.

Beim Ultimatum-Spiel erhält ein Spieler einen Geldbetrag und muss davon dem Mitspieler etwas abgeben. Dieser kann annehmen oder ablehnen – im letzteren Fall wird das Geld vom Spielleiter wieder komplett eingezogen. Nun bedeuten auch kleinere Beträge einen Gewinn, doch im Experiment zeigt sich, dass viele Probanden diesen ausschlagen. Um zu verhindern, dass ihr anonymes Gegenüber deutlich mehr nach Hause trägt, weisen sie geringe Gewinne zurück. Das ist die klassische Definition des Neides, die schon Sigmund Freud gab: „Keiner soll sich hervortun wollen, jeder das gleiche sein und haben.“ Nach Freud entwickelt sich aus der ursprünglichen Geschwistereifersucht und dem Neid ein Gerechtigkeitsgefühl: „Soziale Gerechtigkeit will bedeuten, dass man sich selbst vieles versagt, damit auch die anderen darauf verzichten müssen.“

Welche Rolle der Neid in verschiedenen Gesellschaften spielt, hat der Soziologe Helmut Schoeck bereits vor einem halben Jahrhundert in einer brillanten Studie analysiert.[8] Einige Naturvölker zeigen extreme Formen. Schoeck berichtet vom amerikanischen Indianerstamm der Navaho, die keinen Begriff von „persönlichem Erfolg“ kennen. Wenn einer einen Gewinn macht, steht er unter Druck, das Erworbene an die Gemeinschaft zu verteilen. Die bolivianischen Sirionos sind so neidisch auf das Jagdglück ihrer Nachbarn, dass diese sich nur im Schutz der Dunkelheit trauen, Beute ins Dorf zu schleppen. Jedes Gut wird ängstlich vor der Stammesgemeinschaft verborgen.

In vielen Kulturen fürchtet man den „bösen Blick“ der Missgünstigen. Wer etwas wagt und gewinnt, dem droht ein Schadenzauber; wer scheitert, dem ist die Schadenfreude der anderen sicher. Umgekehrt führen abergläubische Gesellschaften ein Scheitern auf neidische Blicke zurück. Einige Völker, von denen Schoeck berichtet, etwa die südafrikanischen Lovedu, waren so sehr darauf bedacht, keine Unterschiede entstehen zu lassen, dass sie Wettbewerb zum Übel und Langsamkeit zur Tugend erklärten. Ein überzogener Neid kann so den Fortschritt lähmen.

„Es gibt vom Neid besessene Kulturen“, schreibt Schoeck, „und andere, die ihn weitgehend gezähmt oder aus dem Bewusstsein verdrängt zu haben scheinen.“ Westliche Gesellschaften haben den Neid sublimiert; nur zu oft steckt er im Ruf nach „sozialer Gerechtigkeit“. Eine spezielle Reichensteuer ist dafür ein Beispiel. Ihr Ertrag ist absolut gesehen gering, da sie nur eine kleine Gruppe betrifft; ihr Zweck ist erfüllt, wenn sie den Reichtum der anderen beschneidet.

In den meisten Kulturen wird der Neid moralisch verurteilt. Er gilt im Christentum als eine der Hauptsünden. Soziologen wie Schoeck haben betont, dass die Furcht vor den Neidischen zu Konformismus führe und außergewöhnliche Leistung hemme. Die Angst vor Ungleichheit bekomme einer Gesellschaft nicht gut. Andererseits ist nicht zu leugnen, dass Neidgefühle auch den Ehrgeiz anspornen können. Wenn Menschen mit ihrer Position unzufrieden sind, strengen sie sich an, um das zu erreichen, was der Beneidete hat. Der Neid werde somit zur Triebfeder von Leistung.

Allerdings lenkt er die Energien in zuweilen kuriose Bahnen. Hat der Nachbar ein dickes Auto, so eifert man ihm nach, macht so viele Überstunden, bis man selbst sich auch ein teures Auto leisten kann. Das führt zu einem regelrechten Wettlauf nach Statussymbolen, den aber keiner gewinnen kann, denn die Statusgewinne neutralisieren sich gegenseitig, wie der

Verhaltensökonom Ernst Fehr betont.[9] Das erwählte Konsummuster ist ineffizient, da das erstrebte Glück des Übertrumpfens nicht erreicht wird. Traditionell haben viele Gesellschaften das Problem implizit „gelöst", indem sie demonstrativen Luxuskonsum sozial ächten – man verbirgt seinen Reichtum und erregt kein Missfallen.

Die noch relativ junge experimentelle Verhaltensökonomie und die Glücksforschung zeigen, dass Menschen weniger auf ihren absoluten Wohlstand als auf ihre relative Position innerhalb der Gesellschaft achten. Die enorme objektive Steigerung des Konsumniveaus auch für die Massen hat in den vergangenen zweihundert Jahren das subjektiv erlebte Glück nicht steigen lassen, wie es das Modell des „Homo oeconomicus" erwarten ließe. Ein höheres Einkommen verschafft über die Zeit nur zusätzliche Befriedigung, wenn sich auch die relative Einkommenssituation in der Gesellschaft verbessert.

Diese Tendenz, sich ständig mit anderen zu vergleichen, hat immer zwei Seiten: Man blickt nach oben wie nach unten. Und sie kann individuelle wie auch kollektive Aktion erzeugen. Die Entstehung der modernen demokratischen Umverteilungsstaaten ist untrennbar damit verbunden, dass sich eine Mehrheit der Bevölkerung benachteiligt und zurückgesetzt fühlte. Dabei besteht die Gefahr, dass sie mehr darauf achtet, dass niemand ein zu großes Stück vom Kuchen erhält, als dass der Kuchen insgesamt wächst.

Die große Bevormundung

Menschen machen Fehler. Die wollen Politiker korrigieren. Das Rezept liefern Ökonomen.

Aufklärung, so hieß es einmal, ist der Ausgang des Menschen aus seiner selbstverschuldeten Unmündigkeit. Benutze den Verstand, handle selbständig und eigenverantwortlich. Du brauchst keinen Vormund, der für dich denkt und dich lenkt. So lautete die Grundaussage der Aufklärung, auf der auch die moderne Ökonomie seit Adam Smith aufbaut. Die Verhaltensökonomik, die seit einigen Jahren in Mode gekommen ist, kehrt dieses Paradigma um. Sie hält den Menschen ihre Unmündigkeit vor. Mit Experimenten weist sie nach, wie irrational und widersprüchlich wir handeln.

Daraus folgt eine paternalistische Agenda: Vater Staat solle die unmündigen Menschen – wie Kinder – vor den Folgen ihrer eigenen Unvernunft beschützen. Er soll sie sanft lenken, (be-)steuern und ihr Glück mehren. Die Verhaltensökonomik ist aber, so warnt der französische Ökonom Gilles Saint-Paul in seinem Buch „Die Tyrannei des Nutzens", eine zunehmende

Gefahr für die Freiheit geworden.[10] Ins Extrem gedacht, könnte sie uns in eine von Wissenschaftlern geplante „Brave New World" des verordneten Glücks führen. „Aber nein!", rufen die Verhaltensökonomen. „Das ist nicht unsere Absicht." Mag sein, sagt Saint-Paul. Aber die Verhaltensökonomik ist eben eine schiefe Ebene, auf der man leicht abrutschen kann.

Die Ökonomen gingen seit der Aufklärung davon aus, dass der Mensch als vernunftbegabtes Wesen grundsätzlich für sich selbst sorgen kann und nach bestem Wissen seine Geschäfte treibe. Solange ein Handel freiwillig zustande kommt, müsse es beiden Parteien nutzen, andernfalls hätten sie ihn nicht abgeschlossen. Staatliche Eingriffe in die Freiheit des Einzelnen seien nur dann legitim, wenn eine Schädigung von Dritten verhindert werde, legte die von John Stuart Mill formulierte liberale Philosophie fest. Ansonsten solle der Staat sich heraushalten.

Zum Fundament der modernen Ökonomie gehört die Annahme der „offenbarten Präferenzen": Durch seine Handlungen offenbart der Mensch, was seine Wünsche und Bedürfnisse sind. „Homo oeconomicus" agiert strikt rational. Er nutzt die verfügbaren Informationen, wägt ab und wählt aus der komplexen Fülle der Möglichkeiten jene aus, die seinen (subjektiven) Nutzen maximieren.

„Stimmt ja gar nicht!", rufen da die Verhaltensökonomen. Tatsächlich ist die Annahme der „revealed preferences" eine empirisch unbewiesene These, wie auch Saint-Paul zugibt. Mittels vieler Experimente können Verhaltensökonomen und Psychologen belegen, dass Menschen aus Fleisch und Blut oftmals keineswegs ihren Nutzen maximieren. Oftmals bereuen wir schon nach kurzer Zeit unser Tun. Und gegen die These des „Homo oeconomicus" spricht auch, dass sich viele Menschen gute Vorsätze ausdenken und diese rational begründen, sie aber bald wieder brechen.

Schon in einfachen Entscheidungssituationen machen wir Menschen objektiv und systematisch „Fehler". Wir leiden unter kognitiven Dissonanzen, lassen uns von irrelevanten Informationen blenden und können nicht mit Wahrscheinlichkeiten umgehen. Wir sind zu kurzfristig orientiert, sorgen zu wenig fürs Alter vor, vernachlässigen die Konsequenzen unseres Handelns und sind bei Geschäften von Emotionen getrieben. Instinkte triumphieren über den Verstand. Das gilt an der Aktienbörse, wo Gier oder Verlustängste herrschen, ebenso wie im Supermarkt oder im Restaurant.

Was tun? Verhaltensökonomen wie Richard Thaler und Cass R. Sunstein wollen die Menschen durch (staatliche) Schubser („Nudge") in die richtige Richtung lenken. Durch cleveres Sozialdesign können die Bürger zum Beispiel dazu gebracht werden, mehr fürs Alter zu sparen: Jeder Arbeitnehmer, der nicht widerspricht, bekommt eine zusätzliche Rentenversicherung verpasst. Auch die Quote der Organspender kann drastisch erhöht werden, wenn die Frage nach der Teilnahme umgedreht wird: Man muss explizit seine Verweigerung kundtun, nicht die Bereitschaft zur Organspende. Dabei wird ein allgemeiner Konsens unterstellt, abweichendes Verhalten fällt unter Rechtfertigungsdruck.

Thaler und Sunstein sind die Vorreiter eines sanften Paternalismus, der nur das Beste für die Menschen und die Gesellschaft will. Verhaltensökonomen verweisen auf reale Probleme wie die grassierende Fettleibigkeit in Amerika, die zu explodierenden Kosten im Gesundheitssystem führt. So forderten die Vereinten Nationen wiederholt höhere Steuern auf Fette und Zucker, um die Nachfrage zu drosseln. Auch die hohen Abgaben auf Alkohol und Zigaretten werden damit begründet, dass dadurch negative externe Effekte des Konsums aufgefangen werden. Das kann man noch sanften Paternalismus nennen, denn durch „Sündensteuern" wird unerwünschter Konsum zwar verteuert, aber nicht verboten.

Weiter gehen manche Glücksforscher, die den Menschen insgesamt ein verfehltes Streben nach materiellem Reichtum unterstellen. Ein protziges Auto etwa stiftet seinem Besitzer keinen Zusatznutzen, wenn der Nachbar ein ebenso protziges Auto hat. Das allgemeine Streben nach Statuskonsumgütern führt sich selbst ad absurdum. Nicht Wirtschaftswachstum und Geld machten die Leute glücklich, sondern Zeit mit Freunden, der Familie und soziale Sicherheit, ergeben Umfragen. Und dennoch arbeiten die Leute viel und machen Überstunden, um viel Geld zu verdienen. Der Glücksforscher Richard Layard hat daraus das Plädoyer abgeleitet, dass sehr hohe Grenzsteuersätze den Menschen zu ihrem Glück verhelfen: weniger Arbeit, mehr Freizeit.

Sobald die Annahme der „offenbarten Präferenzen" wegbricht, ist die Türe offen für weitreichende Interventionen, mehr Steuern und sanften bis harten Paternalismus. Die Verhaltensökonomik ist für Politiker attraktiv, denn sie legt nahe, dass der Mensch nicht weiß, was er wirklich will. Er braucht einen Sozialvormund. Der Staat, beraten von Experten, schiebt die Menschen in die Richtung, in die sie gingen, wenn sie bei klarem Verstand wären. Schon die frühen Wohlfahrtsstaaten hatten paternalistische Züge. Die Armen sollten nicht nur durchgefüttert, sondern auch moralisch gebessert und erzogen werden. Das deklarierte Ziel war aber immer noch die Mündigkeit. Die Verhaltensökonomik kann nun vermeintlich zeigen, dass dieses Ziel unerreichbar ist. – Ein toller Fortschritt.

Wenn manche gleicher als gleich sind

In einigen Ländern werden Minderheiten bewusst bevorzugt. Das muss ihnen nicht nützen.

Wer die „falsche“ Hautfarbe hat, kann in Amerika durch den Staat Nachteile erleiden. Diese Erfahrung hat, wie viele andere auch, Frank Ricci gemacht. Er stammt aus einfachen Verhältnissen und kämpfte um beruflichen Erfolg. Trotz schwerer Legasthenie bestand er die Oberschule, ging zur Feuerwehr in New Haven, machte Fortbildungskurse und bewarb sich für den höheren Dienst. Für die Vorbereitung auf die Prüfung nahm er wochenlang Urlaub, bezahlte einen Bekannten, der ihm die Prüfungsbücher vorlas und auf Tonband aufnahm. Ricci büffelte täglich bis zu dreizehn Stunden. Die Mühe hat sich gelohnt: Ricci landete in dem Test auf dem 6. Platz von mehr als hundert Teilnehmern.

Doch dann kam die Enttäuschung: Bürgermeister John DeStefano ließ alle Testergebnisse annullieren und verweigerte die Beförderung – weil nur Weiße, darunter zwei Latinos, die Prüfung mit der nötigen Punktezahl bestanden hatten, aber keine Schwarzen. Dagegen zogen Ricci und seine weißen Kollegen vor Gericht. Ihre Klage landete schließlich vor dem Supreme Court. Das Verfassungsgericht hat 2009 mit knapper Mehrheit ein aufsehenerregendes Urteil gefällt, das dem Feuerwehrmann Ricci weitgehend recht gab.

Viele Kommentatoren sehen nun die ganze „Affirmative Action“-Politik in Frage gestellt. In ihren Anfängen 1965 sollte sie die frühere Diskriminierung beenden und strikte Gleichbehandlung forcieren. Dann kam aber in den siebziger Jahren die Praxis von impliziten Quoten und Präferenzsystemen auf. Das mündete in die umstrittene „positive Diskriminierung“, also die systematische Förderung bestimmter Gruppen durch erleichterte Zugangsbedingungen zu Universitäten, bessere Benotung oder bevorzugte Beförderung im öffentlichen Dienst und in Unternehmen – obwohl die Verfassung die Gleichheit aller Bürger vor dem Gesetz festschreibt.

Es gibt mehrere Staaten auf der Welt, die eine „positive Diskriminierung“ zugunsten bestimmter Bevölkerungsgruppen betreiben, wie der Ökonom Thomas Sowell von der Hoover Institution an der Universität Stanford in seiner Studie „Affirmative Action Around the World“ darlegt.[11] Beispiele sind Indien, Malaysia, Sri Lanka, Nigeria und die Vereinigten Staaten. Sowell hat selbst eine schwarze Hautfarbe, er wuchs in Harlem ohne Vater auf, brach die Schule ab und hat sich auf Umwegen bis zur Professur an renommierten Universitäten hochgearbeitet. Er kennt die Schattenseiten der amerikanischen Gesellschaft. Aber anders als vielen Gutmenschen reicht ihm die gute Absicht nicht aus, die hinter einer Politik „positiver

Diskriminierung“ stehen mag, Sowell hat die Fakten und Folgen kritisch untersucht.

Sein Ergebnis ist niederschmetternd: „Affirmative Action“ hat in vielerlei Hinsicht kontraproduktive Auswirkungen und lähmt die vermeintlich Begünstigten, zudem schafft sie böses Blut und neue Ungerechtigkeit. Das hat sich als Erstes in Indien gezeigt. Seit der Unabhängigkeit 1947 wird dort verstärkt versucht, die Millionen zu fördern, die zur Kaste der „Unberührbaren“ gehören. Bald bewarben sich auch andere Gruppen und Ethnien („Other backward classes“) um eigene Sonderprogramme, inzwischen rund drei Viertel der Bevölkerung. Gegen die Begünstigten regen sich traditionelle Ressentiments, immer wieder kommt es zu blutigen Aufständen. Die Erfolge der „positiven Diskriminierung“ für die Armutsbekämpfung sind hingegen kaum messbar. Die im Elend lebenden Parias können sich ein Studium kaum leisten, selbst wenn sie einen Platz an der Universität reserviert bekommen.

Nicht die ganz Armen profitieren also, sondern die Mittel- und Oberschicht. So ist es auch in Malaysia, wo die ethnischen Malaien gegenüber den geschäftlich geschickteren Chinesen zurückgefallen sind. Seit vierzig Jahren geht die malaiische Nationalpartei UMNO politisch dagegen an und vergibt Staatsaufträge bevorzugt an sogenannte Bumiputeras („Söhne der heimischen Erde“). Doch das kommt vor allem jenen zugute, die politische Beziehungen haben, und lädt zur Korruption ein. Eine andere, kuriose Folge sind „Ali Baba“-Geschäfte: Sie werden von Chinesen betrieben, formal ist ihr Inhaber aber ein Malaie, der Förderung und Aufträge erhalten kann. Kritik an der Anti-Diskriminierungs-Politik wird durch rigide Gesetze unterdrückt, die die Meinungsfreiheit einschränken.

Auch in Amerika wird heute ein Teil der Staatsaufträge bevorzugt an Unternehmen im Besitz von Minderheiten vergeben. Der Löwenanteil der Gewinne konzentriert sich jedoch auf eine kleine Minderheit in der Minderheit: Zwei Drittel der betreffenden Aufträge der Small Business Administration gingen nach einer Studie an wohlhabende Geschäftsleute, die Vermögen von mehr als einer Million Dollar haben. Selbst eine Milliardärsfamilie mit kubanischen Wurzeln ist unter den Profiteuren. Für die breite Masse der abhängigen Schwarzen bringt diese Minderheitenpolitik eher zweifelhafte Erfolge.

Besonders beklagt Sowell die Ergebnisse von „Affirmative Action“ an den Universitäten. Vielerorts sind die Aufnahmetests zugunsten von Schwarzen gelockert worden. Ihre Zahl an den Eliteuniversitäten hat zwar zugenommen, doch scheitern dann umso mehr im Laufe des Studiums. Doch was ist der Grund für das Bildungsversagen? Sind es fortdauernde Vorurteile? Sowell zitiert den ebenfalls schwarzen Professor John H. McWhorter, der die schwachen Schul- und Studienleistungen eher mit einer

„antiintellektuellen schwarzen Subkultur" erklärt als mit Diskriminierung oder zu wenigen Chancen im Bildungssystem.

Chancen gibt es inzwischen genug, nur werden sie zu wenig genutzt. Daran hat auch die „Affirmative Action"-Politik eine Mitschuld, meint Sowell, denn sie vermittelt den Begünstigten stets das Gefühl, irgendwie „Opfer" einer irgendwie rassistischen Gesellschaft zu sein, jedenfalls für das eigene Fortkommen nur begrenzt verantwortlich zu sein. Auf Dauer kann die gutgemeinte Bevorzugung die Antriebskräfte und den Ehrgeiz lähmen – so dass die Begünstigten weiter zurückbleiben. Nicht nur Frank Ricci, auch seinen farbigen Kollegen wäre also mit mehr Ehrlichkeit geholfen.

Frauen und Kinder ertrinken zuerst

Kein Platz im Rettungsboot: Die selbstlose Hilfe britischer Gentlemen ist eine Legende.

Es war kurz vor zwei Uhr nachts, als eine heftige Erschütterung die Birkenhead durchrüttelt. Das britische Truppentransportschiff hatte am 25. Februar 1852 wenige Kilometer vor Kapstadt einen Felsen gerammt, der nicht auf der Karte eingezeichnet war. Rund 640 Menschen waren an Bord des Dampfschiffs, darunter auch eine Gruppe von Frauen und Kindern der Offiziere – sie alle schwebten in Lebensgefahr. Durch ein riesiges Leck schossen Wassermassen in die unteren Decks, mehr als hundert Soldaten ertranken in ihren Schlafkojen. Die restlichen Soldaten sammelten sich an Deck. Ihre Pferde ließen sie ins Wasser, damit sie die zwei Meilen ans Ufer schwämmen, aber bald schon griffen Haie an. Nur drei Rettungsboote waren funktionsfähig, viel zu wenige für alle Passagiere.

„Frauen und Kinder zuerst!", schrie Oberstleutnant Alexander Seton. Er zog dabei drohend seinen Säbel, berichtete ein Augenzeuge. Da ließen die Soldaten den Frauen und Kindern den Vortritt. In den Booten war kaum noch Platz. Wer schwimmen konnte, sprang dann ins Wasser, andere klammerten sich an Wrackteile. Sowohl der Kapitän Robert Salmond als auch Seton ertranken. Nur ein Drittel der männlichen Schiffspassagiere überlebten das Schiffsunglück. Dagegen wurden alle Frauen und Kinder gerettet.

Der Ausruf „Women and Children first!" (WCF) gilt seitdem als Ausdruck einer höchst altruistischen sozialen Norm des britischen Gentlemans, der sein Leben gibt, um andere zu retten. Auch beim Untergang der Titanic vor hundert Jahren erhielten Frauen und Kinder bevorzugt Plätze in den zwanzig Rettungsbooten, die nur für die Hälfte der 2207 Passagiere ausreichten. Rund 1500 Menschen ertranken im eiskalten Wasser. Nur 20 Prozent der männlichen Passagiere, aber mehr als 72 Prozent der Frauen und fast 50 Prozent der Kinder überlebten.

Sozialwissenschaftler und Ökonomen interessieren sich für das Extremereignis, weil es ihnen Auskunft über menschliches Verhalten in lebensgefährlichen Situationen gibt. Der eigennützige „Homo oeconomicus" würde zwischen Kosten und Nutzen abwägen und sich wohl für die Devise „Jeder rette sich selbst" entscheiden. In ihrer Panik trampeln die Passagiere übereinander, kräftigere Männer schubsen Frauen beiseite. Die Besatzung, die sich auf dem Schiff am besten auskennt, schafft es als Erste in die Rettungsboote. Ein rein egoistischer, skrupelloser Menschentyp verhält sich so. Die Katastrophe der Titanic liefert indes Indizien, dass soziale Normen stärker waren.

Zwei Stunden und vierzig Minuten dauerte der Untergang der Titanic, nachdem sie den Eisberg gerammt hatte. Nach Ansicht der Ökonomen Bruno Frey, David Savage und Benno Torgler, die mehrere aufsehenerregende Studien über die Titanic-Katastrophe geschrieben haben, war der Faktor Zeit entscheidend, dass die sozialen Normen intakt blieben und die Stärkeren den Schwächeren halfen.[12] Im Fall der Lusitania, die 1915 nach einem Torpedotreffer innerhalb von nur 18 Minuten sank, ging alles so rasend schnell, dass die Überlebensinstinkte dominierten und Männer keine Rücksicht auf Frauen nahmen.

Auf der Titanic hingegen, wo der Kapitän den WCF-Befehl ausgab, habe sich die soziale Norm durchgesetzt. Frauen hatten so, verglichen mit Männern, wenn man für Alter und Reiseklasse kontrolliert, eine um 53 Prozent höhere Überlebenschance, fanden Frey, Savage und Torgler heraus. Frauen mit Kindern hatten sogar eine 65 Prozent höhere Überlebenschance. Besonders interessant sind nationale Unterschiede: Die Briten, die an Bord die große Mehrheit darstellten, hatten eine um bis zu 9 Prozent geringere Überlebenschance als Amerikaner. Die Forscher mutmaßen, dass sie mit „steifer Oberlippe" den Untergang stoisch ertrugen und Frauen und Kinder besonders vorließen.

Leider entlarvt nun eine neuere Studie zweier schwedischer Ökonomen das angebliche ritterliche Verhalten als Legende. Mikael Elinder und Oscar Erixson von der Universität Uppsala haben erstmals eine viel größere Datensammlung über 18 Schiffsunglücke seit Mitte des neunzehnten Jahrhunderts bis 2011 zusammengetragen und analysiert, wer von den insgesamt 15.000 Passagieren überlebte.[13] Ihr Befund: Was auf der Titanic passierte, war in vielerlei Hinsicht außergewöhnlich. Es sei „nicht repräsentativ für Schiffsunglücke im Allgemeinen".

Tatsächlich ergaben die Regressionsanalysen, dass Frauen eine viel geringere Überlebenswahrscheinlichkeit haben als Männer (17,8 gegenüber 34,5 Prozent), wenn sich auch die Unterschiede seit hundert Jahren etwas eingeebnet haben. Seitdem haben sich die Geschlechterrollen geändert; Frauen können eher schwimmen und tragen leichtere Kleidung. Trotzdem gilt bis heute: Männer sind physisch stärker und retten sich eher selbst, Frauen sterben häufiger.

Zugleich entlarvt die Analyse den Gentleman-Mythos. Auf britischen Schiffen hatten Frauen geringere Überlebenschancen (bis zu 15 Prozentpunkte niedriger) als auf Schiffen anderer Nationen, fanden Elinder und Erixson heraus. Auch gebe es keinen Zusammenhang zwischen dem Tempo des Schiffsuntergangs und der Wirksamkeit von sozialen Normen. „Zusammengenommen zeigen unsere Untersuchungsergebnisse, dass das Verhalten in Leben-und-Tod-Situationen am besten durch den Ausdruck ‚Jeder für sich' erfasst werden kann", schreiben die schwedischen Ökonomen.

All das mag traurigerweise so sein. In Extremsituationen dominiert der egoistische Überlebenstrieb. Immerhin ergab die Analyse auch, dass eine starke Führerfigur an Bord die Chancen der Schwächeren beeinflussen kann. Gab der Kapitän den „Frauen und Kinder zuerst!"-Befehl (was bei immerhin fünf der achtzehn Schiffsunglücke der Fall war), dann stiegen deren Überlebenschancen um 7 Prozentpunkte. Der tapfere Kapitän Salmond und Offizier Seton von der Birkenhead haben vielleicht doch einen bleibenden Eindruck hinterlassen.

Die Verstaatlichung der Kinder

Wir zahlen hundert Milliarden für die Familienpolitik. Das bringt nichts. Es schadet vielleicht sogar.

Deutschland ist ein armes Land – arm an Nachwuchs. Mit einer Geburtenrate von etwa 1,4 Kinder je Frau liegt Deutschland weit hinten, einige Jahre lag es auf dem 180. Platz einer Rangliste von 191 Ländern der Welt. Die Geburtenrate will und will nicht signifikant steigen – trotz aller neuen Sozialleistungen und staatlichen Angebote für Eltern. Einen dreistelligen Milliardenbetrag gibt der Staat jährlich für familienbezogene Leistungen aus. Je nachdem, welche Haushaltsposten man dazu zählt, kommt man auf 185 Milliarden Euro (so die Rechnung des einstigen Finanzminister Steinbrück), 240 Milliarden Euro (Studie des Instituts für Weltwirtschaft), 100 Milliarden Euro (Auskunft der Bundesregierung vor zehn Jahren). Und trotz dieser Förderung werden immer weniger Familien gegründet und etwa ein Drittel zu wenige Kinder geboren, um die Bevölkerungszahl konstant zu halten.

Der im späten neunzehnten Jahrhundert beginnende Fall der Geburtenraten hat Ökonomen schon früh beschäftigt. Um 1900 bekamen Frauen in Deutschland durchschnittlich etwa fünf Kinder, doch war eine stark sinkende Tendenz erkennbar. Lujo Brentano, ein sozialreformerischer Ökonom, verwarf daher 1909 die Theorie von Thomas Robert Malthus, wonach die Menschen – ihrem Geschlechtstrieb folgend – sich exponentiell vermehren. Brentano sagte voraus, dass mit zunehmendem Wohlstand der Zeugungswille abnehmen werde. Er sah, dass die Zahl der Ehen sank und mehr Frauen eine Arbeit außerhalb des Hauses aufnahmen. Zudem erkannte er eine zunehmende „Konkurrenz der Genüsse" für die Frau, die folglich weniger Kinder haben wolle.[14]

Damit war in Grundzügen schon beschrieben, dass die Entscheidung für oder gegen Kinder auch auf einem Kosten-Nutzen-Kalkül beruht. Vor gut fünfzig Jahren hat sich eine explizite Wissenschaft namens „Economics of the Family" etabliert, als deren Pionier vor allem Gary Becker Großes geleistet hat.[15] Sie kann plausible Gründe für die sinkende Zahl von Kindern anführen: Die Kosten für den Unterhalt und die Erziehung eines Kindes sind enorm gestiegen – nicht nur die direkten Kosten wegen steigender Ansprüche und immer teurerer und längerer Schulausbildung, sondern auch die indirekten (Opportunitäts-)Kosten, also der Verdienstausfall für die Mutter. Wenn überhaupt, hat man also weniger Kinder, in deren „Humankapital" aber umso mehr investiert wird.

„Nutzen" stiften Kinder ihren Eltern heute überwiegend immateriell. Die Liebe zu Kindern ist für viele ein starkes Motiv. Es macht Freude und stolz, die eigenen Kinder aufwachsen und gedeihen zu sehen. Hingegen ist der ökonomische Nutzen von Kindern für ihre Eltern, der einst beträchtlich war, heute kaum noch auszumachen – weder helfen sie, wie früher üblich, bei der Feldarbeit oder in der Werkstatt, noch ist eine zahlreiche Nachkommenschaft für eine Versorgung im Alter notwendig.

Dies übernimmt heute in Deutschland das kollektive Rentensystem. Vor dessen Einführung durch Bismarck war klar, dass nur, wer Kinder hat, im Alter auskömmlich leben konnte. Heute geht es auch ohne. Durch die Umlagefinanzierung findet sogar ein starker Transfer von den Familien mit Kindern zu den Kinderlosen statt: Während die Kosten der Kindererziehung und der „Humankapitalbildung" trotz mancherlei staatlicher Zuschüsse überwiegend doch noch die Eltern tragen, werden die materiellen „Erträge" der Kinder kollektiv vereinnahmt und sozialisiert. Das staatliche Rententransfersystem hat damit einen erheblichen – negativen – Einfluss auf die demographische Entwicklung, wie der langjährige Ifo-Chef Hans-Werner Sinn immer wieder hervorhob.[16]

Mit unterschiedlicher ideologischer Absicht betreiben alle modernen Wohlfahrtsstaaten, ob sozialistisch oder bürgerlich, eine Verstaatlichung der Familien und der Kinder, analysiert der liberale Wirtschaftshistoriker Gerd Habermann.[17] Den Sozialisten kam es darauf an, einen „neuen Menschen" zu schaffen, wie schon Plato in seiner Staatsutopie anregte. So sollte in Russland nach der Revolution eine kollektive Erziehung individuelle Interessen („Privategoismus") und familiär bedingte Ungleichheit überwinden. Die innerfamiliäre Solidarität und Loyalität sollte auf den Staat übertragen werden. Die Versuche der Bolschewisten gleich nach 1917, die bürgerliche Familie vollkommen aufzulösen, scheiterten.

Doch blieb das Bestreben, auch in der DDR, die Funktionen der Familie weitgehend dem Staat zu übertragen. Mütter sollten nicht mit ihren Kindern oder im Haushalt, sondern im volkseigenen Betrieb beschäftigt sein. Auch im Westen haben sich einige Wohlfahrtsstaaten, etwa Schweden, einer derart kollektivierenden Familienpolitik angenähert. Flächendeckende staatliche Kinderbetreuung von frühestem Alter an ermöglicht es jeder Frau, kurz nach der Geburt wieder einer Erwerbsarbeit nachzugehen. Dies ist auch das Leitbild der neuen deutschen Familienpolitik, die vor allem auf das Potential der akademisch gebildeten Frauen zielt, von denen derzeit rund ein Drittel kinderlos bleiben. Der Staat, so die Botschaft, ermöglicht Kind und Karriere.

Allerdings hat der umfassende Sozialstaat, der im zwanzigsten Jahrhundert aufgebaut wurde, eine Absicherung gegen alle Wechselfälle des Lebens versprochen – und dabei die familiären Netzwerke der Solidarität geschwächt, wie Habermann kritisiert. Die Familien sind zudem „bei einer Sozialabgabenlast von inzwischen über 40 Prozent zur Eigenvorsorge kaum noch in der Lage – sie sind mit ihren eigenen Mitteln von staatlichen Versorgungseinrichtungen abhängig gemacht worden". Mit Blick auf die sinkende Geburtenrate schreibt er: „In allen westlichen Wohlfahrtsstaaten wird die Reproduktion der Gesellschaft zu einem ernsten Problem, während dort, wo staatliche Familienpolitik nur ansatzweise oder gar nicht existiert, namentlich in den Vereinigten Staaten, und wo überdies auch noch starke religiöse Ideale die Familienbildung fördern, diese Entwicklung nicht oder nicht in diesem Maße eingetreten ist."

Die beste Familienpolitik, so könnte man kurz sagen, wäre der Verzicht auf staatliche Familienpolitik. Im Gegenzug könnten die Steuern und Abgaben drastisch sinken – dann hätten die Familien mehr Geld zur Verfügung.

Frührente verkürzt das Leben

Männer, die vorzeitig die Arbeit aufgeben, verfallen geistig und körperlich. Frauen nicht.

In den Diskussionen über ein früheres oder höhere Rentenalter ist der Tod stets präsent. Gewerkschafter argumentieren mit dem altersschwachen Dachdecker, der in den Tod stürzen wird, wenn man ihn nicht in Rente gehen lasse. Doch für die meisten Bürger gibt es ein anderes Risiko: Wer zu früh aus der Arbeit in den Ruhestand strebt, gefährdet seine Gesundheit. Das haben verschiedene Untersuchungen von Ökonomen statistisch belegt. Sie bestätigen damit ein altes Sprichwort: „Wer rastet, der rostet." Im schlimmsten Fall stirbt der Frührentner sogar früher, weil sich sein Lebenswandel ändert.

Eine Studie hat dies nun bei einem Rentenprogramm für Beschäftigte über 50 Jahre in Österreich nachgewiesen.[18] Die Alpenrepublik gilt als Land mit großzügigen Regeln für den Ruhestand. Gemäß der Studie sind die Folgen alarmierend: Mit jedem Jahr, das Arbeiter früher in den Ruhestand gehen, steigt das Risiko, vor Ende des 67. Lebensjahrs zu sterben, um beachtliche 13,4 Prozent. Die Auswertung der Gesundheitsstatistiken zeigt, dass unter den Frührentnern die Zahl der Herz- und Kreislauf-Erkrankungen deutlich zunimmt. Vorher waren sie nicht kränker als die Kollegen. Für die Forscher ist dies ein Hinweis darauf, dass die geänderten Lebensbedingungen der Frührente den Unterschied ausmachten.

Dabei hatte es die Politik eigentlich als soziale Wohltat verkauft. Das Frührenten-Programm war in den späten achtziger Jahren als Reaktion auf den Niedergang der Stahlindustrie eingeführt worden. In Regionen mit besonders hoher Arbeitslosigkeit sollte der Arbeitsmarkt entlastet werden. Im Durchschnitt gingen die Arbeiter 3,5 Jahre früher als ihre Kollegen in den Ruhestand, wobei sie nur einen geringen Rentenabschlag hatten. Ihr Lebenseinkommen reduzierte sich bloß um 2,5 Prozent, obwohl sie deutlich weniger gearbeitet hatten. Die Verfasser der Studie, Andreas Kuhn, Jean-Philippe Wuellrich und Josef Zweimüller von der Universität Zürich, sprechen daher von einer „fatalen Anziehungskraft" der Frührente.

Für die Untersuchung haben sie Daten von rund 17.600 männlichen und 3.300 weiblichen Arbeitnehmern aus ganz Österreich ausgewertet. Ein Teil hat das Angebot in Anspruch genommen, der andere Teil arbeitete regulär weiter. In den anderen Charakteristika – vor allem ihrem Gesundheitszustand – waren die beiden Gruppen fast völlig identisch. Dann aber zeigten sich auffällige Unterschiede in der Sterblichkeit: Während allgemein knapp ein Fünftel der Arbeiter vor Ende des 67. Lebensjahres starb, erhöhte sich das Sterberisiko unter den Frührentnern um 13,4 Prozent

(2,4 Prozentpunkte für jedes Jahr früheren Renteneintritts). Allerdings traf dies nur auf die Männer zu, für die Frauen ergab sich keine signifikante Verschlechterung ihrer Gesundheit.

„Wir bekommen heraus, dass eine Senkung des effektiven Rentenalters einen signifikanten Anstieg des Risikos für einen frühzeitigen Tod für Männer, nicht für Frauen bewirkt", heißt es in der Studie. Sie lässt tatsächlich auf einen ursächlichen Zusammenhang schließen, da die Rentenreform die Bevölkerung als eine „exogene" Veränderung getroffen hat. Frühere Studien konnten nicht so gut unterscheiden, ob die höhere Sterblichkeit von Frührentnern an einer schon früher schlechten Gesundheit lag, die sie zum vorzeitigen Ausscheiden bewog. Als Gründe für die höhere Sterblichkeit und die vermehrten Herz- und Kreislauf-Probleme sehen die Forscher vor allem einen schlechteren Lebenswandel der Männer: Sie bewegen sich zu wenig, rauchen und trinken mehr als in der Arbeitsphase. Frauen hingegen haben sich offenbar besser unter Kontrolle. Über die Gründe können die Forscher nur spekulieren: Viele Männer beziehen ihr Selbstwertgefühl mehr aus ihrer Arbeit, Frauen haben breitere soziale Kontakte und Interessen.

Ähnlich düstere Ergebnisse, wie sich der Verlust der Arbeit auswirkt, ergab eine Studie zweier Ökonomen von der schwedischen Universität Göteborg. Demnach steigt das Todesrisiko steil an – um 44 Prozent in den ersten vier Jahren –, wenn Arbeiter ihren Job verlieren.[19] Grundlage für die Studie von Marcus Eliason und Donald Storrie waren umfangreiche Datenbanken über von Fabrikschließungen in Schweden betroffene Arbeiter (wobei wieder vor allem die Männer schlecht abschnitten). Die schwedische Studie hat ebenfalls die Frage nach der Ursache beantwortet. Denn die Schließung einer Fabrik ist eben ein exogenes, von außen kommendes Ereignis. Es ist ein Schicksalsschlag für die Arbeiter, die nicht durch eigene Fehlleistung ihren Job verlieren.

Seit mehr als zwanzig Jahren zeigen zahllose Umfragen und Studien der ökonomischen Glücksforschung, dass Arbeitslosigkeit die meisten Menschen psychisch schwer belastet. Damit ist auch klar, dass eine Politik der Frühverrentung – das finanziell gepolsterte Entsorgen von Beschäftigten – nicht richtig sein kann. Statt das Ausscheiden aus dem Erwerbsleben zu fördern, sind kluge Modelle gefragt, die den Arbeitsmarkt auch für Ältere offenhalten.

Frauen sind die besseren Diktatoren

Weibliche Herrscher nehmen den Untertanen weniger Geld weg, wenn die sich anstrengen.

Die Gender Studies sind ideologisch vermintes Gelände und Tummelfeld dubioser Theoretiker. Ihre Grundthese lautet, dass das „soziale Geschlecht" (Gender) letztlich nur ein kulturelles Konstrukt sei. Man werde nicht als Frau geboren, man werde zur Frau gemacht, bedauerte Simone de Beauvoir in ihrem Buch „Das andere Geschlecht" vor sechzig Jahren. Daraus haben Gender-Missionare gefolgert, dass die Geschlechterdifferenz möglichst abgeschafft werden sollte, etwa durch staatliche Umerziehung und sogar durch physische Eingriffe. Die anerzogene Geschlechteridentität könne nivelliert oder umgewandelt werden – fürwahr eine Orwellsche Vorstellung.

Doch auch die Ökonomen erforschen seit einigen Jahren das Verhalten von Männern und Frauen. Einige Experimente zeigen, dass sich die Geschlechter erheblich unterscheiden und dass sie voneinander lernen könnten: Frauen achten mehr auf Fairness und belohnen Vertrauen, wogegen Männer eher einen eng definierten Nutzen verfolgen und beim Teilen egoistischer vorgehen. Das zeigt eine Studie von Matthias Heinz und Steffen Juranek (Universität Frankfurt) und Holger Rau (Universität Düsseldorf).[20]

Ihr Experiment bestand aus einer Abwandlung des bekannten „Diktator-Spiels". 350 Versuchspersonen wurden per Zufall in zwei Gruppen aufgeteilt und in getrennte Räume mit Kabinen gebracht. Die Personen der ersten Gruppe mussten nun einen kniffeligen Test bearbeiten. Wer sich anstrengt, wird belohnt. Je nach Erfolg gab es fünf oder zehn Euro. Doch nun kamen die Personen der zweiten Gruppe ins Spiel. Als „Diktatoren" durften sie bestimmen, wie viel der Belohnung sie der Testperson abnehmen.

Dabei zeigt sich ein markanter Unterschied zwischen den Geschlechtern: Weibliche Diktatoren honorierten die Anstrengung ihrer „Untertanen" und knöpften ihnen deutlich weniger ab als männliche Diktatoren. Im Durchschnitt schöpften die Frauen 63,3 Prozent des Geldes ab, Männer nahmen 75,4 Prozent. Ganz anders das Ergebnis in einem anderen Experiment, in dem die Auszahlungen nicht von Arbeit, sondern von einem Zufallsgenerator abhingen: Dann schöpften weibliche wie männliche Diktatoren die Gewinne in etwa gleichem Maße ab. Durchschnittlich forderten sie knapp drei Viertel des Geldes.

Dass die Diktatoren das Geld nicht zu 100 Prozent abknöpften, ist durchaus erstaunlich. Es widerlegt das allzu simple Menschenbild vom „Homo oeconomicus", das in der Wirtschaftswissenschaft lange vorherrschte. Ein rein egoistischer Nutzenmaximierer würde alles für sich reklamieren. Ein Diktator könnte das durchaus tun, denn er muss in einem nichtwiederholten Spiel keine Vergeltung fürchten. Dass die arbeitenden „Untertanen" nicht ein solches ausbeuterisches Verhalten erwarten und jegliche Anstrengung aufgeben, zeigt umgekehrt, dass sie selbst vom „Diktator" eine gewisse faire Behandlung erwarten.

Zahlreiche verhaltensökonomische Experimente mit unterschiedlichen Regeln haben seit einem Vierteljahrhundert gezeigt, dass Menschen einen Sinn für Fairness haben. Sie behandeln andere in gewissem Maße so, wie sie selbst behandelt werden wollen. Das gilt sogar für Experimente, in denen die Versuchspersonen völlig zufällig zusammengestellt werden, anonym bleiben und sich nie wieder sehen. Das vom Spieltheoretiker Werner Güth in den frühen achtziger Jahren erfundene Experiment „Ultimatum-Spiel" zeigt, dass Menschen allzu geringe Gewinnanteile ablehnen. Lieber lassen sie ein bisschen Geld fahren und bestrafen „unfaire" Mitspieler. Eigentlich ist das nicht „rational", denn ein kleiner Gewinn ist besser als nichts – und dennoch handeln die meisten Menschen so.

Der Psychologe Daniel Kahneman, der Verhaltensökonom Richard Thaler und viele andere haben darauf aufbauend zentrale Annahmen der neoklassischen Ökonomie angezweifelt.[21] Selbst strikt gewinnmaximierende Firmen müssten sich „fair" verhalten und dürften Preisspielräume nicht voll ausnutzen. Sonst müssen sie mit Widerstand und Boykott der Kunden rechnen, betonten Kahneman und Thaler.

Die Neigung zu „fairem" Verhalten ist unter den Menschen unterschiedlich ausgeprägt und offenbar vererbbar. Das hat ein Forscherteam um David Cesarini mit sogenannten Vertrauensspielen unter ein- und zweieiigen Zwillingspaaren nachgewiesen.[22] Beim Vertrauensspiel kann ein Spieler Geld in einen Topf einzahlen. Dieses Investment wird vom Spielleiter vervielfacht. Dann darf der zweite Spieler über die Aufteilung des Geldes im Topf entscheiden. Unter rein egoistischen Spielern würde das Spiel zu keinem guten Ergebnis führen. Denn der erste Spieler sieht voraus, dass der zweite alles für sich behält. Es gibt keine Investition, der Wohlstandskuchen wächst nicht.

Offenbar haben aber doch viele Menschen Vertrauen in ihre Mitmenschen. Ohne dieses wären im täglichen Wirtschaftsleben unendlich viele Kontrollen nötig, und es würde wohl kollabieren. Eine der wichtigsten Erkenntnisse der Spieltheorie ist, dass es viele Situationen gibt, in denen Menschen nicht kooperieren und in einem „Gefangenen-Dilemma" stecken. Sie könnten sich alle besserstellen, wenn sie zusammenarbeiteten, aber sie schaffen es nicht. In diesen Situationen kann eine äußere Instanz helfen, ein „wohlwollender Diktator", der Regeln für die Kooperation setzt und allen Parteien hilft. Vielleicht sind Frauen für diese Rolle tatsächlich eher geeignet, weil sie sich besser in andere hineinfühlen können.

Woher kommt aber der Sinn für Fairness und die Präferenz für Gleichheit? Es ist anzunehmen, dass sich solche sozialen Normen im Laufe der Evolution tief in die Menschen eingebrannt haben. In der Frühzeit hing das Überleben der Gruppe davon ab, dass Nahrung unter den Mitgliedern der Sippe halbwegs gleich geteilt wurde. Der Einzelne stand für das Kollektiv ein. Auch einige tief sitzende Geschlechterunterschiede könnten aus dieser Zeit stammen. Von solchen evolutionsbiologischen Prägungen will die Gender Theory natürlich nichts wissen. Denn für sie ist das Geschlecht ja nur ein „soziales Konstrukt".

Die Auserwählten

Fehlt Japans Familienunternehmern der geeignete Erbe, wird ein Manager adoptiert.

Wir lieben Familienunternehmen. Sie gelten als solide und vorausschauend geführt. Der Familienunternehmer denkt nicht – wie angeblich der bezahlte Manager – nur an kurzfristige Gewinnmaximierung. Er will dauerhafte Werte schaffen und sie für nachfolgende Generationen erhalten.

Allerdings haben nicht wenige Ökonomen Zweifel an der These angemeldet, dass Unternehmen in Familienhand wirklich besser seien als von Managern geführte. David Landes hat in einer berühmten Studie kurz nach dem Krieg die Schwäche der französischen Volkswirtschaft im neunzehnten und frühen zwanzigsten Jahrhundert darauf zurückgeführt, dass starre Firmenpatriarchen oder ihre Erben zu wenig innovativ gewesen seien. Wie tragisch Unternehmerfamilien enden können, hat Thomas Mann in den „Buddenbrooks" beschrieben. Dem tatkräftigen Firmengründer folgten immer unfähigere Nachfolger, bis die Kaufmannsfamilie schließlich scheitert.

Einige empirische Studien haben gezeigt, dass sich von Familien und Erben geführte Unternehmen in Industrieländern im Durchschnitt schlechter entwickeln als solche mit familienfremden Managern an der Spitze. Und dennoch haben Familienunternehmen in vielen Industrieländern eine starke Stellung behalten.

Die fortdauernde Dominanz großer Familienunternehmen in den meisten Volkswirtschaften bleibt ein Rätsel. Vier Ökonomen haben den Fall Japan genauer unter die Lupe genommen.[23] Dort sind etwa ein Drittel der börsennotierten Konzerne familiengeführt – und sie sind überdurchschnittlich erfolgreich, wie die Wissenschaftler nachweisen.

Woran liegt das? Im Zentrum der Studie steht ein einzigartiges Phänomen in Japan, das es in westlichen und anderen asiatischen Gesellschaften so nicht gibt: Eine erhebliche Zahl von Unternehmen wird nicht an leibliche Nachkommen des Gründers oder der Eigentümerfamilie vererbt, sondern an Adoptivsöhne, zumeist Manager, für die eine Ehe mit der Tochter des Unternehmenspatriarchen vereinbart wird. Nach Meinung der vier Ökonomen liegt in dieser Praxis eines der Geheimnisse des Erfolges japanischer Familienunternehmer. Nach der Untersuchung der Forscher von 425 Fällen von Unternehmensübergaben wurden 57 Prozent an leibliche Söhne vererbt, fast jede zehnte aber an adoptierte Manager.

Amerika und Japan haben die höchsten Adoptionsquoten auf der Welt. Während in Amerika aber überwiegend Kinder adoptiert werden, sind es in Japan fast ausschließlich Erwachsene. Von den mehr als 80.000 Adoptionen im Jahr sind bis zu 98 Prozent der Adoptierten volljährig, meist 25 bis 30 Jahre alt. Es gibt einen regelrechten Markt mit hochprofessionellen Adoptionsvermittlungen.

„Der Patriarch des Familienunternehmens kann somit einen neuen Sohn adoptieren, sagen wir einen Star-Manager, sollte sein biologischer Sohn sich als nicht interessiert oder unfähig erweisen, dem Familiennamen Ehre zu bringen“, heißt es in der Studie. Die adoptierten Erben sind überdurchschnittlich intelligent. Sie haben doppelt so häufig an den kaiserlichen Elite-Universitäten studiert wie leibliche Erben (41 gegen 21 Prozent).

Die japanische Adoptionspraxis hat schon eine lange Tradition, beginnend in der Tokugawa-Zeit (1603 bis 1868). Die großen Händlerdynastien, vor allem die Mitsui und die Sumitomo, holten sich immer wieder „frisches Blut“ in die Familien. Das gab ihnen mehr Flexibilität in der Nachfolgeplanung. „Es ist besser, Töchter als Söhne zu haben, denn dann kann ich bessere Söhne auswählen“, räsonierte einer der Mitsui-Patriarchen.

Ein prominentes Beispiel aus der heutigen Zeit ist der Vorstandsvorsitzende von Suzuki, der heute 82 Jahre alte Osamu Suzuki. Er heiratete im Alter von 28 Jahren in die Autodynastie ein und wurde adoptiert – wie schon vier Firmenchefs vor ihm. Osamu Suzuki selbst adoptierte ebenfalls einen jungen Mann, der als künftiger Konzernchef auserkoren war, doch dieser starb vor fünf Jahren. Daraufhin holte Osamu Suzuki seinen leiblichen Sohn Toshihiro in den Vorstand, der nun erstmals ein blutsverwandter Firmenerbe werden könnte.

Die japanische Praxis hat einen dreifachen Vorteil, meinen die Forscher: Fehlt ein geeigneter leiblicher Erbe, kann ein Manager adoptiert werden. Heiratet der die Tochter, so wird die Loyalität zur Familie gestärkt und das übliche Agency-Problem zwischen Eigentümer und Manager gelöst. Zweitens kann die Aussicht auf Adoption oder eine arrangierte Ehe mit der Tochter des Chefs unter den Managern der Firma einen starken Wettbewerb um die Gunst des Patriarchen anfachen. Und drittens werden die leiblichen Söhne allein durch die Furcht vor Verdrängung zu höherer Leistung angetrieben. Damit werde auch das „Carnegie-Problem“ gelöst. Andrew Carnegie, der große amerikanische Industriemagnat, war überzeugt, die Aussicht auf ein großes Erbe kann „das Talent und die Energie des Sohnes abtöten“, deshalb stiftete er einen Großteil seines Vermögens. In Japan können sich die Söhne nie in Sicherheit wiegen.

Die ökonometrische Untersuchung von Vikas Mehrotra und seinen Ko-Autoren belegt, dass die japanischen Familienunternehmen erfolgreicher sind als von Managern geführte, egal, welches Kriterium man anlegt, ob Börsenwert, Eigenkapitalrendite, Marktanteile oder Beschäftigtenzahl. Es ergibt sich aber auch eine auffällige Leistungsrangfolge: Am besten schneiden Firmengründer ab, dann kommen adoptierte, nichtblutsverwandte Manager, erst danach Firmen mit leiblichen Erben an der Spitze.

So vorteilhaft die „arrangierte Ehe“ ökonomisch sein kann, sie ist in der westlichen Welt kaum noch anzutreffen. Hier ist die Heirat aus Liebe die Norm. Etwas ketzerisch haben die vier Autoren daher in einem anderen Forschungspapier gefragt, ob „die Liebe die Familienfirma“ töte.[24] Es sei auffällig, dass in jenen Ländern, in denen arrangierte Ehen üblicher sind, die Familienunternehmen besser abschnitten.

6. Teil: Neue Blicke auf die Politische Ökonomie

Wer regiert, ist egal

Alle Parteien schielen auf die Mitte. Das macht die Politik austauschbar. Schade eigentlich.

Alle paar Jahre sein Kreuzchen machen – vielen ist das Pflicht, einigen eine Lust, manchem ein Frust. Die Politikverdrossenheit speist sich auch aus dem Gefühl, durch Wahlen wenig ändern zu können. Die Politiker seien austauschbar, inhaltsleer und profilarm geworden. Statt der heftigen ideologischen Kämpfe – „Freiheit oder Sozialismus" hieß es einmal – gibt es nur noch Wohlfühlslogans. Augenfällig sind die Parteien alle in die Mitte gerückt: Die Union ist Konservativen zu sozialdemokratisiert, die SPD vielen Gewerkschaftern nicht mehr links genug, die Grünen sind verbürgerlicht. Gibt es den großen politischen Einheitsbrei in der Mitte?

Politikwissenschaftler und Ökonomen haben dafür eine einfache Erklärung. Die Parteien, die eine Mehrheit erringen wollen, müssen nicht nur die Wähler ihres linken oder rechten Lagers überzeugen, sondern denjenigen Wähler, der genau in der Mitte sitzt. Der sogenannte Medianwähler ist das Zünglein an der Waage. Welche Partei(-Koalition) ihn gewinnt, die gewinnt die Stimmenmehrheit. Schon vor mehr als fünfzig Jahren hat der amerikanische Ökonom Anthony Downs in seinem Buch „An Economic Theory of Democracy"[1] die Grundzüge dieses Spiels beschrieben. Im Ergebnis kommt es zur Konvergenz, einer Annäherung der linken und rechten Parteien.

Natürlich ist die Realität komplizierter als das Modell. Wie weit Wähler und Parteien strikt rational ihren Nutzen maximieren, ist eine fortlaufende Debatte. Viele Politologen und Psychologen führen ideologische oder auch altruistische Motive ins Feld. In den Vereinigten Staaten gibt es nach allgemeiner Auffassung keinen Trend zur Mitte, sondern eine zunehmende Polarisierung der Parteien, die damit ihre Kernwählerschaft mobilisieren wollen. Zudem gilt es, den Einfluss von organisierten Interessengruppen zu bedenken, die Tauschgeschäfte betreiben und sich in Umverteilungskoalitionen zusammentun. Die Vordenker der Public-Choice-Theorie, James Buchanan und Gordon Tullock, haben das in ihrem bahnbrechenden Buch „The Calculus of Consent" analysiert.

Eine Grundannahme des Modells von Downs ist, dass es eine klare Links-rechts-Skala der politischen Ideologien gibt, entlang der sich die Parteien und Wähler positionieren. Gewöhnlich operieren Ökonomen mit der

Annahme, die Linke wolle „mehr Staat“ (also mehr staatliche Ausgaben, Eingriffe, Umverteilung, Sozialleistungen und Subventionen), hingegen die Rechte tendenziell „weniger Staat“, also weniger Ausgaben, Umverteilung und Subventionen.

Doch ist das nur Rhetorik, ein ideologischer Scheinkampf? Oder gibt es substantiell unterschiedliche Ergebnisse zwischen dem Handeln linker und rechter Regierungen? Der junge Ökonom Niklas Potrafke hat das in seiner Doktorarbeit mit Daten zur Fiskal- und Sozialpolitik in der Bundesrepublik von 1949 bis 2005 empirisch-ökonometrisch untersucht.[2] Sein Ergebnis: Es machte keinen signifikanten Unterschied, ob Union oder SPD regierten. Nicht die angebliche Ideologie der Regierungspartei war entscheidend für Ausweitung oder Einschränkung der Staatsausgaben, sondern andere Faktoren, etwa der Anstieg der Arbeitslosigkeit in den siebziger Jahren oder die Kosten der Wiedervereinigung.

Allerdings gibt es unterschiedliche Schwerpunkte innerhalb der Budgets. So schreibt er, dass die Union mehr Geld für die Universitäten lockermacht, weil dorthin die Kinder der begüterten Schichten gehen, während die SPD eher die allgemeinen Schulen besser ausstatte. Und die Union fördere eher Opernhäuser, Theater oder Museen, während die SPD gemäß den Präferenzen der sie wählenden Arbeiter eher Sozialausgaben beschließt und mehr Freizeit ermöglicht. In der Summe der Ausgaben jedoch scheint die Ideologie keinen signifikanten Effekt zu haben, ergeben Regressionsanalysen.

Ein deutlich anderes Bild zeigt sich aber auf der Ebene der Länder. Statt Konvergenz gibt es hier unterscheidbare Profile, was Staatsquoten, Verschuldung und öffentlichen Dienst angeht, zwischen Bundesländern mit CDU- oder CSU-Regierung oder mit SPD-Regierung. Potrafke, inzwischen Bereichsleiter für den öffentlichen Sektor beim Ifo-Institut, hat dafür den „Index wirtschaftlicher Freiheit“ herangezogen, den der Finanzwissenschaftler Clemens Fuest entwickelt hat. Darin fließen Daten ein, wie groß der Staatsapparat ist (unter anderem Anteil der öffentlich Bediensteten, Sozialausgaben und Subventionen), wie viel Steuern er nimmt und wie viele vom Staat abhängige Sozialhilfebezieher es gibt.

Bayern und Baden-Württemberg schneiden in diesem Index der wirtschaftlichen Freiheit besonders gut ab. Die beiden langjährig von der Union bzw. der CSU regierten Länder haben einen insgesamt schlankeren Staat als der Rest der Bundesländer. Berlin ist das absolute Schlusslicht, der Anteil der vom Staat Abhängigen ist dort besonders hoch. Schlecht schneidet auch Bremen ab. Von den Flächenländern sind das Saarland und Nordrhein-Westfalen diejenigen mit dem größten Staatsapparat und der geringsten privaten Wirtschaftsfreiheit. Nach den Regressionsanalysen

Potrafkes korreliert dabei eine SPD-Regierung mit geringerer wirtschaftlicher Freiheit und mehr Staat.

Potrafke interpretiert die Ergebnisse so: Im Bund rücken die Parteien tendenziell in die Mitte, um angesichts der stark gemischten Wählerschaft den Medianwähler zu erreichen. Dagegen können sie sich in den Ländern, wo die politischen Orientierungen und Wertvorstellungen der Bürger etwas ähnlicher sind (die Bayern etwa gelten insgesamt als konservativer), eher erlauben, ein klares Profil zu zeigen und ihre ordnungspolitische Linie zu verfolgen. Das unterstreicht die Bedeutung des Föderalismus und dezentraler Strukturen. In kleineren Einheiten entstehen klar unterscheidbare politische Lösungen, die sich dann im Wettbewerb durchsetzen müssen.

Gegenwärtig geht jedoch der Zug in Europa genau in die andere Richtung: Immer mehr Kompetenzen werden auf die EU-Ebene verlagert. Doch in Brüssel ist die demokratische Kontrolle gering. Bei keinen Wahlen ist die Beteiligung so erschütternd gering wie bei den Europa-Wahlen (zuletzt nur noch 43 Prozent). Schon bei Downs finden sich die entscheidenden Argumente, warum das so ist: Die supranationalen EU-Institutionen und -Verfahren sind kompliziert und für die meisten Bürger undurchschaubar. Die „Informationskosten" erscheinen dem einzelnen Bürger als viel zu hoch, gemessen am winzig kleinen Einfluss, den seine Stimme hat. Die Folge: Er verharrt in „rationaler Ignoranz" – und versucht gar nicht, „Europa" zu verstehen. Doch je weniger demokratische Kontrolle es gibt, desto eher wird Brüssel ein Tummelplatz für organisierte Interessengruppen. Darum: Vorsicht vor Zentralisierung!

Der Bürger ist der bessere Kassenwart

Wenn das Volk die Politik direkt bestimmt, wird der Staat sparsamer und effizienter.

Drei Viertel der Deutschen wünschen sich mehr direkte Demokratie. Das ergaben Meinungsumfragen nach dem Hamburger Volksentscheid zur Schulreform 2010. In der Hansestadt hatte sich in der Schulfrage eine tiefe Kluft aufgetan: Die Regierung und die Abgeordneten der Bürgerschaft – von CDU bis Linkspartei –, hatten einstimmig für eine längere Gemeinschaftsschule gestimmt. Dagegen bildete sich aber eine Bürgerfront, die das Experiment an der Wahlurne beerdigte. Der Volksentscheid hat die Kluft zwischen Wählern und Politik offenbart – aber im konkreten Fall auch überbrückt, weil die Bürger ihre Präferenzen direkt äußern und eine Politik in ihrem Sinne erzwingen konnten.

Schon seit mehr als einem halben Jahrhundert forschen Ökonomen zu Fragen der neueren Politischen Ökonomie, auch „Public Choice" genannt.

Sie haben zunächst einmal mit der romantisch-naiven Sicht vom Staatsmann aufgeräumt, der das Allgemeinwohl verfolge. In Ausnahmefällen mag das der Fall sein, in der Regel agieren Politiker aber schlicht eigennützig wie alle anderen Menschen: Sie wollen ihren Nutzen maximieren (und den ihrer Klientel, die sie wählt). Die Frage, welche Auswirkungen direktdemokratische Institutionen auf die Politik und den Staat haben, wird seit etwa zwanzig Jahren intensiv diskutiert.

Aus der Vielzahl von Studien vor allem über die direktdemokratischen Kantone der Schweiz oder die amerikanischen Bundesstaaten ergibt sich als recht robustes Ergebnis: Der Staat wird schlanker, wenn die Bürger direkt in die Politik eingreifen können. Der Staat muss sparsamer agieren, seine Ausgaben sind deutlich niedriger. Zugleich ist die Steuerlast geringer. Nach einer Studie von Lars Feld und Gebhard Kirchgässner sind in jenen Schweizer Kantonen, die verpflichtende Referenden über Steuerfragen haben, die Ausgaben durchschnittlich um 6,5 Prozent geringer, die Einnahmen sogar um etwa 11 Prozent niedriger als in den anderen Kantonen.[3] Wenn die Bürger direkt gefragt werden, stimmen sie also für weniger Staat, als wenn die Regierung entscheidet.

Theoretisch sollen Politiker in der Demokratie ja im Sinne des Volkes agieren. Im Ökonomenjargon werden die Politiker auch als „Agenten" bezeichnet, wohingegen das Volk theoretisch der Souverän („Prinzipal" – Auftraggeber) ist. In der Praxis tut sich aber auch in der Demokratie das klassische „Prinzipal-Agenten-Problem" auf: Es ist es für das Volk schwierig, jenseits der periodischen Wahlen seine gewählten Repräsentanten zu kontrollieren. Die Bürger sind zu wenig informiert über das, was in Bern, Berlin oder Brüssel abläuft. Die Politiker entwickeln abgehobene Agenden und verfolgen ihre eigenen Ziele.

Bruno Frey von der Universität Zürich hat das Problem in der „American Economic Review" so formuliert: Es gebe eine „classe politique", die die Tendenz habe, sich zu einem Kartell zusammenzuschließen. Die Interessen dieser „Politikerklasse" stimmen nicht mit den Interessen der Bürger überein. Direktdemokratische Entscheidungen sind ein Korrektiv, damit sich die Politik nicht zu weit von den Bürgern entfernt.[4] Immerhin haben in der Schweiz die Wähler in den Volksabstimmungen erstaunlich oft, nämlich in 39 Prozent der Fälle seit 1848, gegen die Mehrheit des Parlamentes gestimmt. Das scheint ein Beleg für die These zu sein, dass es eine systematische Kluft zwischen Politiker- und Bürgerinteressen gibt.

Eines der heiklen Themen der Public-Choice-Forschung ist die Frage nach der Umverteilung. Gut organisierte Interessengruppen können Druck auf die Politik ausüben, um finanzielle Unterstützung, Subventionen oder Privilegien zu erhalten. Im der Ökonomensprache ist von „Rentseeking" die Rede. In parlamentarischen Demokratien tritt dieses Phänomen besonders krass in sogenannten Umverteilungskoalitionen auf: Zwei Parteien, die allein keine Mehrheit für das jeweilige „Rentseeking"-Anliegen ihrer Klientel haben, verabreden ein politisches Tauschgeschäft. Nun werden in einem Gesetzespaket die Anliegen zusammengeschnürt. Die Summe an Umverteilungsmaßnahmen steigt so weit über das Maß hinaus, das die Mehrheit der Bürger richtig fände.

Im Gegensatz dazu hat eine Studie von Feld, Kirchgässner und Justina Fischer gezeigt, dass in direktdemokratischen Kantonen weniger umverteilt wird.[5] Die Referenden über Steuern und Ausgaben schieben einen Riegel vor die undurchsichtige „Schacherdemokratie" – so der österreichische Nobelpreisträger Friedrich August von Hayek. Zerstört die direkte Demokratie den Sozialstaat? Die ökonometrische Analyse von Feld, Kirchgässner und Fischer zeigt, dass weniger Umverteilung keineswegs bedeuten muss, dass die Armen auf der Strecke bleiben. Die finanzielle Ungleichheit ist in den direktdemokratischen Kantonen nicht größer. Vielmehr scheint es so, dass die Sozialhilfen dort zielgerichteter sind. Es findet weniger Umverteilung mit der Gießkanne statt, die Effizienz des Sozialsystems ist höher.

Staaten oder Städte mit direkter Demokratie haben geringere Haushaltsdefizite als repräsentative Systeme. Das ist tendenziell das Ergebnis vieler Studien, die Kirchgässner ausgewertet hat, wobei die Ergebnisse aus der Schweiz eindeutiger sind als die aus Amerika. In den Schweizer Städten, wo die Bürger direkt über den Haushalt abstimmen können, war der Schuldenstand je Kopf durchschnittlich um etwa 3.000 Franken geringer. Meinungsunterschiede gibt es darüber, ob die Bürger grundsätzlich fiskalisch konservativer sind als die ausgabenfreudigeren Politiker, oder ob die direktdemokratischen Strukturen bremsen.

Ein häufiger Einwand gegen Volksentscheide zu nationalen Entscheidungen über wichtige Fragen lautet, dass diese Praxis vielleicht in der kleinen Schweiz funktionieren mag, aber doch nicht in großen Staaten. Dieses Argument sticht nicht. Das zeigt die erste internationale Vergleichsstudie über 85 Länder aus Europa, Amerika, Asien und Afrika, die drei Marburger Forscher, geleitet von Stefan Voigt in der Zeitschrift „Public Choice" veröffentlicht haben.[6] Ihre Analysen auf einer breiten Datenbasis belegen – mit gewissen Nuancen je nach der Stärke der staatlich-politischen Institutionen –, dass direkte Demokratie überall auf der Welt zu schlankeren und solideren Staatsfinanzen führt.

Eine Stimme gegen den Superstaat

Mit direkter Demokratie könnten die Bürger abgehobene Politiker wieder einfangen.

Für einen kurzen Moment blitzte während der Koalitionsverhandlungen 2013 die Möglichkeit bundesweiter Volksentscheide auf. CSU- und SPD-Politiker schrieben dazu ein gemeinsames Papier. Besonders erstaunlich an ihrem Vorstoß war, dass sie über europapolitische Fragen Referenden abhalten wollten. Das hätte den Wählern direkte Mitsprache bei weiteren Schritten zur Vergemeinschaftung, Zentralisierung und Abgabe von Souveränität in Europa gegeben. Der Vorstoß wurde rasch gestoppt. Zu groß ist in der CDU die Abneigung gegen Volksabstimmungen – vor allem über Europa. Auch die Grünen, sonst immer für direkte Demokratie, reagierten reserviert. Sie fürchten die verbreiteten EU-Skepsis in der Bevölkerung. Nur die eurokritische AfD witterte Morgenluft. Mit dem Ruf nach Referenden über die Euro-Rettung und sogar die EU-Mitgliedschaft will die AfD punkten.

Auch Ökonomen haben sich intensiv mit der Frage „repräsentative oder direkte Demokratie" befasst. Im Kern geht es dabei um das klassische Prinzipal-Agent-Problem. In der Demokratie ist das Volk der Souverän. Von ihm geht, so steht es im Grundgesetz, „in Wahlen und Abstimmungen" alle Staatsgewalt aus. Allerdings zeigt sich in der Realität oft eine Kluft zwischen den Interessen der Bürger und der Politiker. Die Politiker entwickeln eine eigene Agenda, die sich nicht mit den Bürgerinteressen deckt. Schon vor Jahrzehnten hat sich die Politische Ökonomie von der Vorstellung verabschiedet, dass Politiker sich primär für das Allgemeinwohl engagieren. Die Mehrzahl der Politiker strebt danach, ihren eigenen Nutzen (Macht, Einkommen, Personal, Prestige) zu vergrößern. Eine wirksame Kontrolle der Politiker ist schwierig. Im Wirrwarr der Euroinstitutionen haben die Bürger längst den Überblick verloren. Viele haben resigniert. Umso schärfer tritt das Prinzipal-Agent-Problem hervor: Die Politiker agieren zunehmend abgehoben von Bürgerwünschen.

In internationalen Organisationen, die weit weg vom Bürger sind, wachsen Personal und Bezahlung auffallend stark, wie die Ökonomen Roland Vaubel (Mannheim) und Axel Dreher (Heidelberg) anhand der Entwicklung von Organisationen wie dem Internationalen Währungsfonds (IWF) analysiert haben.[7] Sie sehen auch hier ein Prinzipal-Agent-Problem: Die Organisationen verselbständigen sich über die Jahrzehnte und entwickeln eine Wachstumsdynamik, um ihre Macht zu vergrößern. Auch die Tendenz des EU-Parlaments oder des Europäischen Gerichtshofs, stets für mehr Kompetenzen für die EU zu stimmen, obwohl das Subsidiaritätsprinzip oft dagegenspricht, kann man so erklären: Die EU-Parlamentarier und -Richter vergrößern ihren Einfluss, wenn Dinge zentral geregelt werden.

Prinzipal-Agent-Entfremdung gibt es auch in lokalen Zusammenhängen. In einem aktuellen Forschungspapier hat der Münchner Ökonom Niklas Potrafke Bürgerentscheide in Konstanz und Heidelberg untersucht, bei denen die Wähler über Konzerthallen entschieden.[8] In Konstanz sollte am Seeufer eine große Halle gebaut werden, deren Kosten von 48 Millionen Euro ein Viertel des Budgets der Stadt ausmachten. In Heidelberg ging es um die Erweiterung einer Konzert- und Kongresshalle. In beiden Städten war der Stadtrat mit großer Mehrheit für die Projekte, die Bürger jedoch stimmten mit Zweidrittelmehrheiten dagegen. Potrafke hat das Abstimmungsverhalten detailliert untersucht und kommt zu dem Schluss, dass besonders die Wähler linker Parteien anders als ihre Abgeordneten stimmten. Diese seien „bürgerlicher" als ihre Wähler, folgert Potrafke; sie waren für die teuren Konzerthallen, die ihre Basis überflüssig fand. Umgekehrt gibt es Fälle, wo die Basis konservativer Parteien rechter ist als die Parteispitze.

Wenn es um (Steuer-)Geld geht, haushalten Bürger generell sparsamer als Politiker. Dies zeigen Studien über die direktdemokratischen Kantone und Kommunen in der Schweiz. In Gemeinden, wo die Bürger direkt über Haushalt und Fiskalpolitik abstimmen können, sind die Ausgaben niedriger und die Steuer- und Abgabenlast geringer als in Gemeinden, wo der Stadtrat die Haushalts- und Steuerpolitik nicht den Bürgern vorlegen muss. Eine Studie von Lars Feld und Gebhard Kirchgässner kam zu dem Ergebnis, dass in direktdemokratischen Gemeinden der Schuldenstand je Einwohner rund 3100 Franken geringer war als in vergleichbaren Gemeinden ohne Fiskalreferenden.[9] Bürgerentscheide sind offenbar eine wirksame Disziplinierung ausgabenfreudiger Politiker, die ihre eigene Macht vergrößern wollen oder die Wünsche von Interessengruppen bedienen.

Die Schweiz und die EU sind in vieler Hinsicht krasse Gegensätze: Während in der Eidgenossenschaft die Bürger ihre subsidiären Rechte und ihre Eigenverantwortung verteidigen, bewegt sich die EU in Richtung eines Superstaates mit einem bürokratischen Wasserkopf und einer abgehobenen politischen Elite in Institutionen, denen die Bürgern misstrauisch, aber machtlos gegenüberstehen. Das von den Politökonomen analysierte Prinzipal-Agent-Problem stellt sich wohl nirgends so scharf dar wie in der EU. Es gibt so etwas wie ein Kartell der etablierten, EU-freundlichen Parteien, die stets für „mehr Europa" votieren, obwohl die Bürger laut Umfragen das Vertrauen in die EU-Institutionen verloren haben. Gäbe es Referenden, könnten die Bürger dem ein Stoppschild entgegensetzen.

7. Teil: Arm und Reich in der Weltwirtschaft

Warum die Armen arm bleiben

Geld allein rettet die Dritte Welt nicht. Die armen Länder müssen die Chance erhalten, sich selbst zu helfen.

Die sogenannte Dritte Welt habe es nie gegeben. Sie sei eine Erfindung linker Intellektueller und Entwicklungsökonomen. Das meinte zumindest P. T. Bauer, Professor an der London School of Economics. Er lehnte den Begriff „Dritte Welt" ab, da er die Vielfalt der postkolonialen afrikanischen und asiatischen Länder überdecke und diese in einen fiktiven Block zwänge, der dann mit guten Ratschlägen und Entwicklungshilfe beglückt werde.[1]

Westliche Entwicklungshilfe, so argumentierte Bauer schon seit den fünfziger Jahren, habe unendlich mehr Schaden als Nutzen gebracht. Sie habe unzählige Staaten Afrikas, Asiens und Lateinamerikas zur Staats- und Planwirtschaft verleitet, statt den Markt und das private Unternehmertum zu entwickeln. Experten der Vereinten Nationen wie Raúl Prebish und Gunnar Myrdal hätten den Weg gewiesen, der da lautete: gelenkte Industrialisierung durch Abschottung, Preiskontrollen und staatliche Großprojekte – zu finanzieren über westliche Hilfsgelder oder eigene Geldschöpfung.

Die unvermeidliche Folge dieser Entwicklungsstrategie waren Fehlplanungen, Ressourcenverschwendung, Inflation und eine Zunahme der Bürokratie und Korruption. Zu diesem Elend kamen noch die periodischen Bürgerkriege in fast allen afrikanischen Staaten. Viele von ihnen sind daher heute ärmer als vor fünfzig Jahren – trotz Entwicklungshilfe. Die Länder südlich der Sahara, wo Entwicklungshilfe mehr als zehn Prozent des Bruttoinlandsprodukts ausmacht, haben besonders wenig erreicht und verharren auf einem elendem wirtschaftlichem Niveau.

Gibt es einen Teufelskreis der Armut, in dem sich diese Länder befinden? Bauer hat diese Vorstellung stets abgelehnt, da ja auch Europa aus eigener Kraft zu Wohlstand gekommen sei. Für die meisten Menschen, die in diesem Sommer am Zaun von Heiligendamm demonstriert haben, klingt das wohl wie reinster Zynismus. Sie sind überzeugt, dass der Reichtum der westlichen Länder auf der Armut und Ausplünderung anderer Länder beruht. Die Globalisierung sehen sie als Prozess der Ausbeutung der Schwächeren durch die Starken. Vehikel dieses Prozesses seien Weltbank und Internationaler Währungsfonds (IWF), die seit den achtziger Jahren –

teilweise Bauers Ansatz folgend – die Entwicklungsländer zum Aufbau marktwirtschaftlicher Institutionen zu verpflichten versuchen.

Dem kann man entgegensetzen, dass die Marktwirtschaft in vielen Ländern gefruchtet hat. Indien und China erleben heute einen spektakulären Aufschwung, nachdem sie in den internationalen Wettbewerb eingetreten sind und privates Unternehmertum fördern. Sie profitieren von der Globalisierung. Der Anteil der ärmsten Menschen auf der Welt, die von weniger als 1,90 Dollar je Tag leben müssen, hat sich daher in den vergangenen dreieinhalb Jahrzehnten gedrittelt: Nach den jüngsten Zahlen der Weltbank waren es 1981 noch 44 Prozent, jetzt nur noch 13 Prozent. Das subsaharische Afrika dagegen stagniert nicht nur, sondern fällt weiter zurück. Der Anteil der Menschen mit nur 1,90 Dollar am Tag stieg dort auf mehr als 40 Prozent.

Angesichts dieser dramatischen Entwicklung propagiert Jeffrey Sachs, einst als marktradikaler IWF-Reformer bekannt geworden, seit Jahren eine massive Erhöhung der Hilfen – einen „big push": Würden die reichen Länder bis 2025 jährlich 190 Milliarden Dollar in Entwicklungshilfe stecken, könnte die Armut vollständig besiegt werden, hat Sachs vor zehn Jahren in seinem Buch „Das Ende der Armut" (2005) geschrieben. Für Afrika forderte er vor allem Gesundheitsprojekte. Sein Plan ist von der Linken begeistert aufgenommen worden. Eine vollständige Gegenposition vertritt Bill Easterly, Professor an der New York University. Er bezweifelt den Machbarkeitsglauben der Entwicklungshilfe und verweist auf die Misserfolge vieler bisheriger Programme. Sie wurden von Technokraten ersonnen und ignorierten die Freiheit der Menschen in den armen Ländern, die nur als Entwicklungshilfe-„Objekte" behandelt werden.

Eine interessante Mittelposition nimmt Paul Collier ein, der langjährige Direktor des Centre for the Study of African Economies an der Universität Oxford. In absehbarer Zeit werden fünf Sechstel der Menschen auf der Erde ein ausreichendes Einkommen haben, prophezeit Collier. Nur eine Milliarde, die „Bottom Billion", sei komplett von der Entwicklung abgehängt.[2] Diese ärmste Milliarde lebe im subsaharischen Afrika und Zentralasien.

Insgesamt 58 Länder hat Collier identifiziert, die womöglich dauerhaft am Boden bleiben, obwohl einige erstaunliche Ressourcen besitzen, vor allem Erdöl, aber auch Gold oder Diamanten. Das nennt Collier die „Falle der natürlichen Ressourcen". Wie auch die Entwicklungshilfe sind Bodenschätze ein Geschenk, das Begehrlichkeiten weckt. Sie stacheln den politischen Wettbewerb von Interessengruppen an, das Rentseeking. Wer die Macht im Staat erlangt, kann die Ressourcen an seine Klientel verteilen. Dieses Rentenstreben geht auf Kosten produktiver Tätigkeiten. Schlimmstenfalls führt es zu Bürgerkriegen.

Je reicher ein Staat an Bodenschätzen ist, desto höher ist auch die Wahrscheinlichkeit, dass seine politischen Institutionen degenerieren. Statt einen Ordnungsrahmen für marktwirtschaftlichen Wettbewerb und freies Unternehmertum zu garantieren, mutiert der Staat zur reinen Umverteilungs- und Bereicherungsmaschine für einzelne Gruppen. Die Erhebung von Steuern zur regulären Finanzierung des Staates wird unwichtig. Auch der Strom von Entwicklungsgeldern könnte ähnliche Folgen haben, wenn ihre Verwendung nicht streng kontrolliert würde.

Neben der „Ressourcenfalle" hat Collier weitere Phänomene untersucht, die einen Aufstieg verhindern. Fatal sind wiederkehrende Bürgerkriege, die umso wahrscheinlicher seien, je ärmer und erfolgloser ein Land sei. Endemische Korruption und fehlende Rechtsstaatlichkeit, „Bad Governance" genannt, sind weitere Ursache und zugleich Folge des niedrigen Entwicklungsstands. Wenig Chance auf wirtschaftlichen Aufschwung haben zudem jene Länder, die von chaotischen Nachbarn umgeben sind und keinen Zugang zum Meer haben.

Der Befund von Collier ist erschütternd. Seine Analyse der Ursachen überzeugt, ebenso sein Rat, den afrikanischen Ländern künftig eher durch eine liberale Handelspolitik denn durch mehr Geld entgegenzukommen, wie dies schon Bauer gefordert hat. Die Dritte Welt rettet man nicht durch einen undifferenzierten Geldregen; man muss ihr die Chance geben, sich selbst zu retten.

Ressourcenreichtum kann ein Fluch sein

Öl und Gas helfen oft nur autoritären Regimen. Oder es werden Kriege geführt. Die These vom „Ressourcenfluch" ist jedoch umstritten.

Das Erdöl hat vielen Ländern kein Glück gebracht, im Gegenteil. Manche Forscher sprechen von einem regelrechten Fluch, der auf natürlichen Ressourcen laste. Während die Welt seit 1980 viel reicher geworden ist und einige asiatische Länder ohne Ressourcen spektakulär aufgestiegen sind, stagnieren viele Ölländer im Nahen Osten, in Afrika, Lateinamerika und Asien. Im Jahr 2005 war mehr als die Hälfte der Opec-Ölländer ärmer als dreißig Jahre zuvor. In Ölländern ist die Wahrscheinlichkeit autoritärer Regime um 50 Prozent höher, außerdem steigt das Risiko von Bürgerkriegen dort auf das Doppelte gegenüber Nichtölländern, schreibt Michael Ross von der Universität von Kalifornien in Los Angeles in seinem Buch „The Oil Curse".[3]

Der iranische Politologe Hussein Mahdavy war der Erste, der 1970 bezweifelte, dass reiche Ölvorkommen wirklich die wirtschaftliche Entwicklung begünstigen.[4] Er sah, dass die mühelosen Öleinnahmen (Renten) im Nahen Osten autoritäre Regierungsmodelle verfestigten. Investitionen zur Entwicklung anderer produktiver Industrien erlahmen. Samuel Huntington popularisierte die These: Öleinnahmen fließen dem Staat zu, sie verstärken die Macht der Bürokratie. Die Regierung erhebt kaum reguläre Steuern und hat es nicht mehr nötig, um Zustimmung der Bürger zu werben. Folglich haben Ölstaaten eher autoritäre bis diktatorische Regime, die ihre Bevölkerung mit Druck und Geschenken ruhig halten. Je mehr Öl ein Land hat, desto schwerer ist die Demokratisierung. Außerdem hemme der Islam die demokratische Entwicklung, es fehle an Gewaltenteilung.

Seit den siebziger Jahren hat sich Öl vom ökonomischen Segen zum Fluch entwickelt, nachdem die Ölunternehmen verstaatlicht wurden, sich das Opec-Kartell bildete und der Ölpreis enorm stieg, betont Ross. Seit dieser „großen Transformation" finanzieren sich Ölstaaten zu sehr hohen Anteilen durch die Ölmilliarden. Doch sind die Einnahmen intransparent und fließen oftmals in schwarze Kassen. So nehmen Korruption, Klientelismus und Autoritarismus zu, statt dass sinnvoll in die wirtschaftliche und soziale Entwicklung investiert wird. Zudem sind die Einnahmen volatil. Es wächst die Gefahr tiefer Wirtschaftskrisen, wenn der Ölpreis fällt wie nach 1980. In Angola, Gabun, Kuweit, Qatar und den Vereinigten Arabischen Emiraten fielen damals die Pro-Kopf-Einkommen um mehr als 50 Prozent.

Selbst wenn sie reichlich sprudeln, können Öleinnahmen zum Niedergang anderer Branchen beitragen. Die Produkte der Landwirtschaft und Industrie sind wegen der realen Wechselkursaufwertung der Ölländer auf den Weltmärkten nicht mehr konkurrenzfähig. Ökonomen sprechen von der „Holländischen Krankheit" in den siebziger Jahren, aber sie wurde schon im neunzehnten Jahrhundert nach Goldfunden in Amerika und Australien beobachtet.

Viele Forscher haben auf den Zusammenhang von Ressourcen und Gewalt hingewiesen. Oxford-Ökonom Paul Collier hat in einer vielzitierten Studie über 78 große Konflikte von 1960 bis 1999 gezeigt, dass große Rohstoffexporte der bei weitem stärkste Einflussfaktor für den Ausbruch eines Bürgerkriegs waren.[5] „Das Öl schafft Renten, und Möchtegern-Diktatoren wollen die Macht übernehmen. Es gibt Putsche, Aufstände, Bürgerkriege", sagt MIT-Ökonom Daron Acemoglu, Mitautor des Buches „Why Nations Fail". Als besonders schlimmes Beispiel nennt er Nigeria. „Trotz großen Erdölreichtums ist das Land enttäuschend arm." Auch um Gold oder Edelsteine wird heftig gekämpft. Berüchtigt sind die „Blut-Diamanten" aus Angola und Sierra Leone. Es gibt aber auch Gegenbeispiele, die Acemoglu hervorhebt: Botswana hat seinen Diamantenreichtum erfolgreich genutzt und wächst kräftig. Allerdings hatte Botswana nur eine geringe Korruption und gute Institutionen, bevor die Edelsteine entdeckt wurden.

Im Durchschnitt, so die These des Entwicklungsökonomen Jeffrey Sachs, haben ressourcenreiche Länder weniger Wachstum als ressourcenarme Länder.[6] Die asiatischen Tiger Korea, Taiwan, Hongkong und Singapur haben den Aufstieg ohne Bodenschätze geschafft. Nigeria, Sambia, Sierra Leone, Angola, Saudi-Arabien und Venezuela zählen zu den Wachstumsverlierern. Zumindest bleiben sie weit unter ihrem Potential, betont Ross. Andererseits haben Länder wie Botswana, Kanada, Australien und Norwegen von Ressourcen stark profitiert. Es komme eben auf die Institutionen an, betonen die norwegischen Forscher Halvor Melhum, Karl Moene und Ragnar Torvik.[7] In Ländern mit korrupter Regierung und hohem Enteignungsrisiko ist das Wachstum schwach. Andere Länder haben bessere Institutionen: Sie ziehen produktive Unternehmer an, der Wohlstand wächst. Wenn es also einen „Ressourcenfluch" gibt, dann nur bedingt, betont Acemoglu.

Das zeigt auch eine Untersuchung der Politologinnen Pauline Jones Lang (Brown University) und Erika Weinthal (Duke University) über fünf postsowjetische Republiken. Sie kommen in ihrem Buch „Oil Is Not a Curse" zu dem Ergebnis, dass Eigentumsformen der zentrale Faktor dafür sind, ob Ölvorkommen zu autoritären und ineffizienten Staaten führen.[8] In Turkmenistan und Usbekistan fördern Staatsunternehmen das Öl. In beiden Ländern haben autoritäre Herrscher den öffentlichen Dienst aufgebläht und viel Geld mit sinnlosen Prestigeprojekten verschwendet. Aserbaidschan, Kasachstan und die Russische Föderation entwickelten sich besser: Dort sind private Fördergesellschaften oder ausländische Unternehmen an der Ölproduktion beteiligt. Das steigert die Effizienz und erhöht die Transparenz.

Dass Ölländer langsamer wachsen, stimmte in den achtziger und neunziger Jahren. Inzwischen wachsen sie wegen des (bis 2014) enorm gestiegenen Ölpreises aber schneller, betont Ross. Weil Öl so teuer geworden war, wurde es in immer instabileren, ärmeren und gefährlicheren Ländern gesucht. Im Jahrzehnt nach 2004 hat man in Belize, im Tschad, in Osttimor, Mauretanien und Moçambique mit der Ölexploration begonnen. In diesen „verletzlichen" Ländern kann der „Ölfluch" besonders großen Schaden anrichten, warnt Ross. Er beschreibt mögliche Reformen, um den Fluch zu vermeiden: durch Antikorruptionsinitiativen und mehr Transparenz, eine langsamere Exploration, teilweise Privatisierung der Unternehmen und mehr Druck auf die internationalen Ölkonzerne, nur mit „guten" Regierungen Geschäfte zu machen.

Mutter Afrikas zerstrittene Kinder

Sind Menschen genetisch zu verschieden, vertrauen sie einander nicht. Das erschwert Kooperation und lähmt die Wirtschaft.

In Afrika, der Wiege der Menschheit, gibt es die meiste genetische Vielfalt, und die Völker gehören zu den ärmsten der Welt. Ist das ein Zufall? Nein, meinen zwei Ökonomen. Sie haben die unterschiedlichen Maße genetischer Vielfalt in verschiedenen Bevölkerungen ökonometrisch in Beziehung zu ihrem Entwicklungsgrad und Wohlstand gesetzt – und verblüffende Resultate gefunden: Länder mit genetisch extrem heterogener Bevölkerung schneiden schlecht ab, ebenso solche mit genetisch sehr homogener Bevölkerung. Es gebe zwischen diesen Extremen ein „Optimum" an genetischer Variation, schreiben Quamrul Asharf (Williams College, Massachusetts) und Oded Galor (Brown University) in einer vom National Bureau of Economic Research veröffentlichten Studie „The ‚Out of Africa' Hypothesis, Human Genetic Diversity, and Comparative Economic Development".[9]

Nach Ansicht der beiden Forscher reichen die Gründe für heutige wirtschaftliche Entwicklungsstände historisch sehr weit zurück. Die Distanz zum Ort, an dem die „Wiege der Menschheit" stand, spiele dabei eine Rolle. In Ostafrika, vermutlich in Äthiopien, entwickelte sich vor ungefähr 160.000 Jahren der erste moderne Mensch, der Homo sapiens. Von dort aus breitete er sich zunächst südlich der Sahara aus. Vor 80.000 Jahren, vielleicht schon früher, zogen die ersten Menschenhorden nach Asien. Von dort zogen Homo-sapiens-Gruppen vor etwa 40.000 Jahren nach Europa, wie Knochenfunde belegen. Nach Amerika wanderten die ersten Menschen erst viel später, als keine Eisbarriere mehr den Weg über die sibirische Landbrücke nach Alaska versperrte. Die Vorfahren der amerikanischen Urbevölkerung siedelten sich erst vor ungefähr 15.000 Jahren dort an.

Die schubartige Ausbreitung der Menschheit auf der Erde durch Migration lässt sich noch heute im Erbgut nachweisen. In Afrika, dem am längsten von Homo sapiens besiedelten Erdteil, ist die genetische Variation deutlich höher als in den Bevölkerungen jener Erdteile und Länder, in die erst viel später Menschengruppen einwanderten. Denn die Teilpopulationen, die loszogen und neue Gebiete erschlossen, bestanden aus enger verwandten Menschen. So zeigen die Daten der 53 ethnisch isolierten Gruppen aus dem Human Genome Diversity Cell Line Panel, dass die genetische Variabilität (sogenannte Heterozygosität) stetig abnimmt, je weiter weg die untersuchte Population von der „Wiege der Menschheit" im äthiopischen Addis Abeba ist. Das haben die junge Biologin Sohini Ramachandran und andere nachgewiesen. Das Maß der erwartbaren Heterozygosität zeigt die

Wahrscheinlichkeit, dass sich zwei Menschen aus einer Population genetisch unähnlich sind, weil sie aus unterschiedlichen Subpopulationen stammen.

Diese Daten zur Genvariabilität setzen Asharf und Galor in Beziehung zu wirtschaftlichen Entwicklungsniveaus auf der Erde. Ihre Regressionsanalyse zeigt signifikante Ergebnisse: Sehr heterogene und auch sehr homogene Bevölkerungen stehen wirtschaftlich schlechter da als jene mit mittlerer genetischer Variabilität. Zur ersten (heterogenen) Gruppe zählen die afrikanischen Bevölkerungen, zur zweiten (homogenen) die amerikanischen Urvölker, in der dritten, mittleren, finden sich europäische und die heutige amerikanische Bevölkerung, die größtenteils von Europäern abstammt.

Warum aber sind allzu hohe wie auch zu geringe Maße an genetischer Vielfalt hinderlich für die wirtschaftliche Entwicklung? Asharf und Galor erklären das so: Sind die Menschen in einer Bevölkerung genetisch zu unterschiedlich, so wächst die Gefahr von Argwohn und Streit. Heterogenität vergrößere die Wahrscheinlichkeit von Misstrauen, das reduziere die Kooperation und störe die sozioökonomische Ordnung, schreiben sie über die möglichen Nachteile einer zu durchmischten Gesellschaft. Diese bringe weniger Produktivität und Wohlstand hervor. Es gibt jedoch auch Vorteile durch genetische Vielfalt: Der förderliche Effekt von Diversität besteht darin, dass ein breiteres Spektrum von Merkmalen und Talenten in der Bevölkerung zu mehr Spezialisierung und einem erfolgreicheren Einsatz von Technologien führen kann.

Da die Effekte in entgegengesetzte Richtung wirken – der eine reduziert den Wohlstand, der andere erhöht ihn –, kann sich Wohlstand nach der These der Forscher am besten in einem Umfeld mittlerer Vielfalt entwickeln. Asharf und Galor meinen, mit ihrer empirischen Überprüfung diese These belegt zu haben – sowohl für die präkoloniale Zeit vor 1500, als die amerikanischen Urvölker noch unter sich waren, als auch für die heutige Zeit. Der Entwicklungsgrad und der Wohlstand sind nach dieser Untersuchung in Ländern mit mittlerer genetischer Vielfalt am größten.

In Afrika, der Wiege der Menschheit, ist die Häufigkeit von Bürgerkriegen besonders hoch, was nicht allein Folge der kolonialen Grenzziehung ist; das eigentlich sehr fruchtbare Ostafrika mit seinen mehr oder weniger „gescheiterten Staaten" wird immer wieder durch schlimme Hungersnöte geplagt, so auch jetzt.

Natürlich geben die beiden jungen Forscher zu, dass ihre Genthese nicht monokausal Armut und Wohlstand erklären könne. Wirtschaftshistoriker haben eine ganze Reihe von Faktoren untersucht, die für den Reichtum der Nationen ursächlich sind, angefangen von geographischen und agrarischen Voraussetzungen über soziale und politische Institutionen bis hin zu technischen und militärischen Entwicklungen. Der Biogeograph Jared Diamond gehört zu denjenigen, die geografisch-ökologische Bedingungen ebenso betonen wie ganz frühe Ereignisse, vor allem den Zeitpunkt der neolithischen Agrarrevolution.

Aber die Natur ist bestimmt nicht alles. Als besonders wichtig für die wirtschaftliche Entwicklung hat sich ein günstiger institutioneller Rahmen erwiesen: rechtsstaatliche Stabilität, sichere Eigentumsrechte und Marktwirtschaft. In Europa, das hat etwa Eric L. Jones gezeigt, hat der Staatenwettbewerb die Herausbildung dieser institutionellen Voraussetzungen begünstigt. In Afrika mangelt es an stabilen Rechtsstaaten und gesichertem individuellem Eigentum; vielmehr konkurrieren dort ethnische Clans um die Kontrolle der Ressourcen. Die These von Asharf und Galor, dass extreme Vielfalt zu Streit führt, kann dafür eine ergänzende Erklärung bieten.

Die Kosten der Flüchtlingskrise

Über die Jahrzehnte entstehen Kosten durch Asylmigration in dreistelliger Milliardenhöhe. Besonders schwierig wird die Integration von Muslimen.

Ein „zweites deutsches Wirtschaftswunder" durch die Flüchtlingswelle hielt Daimler-Chef Dieter Zetsche für möglich, zumindest sagte er das im Herbst 2015. Der Chefvolkswirt der Deutschen Bank schwärmte, die Ankunft von mehr als einer Million überwiegend junger Asylbewerber sei „das Beste, was Deutschland seit der Wiedervereinigung passiert" sei.

Solche optimistischen Stimmen sind kaum mehr zu hören. Ob und wie wir es schaffen, die Massen von Migranten vor allem aus arabischen Ländern zu integrieren, wird auch unter Ökonomen kontrovers diskutiert. Eine wichtige Frage ist, wie viel die Aufnahme der Asylbewerber auf Dauer kosten wird, oder ob die Migranten langfristig sogar einen positiven Beitrag für den Staat leisten können.

Die den Grünen nahestehende Heinrich-Böll-Stiftung hat dazu ein Gutachten beim Arbeitsmarktforscher und Finanzwissenschaftler Holger Bonin vom Mannheimer Zentrum für Europäische Wirtschaftsforschung (ZEW) in Auftrag gegeben.[10] Bonin nutzt die Methode der Generationenbilanzen. Diese zeigt an, wie viel Geld aus staatlichen Leistungen und aus den sozialen Sicherungssystemen ein Mensch über sein ganzes Leben bezieht und wie viel er an Steuern, Abgaben und Beiträgen einzahlt. Daraus errechnet sich ein Saldo. Für seine Modellrechnung mit einer Million Asylbewerbern, die bleiben, berechnet Bonin verschiedene Szenarien mit unterschiedlich schneller Integration in den Arbeitsmarkt – im positiven

Szenario haben alle in zehn Jahren eine Arbeit gefunden, im schlechten dauert es zwanzig Jahre – und mit verschiedenen Annahmen zum Ausbildungs- und künftigen Einkommensniveau der Zuwanderer. Daraus resultiert eine sehr breite Spanne von Ergebnissen.

Im schlechtesten Fall, wenn die Asylbewerber nur Stellen für Geringqualifizierte bekommen, käme man auf fast 400 Milliarden Euro Kostenüberhang für den Staat über die Jahrzehnte. Im allerbesten Fall, wenn alle nach zehn Jahren einen Job haben und fast 100 Prozent eine Berufsausbildung schaffen, wäre ein leichtes Plus denkbar. Beides sind aber unwahrscheinliche Szenarien. Bonin selbst sagt, er halte 150 bis 200 Milliarden Euro Gesamtkosten für den Staat für wahrscheinlich. (Das steht übrigens nicht in der Studie, welche die großen Kostenbeträge seltsam verschämt in einer Fußnote versteckt.) Die Kosten für die Migranten kommen zur bereits bestehenden Finanzierungslücke des deutschen Sozialstaats hinzu, der schon jetzt jede Menge ungedeckte Schecks ausstellt, die mit einer stark alternden Bevölkerung nicht finanzierbar sind. Pro Jahr beträgt die Finanzierungslücke mehr als 1000 Euro je Person. Durch eine Million Asylbewerber könnte die Finanzierungslücke um 7 Prozent steigen, rechnet Bonin. Doch seine Annahmen halten andere Fachleute noch für eher zu günstig gewählt.

„Die Szenarien, auch die pessimistischen, sind recht optimistisch ausgelegt", sagt Gabriel Felbermayr vom Ifo-Institut zu Bonins Studie. Zum einen ignoriere dieser, dass die Integrationsausgaben, die man als Investition verstehen kann, teils verloren sein werden, wenn ein Teil der Asylbewerber später in ihre Heimat zurückkehrt. Zum anderen berücksichtigt Bonin nicht den Familiennachzug. Alles in allem ist Felbermayr sehr skeptisch: „Die Geschichte, dass die Flüchtlingswelle die öffentlichen Haushalte entlastet, ist eine Mär."

Einig sind sich alle, dass die Rechnung umso höher ausfällt, je zäher die Integration in den Arbeitsmarkt wird. Dabei fällt auf, dass die Ökonomen einen Faktor nur zögerlich oder kaum in ihren Analysen berücksichtigen wollen: die Tatsache, dass die Million Neuankömmlinge überwiegend aus islamischen Ländern stammen. Spielt das eine Rolle, dass es überwiegend Muslime sind? Sehr wohl, sagt der niederländische Soziologe und Migrationsforscher Ruud Koopmans, Abteilungsleiter am Wissenschaftszentrum Berlin und Professor an der Humboldt-Uni. Nach seinen Forschungsergebnissen ist die kulturelle Distanz ein erhebliches Integrationshindernis.

Muslimische Immigranten liegen nach den empirischen Erhebungen sowohl bei der Arbeitsmarktintegration als auch bei Bildung und der Zahl der interethischen Kontakte hinter allen anderen Einwanderungsgruppen, sagt Koopmans. In seiner zuletzt erschienenen Studie „Does assimilation work?" hat er die Faktoren ökonometrisch nachgewiesen, die dafür verantwortlich sind.[11] Je größer die Wertedistanz der Einwanderer zur Aufnahmegesellschaft, desto schwieriger wird es. Datenbasis für die Berechnungen war eine große Befragung mit mehr als 7000 Teilnehmern im Rahmen des Eurislam-Projekts in sechs westeuropäischen Ländern, darunter Deutschland, Frankreich, Großbritannien und die Niederlande. Befragt wurden Immigranten aus der Türkei, Marokko, Pakistan und dem früheren Jugoslawien. Als Vergleichsgruppe dienten die westeuropäischen Einheimischen.

Alle vier muslimischen Gruppen haben deutlich höhere Arbeitslosenquoten, besonders die Immigranten aus der Türkei und Pakistan, die zwei- bis dreimal so oft arbeitslos sind wie die einheimische Bevölkerung. Das lag aber nur zum Teil an schlechteren Bildungsabschlüssen. Drei weitere Variablen spielen eine besondere Rolle: Sprachkenntnisse, Kontakte (bis hin zur Heirat) mit Einheimischen sowie die mehr oder weniger rigiden muslimischen Vorstellungen zur Rolle der Frau. Gerade deren Arbeitsmarktbeteiligung ist besonders gering. Koopmans zeigt mit ökonometrischen Berechnungen, dass diese drei Faktoren die schwachen Arbeitsmarkterfolge der muslimischen Gruppen bedingen. Sie erklären die Lücke im Integrationserfolg, welche die sozioökonomischen Faktoren wie Bildungsabschlüsse oder Altersstruktur nicht erklären. Der oft genannte Faktor Diskriminierung war übrigens stets statistisch nicht signifikant, also nicht relevant.

Für Koopmans ist offenkundig, dass kulturelle Assimilation der erfolgreichen Integration in den Arbeitsmarkt förderlich ist. Nur wollten das die meisten Sozialwissenschaftler aus ideologischen Gründen nicht mehr sagen, meint er, denn es widerspreche der Idee des Multikulturalismus, nach der Einwanderer ihre kulturelle Identität nicht aufgeben sollen. Aus Sicht von Koopmans kann und wird die Integration scheitern, wenn die Asylbewerber in Gruppen unter sich zusammenbleiben. Deshalb findet er es richtig, dass mit dem neuen Integrationsgesetz Asylbewerbern ohne Job ein Wohnort zugewiesen wird und sie über das ganze Land verteilt werden, um zu verhindern, dass sie sich an bestimmten Orten konzentrieren. Doch Koopmans geht weiter. Er regt an, dass nur diejenigen dauerhaft ein Bleiberecht in Deutschland erhalten, die einen Integrationskurs bestanden, gut Deutsch gelernt und eine Arbeit mit einem Mindestgehalt gefunden haben. Die anderen, die sich nicht integriert hätten, sollten in ihre Heimat zurückkehren, etwa wenn in Syrien der Krieg beendet ist.

Die mühsame IT-Revolution

Wir leben in einer Zeit rasenden technischen Fortschritts. Doch die Arbeitsproduktivität steigt nur langsam. Wie passt das zusammen?

Manche sprechen von einer neuen industriellen Revolution durch Internet und Digitalisierung. Trotzdem wächst die Produktivität seit Jahren kaum noch. Ende 2014 und Anfang 2015 ist die Arbeitsproduktivität in Amerika sogar zwei Quartale in Folge gesunken, seitdem legt sie nur schwach zu. Das beunruhigt Ökonomen bis hinauf zur Notenbank. Die Fed-Chefin Janet Yellen warnt deshalb vor magerem Lohnwachstum.

Wie kann es sein, dass die enormen IT-Innovationen, die vom Silicon Valley aus die Welt erobern, in den offiziellen Produktivitätsstatistiken keine größere Spur hinterlassen? Ist alles nur ein Hype, dem die trübe Realität eines erschöpften volkswirtschaftlichen Wachstumspotentials gegenübersteht?

Die Arbeitsproduktivität ist der zentrale Faktor, die entscheidende Triebkraft für unseren Wohlstand und für höhere Löhne. Sie misst, wie viel Output ein Arbeiter in einer gegebenen Zeit erzeugen kann. Scheinbar kleine Unterschiede im Produktivitätswachstum haben über lange Zeiträume enorme Auswirkungen. Liegt die Wachstumsrate bei 2 Prozent, wächst die Wirtschaftsleistung in 35 Jahren auf das Doppelte. Liegt sie nur bei 1 Prozent, dauert es 70 Jahre, bis sich der Wohlstand verdoppelt.

Schon vor dreißig Jahren, als die erste Welle von Computern in den Büros installiert worden war, wunderte sich der Wirtschaftsnobelpreisträger und Wachstumstheoretiker Robert Solow: „Man kann das Computerzeitalter überall sehen, nur nicht in den Produktivitätsstatistiken." Die Zahlen waren in der Tat ernüchternd: Stieg die Produktivität in den drei Jahrzehnten nach dem Krieg in Amerika noch mit durchschnittlich 2,8 Prozent im Jahr, so halbierte sich diese Rate nach 1973. In den neunziger Jahren und bis 2005 gab es zwar eine gewisse Renaissance: Die starken IT-Investitionen zahlten sich nun aus, die Produktivität stieg für anderthalb Jahrzehnte durchschnittlich um 2,5 Prozent. Doch seit 2005 – also schon vor Ausbruch der großen Finanz- und Wirtschaftskrise – flachte die Kurve bedenklich ab. Und zuletzt ist sie sogar gefallen.

Es gibt Pessimisten, die von einer dauerhaften Schwäche des Produktivitätswachstums ausgehen. Robert Gordon von der Northwestern University in Illinois ist der wichtigste Schwarzseher. Der Makroökonom und Experte für Produktivitätsstudien ist davon überzeugt, dass die Gewinne durch die Informationstechnik überschätzt werden. Sie sei keine so bahnbrechende „Allzwecktechnik" (General Purpose Technology) wie die im 18. Jahrhundert entwickelte Dampfmaschine, die Webstühle, Eisenbahnen und Schiffe antrieb, oder die im späten 19. Jahrhundert breiter eingesetzte Elektrizität sowie der Verbrennungsmotor, der Autos und Flugzeuge bewegt. Dagegen verblassten Computer und Internet, meint Gordon.

Vor allem aber komme der Wachstumsschub der neuen Technik nicht gegen die starken Gegenwinde an: die Demographie, das mangelhafte Bildungssystem, die hohe Verschuldung und andere belastende Faktoren wie die gestiegene Ungleichheit. Alles zusammen bremse die Wirtschaftsentwicklung, warnt Gordon. Er ist nicht allein in seinem Pessimismus. Der Harvard-Ökonom Larry Summers befürchtet wegen Nachfrageschwäche und Innovationsflaute eine „große Stagnation", Tyler Cowen von der George Mason Universität warnt vor einem „großen Stillstand", weil die wirklich produktivitätssteigernden „niedrig hängenden Früchte" alle schon gepflückt seien.

Völlig falsch sei diese Sicht, sagen die Vertreter der optimistischen Gegenposition, etwa der Wirtschaftshistoriker Joel Mokyr, ein Kollege Gordons von der Northwestern University. Oder IT-Begeisterte, die von einer goldenen Zukunft der Digitalwirtschaft künden. Es dauere einfach ein paar Jahrzehnte, bis neue Technologien wie Computer, Internet und die Folgeinnovationen sich in der ganzen Breite der Wirtschaft durchsetzten. Und es dauere, bis mit ihnen auch neue Produkte und Prozesse verknüpft werden. Mit einiger Verzögerung werde man die Produktivitätsgewinne ernten, das Wachstum werde sich sprunghaft beschleunigen. Diese Sicht vertritt etwa Eric Brynjolfsson vom MIT, der sich auf Studien des Stanford-Wirtschaftshistorikers Paul David beruft.

Auch Dampfmaschine und Elektromotor hätten zunächst nur kleine Bereiche der Wirtschaft produktiver gemacht. Erst nach und nach habe eine neue Generation von Ingenieuren und Managern das ganze Potential dieser Techniken ausgenutzt. So werde es auch mit dem Internet sein. Erst revolutioniert es Medien und Einzelhandel (Amazon & Co.), dann Finanzbranche (Online-Banking und Computerhandel), später das Gesundheitswesen (mit vernetzten medizinischen Daten), schließlich die ganze Industrieproduktion durch vollautomatisierte, vernetzte Fabriken. Und in ein paar Jahrzehnten werden die Straßen voll sein mit selbstfahrenden Autos.

Noch ein zweites Argument nennen die Technikoptimisten. „Wir haben kein Wachstumsproblem, sondern ein Messproblem in den Statistiken", sagt Hal Varian, Chefvolkswirt bei Google und früher an der Universität Berkeley. Ein Großteil der von den IT-Unternehmen entwickelten Leistungen – von der Internetsuchmaschine bis zu vielen Apps – sind gratis abrufbar. Zahlt der Verbraucher jedoch null Dollar, werden sie in der Bruttoinlandsprodukt-Statistik ignoriert, denn dort gehen Güter und Dienstleistungen mit dem Marktpreis ein. Die „Konsumentenrente", wie Ökonomen sagen, ist aber unbestritten positiv, sonst würden die Nutzer nicht so viel Zeit im Internet, mit Apps oder auf Plattformen wie Facebook verbringen. Brynjolfsson sagt, dass IT-Leistungen für 300 Milliarden Dollar jährlich nicht in der Statistik auftauchten.

Allerdings, so wenden Kritiker ein, kann man mit „Konsumentenrente" keine Rechnungen zahlen und keine Schulden begleichen; der Staat kann die Gratis-Transaktionen nicht besteuern. Als harte Währung in der Volkswirtschaft taugen Gratisdinge also nicht. Auch Varian gibt zu, dass manche optimistische Prognose aus dem Silicon Valley vielleicht kurzfristig übertrieben wirke.

Was die Arbeitsproduktivität angeht, können Internet, soziale Netzwerke und Smartphones ein zweischneidiges Schwert sein. Einerseits erleichtern sie die Kommunikation. Andererseits gehen in Büros auch ungezählte Stunden Arbeitszeit verloren, wenn sich Mitarbeiter auf Facebook oder in Chats ablenken lassen. Und wenn Büroarbeiter auch nach Dienstschluss erreichbar sind, E-Mails lesen und beantworten, könne man argumentieren, dass ihre in der Statistik ausgewiesene Produktivität eigentlich überschätzt werde, sagt der Yale-Professor Stephen Roach, weil die Arbeitszeit unterschätzt wird. Die offizielle amerikanische Statistik spricht von konstant 34 Wochenstunden, was aber bei vielen nicht mehr stimme. Sie arbeiten länger, bei gleichem Lohn.

Wer recht hat, die Produktivitätspessimisten oder die -optimisten, wird sich erst in einiger Zeit erweisen. Große internationale Organisationen von IWF bis OECD prognostizieren allerdings eher ein gebremstes Wachstum. Laut OECD wird die totale Faktorproduktivität der großen Industrienationen in den kommenden Jahrzehnten mit weniger als einem Prozent wachsen.

Ist es mit dem Wachstum vorbei?

Wenn alle wichtigen Dinge schon erfunden sind, sieht die Zukunft düster aus, warnen einige Ökonomen – andere sind viel optimistischer.

Aus Europa betrachtet erscheinen die Wirtschaftsaussichten der Vereinigten Staaten nicht schlecht. Um bis zu drei Prozent ist die amerikanische Wirtschaft in den vergangenen Jahren gewachsen, doppelt so viel wie Europas Wirtschaft. Doch viele amerikanische Ökonomen klagen: Die Erholung nach dem Absturz 2009 sei nur sehr schleppend. Derzeit tobt eine Debatte, ob dies eine Spätfolge der Finanzkrise sei, wie etwa der frühere IWF-Chefökonom Kenneth Rogoff sagt, oder eine tiefer liegende Schwäche widerspiegele – gar eine „säkulare" Stagnation ankündige.

Ein Wortführer der Schwarzseher ist Robert Gordon von der Northwestern University in Evanston nahe Chicago. Er die Fachwelt 2012 mit seinem Aufsatz „Is U.S. Economic Growth Over?" aufgewühlt.[12] Sein Hauptargument: Es gebe schon seit vier Jahrzehnten eine bedrohliche Innovationsschwäche. Künftig seien kaum noch große Produktivitätszuwächse zu erwarten. Hinzu kämen andere Belastungen: die Demographie, das schwache Bildungssystem, die hohe Verschuldung und andere Gefahren. Für die große Mehrheit, 99 Prozent der amerikanischen Bevölkerung, sagt er in den nächsten Jahrzehnten nur 0,2 Prozent Einkommensplus jährlich voraus. Selbst wenn die Innovationsschwäche künftig nicht so gravieren sei, brächten die anderen Faktoren so viel Gegenwind, dass künftig nur noch Minizuwächse möglich seien.[13]

Der erste Faktor, die Demographie, wird unbestritten das Wachstum in alternden Volkswirtschaften belasten. Nicht nur, dass die Babyboomer-Generation bald in Rente geht. Auch die sinkende Wochenarbeitszeit verringere die Arbeitsleistung, betont Gordon. Mehr Leute würden in Teilzeit und Minijobs „gedrängt". Der zweite Faktor, das Bildungssystem, ist auch nicht von der Hand zu weisen: Abseits der Eliteuniversitäten glänzt das amerikanische Schul- und Hochschulsystem keineswegs. Es gibt hohe Abbrecherquoten. Und obwohl die Job-Aussichten der jungen Leute oft nicht berauschend sind, müssen sie hohe Studiengebühren zahlen, für die sie Kredite aufnehmen. Eine Billion Dollar Studiendarlehen haben die Amerikaner auf dem Buckel.

Besorgniserregend findet er die sozialen Zerfallserscheinungen, etwa die steigenden Scheidungsraten und die hohe Zahl von alleinerziehenden Müttern vor allem in der Unterschicht. Kinder aus zerbrochenen Familien erhalten weniger Fürsorge und Förderung, haben folglich weniger Humankapital. Sie werden weniger produktive Arbeitskräfte sein. Auch dadurch nehme die Ungleichheit weiter zu. Arme können sich keine gute Ausbildung leisten. Allein wegen der steigenden Ungleichheit werde das Potentialwachstum künftig um 0,5 Prozentpunkte gedrückt. Als vierten Faktor betont Gordon die öffentliche Verschuldung: Der Staat müsse entweder die Steuern erhöhen oder Sozialleistungen kürzen. Dadurch werden die verfügbaren Einkommen der Bürger geschmälert.

Vieles an Gordons Papier ist bedenkenswert. Aber dann kommt er doch wieder auf die angebliche Innovationsschwäche zurück. Die glorreiche Epoche der „zweiten industriellen Revolution" seit dem späten 19. Jahrhundert – mit der Erfindung von Elektrogeräten und Verbrennungsmotor bis zur kabellosen Kommunikation – kontrastiert er mit dem schwächeren Produktivitätswachstum seit etwa 1970. Auch das anbrechende Computer-Zeitalter konnte daran wenig ändern. „Wir können die Computer-Revolution überall sehen – außer in den Produktivitätsstatistiken", klagte der Wachstumsforscher Robert Solow einst. Nur von Mitte der 1990er bis in die 2000er Jahre gab es einen temporären Aufschwung, als das Internet neue Möglichkeiten für die Wirtschaft erschloss. Dann aber sei sie wieder in einen Dornröschenschlaf gefallen. Und dieser werde andauern, sagt der Ökonom – trotz iPhone und „Big Data".

Aber kann man Innovationen richtig prognostizieren? Gordon findet, schon. Er präsentiert zwei Zukunftsvisionäre: Jules Verne, der 1863 schon Autos und Straßenbeleuchtung voraussagte. Und – ernsthaft – das „Ladies' Home Journal", das im Jahr 1900 schon Klimaanlagen, Fertiggerichte und das Verschicken von Fotos durch Telegrafen beschrieb. Sogar Fernsehen prognostizierte die Zeitschrift: „Personen ... werden in den Fokus einer Kamera gesetzt, verbunden mit einem Bildschirm am anderen Ende der Leitung." Einzige Fehlprognose des Magazins: Es werde in der Zukunft Erdbeeren so groß wie Baseballs geben.

Die digitale Revolution findet Gordon, verglichen mit den früheren Erfindungen, kaum beeindruckend. „Wir wollten fliegende Autos und haben 140 Zeichen bekommen", zitiert er den sarkastischen Spruch des Internetmilliardärs Peter Thiel. Auch in der Medizin seien die größten Fortschritte früher gemacht worden, meint Gordon. Zwar werden für viele Milliarden neue Medikamente entwickelt, doch diese hätten oft nur fragwürdigen Nutzen. Und den Rummel um kleine Roboter oder 3D-Drucker findet Gordon übertrieben. Das seien Spezialanwendungen, keine Basisinnovationen, die die Wirtschaft auf breiter Front voranbrächten. Diese gebe es nicht mehr.

„Alles, was erfunden werden kann, ist erfunden worden", soll der damalige Chef des amerikanischen Patentamtes, Charles Holland Duell, vor hundert Jahren gesagt haben. Immer wieder taucht der Spruch in Medien oder im Internet auf. Aber das Zitat ist gefälscht, wie Joel Mokyr klarstellt.[14] Der renommierte Wirtschaftshistoriker, der ebenfalls an der Northwestern University lehrt, hält Gordon vor, sich in die Reihe der falschen Schwarzseher zu stellen. In der Geschichte gebe es immer wieder abrupte Wenden und Überraschungen. Wenn die „niedrig hängenden Früchte" der Innovation alle schon gepflückt seien, werde die Wissenschaft Leitern bauen, um höher hinaus zu greifen.

War das 20. Jahrhundert das Zeitalter, das vor allem große, gigantische Dinge entwickelt hat, so werde sich das 21. Jahrhundert um kleine und superkleine Dinge drehen – um Gene und Nanoteilchen. Der globale Wettbewerb werde den Wettlauf um Erfindungen beschleunigen, glaubt Mokyr, auch wenn es ökologische Nebenwirkungen oder ethische Bedenken gebe. Weiter sinkende Arbeitszeiten, die Gordon beklagt, findet Mokyr gut. Mehr Freizeit bedeute mehr Lebensqualität. Das statistisch gemessene

Wachstum werde künftig vielleicht geringer sein, aber die Wohlfahrt werde trotzdem zunehmen.

Nehmen Roboter uns die Arbeit weg?

Ein Gespenst geht um: das Gespenst der digitalen Revolution. Für die einen ist es eine Verheißung, anderen erscheint es als Bedrohung, als Gefahr für Arbeitsplätze.

Jüngst hat ein Bericht des Weltwirtschaftsforums viel Aufsehen erregt. Innerhalb der nächsten fünf Jahre könnten in den Industrieländern mehr als 5 Millionen Arbeitsplätze netto verloren gehen, ergab die Umfrage unter 371 Managern von großen Konzernen, die nach den Rationalisierungspotentialen sowie Einstellungsperspektiven durch die „4. Industrielle Revolution" gefragt wurden. Zwei Drittel der insgesamt 7 Millionen Arbeitsplätze, die wahrscheinlich abgebaut und durch immer leistungsfähigere Computer ersetzt werden, sind demnach „routine white collar office functions", also einfache bis mittlere Bürotätigkeiten. Auf der anderen Seite werden bis zu 2 Millionen neue Jobs erwartet, vor allem in den Bereichen IT und Computer sowie in Ingenieursberufen.[15]

Veränderungen in der Arbeitswelt durch Computer

Die kommende Industrielle Revolution steht aber erst noch am Anfang. In fünf Jahren hat sie schon mehr Fahrt aufgenommen, doch die volle Dynamik und Wucht dieser Umwälzung unserer zunehmend digitalen Wirtschafts- und Arbeitswelt wird erst in den nächsten Jahrzehnten vollends sichtbar werden. Erst dann wird das Ausmaß der Veränderungen durch den Einsatz immer intelligenterer Roboter, selbststeuernder Fahrzeuge und ungeheuer leistungs- und lernfähiger Computersysteme erkennbar. Die Schätzung über Arbeitsplatzverluste und -gewinne über die nächsten fünf Jahre greift also viel zu kurz. Was wird mittel- und langfristig sein? Aussagen über die Zukunft sind gerade in dieser Frage mit höchster Unsicherheit belastet. Aber es fällt auf, dass mehr und mehr Fachleute nicht gerade zu optimistischen Prognosen kommen.

Wenn selbst die altehrwürdige britische Zentralbank den möglichen Verlust von mehreren Millionen Arbeitsplätzen in Großbritannien vorrechnet, dann sollte man hellhörig werden. Chefvolkswirt Andy Haldane hat in einer Rede[16] davor gewarnt, dass beim kommenden „Wettlauf mit den Maschinen" bis zu 15 Millionen Arbeitsplätze gefährdet sein könnten – fast die Hälfte aller Beschäftigungsverhältnisse auf der Insel. Immer leistungsfähigere Roboter und Computer bedrohten nicht nur die Jobs einfacher Arbeiter, sondern zunehmend vor allem Stellen in Büros mit mittlerem Qualifikationsniveau. Der Arbeitsmarkt werde „ausgehöhlt", sagte Haldane. Der „verbleibende Raum für einzigartig menschliche Fähigkeiten könnte weiter schrumpfen", so der Vordenker der Bank of England. Außerdem könnte die Kluft zwischen der ärmeren Bevölkerungsschicht und den Reichen im kommenden Roboter-Zeitalter noch größer werden.

Schon vor zwei Jahren hat eine Studie zweier Wissenschaftler der Universität Oxford international Aufsehen erregt. Carl Benedikt Frey und Michael Osborne hatten 700 Berufsprofile in den Vereinigten Staaten untersucht, welche von ihnen in den kommenden zwei Jahrzehnten durch den Einsatz neuer Maschinentechnologien potentiell ersetzt werden könnten.[17] Ergebnis: Fast die Hälfte könnte verschwinden. Früher waren dies vor allem repetitive Routinejobs, etwa der Fließbandarbeiter, dessen Handgriffe nun ein Roboter viel präziser erledigt.

Ein Beispiel dafür, wie stark der Robotereinsatz in den Fabriken noch gesteigert werden kann, bietet Japans Autoindustrie: In den hoch-automatisierten Autofabriken der Japaner sind Roboter bis zu dreißig Tage im Monat rund um die Uhr im Einsatz. Laut Boston Consulting Group kommen weltweit im Durchschnitt auf 10.000 Arbeiter in Fabriken nur 66 Roboter, in japanischen Autofabriken sind es dagegen mehr als zwanzig Mal so viele, nämlich 1.520 Roboter.[18]

Nicht nur die Produktion, auch die Büros werden revolutioniert. Klassische einfache Sekretariatsdienste sind mit dem Einzug der Computer seit den 1970er Jahren verdrängt worden. In Lagern, in der Logistik und im Vertrieb sowie in Küchen werden künftig immer mehr Roboter eingesetzt werden. Selbstfahrende Autos, wie sie Google erprobt, und Drohnen transportieren vielleicht in fünf, zehn oder fünfzehn Jahren einen wachsenden Anteil aller Güter von Online-Händlern wie Amazon direkt zu den Kunden; der klassische stationäre Einzelhandel schrumpft drastisch.

Arbeitsplatzverluste auch bei anspruchsvollen Jobs

Zunehmend sind auch anspruchsvollere Arbeitsplätze gefährdet. Auch im Verkauf, in der Buchhaltung und Steuerberatung bis hin zu Banken und Versicherungen werden Computer und Maschinen viel menschliche Arbeit übernehmen. Die Preise für Roboter und Computer fallen stark, ihre Einsatzmöglichkeiten steigen. Statt eines klassischen Bankberaters errechnet künftig vielleicht ein Computer selbständig, ob einem Kunden ein Kredit gegeben wird oder was die beste Versicherung oder Anlage sein könnte. Und selbst in der Medizin könnten Supercomputer wie IBMs Watson bald schon bessere Diagnosen stellen als der klassische Arzt. Schon jetzt gibt es mehr als 570.000 „roboter-gestützte" chirurgische Operationen im Jahr.[19]

Roboter werden immer leistungsfähiger, cleverer und günstiger, erwarten die MIT-Forscher Eric Brynjolfsson und Andrew McAfee, die Autoren der Bücher „Race against the Machine“ (2012) und „The Second Machine Age“ (2014). Die immer intelligenteren Roboter könnten bald in vielen Bereichen deutlich besser sein als klassische menschliche Arbeitskraft. Die Menschen drohten, „den Wettlauf gegen die Maschine zu verlieren“. Der Arbeitsforscher Richard Freeman von der Harvard-Universität sagt es schnörkellos: „Sobald Roboter und Computer etwas billiger erledigen können, nehmen sie den Menschen die Jobs ab – außer diese sind bereit, weniger Lohn zu akzeptieren.“

Auf Deutschland übertragen könnten bis zu 17 Millionen bisherige Arbeitsstellen durch die digitale Revolution in den nächsten zwanzig Jahren überflüssig werden, hat die Unternehmensberatung A.T. Kearney errechnet.[20] Besonders gefährdet seien Büro- und Sekretariatskräfte, Verkäufer, Restaurant- und Küchenkräfte, Postzusteller sowie viele kaufmännische Berufe. Nur in den sozialen Berufen, etwa in der Kranken- und Altenpflege, bei der Kinderbetreuung und in Schulen sowie in einigen industrienahen Dienstleistungsbranchen wie Kfz-Werkstätten werden auch künftig sicher viele menschliche Kräfte gebraucht.

Technischer Fortschritt eröffnet auch Chancen

Droht aber wirklich eine Zukunft, in der Maschinen massenhaft den Menschen die Arbeit wegnehmen? Solche Ängste gab es schon seit Beginn des industriellen Zeitalters im späten 18. Jahrhundert. Vor 200 Jahren kam es in England zu Aufständen von „Maschinenstürmern“. Die sogenannten Ludditen – nach dem legendären Vorbild Ned Ludd, der in einem Wutanfall zwei Strickmaschinen zerstört hatte – waren verarmte Spinner und Handweber. Sie drangen in die neuen Textilfabriken ein und setzten die maschinellen Webstühle in Brand, die ihnen die Lebensgrundlage nahmen. Der Aufstand wurde brutal niedergeschlagen. Auch in der Landwirtschaft kam es später zu gewaltsamen Protesten von Helfern, die durch Dreschmaschinen ersetzt wurden. In den 1840er Jahren wurde Schlesien von den tragischen Weber-Aufständen erschüttert.

Jede neue Welle von Innovationen hat bisherige Arbeitsplätze verdrängt – und neue geschaffen. Einer der ersten Ökonomen, die sich systematisch mit den Konsequenzen auseinandersetzte, war David Ricardo. 1821 fügte er in die dritte Auflage seines Buchs „Principles of Political Economy“ ein Kapitel „On Machinery“ ein, das eine Wende zum Pessimismus zeigte.[21]

Sowohl John Stuart Mill als auch Karl Marx waren sich – eher ungewöhnlich – in dieser Frage einig, dass der technische Fortschritt zwar kurzfristig einigen Arbeitern schaden werde, aber auf längere Frist der

Wohlstand wachse. Keynes warnte vor einer „technologischen Arbeitslosigkeit", aber auch er sah sie nur als ein Übergangsphänomen. Denn auf die Dauer hat sich nicht bewahrheitet, dass die neue Industriewelt keine Arbeitsplätze und Chancen mehr bietet – im Gegenteil.

Durch steigende Produktivität nimmt mit der Zeit der Wohlstand auch in der Breite der Bevölkerung zu. Der Einsatz moderner Maschinen verbilligte die Produktion, die Preise fielen, und damit konnte auch die Nachfrage zunehmen. Statt der alten Berufe in Landwirtschaft und Handwerk, die überflüssig geworden waren, bildeten sich neue Industrieberufe heraus.

Nun stehen wir an der Schwelle eines neues Zeitalters, das einen Großteil der klassischen Berufe der Industriezeit auflösen wird. Optimisten wie der Bonner Makroökonom und Wirtschaftshistoriker Moritz Schularick sagen, dass durch den technischen Fortschritt zwar alte Jobs wegfallen, dafür aber völlig neue Möglichkeiten und mehr Wohlstand entsteht, der letztlich auch neue Jobs schaffen werde.[22]

Wenn künftig Computer die bisherigen Bürotätigkeiten erledigen oder Roboter die Fabriken selbständig koordinierend am Laufen halten, dann werden mehr Arbeitskräfte frei werden, um sich kreativen oder sozialen Tätigkeiten zuzuwenden. Hier sei der Mensch doch unschlagbar, sagen die Optimisten. Außerdem hat der MIT-Arbeitsforscher David Autor beim Wandel in der Bankbranche herausgefunden, dass zwar viele Tätigkeiten wie etwa der klassische Kassierer durch Geldautomaten wegrationalisiert wurden, doch insgesamt die Zahl der Bankangestellten trotzdem gestiegen ist.[23]

Zweifel am positiven Beschäftigungssaldo

Allerdings gibt es auch Skeptiker, die angesichts des rasanten technischen Fortschritts der Maschinen meinen, dass ein nicht unerheblicher Teil der Menschen vielleicht nicht mehr mitkommt. Harvard-Ökonom Larry Summers meint, dass in mehr Branchen Arbeitsplätze abgebaut werden als neue entstehen. Der Silicon-Valley-Software-Unternehmer und Autor Martin Fort warnt in seinem spekulativen Buch „The Rise of the Robots" sogar vor unausweichlicher Massenarbeitslosigkeit.[24] Brynjolfsson und McAfee halten einen kräftigen Anstieg der Arbeitslosigkeit zumindest als Übergangsphänomen für unvermeidlich.

Es gebe einen spürbaren Stimmungswandel unter den Ökonomen, sagt der Arbeitsmarktforscher Nick Bloom von der Stanford-Universität.[25] Früher waren die meisten zuversichtlich, dass technologischer Wandel stets mehr Wohlstand bringe, doch nun kröche der Zweifel hoch, ob genügend Arbeitsnachfrage entstehen würde.

Eine Umfrage des Pew Research Center unter Industrieexperten hat etwa gleich große Lager von Pessimisten und Optimisten ergeben: 48 Prozent meinen, dass der Aufstieg der Roboter zu mehr Arbeitslosigkeit und steigender Ungleichheit bis hin zu „Zusammenbrüchen der gesellschaftlichen Ordnung führe". 52 Prozent hingegen meinten, dass der menschliche Erfindungsgeist diese Probleme überwinden und neue Jobs und neue wirtschaftliche Chancen finden werde.[26]

Auch der MIT-Ökonom David Autor warnt vor einem „Aushöhlen" des Arbeitsmarktes, das zunehmend Mittelklasse-Jobs gefährde. Zwar ist es richtig, dass in den IT-Zukunftsbranchen neue hochbezahlte Jobs entstehen. Doch einige blitzschnell aufgestiegene Silicon-Valley-Startups wie der Fotodienst Instagram beschäftigten nur wenig mehr als ein Dutzend Mitarbeiter, als sie schon als Milliarden-Unternehmen gehandelt wurden, während der zeitgleich insolvent gegangene traditionsreiche Kodak-Fotokonzern zu Hochzeiten fast 150.000 Arbeitsplätze bot.[27] Brynjolfsson spricht von einer kommenden „labor-light economy", einer Wirtschaft mit nur wenigen Beschäftigten.

Keynes skizzierte im Jahr 1930 – als bewussten Kontrapunkt zur rezessionsgedrückten Stimmung – eine optimistische Zukunftsvision in seinem Aufsatz „Economic possibilities of our grandchildren": In hundert Jahren, schrieb Keynes, also etwa 2030, würden Maschinen so viel Arbeit erledigen, dass die Menschen ihre wöchentliche Arbeitszeit auf 15 Stunden reduzieren könnten – der Rest sei Freizeit und Vergnügen.[28]

Die Ungleichheit der Einkommen könnte größer werden

Doch die Frage bleibt, wie dann all jene ihren Lebensunterhalt finanzieren, die nicht Besitzer von Robotern sind. Autor Martin Ford und andere fordern daher ein staatlich finanziertes Grundeinkommen für alle. In Deutschland gibt es eine Bewegung, ausgehend vom Gründer der dm-Drogeriemarktkette Götz Werner, die ein „bedingungsloses Grundeinkommen" von 1000 Euro für jeden propagiert.[29] Allerdings gibt es grundsätzliche Einwände gegen ein solches bedingungsloses Grundeinkommen, etwa die problematische Anreizwirkung und die Frage der Finanzierbarkeit.

Die Einkommenskluft zwischen der unterbeschäftigten Masse und den wenigen Maschinenbesitzern könnte aber stark zunehmen, wenn die Renditen für die leistungsstarken, lernfähigen Roboter bei wenigen Maschinen-Kapitalisten und IT-Unternehmen blieben. Einige Ökonomen bringen als Gegenmittel, um eine zu starke Ungleichheit zu vermeiden, eine „Maschinen-Steuer" ins Gespräch. Doch ist die praktische Umsetzung schwierig. Maschinen sind mobil und könnten in andere Länder verlagert werden, gerade im Zeitalter des Internets sind der Kommunikation und der vernetzten Produktion wenige Grenzen gesetzt. Und gerade Internet-Unternehmen wie Google sind als Meister im Verlagern von Gewinnen in Steueroasen bekannt geworden. Eine andere Forderung erhebt der Harvard-Ökonom Richard Freeman: Er wünscht sich, dass breitere Bevölkerungsschichten zu „Roboter-Besitzern“ werden – durch Aktienanteile an Technologieunternehmen.

Als zentrale Maßnahmen, um die Menschen auf das digitale Zeitalter vorzubereiten, empfehlen Ökonomen aber viel stärkere Bildungsanstrengungen. Auch viele Standardtätigkeiten in der Verwaltung werden bald nicht mehr gebraucht. Nur wenn die gesamte Bevölkerung deutlich besser ausgebildet ist, können die menschlichen Arbeitskräfte in der hochtechnologisierten Arbeitswelt bestehen. Auch hier mag die fortschreitende Technologie einige bestehende Grenzen und Kapazitätsprobleme der Bildungssysteme überwinden: Künftig könnte Tele-Lernen in Form von „Massive Open Online Courses“ an Bedeutung gewinnen.

Zu bedenken ist aber auch, dass die demografische Entwicklung, die geringe Geburtenzahl und die Überalterung, zu einer Schrumpfung des Erwerbspersonenpotentials in den westlichen Gesellschaften führt: In Deutschland wird es dadurch bis zum Jahr 2040 nach der Vorausberechnung des Statistischen Bundesamtes etwa 7 bis 9 Millionen Menschen weniger geben, trotz der erwarteten Netto-Zuwanderung von bis zu 6,8 Millionen Menschen.[30] Da könnte man auch froh sein, dass künftig Maschinen mehr Aufgaben erledigen. Das Schrumpfen der Arbeitskräftenachfrage, wenn es denn so kommt, und das Schrumpfen der Erwerbsbevölkerung könnten auf wundersame Weise zusammenfallen.

Bedrohte Meinungsfreiheit

Es gibt keine offizielle Zensur, aber zu viel Selbstzensur und Political Correctness. Die Schere im Kopf gefährdet die Freiheit. Das kann auch Ökonomen nicht egal sein.

Durch Ober- und Unterlippe des jungen Mannes bohrt sich der Stahlbügel eines massiven Vorhängeschlosses. Sein Mund ist verriegelt. „Free spreech under attack“, lautete die Schlagzeile des „Economist“ zu diesem Titelbild.[1] Das britische Magazin beschreibt im Leitartikel im Frühsommer 2016, wie die Meinungsfreiheit und die Pressefreiheit weltweit unter Druck stehen. Auch die Wissenschaftsfreiheit ist gefährdet, möchte man hinzufügen. Das Schloss vor dem Mund sowie die Schere im Kopf sind globale Phänomene.

Meinungs-, Rede-, Presse- und Wissenschaftsfreiheit sind längst nicht nur durch autoritäre oder diktatorische Regimen bedroht. In China, Russland, in den Autokratien Arabiens und anderen Staaten werden sie von der Regierung unterdrückt. In manchen Ländern, etwa in Lateinamerika, attackieren Drogenkartelle recherchierende Journalisten. Die amerikanische Organisation Freedom House berechnet jährlich einen Index für die weltweite Meinungsfreiheit. Er ist 2015 auf den niedrigsten Stand seit zwölf Jahren gesunken. Der Anteil der Weltbevölkerung, die in Ländern mit freier Presse lebt, ist von 38 auf 31 Prozent gesunken. Eine ähnliche Tendenz zeigt der Index der Gruppe Reporter ohne Grenzen.

Die Einschränkung der Meinungs- und Redefreiheit geschieht im Westen aber auch im akademischen Raum. Speerspitze dieser Bewegung sind dabei Aktivistengruppen an Universitäten, wie der „Economist“ kritisiert. Ausgehend von den Vereinigten Staaten macht sich eine neue Form der Hyper-Political-Correctness breit, die auf der Idee beruht, dass Studenten, besonders aus Minderheitengruppen, das Recht haben, vor „verletzender“ oder „beleidigender“ Rede geschützt zu werden. Der Vorwurf der Diskriminierung ist schnell bei der Hand. Neuerdings werden auch „Mikro-Aggressionen“ dazu gezählt. Dies sind eigentlich nicht böse gemeinte Formulierungen, die aber bei den sich schnell beleidigt Fühlenden hypersensible Reaktionen auslösen. Als rassistische Mikro-Aggression haben mehrere Universitäten beispielsweise den Spruch „America is a land of opportunity“ definiert – denn er suggeriere, dass jene, die weniger Erfolg haben, selbst schuld seien. Dozenten müssen sehr genau überlegen, was sie sagen. In der Literatur, die im Unterricht verwendet wird, sollen vor Stellen, die möglicherweise sensible Leser verschrecken könnten, „trigger warnings“ eingefügt werden. Hypersensible Studenten verlangen einen „safe space“, wo sie vor kritischen oder ihnen unbequemen Äußerungen völlig abgeschirmt sind. Die NZZ schreibt dazu, es breite sich an vielen amerikanischen Universitäten „im Alltag ein Klima der Paranoia und der Zensur" aus.[2]

In der Wirtschaftswissenschaft scheint die neue Welle einer verschärften Political Correctness bislang kein gravierendes Problem für die Freiheit der Wissenschaft zu sein, jedenfalls sind keine größeren Vorfälle bekannt geworden. Stärker betroffen und ideologieanfälliger sind die anderen Sozial- und Geisteswissenschaften. Doch es kann Ökonomen nicht egal sein, wenn an Universitäten ein Klima der Einschüchterung und Einengung der intellektuellen Freiheit herrscht.

Immer öfter wird mit organisierten Protesten und Petitionen die Redefreiheit völlig ausgehebelt. Prominente Redner wie die frühere Außenministerin Condoleezza Rice oder die Islam-Kritikerin Ayaan Hirsi Ali, konnten an Universitäten keine Vorträge halten, weil wütende Protestler diese verhinderten. Auch an britischen Universitäten gab es zahlreiche Vorfälle vollendeter oder versuchter Verhinderung von Redeauftritten. Manchmal bilden sich seltsame Protest-Koalition von Feministinnen, LGBT-Aktivisten und radikalen Muslim-Gruppen.[3] Wie Mehltau legt sich eine neue Zensur-Atmosphäre über die angeblichen Orte des Lernens und der Debatte. Der „Economist" warnt, dass „die Intoleranz der westlichen Liberalen" (gemeint sind Liberale im amerikanischen Sinn) auch die unbeabsichtigte Folge habe, dass sich autoritäre Regime bei der Unterdrückung von „aufrührerischen" Reden auf westliche Beispiele des Verbots von „Hate Speech" berufen können.

Es steht viel auf dem Spiel. Die Meinungsfreiheit ist konstitutiv für eine freiheitliche Demokratie. Ohne den freien Austausch von Argumenten und ohne ungehinderten Meinungskampf ist die demokratische Willensbildung nicht möglich. Auf dem „Marktplatz der Ideen" (John Stuart Mill) sollen sich die besten Konzepte durchsetzen. Meinungsfreiheit ist aber noch viel mehr. Nur der Mensch, der seine Gedanken und Ansichten ohne Angst vor Sanktionen äußern kann, ist frei. Meinungsfreiheit ist die Voraussetzung für die freie Entfaltung des Menschen. Sie ist kein Mittel zum Zweck, sondern Selbstzweck. Gerät die Meinungsfreiheit unter Druck, ist nicht nur die demokratische Willensbildung, sondern auch die Würde des Menschen gefährdet.[4]

Im freiheitlichen Staat ist die Meinungsfreiheit im klassisch liberalen Sinne ein Abwehrrecht. Der Staat muss sich einer Bewertung der „richtigen" Meinungen enthalten, er muss auf einen Wahrheitsanspruch verzichten. Nur unfreie, totalitäre Staaten versuchen, ihre Bürger im Sinne der „richtigen" Ideologie zu prägen und zu erziehen, wie es im NS-Regime oder in der DDR üblich war. Der freiheitliche Staat muss Meinungsäußerungen schützen, unabhängig davon, ob es „kluge“ oder „dumme“ Gedanken sind. Auch polemische, abwegige oder geschmacklose Ansichten stehen unter dem grundgesetzlichen Schutz der Meinungsfreiheit, sofern die Äußerungen nicht Persönlichkeitsrechte anderer verletzen. Der Staat hat für ein freiheitliches Klima zu sorgen.

Aber wie offen und frei ist das geistige Klima bei uns wirklich? Sicherlich gab es zu allen Zeiten gesellschaftliche Konventionen und Normen, welche einen gewissen Druck ausüben, was „man“ sagt oder nicht sagt. Neben diesen kulturell gewachsenen, flexiblen Normen ist aber seit einigen Jahrzehnten eine neue Sprachzensur aufgekommen. Die „Political Correctness“ prägt zunehmend rigide das Denken und schränkt die Meinungsfreiheit ein. Als Konsequenz gibt es Selbstzensur der Bürger und Medien. Wer sich nicht an die Political Correctness hält, hat mit Anfeindungen, sozialer Anprangerung und Ausgrenzung bis hin zu Stigmatisierungen durch die Sprachwächter zu rechnen.

So werden abweichende Meinungen effektiv unterdrückt, ganz ohne staatliche Verbote. Der Marburger Staatsrechtler Sebastian Müller-Franken formuliert es so: „Die abschreckende Wirkung („chilling effect“), die die Sprachwächter der Political Correctness mit ihrer Methode erzeugen, Andersdenkende an den Pranger zu stellen und zu isolieren, führt nicht nur dazu, dass die Bürger über die von der Political Correctness besetzten Themen nicht mehr frei reden. Vielmehr werden Dinge, die nicht gesagt werden können, erst gar nicht mehr gedacht: keine Freiheit des Denkens ohne die Freiheit, das Gedachte anderen öffentlich mitteilen zu können!“[5] Die im Grundgesetz verbürgte Meinungsfreiheit verkommt damit zum toten Buchstaben, wenn sie nicht mehr genutzt werden kann, ohne dass es überdurchschnittlichen Mut erfordert, vom linksliberalen Mainstream abzuweichen.

Die Wirkungsweise dieser effektiven Einschränkung des Meinungsspektrums hat Elisabeth Noelle-Neumann schon vor dreieinhalb Jahrzehnten treffend analysiert.[6] Menschen sind soziale Wesen. Die meisten streben nach Anerkennung und Lob durch Mitmenschen und vermeiden (bis auf unerschrockene Nonkonformisten) Dinge, die ihnen Missbilligung und Tadel einbringen oder gar die Gefahr einer sozialen Isolierung. Daraus resultiert eine konformistische Tendenz. Noelle-Neumann nannte sie die Schweigespirale. Aus Furcht vor Isolation schrecken Menschen bei kontroversen Themen davor zurück, Dinge zu sagen, die nach ihrem Eindruck von der gesellschaftlich akzeptierten Meinung abweichen, gerade wenn es um moralisch aufgeladene oder gar tabuisierte Fragen geht.[7]

Die gesellschaftlich akzeptierte Sicht wird primär über die Massenmedien vermittelt, wodurch den tonangebenden Medien und Journalisten und anderen intellektuellen Eliten erhebliche Macht zukommt. Aus empirischen Untersuchungen unter Journalisten wissen wir, dass diese in ihrer großen Mehrzahl links von der politischen Mitte stehen. Für eine Studie im Auftrag des Deutschen Fachjournalisten-Verbandes im Jahr 2010 wurden Politikjournalisten nach ihrer Parteineigung befragt.[8] Von denen, die eine Partei nannten, gaben rund 27 Prozent die Grünen an, 15,5 Prozent die SPD, aber nur 9 Prozent die CDU/CSU, 7 Prozent die FDP und 4 Prozent die Linke. Von den parteipolitisch gebundenen Journalisten neigen also rund drei Viertel zu Grünen, SPD oder Linkspartei.

Wer andere Ansichten als die vermutete politisch korrekte Sicht der Dinge hegt, der hat mehr Scheu, diese öffentlich zu äußern. Nach und nach verstummen die Andersdenkenden, nur noch in privaten Zirkeln unter Gleichgesinnten finden sich Inseln des Andersdenkens. In der Öffentlichkeit hat die Schweigespirale das Thema tabuisiert.

Die Political Correctness strebt nach einer umfassend egalitären Gesellschaft. Nach liberaler Auffassung bindet der verfassungsrechtliche Gleichheitsgrundsatz (Artikel 3, Absatz 3 GG) nur die öffentliche Hand. Der Staat ist verpflichtet, alle Bürger gleich zu behandeln. Seit einigen Jahren wird dieses Gleichheitsgebot jedoch entgrenzt und ins Privatrecht übertragen. Mit dem 2006 in Kraft getretenen Antidiskriminierungsgesetz (Allgemeines Gleichbehandlungsgesetz, AGG) wird die negative Vertragsfreiheit ausgehebelt. Liberale Ökonomen wie Milton Friedman betonten, dass private Diskriminierung in einer liberalen Gesellschaft nicht per Gesetz verboten werden sollte, weil dies unverhältnismäßig in die Freiheit eingreift.[9] Friedman argumentierte, dass der Markt als unpersönliches, anonymes Koordinierungsinstrument zur „Farbenblindheit“ tendiere. Geschäftsleuten entgehen Gewinne, wenn sie aufgrund irrationaler Vorurteile (lukrative) Angebote und Nachfragen ausschlagen. Diskriminierende Unternehmer, die nicht die (objektiv) besten und produktivsten Mitarbeiter, Bewerber oder Anbieter auswählen, schaden sich selbst.

Wohin übersteigerte Antidiskriminierungspolitik führt, hat der Juraprofessor David Bernstein in seinem Buch „You cant't say that“ anhand absurder Fallbeispiele aus den Vereinigten Staaten gezeigt.[10] Es hat sich eine regelrechte Antidiskriminierungs-Industrie aus staatlichen Stellen und privaten Organisationen gebildet, die Privatleute und Unternehmen vor Gericht zerren und Milliardenumsätze machen. Zeitungen haben interne Listen von Formulierungen, die in Mietanzeigen verboten sind: Tabu sind etwa neben eindeutigen ethnischen Exklusionen („keine Mexikaner“) auch Hinweise, ein Haus liege „nahe der Kirche“ oder „in Laufweite zur Synagoge“, weil dies eine Präferenz für Christen oder Juden anzeigen könne. Bernstein betont, dass die Antidiskriminierungs-Manie sowohl die wirtschaftliche Freiheit als auch die Meinungsfreiheit bedroht. Wer Schadenersatzklagen vermeiden will, sollte bei kontroversen Themen besser den Mund halten.

Neuerdings kommt eine höchst gefährliche Einschränkung der Meinungsfreiheit beim Thema „Islam" durch Einschüchterung und Bedrohung hinzu. Dies zeigen in tödlicher Deutlichkeit die Anschläge in Paris auf die Satirezeitschrift „Charlie Hebdo" im Januar 2015, die sich zuvor durch drastische, religionsfeindliche und insbesondere islamkritische Zeichnungen und Beiträge hervorgetan hatte. Nach dem Mord reisten Politiker aus vielen Ländern nach Paris zu einer Solidaritätskundgebung. Dabei war viel Heuchelei im Spiel. An der Kundgebung nahmen auch Staatschefs und Minister aus Ägypten, Russland, der Türkei und den Vereinigten Arabischen Emiraten teil, die zu Hause brutal die Meinungs- und Pressefreiheit einschränken.

Aber auch in vielen westlichen Ländern ist Islamkritik ein heißes Eisen. „Das hat nichts mit dem Islam zu tun", hieß es vielstimmig von Politikern in Bezug auf die mörderische Tat. Wer etwas anderes sagte, gieße „Öl ins Feuer". Auch nach dem verheerenden Attentat eines Islamisten in einem Homosexuellen-Club in Orlando hieß es von höchster Stelle, dieses habe nichts mit dem Islam zu tun – obwohl der Attentäter sich zum „Islamischen Staat" bekannte, häufig in die Moschee ging und auf Facebook für seine Tat klare religiöse Bezüge reklamierte. Der Soziologe Ruud Koopmans urteilte daher: „Der Terror hat sehr viel mit dem Islam zu tun".[11] Islamkritiker, die auf den gewaltsamen, Frauen diskriminierenden und totalitären Kern der Politreligion hinweisen[12], werden aber als „Islamfeinde" und „islamophobe" Störer der multikulturellen Gesellschaft gebrandmarkt.

Woher das Tabu einer scharfen Islam-Kritik? Zum Teil will man die Muslime als Minderheit schützen, zum Teil ist es aber auch schlicht Angst vor gewaltsamen Reaktionen. Viele Medien verzichteten in Berichten über die Charlie-Hebdo-Morde auf die Darstellung der Karikaturen, die Anlass für die Taten waren. Angeblich geschah dies aus Rücksicht auf Gefühle von Muslimen. Tatsächlich waren auch Sicherheitserwägungen mit im Spiel. Die „New York Times" schrieb, sie müsse abwägen, „what is fit – or safe – to print". Springer-Vorstandschef Mathias Döpfner kritisierte, die NYT sollte ihr Motto ändern in „all the news that's fit – and save – to print". Die Selbstzensur sei ein Einknicken vor dem Terror.[13]

Schon seit einigen Jahren gibt es übrigens seitens der Organisation islamischer Staaten (OIC) Bestrebungen, „Islamophobie" als neues Meinungsdelikt rechtlich zu verurteilen und international zu ächten. Während in fast allen OIC-Ländern Christen scharfer Diskriminierung ausgesetzt sind (schon der Besitz einer Bibel kann Menschen in Saudi-Arabien ins Gefängnis bringen), reagieren sie äußerst empfindlich auf Islamkritik.

Zudem sollte man wissen, dass das Wort „Islamophobie“ in den siebziger Jahren von iranischen Fundamentalisten um Ayatollah Chomeini als Kampfbegriff benutzt wurde.[14] Heute dient der Begriff dazu, Kritiker einzuschüchtern, wie Pascal Bruckner betont. Berechtige Einwände sollen als irrationale Angst („Phobie“) abgetan und pathologisiert werden.

Ein heikles, teil-tabuisiertes Debattenfeld war und ist das Thema Einwanderung. Dass Europa aufgrund der Alterung seiner Gesellschaften auf Zuwanderung von qualifizierten Arbeitskräften angewiesen ist, wird kaum ein vernünftiger Mensch bestreiten. Je qualifizierter und gebildeter die Zuwanderer sind, desto leichter sind sie zu integrieren und bringen dauerhaft jene „Bereicherung“, welche die Politik beschwört. Aber es gibt auch die Schattenseiten. Über vier Jahrzehnte wurde die Zuwanderung nicht nach Qualifikation gesteuert, sondern lief über Familiennachzug, Asyl und Kettenmigration ab. Das hat in vielen Städten Zuwandererviertel mit hoher Arbeitslosigkeit und Kriminalität entstehen lassen, in denen die Integrationsfähigkeit an Grenzen stößt. In der zweiten und dritten Generation der Migranten sind die Schulabschlüsse und die Arbeitslosenquoten weiterhin signifikant schlechter als die der deutschen Bevölkerung. Türkische, arabische und nordafrikanische Migranten sind weit schwerer zu integrieren als (ost-)europäische oder ostasiatische, die sich wie etwa die Vietnamesen durch Bildungsehrgeiz und hohes Arbeitsethos hervortun.

Der Kriminologe Christian Pfeiffer hat in einer Studie auf die überdurchschnittliche Gewaltbereitschaft junger männlicher Muslime hingewiesen und eine Korrelation zwischen Gewalttätigkeit und Islambindung ermittelt[15]. Dass in Berlin vier Fünftel der jugendlichen Intensivtäter, die durch schwere Gewalttaten auffallen, einen muslimischen Migrationshintergrund haben und die meisten aus türkischen oder arabischen Großfamilien kommen, ist zwar in Polizeikreisen eine bekannte Tatsache. Doch wer dies in der Öffentlichkeit kritisch bemerkt, gerät schnell in den Verdacht der „Ausländerfeindlichkeit“.

Ebenfalls eine statistisch belegte Tatsache ist, dass ein Viertel aller Straftaten in Deutschland von Nicht-Deutschen begangen werden, obwohl ihr Anteil an der Bevölkerung rund 9 Prozent beträgt. Nicht-Deutsche sind in der Kriminalitätsstatistik somit weit überproportional vertreten.[16] Über die Gründe kann man diskutieren – etwa über die soziale Schichtzugehörigkeit, niedrigere Bildungsniveaus, weniger Wohlstand, Ausgrenzung –, doch bleibt die weit überproportionale kriminelle Aktivität ein Problem, das offen thematisiert werden und nicht einem Schweigegebot unterliegen sollte.

In vielen Medien herrscht die Schere im Kopf. In Meldungen über Straftaten wird die ethnisch-kulturelle Herkunft von Tätern meist ausgeklammert. Begründet wird dieses Verschweigen meist mit dem Pressekodex.

Durch die Nennung der Herkunft würden sonst „Vorurteile" geschürt. Diese Praxis grenzt an Selbstzensur. Und in Zeiten des Internets wird sie lächerlich, denn die Leser können sich aus Polizeiberichten und auf Blogs selbst kundig machen, wie Tatverdächtige beschrieben werden, während viele Zeitungen verschämt schweigen. Der Journalistik-Professor Horst Pöttker warnt, dass die umstrittene Richtlinie des Presserates, „das Publikum für dümmer hält, als es ist". Untersuchungen zeigten, dass Leser merken, wenn die Herkunft eines Täters gezielt weggelassen werde. Dies führe zu einem Vertrauensverlust in die Medien. Pöttker fordert daher „Schluss mit der Selbstzensur".[17]

Welch' katastrophale Folgen ein Wegschauen aus Angst vor dem Vorwurf des „Rassismus" haben kann, zeigt der Fall der englischen Stadt Rotherham. Dort wurden über Jahre mehr als 1400 Mädchen überwiegend aus sozial prekären weißen Familien von einer Gang vergewaltigt und zur Prostitution gezwungen. Ein Untersuchungsbericht des Stadtrats kam zu dem Urteil, dass die Behörden bewusst wegschauten und die Massenvergewaltigung vertuschten. Der Grund: Die Täter waren Pakistaner. Ermittlungen hätten als rassistisch gelten können. „Einige Stadtangestellte beschrieben ihre Nervosität, die ethnischen Wurzeln der Täter zu identifizieren, weil sie befürchteten, für rassistisch gehalten zu werden", heißt es in dem Untersuchungsbericht.[18]

In einer Demokratie ist die freie Rede die Voraussetzung dafür, dass sich im Austausch der Argumente die Bürger ein politisches Urteil bilden können. Wie in so vielen kontroversen Fragen versuchte die Politik jedoch auch in der Euro-Krise die Debatte durch pauschale Phrasen zu unterdrücken. Mit dem Satz „Scheitert der Euro, scheitert Europa" wurde die Währung symbolisch überhöht. Die Politik der immer größeren Hilfspakete wurde von der Kanzlerin als „alternativlos" proklamiert, das Parlament erheblich unter Druck gesetzt.

Kritiker der Währungsunion oder Gegner einer weiteren Zentralisierung in der EU wurden als „Euro-Feinde" oder gar „Europa-Feinde" diffamiert. Leider beteiligte sich sogar der Bundespräsident an den Versuchen, Euro-Skeptiker in der Debatte abzuwürgen. Europa „brauche" jetzt „nicht Bedenkenträger, sondern Bannerträger, nicht Zauderer, sondern Zupacker", sagte Joachim Gauck in seiner Europa-Rede 2013. Eine solche Interpretation der Meinungsfreiheit durch das Staatsoberhaupt, die nur Äußerungen bestimmter Richtung für zulässig oder erwünscht erklärt, ist eines freiheitlichen Staates nicht angemessen.[19]

Teile des Publikums haben sich resigniert vom Projekt Europa abgewendet.[20] Das Brexit-Votum der Briten sollte eine Warnung sein. Dennoch forcieren Teile der Eliten das Europa-Projekt einer „immer engeren Union" durch die Verlagerung von Kompetenzen, was einer Verringerung der demokratischen Rechte der nationalen Parlamente gleichkommt. Angeblich erzwingt die Krise „mehr Europa". „Die Krise wird zum Anlass, Europa eine Art von Zwangsintegration zu verordnen", kritisierte der Politikwissenschaftler Peter Graf Kielmansegg.[21]

Die Liste der Sprachschablonen der Political Correctness, mit denen ein konformes Reden und Denken erzwungen werden soll, ist lang. Darunter leidet auch die Freiheit der Wissenschaft. Ein Beispiel ist der Diskurs über den Klimawandel. Eine große Mehrheit der Klimaforscher geht davon aus, dass anthropogene Faktoren entscheidend zum Klimawandel in unserer Zeit beitragen. Allerdings ist das Klima ein äußerst komplexes System, dessen zahlreiche Wechselwirkungen von der Wissenschaft noch immer nicht ausreichend verstanden und in Modellen abgebildet werden können. Über das Ausmaß der Schäden der Erderwärmung oder über die notwendige Gegenstrategie gibt es in der Wissenschaft durchaus Dissens.[22]

Doch das Klima in der Klimaforschung ist vergiftet und ideologisiert. Der Forscher Hans von Storch spricht von einer „elendigen Politisierung der Klimaforschung"[23] Alternative Ansätze und Thesen sollten aber in einem freien Wissenschaftsdiskurs nicht verteufelt werden. Im Sinne Karl Poppers besteht Wissenschaft aus einem Prozess des Aufstellens von Hypothesen, ihrer empirischen Überprüfung und gegebenenfalls Falsifizierung. Alternative Hypothesen sind somit ein notwendiger Bestandteil einer freien Wissenschaft.

Zunehmend aber hat sich in der Klimadebatte ein aggressives Klima gegen abweichende Meinungen breitgemacht. Der Glaube an die nahende Klimaapokalypse wird zu einer Religion – und Skeptiker werden damit Ketzer, die es mit allen Mitteln auszugrenzen gilt.[24] Natürlich stehen hinter den Klimawarnungen zum Teil auch handfeste materielle Interessen, etwa der Ruf nach einer großen Umverteilung zwischen Ländern verschiedener Klimazonen und nach Milliardensubventionen für Industrien, die klimafreundliche Technologien anbieten. Die EEG-Subvention für „Ökostrom" ist hierzulande das größte finanzielle Umverteilungsprogramm – mit der Umverteilungsrichtung von unten nach oben.

Journalisten, die sich gegen eine überzogene Klimahysterie wenden, wurden in Deutschland offiziell angefeindet. Es ist bedenklich, dass das Bundesumweltamt einige Wissenschafts- und Wirtschaftsjournalisten, die „dem wissenschaftlichen Konsens widersprechen", in einer Broschüre namentlich anprangerte und vor ihnen warnte.[25] Die Vorstellung eines staatlich festzustellenden „wissenschaftlichen Konsens", dem nicht mehr widersprochen werden darf, ist illiberal und unwissenschaftlich.

Dass es um die Meinungsfreiheit in der Bundesrepublik generell nicht zum Besten steht, zeigt die empirische Meinungsforschung. Laut einer repräsentativen Umfrage des Allensbach-Instituts zum Thema, ob man in Deutschland seine Meinung frei sagen könne, antworteten 30 Prozent, es sei besser, vorsichtig zu sein. 9 Prozent sagten, man könne seine Meinung nur mit Einschränkungen äußern. 56 Prozent sahen zwar generell die Meinungsfreiheit gegeben. Doch gleichzeitig sagte eine knappe Mehrheit von 41 Prozent, „manche Dinge darf man einfach nicht laut aussprechen".[26] Besonders bei den Themen „Ausländer" und „Minderheiten" müsse man aufpassen. Aber auch bei der Rolle der Frau oder der Stellung von Homosexuellen könne man sich mit unkorrekten Aussagen „den Mund verbrennen". Die Allensbach-Erhebung weist darauf hin, dass ein Großteil der Bevölkerung von einem eingeschränkten Klima der Meinungsfreiheit ausgeht.

Auf ein unterdrücktes Unwohlsein mit diesem eingeschränkten Rede- und Meinungsklima weisen die großen Verkaufserfolge der Bücher des früheren SPD-Finanzsenators und Bundesbankers Thilo Sarrazin hin. Sein Buch „Deutschland schafft sich ab" war eines der erfolgreichsten Sachbücher der Nachkriegsgeschichte, obwohl es von der Kritik verdammt und von der Kanzlerin als „nicht hilfreich" abgetan worden war.

Seit der Aufklärung gilt die Devise, sich des eigenen Verstandes zu bedienen, als das Erfolgsrezept des freien Westens. Die Aufklärung ist aber in einer regressiven Phase, wenn den Bürgern zunehmend von politisch korrekten Vormündern bestimmte Denkmuster vorgesetzt und sie bei abweichendem Denken und Reden sanktioniert werden. Mit diesen Denkverboten wird Macht ausgeübt. Wer tabuisierte Themen und Thesen anspricht, kann an den öffentlich-medialen Pranger gestellt oder zumindest mit inquisitorischem Gestus vorgeführt werden. Der Skandalisierung kann der Verlust von beruflichen oder politischen Stellungen folgen. Tabuisierte Themen sind nach Sarrazins Beobachtung vor allem Aussagen über Ungleichheit und Gleichheit der Menschen und Kulturen, traditionelle Familien- und Rollenbilder sowie Einwanderung und Islam.[27]

Die bittere Ironie bei alledem ist, dass viele jener linksliberalen Tugendwächter der Political Correctness einst dem von Jürgen Habermas entwickelten Topos des „herrschaftsfreien Diskurses" huldigten. Idealtypisch sollen in diesem Diskurs alle Bürger als Freie und Gleiche teilhaben und ohne Hierarchie, Tabus und Denkverbote ihre vernunftgeleiteten Argumente austauschen. So ist nach Habermas die „ideale Sprechsituation" gekennzeichnet. Die bundesdeutsche Realität sieht anders aus. Wie Josef Isensee schon früh bemerkte, mündet die Utopie des „herrschaftsfreien Diskurses", der einen Konsens schaffen soll, leicht in „diskursfreie Herrschaft" und Gesinnungszwang[28] – und zwar durch jene intellektuellen Eliten, die über das „richtige", aufgeklärte, progressive Bewusstsein wachen. In der

Debattenpraxis bestimmen sie, wer sich zu Wort melden darf. Sie definieren, wer aufgeklärt genug ist, um am tonangebenden Diskurs teilzunehmen. Wer nicht links-progressiv erscheint, wird ausgegrenzt.

Der inzwischen verstorbene Kommunikationsforscher Wolfgang Donsbach von der TU Dresden formulierte es so: „Wir haben in Deutschland die Kultur einer verschärften Political Correctness, die es ungeheuer schwierig macht, Themen, die nicht dem Mainstream entsprechen, ergebnisoffen und ohne gleich die Keule einer illegitimen und unmoralischen Haltung (zu schwingen) zu diskutieren." Politikverdrossenheit und sinkende Wahlbeteiligung hätten auch damit zu tun, dass viele Bürger die sie umtreibenden Fragen öffentlich nicht mehr diskutiert sehen. Daran sind auch die Medien schuld. Als Konsequenz sieht Donsbach eine zunehmende „Medienverdrossenheit".[29]

Gerade im Zuge der Flüchtlingskrise ist es zu einem markanten Einbruch des Vertrauens in die Medien gekommen, wie Allensbach-Umfragen belegen.[30] Nur knapp ein Drittel der Bürger empfand im Herbst 2015 die Berichterstattung als ausgewogen, 47 Prozent hielten die Medien für einseitig auf „Willkommenspolitik" ausgerichtet. Vor allem dem öffentlich-rechtlichen Rundfunk wurde dieser Vorwurf gemacht. 39 Prozent der Bevölkerung sagten sogar, am Vorwurf der „Lügenpresse" sei etwas dran, Medien verdrehten Sachverhalte und verschwiegen wesentliche Informationen.

Die klassischen Zeitungen und Medien sind mit dem Aufkommen des Internets in einer tiefen Krise und Umbruchphase. Auflagenschwund und Anzeigenrückgang lassen die Einnahmen wegschmelzen. Hinzu kommt die Glaubwürdigkeitskrise. Der Kampfbegriff „Lügenpresse" trifft die Stimmung in Teilen der Bevölkerung. Teils ist dies ein unfairer Vorwurf. Teils aber trifft der Vorwurf eines systematischen „Bias", einer tendenziellen Verzerrung, durchaus zu. Die Schere der Political Correctness schneidet relevante Informationen heraus, es gibt somit eine „Lückenpresse". Manche Medien haben die Online-Kommentarfunktion geschlossen, weil ihnen das Echo der Internet-Leser nicht gefällt.[31] Das sind allerdings hilflose Versuche, die alte Meinungsführerschaft zurückzugewinnen.

Journalisten besetzen nicht mehr jene überlegene Position, in der sie noch vor dreißig Jahren thronten: Damals konnten sie dozieren – die Leser oder Zuschauer hatten zuzuhören. Das ist Geschichte. Heutzutage gibt es vielfältige Ausweich- und Alternativmedien: Blogs, Internet-Foren und Online-Kommentare geben den Bürgern die Möglichkeit, sich selbst (wenn gewünscht anonym) in einer größeren Öffentlichkeit zu äußern. Die Schweigespirale wirkt nicht mehr so wie früher.

Der Strukturwandel der Öffentlichkeit durch das Internet und neue Medien hat ebenso Auswirkungen auf die Wissenschaft auch auf die Wirtschaftswissenschaft. Die Autorität von Wissenschaftlern und Professoren wird schneller hinterfragt. Das bedeutet, dass Ökonomen sich mehr als früher der öffentlichen Debatte stellen müssen. Sie müssen ihre Argumente auf dem „Marktplatz der Ideen" besser „verkaufen". Das kann aber nur gelingen, wenn sie eine Sprache sprechen, die den Bürger überzeugt. Um das Gespräch mit den Bürgern aufzunehmen, bedarf es der Fähigkeit, die Modelle und ökonometrischen Beweise in verbale Argumente zu übersetzen. Dabei müssen die Ökonomen vereinfachen, dürfen aber nicht simplifizieren – ein schmaler Grat, doch der einzig gangbare Weg.

In diesem Buch wurde argumentiert, dass der Ökonomie mehr Pluralismus der Methoden und Analysen gut tun würde. Es ist Zeit, sich ernsthaft um einen verstärkten Austausch mit den anderen sozialwissenschaftlichen Disziplinen zu bemühen. Auch die eigene Geschichte sollte wieder ernst genommen werden. In der gegenwärtigen Phase der Sinnsuche können Ökonomen Einsichten (wieder-)gewinnen, indem sie frühere wissenschaftliche Debatten und Methodenstreits studieren.

Abweichungen vom Mainstream dürfen keinem Stigma unterliegen. Hier gibt es eine Parallele zur Political Correctness: So wie diese Konformitätsdruck in der öffentlichen Meinung erzeugt, gab es einen Konformitätsdruck in der Ökonomenszene, bestimmte Annahmen und Modelle nicht zu hinterfragen. Auch hier gab es „Scheren im Kopf". Das hat der Ökonomie nicht gut getan. Es wird Zeit, wieder offenere Debatten zu wagen.

Anmerkungen zum Vorwort

1 John M. Keynes: The General Theory of Employment, Interest and Money, London 1936, S. 383.
2 Diese Klage findet sich z.B. mehrfach in dem Sammelband über die ökonomische Politikberatung in Deutschland mit dem Titel „Den Diebstahl des Wohlstandes verhindern", herausgegeben von Kerstin Schneider und Joachim Weimann, Springer Gabler Verlag, Wiesbaden 2016.
3 Man mag sich hier an den alten, nur halb-scherzhaft gemeinten Ausspruch von Keynes erinnern, der wünschte: „Wenn Ökonomen es schaffen könnten, dass man sie als bescheidene, kompetente Leute wahrnimmt, ungefähr wie Zahnärzte, das wäre herrlich." J. M. Keynes: Economic Possibilities of our Grandchildren. http://www.econ.yale.edu/smith/econ116a/keynes1.pdf
4 http://www.feed-charity.org/user/image/besley-hennessy2009a.pdf
5 https://data.information.dk/legacy/files/fakta/QueenE.pdf
6 http://www.feed-charity.org/user/image/queen2009b.pdf
7 Robert Lucas: Macroeconomic Priorities, American Economic Review 93(1), 2003.
8 Eine gute Analyse dieses „Methodenstreits" findet sich bei Stefan Kolev „Zur Einführung: Was ist und was kann Ordnungsökonomik?", in: Nils Goldschmidt, Michael Wohlgemuth (Hrsg.): Soziale Marktwirtschaft. Grundtexte zur Ordnungsökonomik, UTB/Mohr Siebeck, Tübingen 2016.
9 Vgl. https://www.plurale-oekonomik.de/fileadmin/images/pdf/pressemitteilungen/Pressemitteilung.pdf
10 Vgl. Philip Mirowski: Never let a serious crisis go to waste: How neoliberalism survived the financial meltdown, Verso Books, New York 2014.
11 Vgl. Thomas Kuhn: The Structure of Scientific Revolutions, University of Chicago Press, Chicago 1962.
12 Vgl. Karl Popper: Logik der Forschung, Mohr Siebeck, Tübingen 1984 (Erstauflage 1935). In erster Linie bezog sich dieses auf naturwissenschaftliche Forschungen. In „The Poverty of Historicism" gab er zu, dass bei sozialwissenschaftlichen Disziplinen „Vorlieben und Interessen", also ideologische und politische Faktoren eine große Rolle spielten, dass diese Forschung „nur wenig an das objektive und idealistische Streben nach Wahrheit erinnert, dem wir in der Physik begegnen".
13 Vgl. Imre Lakatos: Criticism and the Methodology of Scientific Research Programmes, in: Proceedings of the Aristotelian Society 69, 1968; sowie ders.: Falsification and the Methodology of Scientific Research Programmes", in: I. Lakatos und A. Musgrave (Hrsg.): Criticism and the Growth of Knowledge, Cambridge 1970.
14 Unter den Teilnehmern waren Friedrich August von Hayek und die deutschen Ökonomen-Soziologen Wilhelm Röpke und Alexander Rüstow, die dort erstmals auf einer internationalen Tagung den Begriff „neoliberal" einführten.
15 Vgl. dazu ausführlich Philip Plickert: Wandlungen des Neoliberalismus. Eine Studie zu Entwicklung und Ausstrahlung der Mont Pèlerin Society, Lucius & Lucius, Stuttgart 2008.
16 Die neoliberale Gegenwende war mit Namen wie Hayek, Milton Friedman oder auch Robert Lucas verbunden. Letzterer sagte, dass keynesianische Konjunkturpolitik – kreditfinanzierte Staatsausgaben oder lockere Geldpolitik – von den Menschen durchschaut werde. Weil die Marktteilnehmer „rationale Erwartungen" haben, werden sie steigende Preise antizipieren; das mache keynesianische Politik ineffektiv.
17 Martin Hellwig und Anat Admati: The Bankers' New Clothes. What's Wrong with Banking and What to Do About it, Princeton University Press, Princeton 2013.

18 Von Eucken stammt auch dieser Satz: „Investitionen werden um so sorgfältiger gemacht, je mehr der Verantwortliche für diese Investitionen haftet." Und weiter: „Die Haftung wirkt insofern also prophylaktisch gegen eine Verschleuderung von Kapital und zwingt dazu, die Märkte vorsichtig abzutasten. Nur bei fehlender Haftung kommt es zu Exzessen und Zügellosigkeit". Walter Eucken, Grundsätze der Wirtschaftspolitik, Mohr Siebeck, Tübingen 1990 (Erstauflage 1952).

19 Hans-Werner Sinn: Kasino-Kapitalismus. Wie es zur Finanzkrise kam und was jetzt zu tun ist, Econ Verlag, Berlin 2009.

20 Veröffentlicht als NBER Working Paper im Januar 2010.

21 Wie Herbert Giersch,. der langjährige Präsident des Kieler Instituts für Weltwirtschaft, dem Autor einmal erzählte, war die gemeinsame Auszeichnung für Myrdal und Hayek Ergebnis eines politischen Kalküls der Stockholmer Akademie. Das mehrheitlich sozialdemokratisch besetzte Preiskomitee wollte in erster Linie Myrdal, den Schöpfer des schwedischen Wohlfahrtsstaats auszeichnen, aber den Vorwurf politischer Einseitigkeit vermeiden. Giersch empfahl seinem Freund Erik Lundberg, dem Präsidenten der Schwedischen Reichsbank und Vorsitzenden des Nobelpreiskomittees, als Ausgleich zu Myrdal gleichzeitig Hayek zu ehren. So wurde die politische Balance gewahrt.

22 Famas Hypothese besagt in ihrer schwachen Form daher nur, dass man nicht glauben solle, man könnte „den Markt schlagen" und dauerhaft höhere Gewinne als der Gesamtmarkt erzielen. Einzelne Anleger mögen dies schaffen, doch beruht das auf Glück und Zufall. Aus der Erkenntnis, dass einzelne Anleger mit ihren Portfolios nicht systematisch besser abschneiden können als der Gesamtmarkt, folgte die Entwicklung von Index-Zertifikaten. Anleger könnten damit den ganzen Aktienindex kaufen und sind so den Kursausschlägen einzelner Titel weniger stark ausgesetzt.

23 George Akerlof und Robert Shiller: Animal Spirits. How Human Psychology Drives the Economy, and Why it Matters for Global Capitalism, Princeton University Press, Princeton 2009.

24 Heinz D. Kurz: Zur Bildung von Blasen im Fach und was man dagegen tun kann: Plädoyer für eine solide Ausbildung in Theorie- und Wirtschaftsgeschichte, in: Volker Caspari, Bertram Schefold (Hrsg.): Wohin steuert die ökonomische Wissenschaft? Ein Methodenstreit in der Volkswirtschaftslehre, Normative Orders Bd. 3, Campus Verlag, Frankfurt am Main 2011.

25 William White: The Ultra-Easy Money Experiment, 5th Lectio Minghetti, Bruno Leoni Institute, Rom, Oktober 2015

26 Charles Kindleberger (u. Robert Aliber): Manias, Panics, and Crashes. A History of Financial Crises, John Wiley & Sons, Hoboken (New Jersey) 2005.

27 Hans-Werner Sinn: Der richtige Dreiklang der VWL, in: F.A.Z. vom 22. Juni 2009.

28 Douglass North und Robert Paul Thomas: The Rise of the Western World. A New Economic History, Cambridge University Press, Cambridge 1973.

29 Daron Acemoglu und James Robinson: Why Nations Fail. The Origins of Power, Prosperity and Poverty, Crown Business, New York 2012.

30 Vgl. Alberto Alesina und Paola Giuliano: Culture and Institutions, Journal of Economic Literature 4/2015.

31 John M. Keynes: Alfred Marshall 1842–1924, The Economic Journal 34, September 1924, S. 321 f.

32 F.A. Hayek: The dilemma of specialisation, in: Leonard D. White (Hrsg.): The State of the Social Sciences, University of Chicago Press, Chicago 1956, S. 463.

Anmerkungen zum 1. Teil: Die Ökonomen in der Krise und im Wandel

1 Viktor Vanberg: Der Markt als kreativer Prozeß: Die Ökonomik ist keine zweite Physik, in: Günther Abel (Hrsg.): Kreativität. Tagungsband XX. Deutscher Kongreß für Philosophie, Meiner Verlag, Hamburg 2006.
2 Alan Blinder: Economics becomes a Science – or Does it? Center for Economic Policy Studies, Princeton University, 1999. Spötter haben später die Mathematik-Manie als „Mathurbation" verulkt.
3 Mark Blaug: Ugly Currents in Modern Economics, Options Politiques, 18(17), September 1997.
4 Interview mit Coase, 1997. Abzurufen auf http://www.coase.org/coaseinterview.htm
5 Zit. n. Vanberg: a. a. O., S. 1103.
6 N. Gregory Mankiw: Grundzüge der Volkswirtschaftslehre, Schaeffer-Poeschel Verlag, Stuttgart 2012. S. VII.
7 Vgl. Alexander Nützenadel: Stunde der Ökonomen: Wissenschaft, Politik und Expertenkultur in der Bundesrepublik 1949 bis 1974, Vandenhoeck & Ruprecht, Göttingen 2006.
8 Friedrich A. von Hayek: The Pretence of Knowledge, Dankesrede anlässlich der Verleihung des Nobelpreises, 11. Dezember 1974. http://www.nobelprize.org/nobel_prizes/economic-sciences/laureates/1974/hayek-lecture.html.
9 Gérard Debreu: The Mathematization of Economic Theory (Rede als Präsident der AEA), American Economic Review, März 1991.
10 Daniel S. Hamermesh: Six Decades of Top Economics Publishing: Who and How? Journal of Economic Literature 2013
11 Vgl. Martin Paldam: Regression Costs Fall, Mining Ratios Rise, Publication Bias Looms, and Techniques Get Fancier: Reflections on Some Trends in Empirical Macroeconomics, Econ Journal Watch Vol. 10 (2), Mai 2013.
12 Vgl. Walter A. Friedman: Fortune Tellers. Princeton University Press, Princeton 2013
13 Ulrich Fritsche, Jörg Döpke: Treffgenauigkeit, Rationalität und Streuung von Konjunkturprognosen für Deutschland, Vierteljahrshefte zur Wirtschaftsforschung 75, 2/2006.
14 Jorrit Zwijnenburg: Revisions of quarterly GDP in selected OECD countries, OECD Statistics Brief 22, Juli 2015.
15 Andreas Knabe, Ronnie Schöb, Marcel Thum: Der flächendeckende Mindestlohn, Freie Universität Berlin, Diskussionsbeitrage Economics, 2014/4.
16 David Neumark und William Wascher: Minimum wages and employment: A Review of Evidence from the new minimum wage research, NBER Waking Paper, November 2006.
17 David Card, Alan Krueger: Minimum Wages and Employment: A Case Study of the Fast Food Industry in New Jersey and Pennsylvania, NBER Working Paper, Oktober 1993.
18 Arindrajit Dube, T. William Lester und Michael Reich: Minimum Wage Effects Across State Borders: Estimates Using Contiguous Counties, The Review of Economics and Statistics 92, 2010.
19 Amos Tversky, Daniel Kahneman: Judgement under uncertainty. Heuristics and Biases, in: Science 185, September 1974.
20 Hanno Beck: Behavioral Economics. Eine Einführung. Springer Gabler Verlag, Wiesbaden 2014.
21 Die Erwartungsnutzenhypothese besagt, dass der Mensch in unsicheren Entscheidungssituationen kühl rational die Werte der möglichen Ergebnisse und ihre jewei-

ligen Eintrittswahrscheinlichkeiten miteinander multipliziert und dann das Optimum auswählt.

22 Daniel Kahneman, Amos Tversky: Prospect Theory: An Analysis of Decision under Risk, Econometrica 48 (2), März 1979.

23 Der frühe Mensch hatte, wenn es im Busch neben ihm raschelt, nicht ewig Zeit, sich über die Wahrscheinlichkeit eines Tierangriffs Gedanken zu machen – er rannte einfach los. Häufig war diese reflexhafte Reaktion vielleicht unnötig, aber manchmal hat sie Leben gerettet. Heute erscheinen manche reflexhafte Handlungen überzogen.

24 Ernst Fehr, Klaus Schmidt: A Theory of Fairness, Competition, and Cooperation, Quarterly Journal of Economics, August 1999. Gary Bolton, Axel Ockenfels: A Theory of Equity, Reciprocity, and Competition, American Economic Review, März 2000.

25 Daniel Kahneman: Thinking, fast and slow, Penguin Books, London 2012.

26 Richard Thaler, Cass Sunstein: Nudge. Improving decisions about health, wealth, and happiness, Yale University Press, New Haven (Conn.) 2008.

27 Es gäbe weniger übergriffige Wege, um das Problem zu lösen. Beispielsweise könnte man bestimmen, dass Menschen, die sich selbst als Spender bereiterklären, bei der Organ-Zuteilung primär berücksichtig werden – das würde die Spendenbereitschaft erhöhen. „Marktdesigner" wie der Nobelpreisträger Alvin Roth haben außerdem Zuteilungsmechanismen entwickelt, die den Mangel etwa an passenden Spendernieren überwinden helfen können. Dies geschieht durch clever gestaltete Tauschringe, bei denen Verwandten oder Freunde für einen Dritten spenden und im Gegenzug ihr Angehöriger oder Freund das passende Organ aus dem Tauschring erhält.

28 Jan Schnellenbach: Wohlwollendes Anschubsen: Liberaler Paternalismus und seine Nebenwirkungen, Perspektiven der Wirtschaftspolitik 12, 2011.

29 Hanno Beck: Behavioral Economics. Eine Einführung, Springer Gabler Verlag, Wiesbaden 2014, S. 403.

30 Kenneth Rogoff, Carmen Reinhart: Growth in a Time of Debt, NBER Working Paper, Januar 2010.

31 Thomas Herndon, Michael Ash, Robert Pollin: Does High Public Debt Consistently Stifle Economic Growth? A Critique of Reinhart and Rogoff, PERI Working Paper Series, 4/15/2013

32 Carmen M. Reinhart, Vincent R. Reinhart, Kenneth S. Rogoff: Public Debt Overhangs: Advanced-Economy Episodes Since 1800, Journal of Economic Perspectives, Sommer 2012.

33 Brian Nosek u.a. (Open Science Collaboration): Estimating the reproducibility of psychological science, Science 28, August 2015.

34 Colin F. Camerer et al.: Evaluating replicability of laboratory experiments in economics, Science, März 2016

35 Vgl. W. G. Dewald, J.G. Thursby, R.G. Anderson: Replication in Empirical Economics: The Journal of Money, Credit, and Banking Project, American Economic Review 76, 1986, sowie R. G. Anderson, W. G. Dewald: Replication and Scientific Standards in Applied Economics a Decade After the Journal of Money, Credit, and Banking Project, Federal Reserve Bank of St. Louis Review 76, 1994.

36 Gebhard Kirchgässner: Zur Rolle der Ökonometrie in der wissenschaftlichen Politikberatung, Perspektiven der Wirtschaftspolitik, (14) 2013.

37 Raphael Silberzahn, Eric L. Uhlmann: It pays to be Herr Kaiser, Psychological Science, Vol. 24 (2013).

38 Raphael Silberzahn, Eric L. Uhlmann: Many hands make tight work, Nature 526, October 2015.

39 Abel Brodeur et al.: Star Wars: The Empirics Strike Back, IZA Discussion Paper, März 2013
40 Maren Duvendack, Richard Palmer-Jones, Robert Reed: Replications in Economics: A Progress Report, Econ Journal Watch 12 (2), Mai 2015.
41 Christian Zimmermann: On the Need for a Replication Journal, Federal Reserve Bank of St. Louis, Working Paper 2015-016A
42 Justus Haucap: Der Ökonom als Freak-Forscher, F.A.Z. vom 25. Juli 2016.
43 Robert Jacob, Fabian Christandl, Detlef Fetchenhauer: Do Economists Have a Fatherland? How Global and National Efficiency Considerations Influence Economists' Policy Judgements, German Economic Review 4/2014.
44 Wilhelm Röpke: Wehret beizeiten den Ökonomisten und den Bürokraten! Die Zeit, 4. Juli 1957.
45 Lars Feld, Sarah Necker, Bruno Frey: Scientific Misbehavior in Economics – Evidence from Europe, Working Paper, Walter-Eucken-Institut, Freiburg 2012; später wurde die Studie nur unter dem Namen von Sarah Necker in Research Policy Vol. 43 (19), 2014, veröffentlicht.
46 Daniele Fanelli: How Many Scientists Fabricate and Falsify Research? A Systematic Review and Meta-Analysis of Survey Data, PLoS One 4(5), 2009.
47 Gerald Epstein, Jessica Carrick-Hagenbarth: Financial Economists, Financial Interests and Dark Corners of the Meltdown: It's Time to set Ethical Standards for the Economics Profession, PERI Working Paper 239, Oktober 2010.
48 Der Text des Ethikkodex steht auf www.socialpolitik.de/de/ethikkodex.
49 Inga Wobker, Marco Lehmann-Waffenschmidt, Peter Kenning, Gerd Gigerenzer: What do people know about the economy? A test of minimal economic knowledge in Germany, Dresden Discussion Paper series in economics, No. 03/2012.
50 Luigi Guiso und Tullio Jappelli: Financial Literacy and Portfolio Diversification, EUI Working Paper, Eco 2008/31.
51 Aida Cumurovic und Walter Hyll: Financial Literacy and Self-employment, IWH Diskussionspapiere 11/2016.

Anmerkungen zum 2. Teil: Vom Wert der Vergangenheit

1 Daron Acemoglu et al.: The Consequences of Radical Reform: The French Revolution, American Economic Review, Dezember 2011.
2 Michael Kopsidis, Daniel W. Bromley: The French revolution and German industrialization: dubious models and doubtful causality, Journal of Institutional Economics, September 2015.
3 Ralf Richter und Jochen Streb: Catching-up and Falling Behind: Knowledge Spillover from American to German Machine Tool Makers, FZID Diskussionspapier, Dezember 2009.
4 Fabian Waldinger: Quality Matters. The Expulsion of Professors and the Consequences for PhD. Student Outcomes, CEP Discussion Papers, Center for Economic Performance LSE, London 2010.
5 Fabian Waldinger: Peer Effects in Science. Evidence from the Dismissal of Scientists in Nazi Germany, Working Paper, University of Warwick 2009.
6 Für recht materialreiche Einführungen in das Thema vgl. Dagmar Rübsam, Hans Schadek: „Der Freiburger Kreis", Ausstellungskatalog, Freiburg 1990; sowie Nils Goldschmidt (Hrsg.): Wirtschaft, Politik und Freiheit. Freiburger Wirtschaftswissenschaftler und der Widerstand, Tübingen 2005.

7 Thomas K. Bauer, Sebastian Braun, Michael Kvasnicka: The Econonomic Integration of Forced Migrants. Evidence for Post-War Germany, Ruhr Economic Papers, Nr. 267, Juli 2011.
8 Gerold Ambrosius: Der Beitrag der Vertriebenen und Flüchtlinge zum Wachstum der westdeutschen Wirtschaft nach dem zweiten Weltkrieg, Jahrbuch für Wirtschaftsgeschichte 2/1996.
9 Ludwig von Mises, Die Gemeinwirtschaft. Untersuchungen über den Sozialismus, Lucius & Lucius Verlag, Stuttgart 2007, S. 110–111 u. 114.
10 Don Lavoie: Rivalry and Central Planning. The Socialist Calculation Debate Reconsidered, Cambridge University Press 1985.
11 André Steiner: Von Plan zu Plan, Eine Wirtschaftsgeschichte der DDR, DVA, München 2004.
12 Alle Nachweise und weitere Literaturhinweise zu diesem Kapitel finden sich in Philip Plickert: Die unvorbereitete Wiedervereinigung, Orientierungen zur Wirtschafts- und Gesellschaftspolitik (115), 2008.
13 Albrecht Ritschl: Aufstieg und Niedergang der Wirtschaft in der DDR, Jahrbuch für Wirtschaftsgeschichte 2/1995.
14 Lars Boerner, Battista Severgnini: Time for Growth, London School of Economics and Political Science, Economic History Working Papers, Nr. 222/2015.

Anmerkungen zum 3. Teil: Die Finanzkrise – Doping mit billigem Geld

1 Joachim Starbatty: F. A. von Hayek und die „Bubble Economy", http://wirtschaft.wiweb.at/wp-content/plugins/downloads-manager/upload/001_Starbatty_Vortrag_12_2007.pdf
2 Der Aufsatz „Gold and Economic Freedom" wurde später abgedruckt in: Ayn Rand: Capitalism: The Unknown Ideal, Penguin Books, 1986.
3 Vgl. Friedrich A. von Hayek: Entnationalisierung des Geldes. Schriften zur Währungspolitik und Währungsordnung, hrsg. von Alfred Bosch, Reinhold Veit und Verena Veit-Bachmann, Mohr Siebeck, Tübingen, 2011.
4 Andreas Hoffmann, Gunther Schnabl: A Vicious Cycle of Manias, Crashes and Asymmetric Policy Responses – An Overinvestment View, CES-Ifo Working Paper Nr. 2855, November 2009.
5 Andrew Haldane, Simon Brennan, Vasileios Madouros: What is the contribution of the financial sector: Miracle or Mirage?, in LSE (Hrsg): The Future of Finance. The LSE Report, London 2010.
6 Dean Bake, Travis McArthur: The Value of the „Too Big To Fail" Big Bank Subsidy, Center for Economic and Policy Research, Issue Brief, September 2009.
7 Elijah Brewer, Julapa Jagtiani: How Much Did Banks Pay to Become Too-Big-to-Fail and Become Systemically Important? Working Paper 09-34, Federal Reserve Bank of Philadelphia, Dezember 2009.
8 Priyank Gandhi, Hanno Lustig: Size Anomalies in U.S. Bank Stock Returns: A Fiscal Explanation, NBER Working Paper 16553, November 2010.
9 European Systemic Risk Board: ASC Report: Is Europe Overbanked?, Juni 2014.
10 Alexander Schäfer, Isabel Schnabel, Beatrice Weder di Mauro: Bail-in Expectations for European Banks: Actions Speak Louder than Words, CEPR Discussion Paper 2016.
11 Kronberger Kreis: Vom Prinzip Hoffnung zum Prinzip Haftung, Dezember 2014.

Anmerkungen zum 4. Teil: Eurokrise und kein Ende

1 Manifest von 60 Ökonomen: „Die EG-Währungsunion führt zur Zerreißprobe", F.A.Z., 11. Juni 1992.
2 Aufruf von 155 Wirtschaftswissenschaftlern: „Der Euro kommt zu früh", F.A.Z., 9. Februar 1998.
3 Lars Jonung, Eoin Drea: Euro Symposion: It Can't Happen, It's a Bad Idea, It Won't Last: U.S. Economists on the EMU and the Euro, 1989–2002, Econ Journal Watch, Januar 2010.
4 Robert A. Mundell: A Theory of Optimum Currency Areas, American Economic Review, November 1961.
5 Martin Feldstein: The Euro and European Economic Conditions, NBER Working Paper, November 2011.
6 Wilhelm Röpke: Jenseits von Angebot und Nachfrage. Ein Klassiker der Sozialen Marktwirtschaft, (Erstauflage 1957), Verlagsanstalt Handwerk, Düsseldorf 2009.
7 Eric Lionel Jones: Das Wunder Europa. Umwelt, Wirtschaft und Geopolitik in der Geschichte Europas und Asiens, Tübingen 1991.
8 Horst Zimmermann: The deep roots of the government debt crisis, Journal of Financial Perspectives 3/1, März 2015.
9 Theresia Theurl: Eine gemeinsame Währung für Europa. 12 Lehren aus der Geschichte. Österreichischer Studienverlag, Innsbruck 1992.
10 Dominik Geppert: Ein Europa, das es nicht gibt. Die fatale Sprengkraft des Euro. Europa Verlag, Berlin u.a. 2013.
11 The EEAG Report on the European Economy, Chapter 4: US Precedents for Europe, 2013.
12 In Walter Krämer: Kalte Enteignung. Wie die Euro-Rettung uns um Wohlstand und Renten bringt, Campus Verlag 2013.
13 Jörg König, Renate Ohr: Different Efforts in European Economic Integration: Implications of the EU Index, Journal of Common Market Studies 2013.
14 Gunther Schnabl: The Macroeconomic Policy Challenges of Balance Sheet Recession: Lessons from Japan for the European Crisis, Ces-Ifo Working Paper, Mai 2013.
15 Ricardo Caballero, Takeo Hoshi, Anil Kashyap: Zombie Lending and Depressed Restructuring in Japan, American Economic Review 2008.
16 Robert Barro: Government Spending is No Free Lunch, Wall Street Journal 22. Januar 2009.
17 Christina Romer, Jared Bernstein: The Job Impact of the American Recovery and Reinvestment Plan, 2009.
18 Tobias Cwik, Volker Wieland: Keynesian Government Spending Multipliers and Spillovers in the Euro Area, EZB Working Paper Series, November 2010.
19 John B. Taylor. Getting back on track: Policy lessons from the financial crisis. Federal Reserve Bank of St. Louis Review, 92, 2010.
20 IWF: World Economic Outlook: Coping with High Debt and Sluggish Growth, September 2012, S. 41.
21 Im Januar 2013 hat IWF-Chefvolkswirt Blanchard mit einem Ko-Autor ein 43-seitiges Arbeitspapier nachgeschoben, das seine Argumente untermauern soll. Olivier Blanchard, Daniel Leigh: Growth Forecast Errors and Fiscal Multipliers, IWF Working Paper, Januar 2013.
22 EZB-Monatsbericht Dezember 2012: Die Bedeutung fiskalischer Multiplikatoren in der aktuellen Konsolidierungsdebatte, S. 90 ff.

23 Michael U. Krause, Stéphane Moyen: Public debt and changing inflation targets, Discussion Paper, Deutsche Bundesbank No 06/2013, März 2013.
24 George J. Hall, Thomas Sargent: Interest rate risk and other determinants of post-WWII U.S. government debt/GDP dynamics, American Economic Journal: Macroeconomics 3/2011.
25 Interview mit Axel Weber: „Es wird in Europa weitere Krisen geben", F.A.Z. vom 20. Oktober 2015.
26 Janet Yellen: Inflation Dynamics and Monetary Policy, Rede an der Universität von Massachusetts, Amherst, 24. September 2015. http://www.federalreserve.gov/newsevents/speech/yellen20150924a.htm
27 Jens Weidmann: Euro-Krise und kein Ende, Rede vom 23. September 2015.
28 Mikael Juselius, Elõd Takáts: Can demography affect inflation and monetary policy?, BIS Working Papers, Februar 2015.
29 Henning Klodt, Anna Hartmann: Deflation und Konsumstau: Mikroökonomische Evidenz, Kiel Working Paper 1935, Juli 2014.
30 Bank für Internationalen Zahlungsausgleich: Jahresbericht 2014, darin: Die Kosten der Deflation: Lehren aus der Vergangenheit, S. 112 ff.
31 Zsolt Darvas: Taylor-rule interest rates for euro area countries: diversity remains, 2. April 2014, http://bruegel.org/2014/04/taylor-rule-interest-rates-for-euro-area-countries-diversity-remains/.
32 Bernd Hayo, Pierre-Guillaume Méon: Behind closed doors: Revealing the ECB's Decision Rule, MAGKS Discussion Paper 35-2011.
33 Willem H. Buiter: Negative Nominal Interest Rates: Three ways to overcome the zero lower bound, NBER Working Paper, Juni 2009.
34 Kenneth S. Rogoff: Costs and Benefits to Phasing Out Paper Currency, NBER Working Paper, Mai 2014.
35 Ruchir Agarwal, Miles Kimball: Breaking Through the Zero Lower Bound, IWF Working Paper, Oktober 2015.

Anmerkungen zum 5. Teil: Mensch, Gesellschaft und Umwelt

1 Roderick Floud, Robert W. Fogel, Bernard Harris, Sok Chul Hong: The Changing Body. Health, Nutrition and Human Development in the Western World since 1700, Cambridge University Press, Cambridge 2011.
2 Daniel Kahneman, Angus Deaton: High income improves evaluation of life but not emotional wellbeing, PNAS 107/38 (Proceedings of the National Academy of Sciences of the United States of America), 2010.
3 Richard Layard: Happiness. Lessons from a new science, Penguin Press, London 2005.
4 Joachim Weimann, Andreas Knabe, Ronnie Schöb: Geld macht doch glücklich. Wo die ökonomische Glücksforschung irrt, Schaeffer-Pöschel Verlag, Stuttgart 2012.
5 Bruce Headey, Ruud Muffels, Gert G. Wagner: Long-running German panel survey shows that personal and economic choices, not just genes, matter for happiness, PNAS 107/42, 2010.
6 Walter Krämer: Die Angst der Woche. Warum wir uns vor den falschen Dingen fürchten, Piper Verlag, München 2011.
7 Joachim Weimann: Die Klimapolitik-Katastrophe. Deutschland im Dunkel der Energiesparlampe, Metropolis-Verlag, Marburg 2009.
8 Helmut Schoeck: Der Neid und die Gesellschaft, Herder-Bücherei, Freiburg 1971.
9 Ernst Fehr: Neid, Status und Markt, in: Gerhard Schwarz/Robert Nef (Hg.): Neidökonomie. Wirtschaftspolitische Aspekte eines Lasters, NZZ Libro, Zürich 2000.

10 Gilles Saint-Paul: The Tyranny of Utility, Princeton University Press, Princeton 2011.
11 Thomas Sowell: Affirmative Action Around the World. An Empirical Study. Yale University Press, New Haven (Conn.) 2004.
12 Bruno S. Frey, David A. Savage, Benno Torgler: Behavior under Extreme Conditions: The Titanic Disaster, Journal of Economic Perspectives 4/2010.
13 Mikael Elinder, Oscar Erixson: Every man for himself! Gender, Norms and Survival in Maritime Disasters, IFN Working Paper Nr. 913, April 2012.
14 Lujo Brentano: Die Malthussche Lehre und die Bevölkerungsbewegung der letzten Dezennien, Abhandlungen der historischen Klasse der Königlichen Bayerischen Akademie der Wissenschaft, München 1909.
15 Gary S. Becker: An Economic Analysis of Fertility, Universities National Bureau (Hrsg.), Demographic and Economic Change in Developed Countries. Princeton University Press 1960.
16 Vgl. z.B. den Vortrag von Sinn hier: http://mediathek.cesifo-group.de/iptv/player/macros/cesifo/ mediathek?content=755455&idx=1&category=765886886
17 Gerd Habermann: Drei Typen von Familienpolitik, in: ORDO – Jahrbuch für die Ordnung von Wirtschaft und Gesellschaft, Stuttgart 2007
18 Andreas Kuhn, Jean-Philippe Wuellrich, Josef Zweimüller: Fatal Attraction? Access to Early Retirement and Mortality, IZA Diskussionspapier Nr. 5160, August 2010
19 Marcus Eliason, Donald Storrie: Does Job Loss Shorten Life?, Journal of Human Resources 44 (2), 2009.
20 Matthias Heinz, Steffen Juranek, Holger A. Rau: Do Women Behave More Reciprocally than Men? Gender Differences in Real Effort Dictator Games, DICE Discussion Paper Nr. 24, Juni 2011.
21 Daniel Kahneman, Jack L. Knetsch, Richard Thaler: Fairness and the Assumptions of Economics. Journal of Business 4/1986.
22 David Cesarini et al.: Heritability of cooperative behaviour in the trust game. Proceedings of the National Academy of Science (PNAS), 11. März 2008.
23 Vikas Mehrotra, Randall Morck, Jungwook Shim, Yupana Wiwattanakantangd: Adoptive Expectations: Rising Sons in Japanese Family Firms, in: Journal of Financial Economics, Juni 2013.
24 Vikas Mehrotra, Randall Morck, Jungwook Shim, Yupana Wiwattanakantangd: Must Love Kill the Family Firm?, NBER Working Paper 16 340, September 2010.

Anmerkungen zum 6. Teil: Neue Blicke auf die Ökonomie

1 Anthony Downs: An Economic Theory of Democracy, Harper & Brothers, New York 1957.
2 Niklas Potrafke: Economic Freedom and Government, Ideology Across the German States. Regional Studies 47 (3), 2013.
3 Lars P. Feld, Gebhard Kirchgässner: The political economy of direct legislation: direct democracy and local decision making, Economic Policy, Oktober 2001.
4 Bruno Frey: Direct democracy: political-economic lessons from Swiss experience, American Economic Review 1994.
5 Lars P. Feld, Justina A.V. Fischer, Gebhard Kirchgässner: The Effect of direct Democracy on Income Redistribution: Evidence for Switzerland, CESIfo Working Paper Nr. 1837, Oktober 2006.
6 Lorenz Blume, Jens Müller, Stefan Voigt: The economic effects of direct democracy – a first global assessment, Public Choice, September 2009.

7 Roland Vaubel, Axel Dreher, Soylu Ugorlu: Staff growth in international organizations: A principal-agent problem?, Public Choice 133, 2007.

8 Niklas Potrafke: Evidence on the political principal-agent problem from voting on public finance for concert halls, Constitutional Political Economy 24, 3/2013.

9 Lars Feld, Gebhard Kirchgässner: The political Economy of direct legislation: direct democracy and local decision making, Economic Policy 16, Oktober 2001.

Anmerkungen zum 7. Teil: Arm und Reich in der Weltwirtschaft

1 P. T. Bauer: Dissent on Development, Harvard University Press, Cambridge (Mass.) 1971.

2 Paul Collier: The Bottom Billion, Oxford University Press, Oxford 2007.

3 Michael L. Ross: The Oil Curse. How Petroleum Wealth Shapes the Wealth of Nations, Princeton University Press, Princeton 2012.

4 H. Mahdavy: The Patterns and Problems of Economic Development in Rentier States. The Case of Iran, in: M.A. Cook (Hrsg.): Studies in the Economic History of the Middle East, Oxford University Press, Oxford 1970.

5 Paul Collier, Anke Hoeffler: Greed and Grievance in Civil War, Oxford Economic Papers 2004.

6 Jeffrey D. Sachs, Andrew M. Warner: Natural Resource Abundance and Economic Growth, NBER Working Paper 1995.

7 Halvor Melhum, Karl Moene, Ragnar Torvik: Institutions and the Resource Curse, Economic Journal, Januar 2006.

8 Pauline Jones Lang, Erika Weinthal: Oil Is Not a Curse. Ownership Structure and Institutions in Soviet Successor States, Cambridge University Press, Cambridge 2010.

9 Quamrul Asharf, Oded Galor: The „Out of Africa" Hypothesis, Human Genetic Diversity, and Comparative Economic Development, NBER Working Paper 17216, Juli 2011.

10 Holger Bonin: Gewinne der Integration, Böll-Brief Nr. 1, April 2016.

11 Ruud Koopmans: Does assimilation work? Sociocultural determinants of labour market participation of European Muslims, Journal of ethnic and migration studies, 2016.

12 Robert J. Gordon: Is U.S. Economic Growth Over? Faltering Innovation Confronts the Six Headwinds, NBER Working Paper, August 2012.

13 Ders.: The Demise of U.S. Economic Growth, NBER Working Paper, Februar 2014.

14 Joel Mokyr: The Next Age of Invention, City Journal, Winter 2014.

15 World Economic Forum: The Future of Jobs, Januar 2016.

16 Andy Haldane: Labour's Share, Rede beim Trades Union Congress, 12. November 2015.

17 Carl Benedict Frey, Michael A. Osborne: The future of employment: how susceptible are jobs to com-puterization, 2013.

18 Bank of America Merrill Lynch: Robot Revolution – Global Robot & AI primer.

19 Vgl. ebd.

20 Allerdings gibt sich die Unternehmensberatung optimistisch, dass ein offensives Herangehen an die Umwälzung der Wirtschaft durch die Digitalisierung mehr Chancen als Gefahren bringe; A.T. Kearney, Pressemitteilung vom 3. Dezember 2015.

21 Früher habe er gedacht, dass der Einsatz von neuen Maschinen allen nütze: den Grundbesitzern, den Kapitalisten und den Arbeitern, schrieb Ricardo. Inzwischen aber glaube er, dass die Mechanisierung „oft sehr schädlich für die Interessen der Klasse der Arbeiter" seien, weil deren Einkommen sänken. Allerdings sprach sich

Ricardo gegen alle Versuche aus, den Einsatz von Maschinen durch staatliche Eingriffe bremsen oder verhindern zu wollen, denn das würde es noch schlimmer machen, weil dann Arbeitslosigkeit drohe. Immerhin müsste es für jede neue Maschine auch Arbeitskräfte geben, die sie bedienen, warten oder entwickeln. Vgl. David Ricardo: On the Principles of Political Economy and Taxation, Chapter 31: On Machinery, 1821.

22 Vgl. Interview mit Moritz Schularick: „Die Auswertung von Big Data ist revolutionär", F.A.Z. vom 8. August 2015.

23 Vgl. David H. Autor: Why Are There Still So Many Jobs? The History and Future of Workplace Automation, Journal of Economic Perspectives 2015.

24 Das Buch ist sehr spekulativ. Ford bedient sich beispielsweise auch der Vision von winzig kleinen „Nano-Robotern", die in molekularen Fabriken arbeiten. Seriöse Wissenschaftler halten das für eine unrealistische Science-Fiction-Phantasie.

25 Vgl. Norbert Häring: Angst 4.0, Handelsblatt, 26. November 2015.

26 Die Umfrage wird erwähnt von Heather Stewart, Robot revolution: rise of ‚thinking' machines could exacerbate inquality, The Guardian, 5. November 2015.

27 Dieses Beispiel führt Brynjolfsson an. Wenn von den vielen neuen Jobs in der IT-Branche und speziell im Silicon Valley die Rede ist, sollte man die volkswirtschaftlichen Proportionen im Hinterkopf haben. Bislang macht die IT-Branche nur etwa 3 Prozent des BIP der Vereinigten Staaten aus. Trotz der enormen technischen Fortschritte ist das Produktivitätswachstum in den vergangenen Jahren erstaunlich schwach gewesen. Allerdings gibt es Fragen, ob die Statistiken diese Fortschritte heute noch richtig erfassen.

28 Vgl. John Maynard Keynes: Economic Possibilities for our Grandchildren, 1930. Keynes' Prognose war stark übertrieben. Andy Haldane weist darauf hin, dass die Arbeitszeit zwar gefallen ist, doch bei weitem nicht so stark wie von Keynes erwartet: Die durchschnittliche Wochenarbeitszeit sank von etwa 50 Stunden in den dreißiger Jahren auf heute etwa 30 Stunden (Teilzeitarbeitskräfte mit eingerechnet). Das Anwachsen einer „leisure class", von der Keynes sprach, kann man überhaupt nicht beobachten, vielmehr sind die Beschäftigungsquoten seit einigen Jahrzehnten gestiegen, besonders auch durch eine größere Arbeitsmarktpartizipation der Frauen.

29 Ursprünglich war dies einmal eine Idee des liberalen Ökonomen Milton Friedman, der eine „negative Einkommenssteuer" für Arme forderte, also den Ersatz sämtlicher Sozialleistungen durch eine einzige vom Staat ausgezahlte Summe – die ein Grundeinkommen darstellt. In der Praxis wurde diese Idee ansatzweise in den Vereinigten Staaten als „Earned Income Tax Credit" umgesetzt. Wer zu wenig verdient, bekommt eine „negative Einkommensteuer"-Summe ausgezahlt. Die Hoffnung, durch diese sämtliche Sozialleistungen zu vereinheitlichen, hat sich aber nicht erfüllt.

30 Vgl. Statistisches Bundesamt: Pressemitteilung vom 20. Januar 2016.

Anmerkungen zu „Bedrohte Meinungsfreiheit"

1 „Free speech under attack", The Economist vom 4. Juni 2016.

2 Andrea Köhler: Political Correctness in den USA. Hexenjagd auf dem Campus, in: NZZ, 21. Juni 2016.

3 Vgl. Jochen Buchsteiner: Bedrohte Meinungsfreiheit. Politisch ganz korrekt, Faz.net vom 13. Januar 2016.

4 Vgl. dazu Sebastian Müller-Franken: Meinungsfreiheit im freiheitlichen Staat (Schönburger Gespräche zu Recht und Staat), Schöningh Verlag, Paderborn/München 2013.

5 Vgl. ebd., S. 61 f.

6 Vgl. Elisabeth Noelle-Neumann: Die Schweigespirale. Öffentliche Meinung – unsere soziale Haut, Langen Müller, München 1980.

7 150 Jahre vor Noelle-Neumann hatte schon Alexis de Tocqueville in seiner Schrift „Über die Demokratie in Amerika" eine ähnliche Beobachtung über das Streben nach „öffentlicher Gunst" gemacht. Er schrieb, die Masse brauche keine Gesetze, um Andersdenkenden unterzukriegen, „Die Missbilligung genügt." Die Menschen in den egalitären, demokratischen Gesellschaften fürchteten das Gefühl der Vereinsamung, vgl. Alexis de Tocqueville: Über die Demokratie in Amerika, Bd. 2, Stuttgart 1962 (Erstauflage 1840), S. 280 ff.

8 Vgl. Margreth Lünenborg, Simon Berghofer: Politikjournalistinnen und -journalisten. Aktuelle Befunde zu Merkmalen und Einstellungen vor dem Hintergrund ökonomischer und technologischer Wandlungsprozesse im deutschen Journalismus (Studie), Berlin 2010. Vgl. auch ähnliche Befunde in Siegfried Weischenberg u.a.: Die Souffleure der Mediengesellschaft. Report über die Journalisten in Deutschland, Konstanz 2006.

9 Milton Friedman: Kapitalismus und Freiheit, München 2004 (Erstauflage 1962), S. 135 ff.

10 David F. Bernstein: You Can't Say That! The Growing Threat to Civil Liberties from Antidiscrimination Laws, Cato Institute, Washington 2004.

11 Ruud Koopmans: Der Terror hat sehr viel mit dem Islam zu tun, F.A.Z. vom 1. Juli 2016.

12 Vgl. dazu Martin Rhonheimer: Töten im Namen Allahs. Gewalt und theologische Tradition im Islam, NZZ vom 6. September 2014 sowie Necla Kelek: Gewalt und Unterdrückung im Islam. Eine Religion der Beliebigkeit, NZZ vom 20. September 2014.

13 Mathias Döpfner: Die „New York Times" erfreut die Feinde der Freiheit, Die Welt vom 21. Januar 2015.

14 Vgl. dazu Pascal Bruckner: Die Erfindung der Islamophobie, www.perlentaucher.de, 13. Dezember 2010, zuerst erschienen in Libération, sowie ausführlich vom selben Autor: Die vertauschten Opfer, 23. Februar 2015, zuerst erschienen in der „Revue des deux Mondes".

15 Vgl. Christian Pfeiffer u.a.: Kinder und Jugendliche in Deutschland: Gewalterfahrungen, Integration, Medienkonsum, Hannover 2010. In der Studie heißt es: „Eine hohe christliche Religiosität senkt die Gewaltbereitschaft, eine islamische Religiosität erhöht sie indirekt, indem sie Faktoren fördert, die Gewaltbereitschaft fördern", etwa „gewaltorientierte Männlichkeitsnormen" durch den Macho-Kult im islamischen Kulturkreis. Der Spiegel machte daraus die Schlagzeile „Jung, muslimisch, brutal", vgl. Spiegel online vom 5. Juni 2010.

16 Vgl. Statistisches Bundesamt: PM vom 14. Januar 2015. Demnach gab es im Jahr 2014 rund 756.000 rechtskräftig Verurteilte, wovon gut 185.000 Nicht-Deutsche waren.

17 Horst Pöttker: Schluss mit der Selbstzensur, Die Zeit vom 11. Oktober 2013.

18 Zitiert nach Jochen Buchsteiner: Die Angst, ein Rassist zu sein, F.A.Z. vom 28. August 2014.

19 Sebastian Müller-Franken: a. a. O., S. 15-18.

20 Im Zuge der Krise sank das Vertrauen in die EU auf ein Allzeittief. Nur noch 31 Prozent der Bürger äußerten Vertrauen; im Herbst 2014 stieg dieser Wert wieder etwas auf 37 Prozent, doch liegt er immer noch deutlich unter dem Wert vor der Euro-Krise, vgl. Eurobarometer 82, http://ec.europa.eu/public_opinion/archives/eb/eb82/eb82_first_de.pdf, Dezember 2014, S. 8.

21 Peter Graf Kielmansegg: Zwangsintegration, F.A.Z. vom 15. Dezember 2012.

22 Das von mehreren Wirtschaftsnobelpreisträgern unterstützte Copenhagen Consensus Center beispielsweise plädiert nach Auswertung von Hunderten Forschungsartikeln dafür, die einseitige, auf das 2-Grad-Ziel ausgerichtete Emissionsreduzierungsstrategie aufzugeben, weil sie sehr teuer, weitgehend wirkungslos und effektiv gescheitert sei (die Emissionen steigen weiter), und stattdessen mehr Geld in Forschung zu Energie-Technologien und Anpassungsstrategien zu investieren, vgl. Bjorn Lomborg: It's Time To Give Up The Two-Degree-Target, Forbes vom 24. Oktober 2014.

23 Interview in der Frankfurter Allgemeinen Sonntagszeitung vom 21. September 2013.

24 Das zeigt sich in einer verräterischen Wortwahl: Skeptiker werden als „Klimaleugner" stigmatisiert. Den Vogel abgeschossen hat ein Professor der Universität Graz, der sogar die Todesstrafe für „Klimawandelleugner" forderte, vgl. Radikales Professoren-Plädoyer: „Todesstrafe für Leugner des Klimawandels", Spiegel online vom 4. Januar 2013.

25 Umweltbundesamt (Hrsg.): Und sie erwärmt sich doch, Was steckt hinter der Debatte um den Klimawandel, Dessau-Rosslau 2013, insbes. S. 110ff.

26 Vgl. Thomas Petersen: Tatsächliche und gefühlte Intoleranz, F.A.Z. vom 20. März 2013.

27 Vgl. Thilo Sarrazin: Der neue Tugendterror. Über die Grenzen der Meinungsfreiheit in Deutschland, DVA, München 2014.

28 Josef Isensee: Freiheit – Recht – Moral. Das Dilemma des Rechtsbewusstseins im deutschen Verfassungsstaat, in: Klaus Weigelt (Hrsg.): Freiheit – Recht – Moral, Bouvier Verlag, Bonn 1988, Seite 23.

29 Wolfgang Donsbach: „Wort im Mund umdrehen", Interview im Tagesspiegel vom 18. Dezember 2014.

30 Vgl. Renate Köcher: Vertrauen uns Skepsis – Bürger und Medien, F.A.Z. vom 16. Dezember 2015, und Renate Köcher: Kontrollverlust – die Besorgnis der Bürger wächst, F.A.Z. vom 21. Oktober 2015.

31 Roland Tichy zieht eine Parallele zu Bert Brechts spöttischem Rat nach dem Aufstand vom 17. Juni 1953 an die SED-Führung, sie solle sich doch ein neues Volk wählen, nachdem das Volk kein Vertrauen mehr in sie habe: „Die Zeitungen haben offensichtlich beschlossen, sich neue Leser zu wählen, weil ihnen die noch vorhandenen nicht klug, nicht links, nicht grün und nicht modern genug sind.", Roland Tichy: Medien in der Kritik: Eine neue Form der Krise, www.ludwig-erhard-stiftung.de vom 6. Januar 2015.

Der Autor

Philip Plickert ist Redakteur im Wirtschaftsteil der „Frankfurter Allgemeinen Zeitung“ und promovierter Volkswirt mit Schwerpunkt Wirtschaftsgeschichte. Seit acht Jahren betreut er die Seite „Der Volkswirt“ und beobachtet die deutsche und internationale Ökonomenszene. Er schreibt über die Debatten, Konflikte und Skandale, die Volkswirte seit Ausbruch der Krise bewegt haben. Dazu hat er Dutzende der wichtigsten Ökonomen bis hin zu Nobelpreisträgern interviewt.

2009 erhielt er den Ludwig-Erhard-Förderpreis für Wirtschaftspublizistik, 2010 den Bruckhaus-Förderpreis der Hanns-Martin-Schleyer-Stiftung. Studiert hat er in München, London und Tübingen. Eigene Lehrerfahrung hat er als Dozent an der Goethe-Universität Frankfurt und der Universität Siegen gesammelt.